취함의 미학

DRUNK

Copyright ⓒ 2021 by Edward Slingerland. All rights reserved.

이 책의 한국어판 저작권은 Brockman, Inc.를 통해 저자와 독점 계약한 출판사 고반이 소유합니다.
저작권법에 의해 한국 내에서 보호를 받는 저작물이므로 무단 전재 및 복제를 금합니다.

취함의 미학

제1판 제2쇄 발행　　2022년 10월 14일
제1판 제1쇄 발행　　2022년 9월 20일

지은이　　에드워드 슬링거랜드(Edward Slingerland)
옮긴이　　김동환
펴낸이　　허재식

펴낸곳　　고반
주소　　(10859) 경기도 파주시 탄현면 헤이리마을길 82-91, B동 301호
전화　　031-944-8166
전송　　050-4390-8166
전자우편　　gb@gobanbooks.com
홈페이지　　www.gobanbooks.com
블로그　　blog.naver.com/gobanbooks
출판신고　　제406-2009-000053호(2009년 7월 27일)

ISBN　　978-89-97169-61-0 (03120)

값은 뒤표지에 있습니다.
지은이와 협의하여 인지는 생략합니다.

고반(考槃)은 『시경(詩經)』에 나오는, 은자(隱者)의 즐거움을 읊은 시입니다.
은자는 단지 숨어 사는 사람이 아니라 현실과 끊임없이 싸우면서 자유로운 정신세계를 지켜낸 큰사람입니다.
출판사 고반은 큰사람의 지식과 지혜를 모아 세상에 이로운 책을 만듭니다.

Edward Slingerland

DRUNK

취함의 미학

에드워드 슬링거랜드 지음 | 김동환 옮김

지은이 ● 에드워드 슬링거랜드(Edward Slingerland)

스탠포드대학 졸업 후 UC 버클리대학에서 석사학위, 스탠포드대학에서 종교학으로 박사학위를 받았다. 지금은 캐나다의 브리티시컬럼비아대학교(University of British Columbia) 아시아학과의 철학 교수이며, 저명한 대학자이다. 아시아 연구 및 심리학의 부속 임명자일 뿐만 아니라 인류 진화, 인지 및 문화 연구 센터(Centre for the Study of Human Evolution, Cognition and Culture)의 공동 소장이고, 종교사 데이터베이스(Database of Religious History; DRH)의 소장이다. 그는 전국시대의 중국 사상과 종교학뿐 아니라 개념적 혼성 이론과 개념적 은유 이론을 중심으로 한 인지언어학, 윤리학, 진화심리학, 인문학과 자연과학의 통섭에 관심을 두고 연구하고 있다.

슬링거랜드는 《가디언》과 《브레인 픽킹스》가 2014년 최고의 책으로 선정한 《애쓰지 않기 위해 노력하기》(*Trying Not to Try*)의 저자이자, 또한 《과학과 인문학》(*What Science Offers the Humanities*)(2008), 《고대 중국의 마음과 몸》(*Mind and Body in Early China*)(2018)을 집필했으며, 마크 콜라드 박사와 함께 《통섭 창조》(*Creating Consilience*)(2012)도 엮었다. 이 외에도 다양한 분야의 최고 저널에 수십 편의 논문을 발표했으며, TEDx 마스트리히트(Maastricht)와 두 개의 구글 캠퍼스를 포함한 전 세계의 여러 곳에서 "자발성의 과학과 힘"에 대한 강연을 했으며, NPR, BBC 월드 서비스, CBC를 포함한 TV, 라디오, 블로그, 팟캐스트에서 수많은 인터뷰를 했다.

옮긴이 ● 김동환

경북대학교에서 영어학 박사학위를 받았고, 현재 해군사관학교 영어과 교수로 재직 중이다. 그는 인지언어학, 특히 개념적 은유 이론과 개념적 혼성 이론에 관심을 갖고, 인지과학 및 인지심리학, 그리고 인지언어학의 최신 도서를 번역하여 인문학의 대중화에 기여하고 있다. 특히 학제간 통섭을 이루어내려는 다양한 국외 도서를 발굴하여 국내에 소개하는 일의 필요성을 인식하고 그 일을 실천으로 옮기고 있다.

저서로는 《개념적 혼성 이론》(2003, 학술원 우수학술도서), 《인지언어학과 의미》(2005, 문화관광부 우수도서), 《인지언어학과 개념적 혼성 이론》(2013), 《환유와 인지》(2019, 세종도서 학술부문 선정)가 있다. 역서로는 《인지언어학 개론》(1998, 문화관광부 우수도서), 《우리는 어떻게 생각하는가》(2009, 학술원 우수학술도서), 《인지언어학 옥스퍼드 핸드북》(2011), 《몸의 의미》(2012), 《이야기의 언어》(2014), 《과학과 인문학》(2015), 《비판적 담화분석과 인지과학》(2017), 《담화, 문법, 이데올로기》(2017), 《애쓰지 않기 위해 노력하기》(2018, 세종도서 교양부문 선정), 《생각의 기원》(2019), 《은유 백과사전》(2020, 세종도서 학술부문 선정), 《창의성과 인공지능》(2020), 《애니메이션, 신체화, 디지털 미디어의 융합》(2020, 세종도서 교양부문 선정), 《고대 중국의 마음과 몸》(2020), 《뉴 로맨틱 사이보그》(2022), 《메타포 워즈》(2022) 외 다수가 있다.

옮긴이의 말

이 책은 인간 본능에 충실하듯 노골적으로 자위하기, 술 취하기, 정크푸드 먹기로 시작한다. 이는 모두 인간의 쾌락을 나타낸다. 일반적으로 진화적 관점에서 이런 쾌락을 진화의 실수라고 한다. 예를 들어, 섹스와 당분 섭취는 원래 진화상 인간에게 필요한 것이다. 섹스는 자손을 남겨 후대를 보존하기 위한 행위이고, 당분 섭취는 영양분이 부족하던 시절에 당분을 과다 섭취해 영양분이 부족할 경우를 대비하기 위함이다. 하지만 자위는 자손 번식과 무관한 행위이고, 좋은 음식이 주변에 널리고 널렸는데도 정크푸드에 손이 간다. 이러한 쾌락 추구는 인간이 공짜로 무언가를 얻기 위해 알아낸 교활한 방법으로서, 진화에 대한 도전이고, 결국 진화의 실수이다.

이런 진화의 실수를 설명하는 이론에는 숙취(hangover)와 납치(hijack)가 있다. 진화적 숙취는 당분 섭취가 처음에는 적응적 행동이었지만 지금은 더 이상 적응적 행동이 아니라 우리에게 고통을 준다는 것이다. 납치는 다른 적응적 행동을 보상하기 위해 고안된 쾌락 시스템을 활용하는 불법적인 방법이다. 자위는 대표적인 납치의 예이다. 오르가슴은 생식을 위한 섹스를 통해 우리의 유전자를 다음 세대로 가져가는 것에 대한 보상이다. 하지만 우리는 자위와 같이 몸을 속여 몇 번이든 전혀 생식적이지 않은 방식으로 동일한 보상을 주도록 할 수 있다.

이 책의 주제인 술 취함이 숙취 현상에 해당하는지, 아니면 납치 현상에 해당하는지를 두고 학계에서 논란이 있었다. 술 취함을 숙취의 변이형으로 보는 경우에 가볍게 취하려는 욕구는 처음에는 우리 인간에게 적응적 행동이었지만 현대 환경에서는 적응적이지 않은 행동이라는 것이다. 술 취함이 납치의 변이형이라고 주장하는 사람은 우리 인간이 간절히 원하는 일을 해내고 나면 그 성취감으로 인해 뇌에서 보상용 화학물질이 나오도록 진화되었으며, 술은 그런 일을 하지 않고도 그 주성분인 에탄올이 우리 뇌에 보상용 화학물질을 방출하게 한다는 것이다.

이처럼 숙취이든 납치이든 진화의 실수 관점에서는 술에 취하는 것을 나쁜 행위로 본다. 술은 인지 제어와 목표 지향적 행동을 담당하는 뇌의 전전두엽피질(prefrontal cortex; PFC)을 손상시킨다. 전전두엽피질은 사람의 생존본능과 성격 및 계획, 성격 표현, 의사결정, 사회적 행동 조율, 발화와 언어 조율의 다양한 기능을 담당한다. 즉, 전전두엽피질은 이성의 중심지이다. 이처럼 음주 행위는 인간을 인간으로 만드는 이성 능력을 손상시키므로 무조건 금지해야 하는 행위로 본다. 그리고 술은 건강이나 식단상 귀중하고 한정된 곡물이나 과일로 만든다. 인간에게 먹을 것도 부족한 마당에 그런 곡물과 과일로 술을 만들어 인간의 이성을 해치는 음주 행위는 최악인 것이다.

만약 술이 단지 보상용 화학물질의 방출을 촉발함으로써 뇌의 쾌락 센터를 납치한다거나, 한때는 적응적이었지만 지금은 비(非)적응적인 악행이라면, 어떻게든 진화상 인간의 술 취향은 끝장났을 것이다. 하지만 여전히 술에 대한 인간의 취향은 계속되고 있다. 도대체 어찌된 일인가? 이 책의 저자 에드워드 슬링거랜드 교수는 이 질문에 답하기 위해 참신하고 색다른 논제를 제안한다. 그는 "취성물질은 인간에게 적어도 일시적으로 더 창의적이고 문화적이며 공공적이도록 함으로써 … 우리 인간에게 진정으로 대규모 집단을 형성하고,

점점 더 많은 수의 동식물을 길들이며, 새로운 기술을 축적하고, 그리하여 우리를 지구상에서 지배적인 초대형 동물로 만들어 준 뻗어나가는 문명을 창조하게 했던 스파크를 제공했다"라고 주장한다. 간단히 말해, 술이 없었다면 문명은 가능하지 않았을 수도 있다는 것이다. 흔히 농업이 문명을 가능하게 했다고 한다. 하지만 농업보다 이전에 수천 년 동안, 사람들은 취하기 위해 술과 여타 취성물질을 사용했다. 일부 고고학자는 심지어 최초의 농업이 주식을 위한 빵이 아닌 취하기 위한 맥주에 대한 욕망으로 추진되었다고 제안한다. 이는 '빵보다 맥주가 먼저(beer before bread)' 가설이라고 부른다. 따라서 주식을 위한 농업이 문명을 일으킨 것이 아니라 술이 문명을 일으켰다는 것이다. 이것은 대담하고 넉살 좋은 주장처럼 보일지 모르지만, 재치 있고 박식한 슬링거랜드 교수는 술로 부추겨진 고전 시를 포함해 역사, 인류학, 인지과학, 사회심리학, 유전학, 문학 등 광범위한 학문 분야를 힘들이지 않고 넘나들면서 이 주장을 뒷받침한다.

슬링거랜드 교수는 설득력 있는 주장을 하기 위해 광범위한 연구를 종합하는 박식하면서도 즐거움을 주는 작가이다. 그는 인류 역사 전반에 걸쳐 술의 인기와 지속성 및 중요성에 대해 재미있고 유익한 시각을 전달한다. 특히 기원전 7000년에 중국의 질그릇 조각에서 발견된 알코올의 화학적 흔적과 멕시코의 인간 동굴 주거지에서 발견된 기원전 3700년으로 연대가 측정되는 환각제 버섯을 인용하면서 창의성 증진, 스트레스 해소, 협력 강화 등 취함의 이점이 최초의 대규모 사회 발생의 핵심이었다고 주장한다. 또한 술이 전전두엽피질을 억제하여 어떻게 아이 같은 창의성과 수용성을 함양하는 데 도움이 되는지 설명하기 위해 생물학과 신경과학으로 파고들어 가고, 적당한 취함이 사람들이 유대감을 형성하지 못하게 할 수 있는 사회적 장벽을 무너뜨린다는 것을 보여주는 심리학 연구를 인용한다.

슬링거랜드 교수는 술에 대한 과학적인 이해가 없다면 술이 어떤 역할을 할 수 있고 어떤 역할을 해야 하는지 결정할 수 없다고 강조한다. 소량의 술은 우리를 행복하고 사교적으로 만들 수 있다. 하지만 여전히, 어느 정도의 양이든 술을 마시는 것은 어리석어 보일 수 있다. 이는 술이 전전두엽피질을 손상시키기 때문이다. 발달상 늦게 성숙하는 이 뇌 부위는 우리의 행동과 주어진 임무를 해내는 능력을 지배하는 추상적 추론의 자리이고 이성과 합리성의 자리이다. 연구에 따르면, 어린아이는 이 전전두엽피질이 거의 발달하지 않았기 때문에 매우 창의적이라고 한다. '어른의 아이 같은 마음 상태'는 문화적 혁신의 열쇠로서, 술이 전전두엽피질의 작동을 일시적으로 멈추게 함으로써 이런 마음 상태에 접근하도록 해 준다는 것이 그의 주장이다.

창의성에 관한 여러 문헌을 통해 엿볼 수 있듯이 창의성은 이성의 힘이 아닌 정서의 힘에서 나온다. 이성의 힘은 모두 전전두엽피질에 모여 있다. 이런 이성의 힘을 잠시 내려놓아야 정서의 힘이 발휘되어 창의성을 발휘할 수 있다. 이때 이성의 힘을 잠시 내려놓게 하는 것이 술이라는 것이다. 즉, 냉철한 '차가운 인지'가 아닌 '뜨거운 인지'가 작동하기 위해 합리적이고 논리적이고 이성적인 마음에 화학적 변화를 일으켜야 하며, 그것은 술로 가능하다. 니체는 놀이하는 아이를 철학적·실존적 이상으로 본다. 이성이 아닌 정서로 가득한 존재는 어른이 아닌 아이이고, 아이야말로 창의성의 근원이다. 이런 점에서 슬링거랜드 교수는 니체의 사유 프레임을 갖고 온다. 하지만 그는 한 단계 더 나아간다. 슬링거랜드 교수는 진정한 창의성이 어른의 마음도 아니고 아이의 마음이 아닌 '아이 같은 마음'에서 나온다고 본다. 창의성의 대표적인 예는 특허로서, 이런 특허를 아이가 내는 경우는 없다. 대부분 어른의 마음에서 나온다. 여기서 말하는 성인의 마음은 아이의 마음을 되찾은 마음이다. 즉, '창의적인 어른의 마음'은 '어른의 몸'과 '아이의 마음'이 혼성된 것이다. 슬링거랜드 교수는 어른이 창의성을 실현하기 위해 아이의 마음을 가질 수 있도록 도와주는 것이 바로 술이라고 본다. 그래서 창의적인 어른의 마음은 '술 취한 마음'이 되는 것이다.

여기서 말하는 술 취한 마음은 개인적인 것만을 의미하는 것은 아니다. 몇 년 전, 슬링거랜드 교수가 구글 캠퍼스에서 강연을 했을 때, 담당자들이 그를 인상적인 방으로 안내했다. 이곳은 코더들이 창조적인 벽에 부딪힐 때 액체 영감을 얻기 위해 불쑥 찾아오는 공간이었다. 그곳은 혼자 취하는 장소가 아니었다. 슬링그랜드 교수는 서로 얼굴을 보면서 이야기를 나눌 수 있고, 쉽게 술에 접근할 수 있는 그러한 공간이 집단적 창의성의 인큐베이터 역할을 할 수 있다고 본다. 그는 술이 개인의 창의성에 제공하는 자극이 사람들이 집단으로 취할 때 강화된다고 강조한다. 즉, 술 취한 마음은 '집단적 술 취한 마음'인 것이다.

슬링거랜드 교수는 미국의 금주운동을 이용한 연구를 인용하여 술의 공동소비가 혁신을 주도할 수 있다는 생각을 시험한다. 금주법은 1800년대 초로 거슬러 올라가듯이 역사가 깊다. 연구자들은 오랫동안 술을 마시지 않는 '건조한' 나라와 금주법에 반대했지만 갑자기 공동 술집을 폐쇄할 수밖에 없었던 나라를 비교했다. 그 결과 국가 전역의 금주령을 시행했을 때, 처음부터 금주법을 시행하고 있던 나라와 비교해 이전에 금주법에 반대했던 나라에서 매년 새로운 특허의 수가 15% 감소했다는 것을 발견했다.

슬링거랜드 교수는 이 책에서 술에 관해 아주 책임감 있는 지성인의 모습도 보여준다. 이 책은 우리에게 무조건 디오니소스처럼 행동하도록 하는 듯 보인다. 술이 이렇게 유익한 것이니 음주 행위에 대해 죄책감을 갖지 말고 마음껏 술을 마시라고 권유하는 것처럼 보인다. 하지만 저자는 마지막 장에서 음주 행위에 따른 도덕적 문제를 지적하면서 제대로 된 음주 방식을 설명한다. 그렇게 하기 위해 먼저 현대의 증류 기술과 사회적 고립 문제를 언급한다. 저자는 독한 증류주에 탐닉하는 것과 혼술을 음주 행위의 문제점으로 본다. 따라서 원래 술은 인간의 창의성을 증대시키고 집단 공동의 문제를 해결하기 위해 마신다. 인간의 창의성을 증대시킨다고 할 때 인간 이성의 중심지인 전전두엽피질을 잠시 작동 중지시켜서 냉철한 이성과 차가운 인지를 잠시 내려놓게 해야 한다. 잠시 그렇게 하기 위해서는 독한 증류주가 아닌 약한 발효주가 그런 기능을 하는 데 적합할 것이다. 물론 독한 증류가 그런 역할을 하기 위해서는 많은 양이 아닌 적은 양만 투입되어야 할 것이다. 창의성을 위해서는 이성의 힘이 약해져야 하고 정서의 기능은 강해져야 한다. 많은 양의 독주는 정서의 기능마저 마비시켜 버리기 때문에 창의성에 아무런 도움이 안 되고, 몸만 다치게 하는 일이 생긴다. 그리고 술은 원래 집단 공동의 문제를 해결하기 위한 수단이었다. 술 자체는 위험하다. 그래서 혼자가 아닌 여러 사람이 함께 마시면서 상대방이 마시는 양을 서로 모니터링해 주어야 한다. 하지만 혼술의 경우에는 그것이 어려우므로 혼술의 위험성에 대해 저자는 이야기한다. 물론 혼술의 경우에 스스로를 통제할 수도 있을 것이다. 그런 경우에는 어느 정도의 이성의 끈을 놓아서는 안 되므로 어쩔 수 없이 혼술을 해야 하는 경우라면 독주가 아닌 약한 술을 마셔야 할 것이다. 이처럼 마지막 장에서 증류와 고립(혼술)의 개념으로 저자는 술에 대한 책임감 있는 지성인의 모습을 보여주고 있다. 저자는 젊은이들이 식사를 하면서 독한 증류주가 아닌 약한 발효주인 와인 등을 조금씩 마시는 것처럼 디오니소스를 길들이기 위한 방법을 제안하면서, 술을 금지된 물질이 아닌 미적 쾌락의 원천으로 보고 있다.

저자 슬링거랜드 교수는 음주 행위가 이렇게 최고의 악임에도 불구하고 왜 술이 동서고금을 막론하고 그렇게 널리 퍼져 있는가라는 질문에 답하고자 한다. 우리 인간은 애초에 술과 여타 취성물질에 취하는 것을 좋아했던 것이다. 술과 여타 취성물질의 역사에 대한 재미있는 책은 많다. 하지만 아주 먼 과거와 지금의 현재에 이르기까지 인간이 왜 술을 그렇게 좋아하는가라는 기본적인 질문에 종합적이고 설득력 있게 답하는 책은 아직 없다. 따라서 저자는 이 책이 그런 역할을 할 것으로 생각한다.

이 책은 출간과 동시에 학계의 커다란 호평을 받고 있다. 이 책에 쏟아진 찬사를 소개하면 다음과 같다.

"《Drunk》는 깨우침을 주는 것만큼 즐거움을 주는 희귀하고 매혹적인 책이다. 취성물질의 역사, 인류학, 과학에 대한 슬링거랜드의 배꼽을 잡게 하고 박식한 탐구는 당신의 음주 방식과 사고 방식에 혁명을 일으킬 것이다."

—대니얼 리버먼, 《Exercised》의 저자

"술이 우리를 인간으로 만드는가? 광범위하고 도발적이며 매우 재미있는 이 탐구에서 에드워드 슬링거랜드는 취함이 신뢰와 사랑을 위한 강력한 힘이라는 훌륭한 주장을 한다. 자위, 트윙키, 술의 매력에 대한 첫 단락부터 슬링거랜드가 우리에게 삶에서 황홀을 향해 떠나라고 권하는 장쾌한 결말에 이르기까지 취함은 기쁨이다."

—폴 블룸, 《Against Empathy》의 저자

"《Drunk》는 거의 치사량에 가까운 향정신성 독약을 일상적으로 섭취한다는, 우리 종의 가장 곤혹스러운 집착을 신선하게 살펴보는 힘차고 자극적인 지적 칵테일이다. 역사, 인류학, 유전학, 화학을 힘들이지 않게 함께 엮어내는 심오한 학식에도 불구하고, 슬링거랜드의 책은 몇 파인트의 맥주를 마시면서 오랜 친구와 나누는 잡담 같은 느낌이 든다. 당신은 많은 것을 배우겠지만 이를 알아차리지 못할 것이다. 왜냐하면 아주 재미있을 것이기 때문이다."

—조지프 헨릭, 《The WEIRDest People in World》의 저자

"사람들이 왜 술을 마시는지 이해하는 것은 인간 경험의 핵심을 활용하는 것이다. 슬링거랜드 교수는 과학과 인문학을 가로지르는 어지러운 여러 학문에서 나온 다양한 관찰을 매끄럽게 함께 엮어낸다. 그렇게 하면서 우리가 왜 음주를 높이 평가하는지에 대한 자극적인 통찰력을 제공하고, 어떻게 책임감 있게 음주를 하고 사회의 음주와 비(非)음주 구성원들을 더 잘 통합시킬 수 있는지에 대한 실용적인 제안을 한다. 처음 몇 단락을 읽으면, 즉시 정말로 몰입할 수 있고 즐거운 책을 만나게 될 것임을 깨닫게 될 것이다! 좀 더 읽으면 또한 음주의 즐거움과 위험 둘 다를 최첨단으로 이해하고 있다는 것을 깨닫게 된다. 슬링거랜드는 우리 인간이 왜 만취 상태가 될 때까지 술을 마시는지를 역점을 두어 다루기 위해 복잡한 알코올 문헌을 증류하면서 능숙하게 곧잘 교육하고 놀라게 하며 즐겁게 해준다."

—마이클 세예트, 피츠버그대학교 심리학 교수

"훌륭하고 최종적인 책이다. 술은 다른 모든 취성물질들을 합친 것보다 더 많은 장소에서 더 많은 사람들이 사용하고 남용하고 있었다. 음주에 관한 이야기는 사실 인류의 이야기이며, 에드워드 슬링거랜드는 애정 어린 재치, 불경, 지혜, 그리고 깊은 통찰력으로 음주를 이야기한다."

—웨이드 데이비스, 《*Magdalene: River of Dreams*》의 저자

"슬링거랜드는 독자들을 매우 즐겁고 불경하며 유익하게 취성물질의 세계로 안내한다. 그는 술의 해로운 영향을 고려하면 음주 행위가 왜 그렇게 널리 스며 있는가 하는 난감한 문제를 매력적으로 다루고, 초파리에서 사람에 이르기까지 모든 사람이 이해할 수 있는 명확하고 이해할 수 있는 언어로 진화의 장점을 능수능란하게 표현한다. 《*Drunk*》는 진화 분야에서 획기적인 사건이다."

—브라이언 헤이든, 《*The Power of Feasts*》의 저자

"이 책은 디오니소스에게 보내는 러브레터이다. 《*Drunk*》는 술로 인생이 망가진 환자들의 기억을 불러일으키면서도 친구들과 함께 술을 마시고 멋진 책을 읽는 즐거움은 물론 그 가치를 인식하게 했다."

—랜돌프 네스, 《*Good Reasons for Bad Feelings*》의 저자

"《*Drunk*》는 짜릿한 지적 쾌감을 자극한다. 에드워드 슬링거랜드는 바 스푼(칵테일용의 자루가 긴 수저)을 풍부한 민족지학·고고학·심리학·역사 문헌에 집어넣고 격렬하게 휘저어, 술이 인류 문명의 발전에 했던 역할과 오늘날에도 꾸준한 중요성에 대한 훌륭하고 새로운 통찰력의 칵테일을 만들어

낸다. 그는 당신의 전형적인 바텐더보다 더 재미있고, 그가 섞어서 만든 술은 우리가 꽤 오랫동안 홀짝거리고, 흡수하고, 음미하게 될 술이다. 건배!"

―리처드 소시스, 《Religion Evolving》의 저자

"대규모 협력은 현대 사회의 성공에 필수적이다. 흥미롭고, 재미있고, 읽기 쉬운 이 책에서, 슬링거랜드 교수는 술이 복잡한 세상에서 우리 모두가 잘 지낼 수 있도록 수천 년 동안 갈고 닦은 문화적 도구라는 사실을 제시한다. 《Drunk》는 술에 대한 우리의 애증 관계를 새롭게 조명한다."

―그레그 웨들리, 멜버른대학교 인간-컴퓨터 상호작용 학과 교수

"에드워드 슬링거랜드는 인간이 왜 취함을 추구하는지에 대해 재치 있고 현명하며 활기 있고 음흉할 정도로 불경스럽게 말한다. 이것은 진화심리학, 문화사, 인간 사회성에 대한 광범위하고, 심오하게 지적이며, 강박적으로 읽기 쉽게 개관하면서, 인간이 되어야 하는 것이 때때로 인간이 되는 것으로부터의 휴식이 필요한 것인지, 즉 의례적 또는 화학적 해방을 통해 심오하고 황홀한 것을 경험하는 것인지를 묻는다. 이 반짝이는 기록물은 때때로 술을 즐기는 분별 있는 모든 사람들의 선반 위에 있다."

―자넷 크르잔, 《Alcohol: Social Drinking in Cultural Context》의 저자

"재치 있고 박식한 이야기꾼 슬링거랜드는 자신의 주장을 펼치기 위해 광범위한 학문 분야에 걸쳐 있다. 독자들은 이 훌륭한 연구를 위해 건배할 것이다."

―《퍼블리셔스 위클리》

"광범위하고 종종 곤혹스러운 인간 행동에 대한 인류학적 접근법을 취하는 설명적이지만 대화적인 연구."

—《라이브러리 저널》

    슬링거랜드 교수가 술에 대한 이 거대한 지적 보고서를 완성하면서 집단 지성의 도움을 받은 것처럼, '술의 인지 혁명'을 국내 독자들에게 알리려는 시도로 착수한 이 번역 과정에서 역자 자신도 많은 분들의 도움을 받았다.

    그런 도움의 첫 번째 주자는 이승주 선생님으로서, 선생님은 본인의 초고와 슬링거랜드 교수의 원본을 꼼꼼하게 대조하는 작업을 통해 오역 찾기에 집중해 주었다. 역자 본인이 정신적·체력적 에너지가 중간 중간 고갈되는 상황에서 번역이 이루어지다보니 어쩔 수 없는 오역들이 있었고 이런 오역을 선생님께서 잡아 주신 것이었다. 오역도 오역이지만 번역에서 한 개인이 사용할 수 있는 번역 표현은 한계가 있기 마련이다. 이런 한계에 어느 정도 윤활유를 제공하는 교정을 선생님께서 맡아 주셨다.

    두 번째 주자는 서울대학교 불어불문학과 김현진 학생이다. 그는 이미 본인이 번역한 슬링거랜드 교수의 책 《애쓰지 않기 위해 노력하기》와 《고대 중국의 마음과 몸》의 독자였으며, 본인이 지금의 이 책을 번역한다는 사실을 알고 출간 전에 예비 독자의 역할을 자청해 주었다. 김현진 학생은 앞으로 직접 번역 작업을 하고 싶다는 꿈을 갖고서 번역이 이루어지는 과정에 참여해 보고 싶었던 것이다. 이 책이 일반 독자를 위한 책이지만 그 내용에서는 전문적인 내용이 다분히 수록되어 있어 쉽게 번역되지 않는다면 일반 독자의 눈에 큰 부담이 되는 부분도 있었다. 이런 부분을 예비 독자의 자격으로 지적해 주어 그런 전문적 내용을 쉽게 옮기는 데 큰 도움을 주었다.

세 번째 주자는 영문학을 전공한 박수정 선생님과 국어학을 전공한 임태성 선생님이다. 두 선생님은 각각 문학과 언어학 전공자답게 초고에서 미적 감각과 논리성을 더해주는 작업을 맡아주셨다. 번역 투의 딱딱한 많은 표현에 미적인 터치와 논리성를 감할 수 있는 교정 작업이 이 책의 완성도에 큰 힘이 되었다.

네 번째 주자는 동양철학을 전공하는 조현일 선생님이다. 조현일 선생님은 처음부터 슬링거랜드 교수의 동양철학적 사유에 매료되어 자신의 학문적 방향 설정을 위해 그분의 모든 책을 정독한 동양철학 학도이다. 그런 과정에서 이전에도 본인이 번역한 《애쓰지 않기 위해 노력하기》와 《고대 중국의 마음과 몸》의 교정에서도 큰 도움을 주었고, 이 번 책의 교정에도 이루 말할 수 없는 역할을 해 주었다. 특히 선생님은 인지과학과 동양사상 관점에서 이루어진 술에 대한 논의 부분에서 전문적인 의견을 주셨다.

다섯 번째 주자는 해군사관학교 영어과의 크리스토퍼 웨이너(Christopher Wehner)와 제이슨 콕스(Jason Cox) 교수이다. 슬링거랜드 교수의 이 책은 영미 문화를 이해하지 않고서는 제대로 번역할 수 없는 부분을 비롯해 술이라는 주제 때문인지 몰라도 구어체로 작성된 문장이 많았다. 두 원어민 교수는 이런 영어 자체 해독 부분에 큰 도움을 주었다. 이처럼 이분들의 도움이 없었다면 지금의 이 책은 읽기가 매우 투박하고 힘들었을 것이다. 물론 개별 독자들마다 읽기에 부담되는 표현들이 있을 것인데, 이는 전적으로 역자 본인의 탓일 것이다.

그리고 《애쓰지 않기 위해 노력하기》와 《고대 중국의 마음과 몸》에 이어 슬링거랜드 교수의 이 세 번째 책의 번역서까지 과감히 출간해 주신 고반출판사 허재식 대표님께 감사드린다. 대표님께서도 이 책의 초고를 꼼꼼히 검토하시면서 많은 시간을 보태 주셨다. 책에 대한 대표님의 애정이 없었다면 책 내용을 포함한 전체 편집이 이렇게 멋지게 나오지 못했을 것이다. 이 자리를 빌려 다시 한 번 대표님께 감사드린다.

마지막으로, 이 책의 저자 슬링거랜드 교수의 우정에 깊은 감사를 드린다. 특히 슬링거랜드 교수는 이 책의 정식 책이 출간되기 6개월 전에 초고를 보내 주어 나는 전 세계에서 이 책의 첫 독자가 되는 영광을 누렸고, 이 책의 한국어판 서문을 보내 주어 역자인 본인을 격려해 주며, 이 책의 내용과 관련해 질문을 드리면 언제나 성심성의껏 답변서를 보내 주어 우리말 번역의 완성도를 높일 수 있게 해주었다. 특히 2008년도에 착수한 인문학과 자연과학의 통섭이라는 주제를 13년이 지난 지금의 이 책에서 다시 한 번 실천하는 모습에서 공부하는 본인에게 큰 감동이었다. 본인에게 이 주제에 대해 계속 고민하고 연구할 수 있는 기회를 준 슬링거랜드 교수께 이 자리를 빌려 다시 한 번 감사드린다.

이 책은 '술의 인지 혁명'을 전면에 내세운다. 우리 인간의 문명이 술로 비롯되었다는 점에서 '술 취한 문명'이다. 이 두 가지 키워드가 이 책을 번역하면서 느낀 점이다. 술의 인지과학을 듣고 싶고, 문명에 묻어 있는 술의 흔적에 관심이 있는 모든 분들의 손에서 이 책이 빛을 보기를 간절히 바란다.

2022년 6월 25일
김동환

한국어판 서문

인간 사회성에서 술의 역할에 대한 역사적 사례를 제시할 때 나는 내 전문 분야인 고대 중국에 집중하고 있지만, 한국 문화에서도 술은 명확히 매우 유사한 역할을 해왔고, 오늘날에도 그런 역할을 계속하고 있다. 이 책에 담긴 주장과 관찰이 한국 독자들에게 술과 인류 문명의 역사, 그리고 우리가 왜 애초에 술과 여타의 화학적 취성물질을 사용하는가라는 근본적인 물음에 대한 통찰을 심어주면서 도움이 되었으면 한다.

이 책 외에도 다른 내 책들도 한국어로 번역해 준 김동환 박사(해군사관학교 교수)께 가장 큰 감사와 고마움을 전한다. 내 연구에 관심을 가져주셔서 진심으로 감사드리며, 이렇게 많은 독자에게 다가갈 수 있게 해준 점에 대해서도 고마움을 전한다. 김동환 박사는 《Drunk》를 번역하면서 다음과 같은 분들의 도움을 받았다. 김현진(서울대학교 학부생), 박수정(울산대학교 강사), 이승주(해군사관학교 강사), 임태성(계명대학교 연구교수), 조현일(전남대학교 박사과정), 제이슨 콕스(해군사관학교 원어민 교수), 크리스토퍼 웨이너(해군사관학교 원어민 교수). 이 같은 대규모 작업에 도움을 준 이분들 모두에게 감사드린다.

《애쓰지 않기 위해 노력하기》(2019) *Trying Not to Try*(2014)와 《고대 중국의 마음과 몸》(2020) *Mind and Body in Early China*(2018)에 이어 《취함의 미학》(2022) *Drunk*(2021)까지 나의 모든 최근 책을 한국어판으로 출간해 준 고반출판사 허

재식 대표님께도 감사드리고 싶다. 이 3권의 한국어판 모두 편집과 제작의 질이 매우 뛰어나다. 편집팀과 제작팀에게도 진심으로 감사드린다.

2022년 3월 31일

캐나다 밴쿠버

에드워드 슬링거랜드

| 차례 |

옮긴이의 말 ●5   한국어판 서문 ●18   일러두기 ●23

서론 25

제1장 왜 우리는 술에 취하는가? 43

뇌 납치: 포르노와 성에 굶주린 초파리 ●51
진화적 숙취: 술 취한 원숭이, 물김치, 오수 ●55
트윙키와 포르노 그 이상: 숙취와 납치 이론을 넘어서 ●60
진정한 진화 퍼즐: 뇌를 몰래 훔치는 입속의 적 ●65
유전적 미스터리: 우리는 취하도록 만들어진 유인원이다 ●72
문화적 미스터리: 금주법의 이상한 세계 점령 실패 ●82
조상을 위한 피클? ●94

제2장 디오니소스를 위해 문 열어두기 97

인간의 생태적 지위: 창의적·문화적·공공적 지위 ●102
창의적 동물 ●109
문화적 동물 ●121
공공적 동물 ●130
아이의 마음 되찾기 ●140
술 취한 마음 ●143
디오니소스에게 문 열어주기 ●152

제3장 취함, 황홀, 문명의 기원 159

　뮤즈의 방문: 취함과 창의성 ●163
　화학적 강아지: 늑대를 래브라도로 바꾸기 ●170
　화학적 악수: 술에 진리가 있다 ●179
　토하기와 유대 ●191
　액체 황홀과 군체 마음 ●200
　정치적 힘과 사회적 연대 ●211
　문화적 집단선택 ●217

제4장 현대 세계에서의 취함 221

　위스키 룸, 살롱, 발머 피크 ●224
　진리는 파란색이다: 현대 샤먼과 마이크로도징 ●236
　스카이프가 있음에도 왜 출장은 사라지지 않았는가 ●243
　오피스 파티: 찬성이며, 꼭 반대는 아님 ●250
　단골 술집이 영원하길 ●255
　아름다움은 맥주를 들고 있는 사람의 눈 안에 있다: 성욕, 우정, 친밀감 ●262
　집단적 활기: 테킬라 샷과 버닝맨 ●270
　황홀: 자아 휴가 ●276
　그건 로큰롤일 뿐이야: 쾌락주의적 몸 지키기 ●287
　취할 때이다 ●294

제5장 디오니소스의 어두운 면 ...305

알코올 중독의 퍼즐 •309
증류주의 문제: 진화적 불일치 •315
고립: 혼술의 위험 •324
증류와 고립: 근대성의 두 가지 해악 •330
음주운전, 술집 싸움, 성병 •333
비어 고글과 여성폭력 •338
환영받지 못하는 외부자와 금주자: 올드 보이즈 클럽 강화하기 •341
위안인가 쐐기인가? 나쁜 관계의 강화 •350
하늘에 취하기: 술을 넘어서다? •353
디오니소스 길들이기 •360
디오니소스와 함께 살기 •372

결론 ...375

주석 •390
참고 문헌 •427
찾아보기 •463

일러두기

1. 원 주석 외에 보충 설명이 필요한 곳은 본문 중 괄호 첨자, 회색 글상자를 두었고, 글상자가 아닌 경우 '(역주)'임을 밝혔다.
2. 인용된 중국 한시는 원문을 밝혀 적고, 우리말로 번역하였다.
3. 본문 중에 나오는 '터키'의 국호는 2022년에 '튀르키예'로 바뀌었으므로 이 번역서에는 새 국호를 사용하였다.
4. 도량형 단위는 우리나라에서 주로 사용하는 단위로 바꾸었으며, 그대로 둔 것은 본문 중에 보충 설명을 붙였다. 도량형 환산값은 아래와 같다.
    예) OZ(온스)=CC(시시) : 1oz = 29.57353cc
    　　pt(파인트) : 1pt = (미)0.47ℓ / (영) 0.57ℓ

모든 인종, 모든 기후, 모든 종류의 인간 생명체에게 작용하는 이 비범한 필수품인, 자연이 베일에 싸놓은 액체를 한잔 마시고 싶은 기분은 철학적 정신의 관심을 끌 만한 충분한 가치가 있다.

— 장 앙텔름 브리야-사바랭(Jean Anthelme Brillat-Savarin)

서론

사람들은 자위를 좋아하고, 술에 취하는 것을 좋아하며, 트윙키 과자를 좋아한다. 보통 이 모든 것이 동시에 일어나지는 않지만, 이는 개인적 취향의 문제이다.

과학적 관점에서 볼 때, 다양한 종류의 이런 쾌락에 한 가지 공통점이 있다. 이런 쾌락이 진화의 실수(evolutionary mistake)라는 것이다. 즉, 인간이 공짜로 무언가를 얻기 위해 알아낸 교활한 방법이다. 진화는 몸에 영양분을 공급하거나 유전자를 물려주는 것처럼 진화의 계획을 진전시키는 일을 하면 우리에게 약간의 즐거움을 준다. 하지만 영리한 영장류는 포르노, 피임약, 정크푸드를 발명하고 진화의 원래 설계 목표를 냉담하리만치 무시하면서 뇌에 도파민을 주입할 물질을 찾거나 창조해 내는 등 무한히 긴 시대 동안 이런 진화 시스템과 승부를 겨루고 있었다. 인간은 시간과 장소에 구애받지 않고 약간의 황홀감을 이것저것 되는 대로 움켜쥐는 상습적인 쾌락 추구자이다. 누군가가 트윙키를 게

걸스럽게 먹고, 예거마이스터를 한잔 들이키며, 《스윙어스 게트웨이 4》 (Swingers Getaway IV)라는 포르노 DVD를 보면서 성적 쾌감을 느낌으로써 엔도르핀이 방출될 때 그는 과분한 보상을 받는다. 이에 진화는 틀림없이 격노할 것이다.

진화의 실수의 한 가지 유형은 진화적 '숙취(hangover)'이다. 이 경우에 우리는 한때는 적응했지만 더 이상은 적응하지 못하는 행동과 욕구에 괴롭힘을 당한다. 트윙키에 대한 우리의 욕구는 진화적 숙취의 대표적인 예이다. 진화가 우리에게 설탕과 지방을 좋아하게 만들었기 때문에 정크푸드는 매력적이다. 이는 굶주림과 기아의 끊임없는 망령에 시달리는 우리 조상인 수렵채집인에게 현명한 전략이었다. 그러나 현대 환경에서 정크푸드는 정도를 심하게 벗어난다. 즉, 현대 사회의 많은 사람은 가끔 심장마비를 유발하는 하나의 패키지로 편리하게 전달되는 값싼 단것, 탄수화물, 가공육을 쉽게 접할 수 있다. 진화는 또한 '납치(hijack)'에 의해 뒤엎어질 수도 있다. 납치란 원래는 다른 적응적 행동을 보상하기 위해 고안된 쾌락 시스템을 활용하는 불법적인 방법을 인간이 알아낸 경우를 말한다. 자위는 납치의 대표적인 예이다. 오르가슴은 생식을 위한 섹스를 통해 우리의 유전자가 다음 세대에 진입하게

트윙키(Twinkies)
미국 '호스티스'(Hostess) 사의 과자로 노란 스펀지 케이크 안에 크림이 채워져 있다. 미국의 국민 과자로 불린다. Twin Cakes의 준말이다.(역주)

돕는 것에 대한 보상이다. 하지만 우리는 몸을 속여 전혀 생식적이지 않은 방식으로 동일한 보상을 몇 번이든 받을 수 있다.

과학계에서는 우리의 잘못된 술 취향이 납치 변종인지, 아니면 숙취 변종인지를 두고 논란이 일고 있다. 납치 이론을 옹호하는 사람은 술이 우리를 기분 좋게 하며, 이는 그 활성 성분인 에탄올이 우연히 뇌에서 보상용 화학물질 방출을 일으키기 때문이라고 주장한다. 이것은 설계 결함이다. 즉, 이런 보상용 화학물질은 실제로 영양가 있는 것을 먹거나 증오하는 적을 타르 구덩이에 밀어넣는 것과 같은 진정한 적응적 행동을 보상하기 위해 진화가 의도한 것이다. 하지만 뇌는 속기도 하는데, 에탄올은 뇌를 속이는 가장 쉬운 방법이다.

'숙취' 이론을 옹호하는 사람은 적어도 가볍게 취하려는 욕구가 우리의 진화적 조상들에게 적응적이었을지도 모르는 다양한 방법을 찾아내지만, 이 욕구가 현대 환경에서는 극도로 비(非)적응적이게 되었다고 주장한다.

숙취든 납치든 간에, 자연선택은 아직 진화의 실수를 다루는 수고를 하지 않았기에 이런 실수는 계속된다. 이는 일반적으로 진화의 실수에 수반되는 비용이 비교적 경미하거나 꽤 최근에서야 문제가 되었기 때문이다. 우리의 오르가슴 욕구가 여전히 다음 세대로 충분한 유전자를 물려주는 결과로 이어지는 한, 진화는 자위를 눈감아 준다. 그리고 정크푸드는 대부분 선진국에 국한된 현대의 문제이다. 알코올이 설탕과 마찬가지로 자연에서 소량만 발생하기 때문에, 적어도 비교적 최근까지 진화는 알코올도 모른 체 할 수 있다. 과일을 자연 발효시켜 흥분을 얻는 데는 만만찮은 일이 필요하다. 진화적으로 눈 깜빡할 시간일지는 모르나 아마 9,000년 전 농업과 조직적인 대규모의 발효가 출현하고 나서야 많은 사람은 독한 술을 이용할 수 있게 되어, 정에 무른 사람은 심히 만취하고 주말을 허비하며 간을 망치는 파멸의 길로 들어섰다.

술과 여타 화학적 취성물질의 사용에 대한 진화의 실수 견해에서 중요하지만 인식되지 않은 특징은 자위나 정크푸드를 입에 잔뜩 채워 넣는 것과 마찬가지로 술이나 취성물질에 취하는 것을 영락없는 해악(害惡)으로 본다는 것이다. 해악이란 덧없는 쾌락을 주지만 결국 자신과 타인에게 해로우며, 기껏해야 시간만 낭비하는 습관이다. 사실, 자위의 가장 열렬한 애호가라도 다른 모든 것이 같다면 어쩌면 주말 오후를 보내는 더 생산적인 방법이 있다는 것을 인정해야 한다. 이런 습관에 대한 탐닉은 기분은 좋을지 모르지만, 우리나 다른 누구에게도 도움이 되지 않는다.

그러나 모든 해악이 똑같은 것은 아니다. 《스윙어스 게트웨이 4》 시나리오의 경우, 진화가 자기 일을 제대로 하지 못하고 진화의 실수를 범하는 것처럼 밤에 잠을 설치는 것은 실제로 예거마이스터를 여러 잔 마신 것 때문이다. 잠시 자위에 빠지는 것은 큰 문제가 아니다. 반면에 술은 정말 위험할 수 있다. 술에 취하는 것은 비정상적인 정신 상태로서, 자제력이 줄어들고 도취증이나 우울증도 어느 정도 생긴다는 특징이 있다. 이는 많은 뇌 부위가 일시적으로 손상되기 때문이다. 이 용어가 암시하듯이, 술에 취하는 것은 독소 섭취와 관련이 있다. 독소는 우리 몸에 매우 해로운 물질이라서 우리에게는 독소를 분해하고 가능한 한 빨리 기관에서 빼내는 복잡한 다층의 생리적 절차가 있다. 적어도 우리 몸은 확실히 술을 심각한 위협으로 본다.

술은 일반적으로 칼로리는 제공하지만 영양가는 거의 없으며, 귀하고 역사적으로 많이 부족했던 곡물이나 과일로 만든다. 음주 행위는 인지와 운동 기술을 해치고 간을 손상시키며 뇌세포를 죽이고, 경망스러운 춤·치근덕거림·싸움·사회적으로 용납되지 않는 많은 행동을 부추긴다. 적은 양을 마시면 행복하고 사교적이게 될 수 있지만, 섭취량이 증가하면 곧 어눌한 말이나 격렬한 논쟁, 술에 취해 울부짖는 사랑 표현, 부적절한 신체 접촉, 이윽고 가라오케로 이어진다. 완전히 취하면 무욕(無欲)과 집단 유대의 황홀한 경험이 유도되기도 하지만, 구토나 부상, 일시적인 기억 상실, 경솔한 문신, 심각한 재산 피해로 이어지는 경우도 허다하다. 숙취는 말할 것도 없다.

진화적 관점에서 볼 때 특정 약물의 사용은 일리가 있다. 커피, 니코틴, 그리고 여타 자극제는 기본적으로 성능 증진제로서, 우리의 발걸음에 극상의 탄력을 불어넣고, 운동 기능은 손상시키지 않으며, 현실 통제를 확고하게 하면서 우리의 정상적인 진화적 목표를 추구할 수 있게 해 준다.[1] 정말 곤혹스러운 것은 취성물질 사용, 주로 음주 행위이다. 이는 취성물질이 우리의 혈류에 이르는 순간부터 우리를 손상시키기 시작하여, 반사작용을 늦추고 감각을 둔하게 하며 초점을 흐리게 하기 때문이다. 우리의 인지 제어와 목표 지향적 행동을 담당하는 중심인 뇌의 전전두엽피질(prefrontal cortex; PFC)을 겨냥해서 그렇게 한다. 이 책에서 사용하는 '취함(intoxication)'이라는 용어는 법적으로 '만취한(drunk)' 것으로 생각되는 극도의 술 취한 상태뿐만 아니라, 처음 몇 모금의 와인으로 인한 거나하고 행복한 취중 쾌감도 포함한다. 가벼운 사교적 황홀감은 무해하게 보일지 모르지만 어쩌면 우리를 인간으로 만드는 능

전전두엽피질(prefrontal cortex; PFC)
뇌의 전두엽에 위치하고 있고, 우리에게 사회적으로 부도덕하거나 비합리적인 말과 행동을 억제하는 능력을 가지게 한다. 그래서 전전두엽피질이 손상되면 이는 사회적으로 용인되는 행동이나 계획을 수행하는 능력의 상실로 이어진다. 이런 손상이 아동기에 일어날 경우는 도적적 행동을 이해하지 못하게 되고 성인에게서 일어날 경우는 사회적으로 용인되는 행동을 이해는 하지만 실제로는 그런 행동을 하지 못하게 된다.(역주)

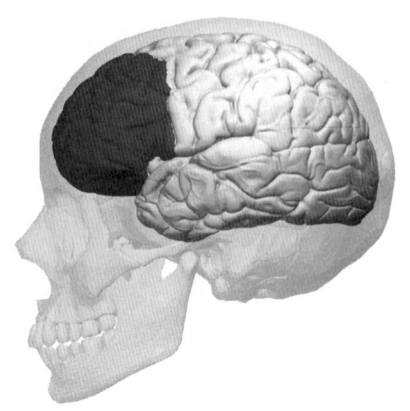

력, 즉 우리 자신의 행동을 의식적으로 통제하고 일에 집중하며 분명한 자아감을 유지하는 우리의 능력을 은연중에 손상시킨다.

전전두엽피질이 종(種)으로서 우리의 성공 열쇠라는 것을 감안하면, 술이나 여타 취성물질을 많이 섭취하는 것은 정말 바보 같은 짓이다. 생리학적으로 값비싼 뇌 부위인 전전두엽피질이 완전히 발달하고 마지막으로 성숙에 도달하는 데까지 20년이 훨씬 넘게 걸린다. 그러므로 21번째 생일을 기념하기 위해 흔히 PFC를 화학적으로 쓰러뜨리는 것은 이상한 일이다. 우리의 인지 통제를 손상시키는 것에 잠재적으로 엄청난 비용이 들고 이득이 분명히 없다는 것을 고려하면, 왜 인간은 여전히 취하고 싶어 하는가? 건강에 좋은 곡물과 맛있는 과일을 씁쓰레한 저용량 신경독으로 바꾸고 또는 현지 생물군계에서 취성 식물을 찾는 노동집약적 관행이 왜 여러 문화와 지역에 걸쳐 어디에나 있는가?

지난 천 년 동안 인간의 독창성과 집중적 노력이 가장 많이 발휘된 관심사가 어떻게 취하느냐의 문제였다는 것은 영문 모를 일이다. 기아직전인 소규모 사회도 알코올 생산을 위해 귀중한 곡식이나 과일의 상당 부분을 따로 떼어 놓았을 것이다. 식민지 이전의 멕시코에서, 조직적 농업이 없던 부족은 짧은 기간 동안 제철 선인장 열매로 술을 만들기 위해 먼 거리를 여행했다. 알코올 공급이 끊긴 이주민은 구두 가죽, 풀, 현지 곤충, 그리고 손에 넣을 수 있는 것은 무엇이든 필사적으로 발효시켰다. 중앙아시아의 유목민은 녹말이나 설탕을 구하지 못해, 마유(馬乳)를 발효하여 술을 만들기까지 한다. 현대 사회에서는 술과 여타 취성물질에 놀라울 만큼 많은 가계 예산을 소비한다. 금주법을 실시하는 국가에서도, 수많은 사람들이 청소용품이나 향수로 취하려고 하다가 고통스러운 죽음을 당하기도 한다.

술을 생산하지 않는 희귀한 문화는 예상대로 술 대신 카바, 환각제가 가미된 담배, 또는 대마초 등의 취성물질로 대체한다. 전통 사회에서 만약 생물군계에 향정신성 특성을 가진 무언가가 있다면, 현지 주민은 수천 년 동안 그런 물질을 사용했을 것이다. 종종 그런 물질은 맛이 끔찍하고 부작용이 심하다. 예를 들어, 아마존의 덩굴로 만든 환각성 차인 아야와스카는 고통스러울 정도로 쓰고, 순식간에 심한 설사와 구토를 일으킨다. 일부 남미 문화권

> **카바(kava)**는 피퍼 메티스티쿰의 뿌리에서 추출한 물질로 폴리네시아, 멜라네시아, 미크로네시아에서 발견된 후추과 식물의 한 종류로서, 보통 식물 자체와 식물의 뿌리를 이용한 음료이다. 진정 작용이 있지만 각성 상태에는 영향을 주지 않는 것으로 알려져 있다. 건강기능식품으로 스트레스, 진정 등을 목적으로 사용되기도 한다.
>
> **아야와스카(ayahuasca)**는 안데스 지역의 케추아어로 '영혼의 줄기'라는 뜻을 가지고 있는 환각 성분을 포함한 물질로, 아마존 인디언들이 종교의식에서 수천 년간 사용해 오고 있는 환각제이다.

에서는 독두꺼비를 핥기까지 한다. 전 세계 어디에서나 사람들이 있는 곳마다 취하려는 유일한 목적을 위해 역겨운 일을 하고 엄청난 비용을 물며 터무니없이 많은 자원과 노력을 들인다.[2] 취함의 욕구가 인간 존재에 얼마나 중심적인지를 감안하여, 고고학자 패트릭 맥거번(Patrick McGovern)은 농담 삼아 인간을 호모 임비벤스(Homo imbibens; 술 마시는 인간)라고 불러야 한다고 말했다.[3]

정신적으로 변하려는 욕구에는 문명의 초기로 거슬러 올라가는 오래된 뿌리가 있다.[4] 튀르키예 동부에 있는 12,000년 전의 유적지에서, 양조통처럼 보이는 유물은 잔치와 춤의 이미지와 함께 농업을 생각해 내기도 전에 사람들이 삼삼오오 모여서 곡식이나 포도를 발효시키고, 음악을 연주하며, 완전히 고주망태가 되었다는 것을 암시한다. 사실 고고학자들은 다양한 형태의 술이 단지 농업의 발명에 따른 부산물이 아니라 실제로 농업의 동기가 되었다고 말한다. 즉, 최초의 농부는 빵이 아닌 맥주에 대한 욕구에 의해 동기부여 되었다는 것이다.[5] 세계 각국의 인류고고학자들이 발견한 가장 초기의 발굴품에 맥주나 포도주를 생산하고 소비하기 위해 사용한 정교한 그릇이 항상 수없이 포함되어 있는 것은 우연이 아니다.

수메르 신화는 심지어 인간 문명의 기원을 음주 그리고 기분 좋은 성교와 연결시킨다. 현존하는 가장 오래된 서사시 《길가메시》(기원전 2000년경)에서, 동물들과 함께 돌아다니는 야수 엔키두를 성창(聖娼)이 길들이고 인간으로 만든다. 그와 대단히 신나는 7일간의 성교를 하기 전에 성창은 먼저 엔키두에게 문명의 두 큰 기둥인 빵과 맥주를 물릴 때까지 먹고 마시게 한다. 엔키두는 특히 맥주를 좋아하여, 7통의 맥주를 마셔 "거리낌이 없고 즐겁게 노래하게 된다." 그때서야 그들은 성교라는 본(本)행사에 돌입한다.[6] 기원전 1600년에서 1200년 사이에 중앙아시아의 대초원지대에서 인도 아대륙으로 이주한 고대 아리아인은 '소마(soma; 蘇摩)'라는 신비한 취성물질에 맞춰 종교 제도를 확립했다. 소마가 실제로 무엇이었는가를 두고 학문적 논쟁은 치열하다. 현재의 지배적인 이론은 소마가 광대버섯의 환각 유발성 버섯으로 만든 액체라는 것이다.[7] 그러나 소마는 분명히 강렬한 효과를 가지고 있었다. 기원전 1200년경 《리그베다》(*Rig Veda*; 인도에서 가장 오래된 브라만교 근본 경전) 찬가는 인드라 신의 말을 기록한다. 인드라의 말은 소마로 인한 황홀감이 나타나고 그의 생각이 헛돌기 시작하여, 그가 극도로 제정신이 아니지만 또한 우주를 뒤흔드는 힘으로 충만할 때 나온다.

> 그 다섯 부족은 내 눈에 티끌만큼도 아니다. 내가 소마 안 마셨나?
> 그 두 세계의 절반은 나의 한 날개와 같지 않다. 내가 소마 안 마셨나?
> 위대함에서 나는 하늘과 이 위대한 대지를 능가한다. 내가 소마 안 마셨나?
> 그래, 내가 지구를 여기에 둘 거야, 아니면 아마도 거기에 둘 거야. 내가 소마 안 마셨나?
> 나는 여기든 아니든 대지를 건전하게 요동치게 하겠다. 내가 소마 안 마셨나?
> 내 날개 중 하나는 천국에 있고, 다른 하나는 아래에 있다. 내가 소마 안 마셨나?
> 난 거대하고, 거대해! 구름으로 날아간다. 내가 소마 안 마셨나?[8]

왜 베다의 신들 중 가장 중요한 신은 완전히 취할 뿐만 아니라 실제로 마법 버섯의 조제약에서 힘을 끌어내는 것으로 상상되는가? 해당 약물이 사람의 기운을 잃게 하고 무기력하게 할 가능성이 높고, 동공이 확장되며, 운동협응이 아주 못쓰게 되고, '땅을 견실하게 헤치고 나아갈' 수 있는 체력이 아니므로, 이것은 특히 영문 모를 일이다. 우주의 질서를 바로잡거나 적을 해치우러 떠나기 전에 인드라 신이 든든한 식사와 영양가 있는 우유를 즐겼다고 묘사하는 것이 더 이치에 맞지 않을까?

인간 행동에 대한 과학적 접근법을 채택하는 것의 큰 힘은 너무 뻔히 보이는 곳이라 오히려 찾지 못하는 곳에 숨어 있는, 인간 존재를 둘러싼 깊은 퍼즐을 풀 수 있는 능력이다. 취성물질에 대한 우리의 취향이 오래되었고, 널리 퍼져 있으며, 강력하다는 것을 깊고 체계적으로 생각하면, 우리가 술을 좋아하는 것이 일종의 진화의 실수라는 일반적인 이야기는 진지하게 받아들이기 어렵게 된다. 수천 년 동안 인간이 취하기 위해 엄청난 비용을 지불했다는 것을 고려하면, 유전적 진화는 술에 대한 우발적 취향을 우리의 동기 체계에서 가능한 한 빨리 제거하려고 노력했을 것이다. 만약 에탄올이 우리의 신경학적 쾌락 자물쇠를 억지로 열게 된다면, 진화는 자물쇠 수리공을 불러야 한다. 만약 우리의 술 취향이 진화적 숙취라면, 진화는 오래전에 아스피린을 비축했어야 했다. 그러나 그렇게 하지 않았고, 왜 그렇게 하지 않았는지 설명하는 것은 단지 학문적 관심 그 이상이다. 음주 행위의 진화적 역학을 이해하지 못하면, 술이 오늘날 우리의 삶에서 할 수 있고 해야 할 역할에 대해 명확하고 효과적으로 생각할 수조차 없다.

술과 여타 취성물질의 역사에 대한 재미있는 책은 많지만, 왜 우리 인간이 애초에 취하고 싶어 하는가라는 아주 기본적인 질문에 종합적이고 설득력 있게 답하는 책은 아직 없다.[9] 인류 역사를 통틀어 술의 순전한 대중성, 지속성, 중요성은 설명이 필요하다. 이 책의 목표는 이를 설명하는 것이다. 나는 취함의 개념을 둘러싸고 있는 도시 전설과 뒤엉킨 일화적 기억을 헤치고 나아가, 고고학, 역사학, 인지신경과학, 정신약리학, 사회심리학, 문학, 시, 유전학의 증거를 바탕으로 취하려는 인간 욕구에 대한 엄격하고 과학적 근거가 있는 설명을 제시할 것이다. 내 주장의 핵심은 취하거나 만취하여 기분이 좋아지거나 다른 점에서 인지적으로 변하는 것이 진화적 시간에 걸쳐 개인이 생존하고 번성하는 데 도움이 되었고, 문화가 지속되고 확장하는 데 도움이 되었음에 틀림없다는 것이다. 취함에 관해, 진화의 실수 이야기는 틀린 것이다. 우리가 취하게 되는 데는 아주 타당한 진화적 이유가 있다.[10] 이것이 의미하는 것은 우리가 취함에 대해 알고 있다고 생각하는 대부분이 잘못되었거나, 일관성이 없거나, 불완전하다는 것이다. 또는 이 모두라는 것이다.

첫 번째 논점부터 시작해보자. 진화는 어리석지 않고, 대부분의 사람들이 인식하는 것보다 훨씬 더 빠르게 작동한다. 몇 세대에 이내에 목축업자는 성인일 때 우유를 마시는 것에 유전적으로 적응했고, 티베트인은 높은 고도에서 사는 것에 적응했으며, 배에서 생활하는 동남아시아 민족은 다이빙하여 물속에서 숨을 참는 것에 적응했다.[11] 만약 술이나 약물이 단순히 뇌의 쾌락 중심을 납치하고 있었거나, 또는 천년 전에는 적응적이었지만 지금은 순전히 해악이라면, 진화는 이것을 꽤 빨리 알아내고 그런 난센스를 확실하게 폐지했을 것이다. 포르노나 정크푸드와 달리, 술과 여타 취성물질은 생리적이고 사회적으로 매우 비용이 많이 들기 때문이다. 우리의 유전자는 우리에게 자위를 하면서 약간의 시간을 낭비하거나 트윙키를 먹으면서 살이 몇 킬로그램 찌도록 할 때만 한계비용에 직면한다. 술에 취해 전봇대에 차를 들이박거나, 간 손상으로 죽거나, 알코올 중독으로 자기 목숨과 가족을 잃는 것은 우리의 유전적 안녕에 훨씬 더 심각하고 직접적인 위협이다. 마찬가지로, 문화는 무해한 해악, 특히 사람들을 더 유순하고 순종하게 만드는 해악을 못 본 체할 수 있다. 마르크스(Marx, Karl Heinrich)는 포르노를 국민의 아편이라고 부른 적은 없지만, 인터넷을 한 번이라도 봤더라면 그랬을지도 모른다. 그러나 글자 그대로의 아편은 그 어떤 화학적 취성물질처럼 문화를 잠재적으로 끔찍하게 파괴한다.

취성물질에 대한 우리의 우발적 취향이, 나중에 설명하겠지만 완벽하게 타당한 '해결책'이 존재할 때도 유전적 또는 문화적 진화에 의해 근절되지 않았다는 사실은 확실히 다른 일이 벌어지고 있음을 의미한다. 탐닉의 비용은 구체적이고 목표한 이득과 균형을 이루어야 한다. 이 책에서는 술 취함이 진화의 실수가 아니라 창의성 향상, 스트레스 완화, 신뢰 구축, 그리고 사나운 종족 영장류들이 낯선 사람들과 협력하게 하는 기적을 일궈내는 것과 같이 수많은 독특한 인간의 문제를 해결하게 돕는다고 주장한다. 취함이 제공하는 개인적 및 사회적 이득과 함께 술에 취하려는 욕구는 첫 번째 대규모 사회가 등장하게 자극하는 데 결정적인 역할을 했다. 취하지 않았다면 문명도 없었을 것이다.

이는 두 번째 논점으로 이어진다. 음주가 사회 유대를 촉진한다는 사실은 세상을 뒤흔드는 의외의 새로운 사실처럼 들리지 않을 수도 있다. 그러나 인간이 문명에서 직면하는 특정한 협력 문제를 이해하지 못한다면, 왜 동서고금을 막론하고 술과 여타 취성물질이 거의 보편적인 주력 해결책이었는지를 설명할 방법이 없다. 파치지라는 어마어마한 게임으로 충분할 텐데 왜 독성이 있고 장기를 파괴하며 마음을 마비시키는 화학물질에 집착하는가? 이 질문에 답을 하지 못하면 퇴근 후의 술자리를 방탈출 게임이나 레이저태그 게임의 야외 단합대회로 대체하는 것에 대한 찬반 논쟁을 지능적으로 평가할 방법이 없다. 우리들 대부분은 직장에서 힘든 하루를 보낸 후 휴식을 취하기 위해 일부러 한두 잔의 와인을 찾는다. 오후에 자전거를 타는 것도 효과가 있을까? 15분 동안 명상하는 것은 어떤가? 생화학, 유전학, 신경과학에 대한 적절한 이해 없이는 이런 질문에 답할 수 없다.

마찬가지로 오래된 한 비유에서는 술병의 바닥에서 시적 영감이 발견된다고 한다. 왜 그 병에는 차가 아니라 술이 가득할까? 음주의 구체적인 효과는 무엇이며, 어떻게 술이 창의성에 도움이 되며, 최대의 효

파치지(Parcheesi)는 미국의 파크 브라더스와 위닝 무브스사에서 출시한 보드 게임이다. 파치지는 인도의 보드 게임인 파치시(Pachisi)에서 유래했다. 16세기와 17세기 무굴 제국의 황제들은 파치시 정원에 내륙에서 나는 대리석으로 만든 대단히 정교한 파치시 보드를 조성해 두었다. 그들은 각각 다른 색상의 드레스를 입은 아름다운 하렘 걸 16명을 게임의 말로 이용했다. 게임을 하는 사람들은 약 1.2미터 높이의 중앙 연단에 앉아서 주사위 대신 개오지 조개껍데기를 던졌다. 소녀들은 주사위를 던지면 그 결과에 따라 푸른 마당 안에서 움직였는데, 던져서 떨어진 각각의 조가비가 입을 벌리고 있는 수를 헤아려 앞으로 전진했다.

과를 위한 적절한 복용량은 얼마인가? (힌트: 병의 바닥을 보기 훨씬 전에) 시적 영감으로서의 술은 어떻게 실로시빈(멕시코산(産) 버섯에서 얻어지는 환각 유발 물질)이나 LSD(lysergic acid diethylamide; 정신분열 같은 증상을 일으키는 환각제), 또는 단순히 공원 산책과 비교되는가? 설명을 절실히 필요로 하는 취성물질 섭취를 둘러싼 수많은 퍼즐이 있으며, 현재까지 정말로 포괄적인 설명은 없다. 어떤 사람은 술을 고래처럼 마실 수 있고(그리고 마시고), 어떤 사람은 맥주를 몇 모금만 마셔도 얼굴이 붉어지고 구역질을 한다. 대부분의 사람은 취성물질을 성공적으로 일상생활에 통합시키는 반면, 어떤 사람은 위험할 정도로 중독되고 장애를 겪는다. 이런 반응에 책임이 있는 유전자는 무엇이며, 어떻게 하면 전 세계에서 이런 유전자의 분포를 설명할 수 있을까? 모든 것을 고려해 볼 때, 취성물질의 섭취를 금지하는 문화적 규범은 꽤 좋은 생각처럼 보인다. 왜 그런 규범은 사실 비교적 드물고, 실제로도 널리 피하는 것일까? 직장에서 술의 역할이나 음주 연령 법률과 같은 현대 이슈는 무엇을 함축하는가? 그런 문제에 대한 우리의 생각이 일반적으로 관련 과학을 전혀 모르는 상태에서 나온다는 것은 당혹스럽다. 기껏해야 우리의 생각은 일관성이 없는 사실들이나 더 넓은 진화적 관점에서 정보를 받지 못한 단편적인 과학적 지식에 근거할 뿐이다.

비록 다른 형태의 취성물질도 이 이야기에서 역할을 하지만, 특별히 술에 집중하는 데는 타당한 이유가 있다. 술은 취성물질 중에서 도전받지 않는 왕이다. 술은 거의 모든 곳에서 발견할 수 있다. 만약 개인의 창의성과 집단 협력을 극대화하는 것을 목표로 하는 사양(仕樣)을 충족시키는 물질의 설계를 문화공학(cultural engineering) 팀에 맡긴다면,

이 팀은 술과 매우 비슷한 것을 고안해 낼 것이다. 이런 사양에는 간단한 분자여야 하고, 거의 모든 탄수화물로 쉽게 만들 수 있어야 하며, 섭취하기 쉬워야 하고, 저장 가능해야 하며, 정확하게 조제할 수 있어야 하고, 복잡하지만 예측 가능하고 적당한 인지적 효과가 있어야 하며, 몸에서 빠르게 제거되어야 하고, 사회 규범의 지배를 쉽게 받아야 하며, 멋진 배달 시스템으로 포장할 수 있어야 하고, 음식과 잘 어울려야 한다는 것이 있다. 대마초, 소마, 춤으로 유발되는 황홀감의 장점과 기능이 무엇이든지 간에, 취하기 위한 이런 기술들 중 어느 것도 이 모든 범위의 사양을 갖추고 있지 않으며, 이런 기술 대부분에는 훨씬 더 큰 단점도 있다. 버섯으로 취하면 조약을 협상하는 것이 어렵다. 대마초의 인지적 효과는 사람들 사이에서 높은 변동성을 보인다. 그리고 음식을 먹지 않거나 잠을 자지 않고 밤새도록 춤을 추면 아침에 출근하기가 힘들다. 이와 대조적으로, 칵테일 두 잔으로 인한 숙취는 상대적으로 부담감이 적다. 술이 새로운 문화 환경에 도입될 때 여타 취성 물질을 대체하는 경향이 있고, 점차 '세계에서 가장 대중적인 약물'[12]이 된 것도 이 때문이다.

 화학적 취함은 분명히 위험하다. 술은 많은 생명을 앗아갔고, 계속해서 전 세계의 개인과 공동체를 파괴하고 있다. 쾌락 자체를 찬양하는 것에 대한 모호한 문화적 메스꺼움 외에, 술의 이익을 옹호하기 위해서는 음주 행위로 발생하는 엄청난 비용을 당연히 걱정하는 사람들의 강한 반발을 무릅써야 한다. 그러나 취하려는 인간의 욕구에 대한 진화적 근거를 이해하게 되면, 우리가 지금까지 과학적·인류학적 무지에서 함부로 말해왔던 대화를 활기차게 하는 데 도움이 될 것이다.

우리의 분석은 일상생활을 위한 명확하고 실행하기 쉬운 조언을 내놓을 뿐만 아니라 직장이나 대학에서 술의 최상의 역할 등 복잡하거나 논란의 여지가 있는 정책 문제도 제기할 것이다. 부적절한 행동의 조장을 당연히 염려하는 지금 이 시대에, 우리는 취할 때까지 술을 마셔야 하는가라는 질문에 대한 답이 그것은 부적절한 행동으로 이어지므로 술을 마셔서는 안 된다고 결정하는 것도 당연하지만, 이것은 처음부터 알고 있는 뻔한 결론은 아니다. 우리는 또한 현대 사회에서 술이 제기하는 전례 없는 위협에 비추어 개인과 집단 차원에서 취함의 역사적 이익을 재평가해야 한다. 비교적 최근의 증류 혁신과 사회적 고립, 즉 혼술은 질서와 혼돈 사이의 분기선에서 취성물질의 균형을 완전히 바꾸어 희미하게만 인식되는 새로운 위험을 만들어낸다.

이렇게 오래 생존했고, 인간의 사회적 삶에 그토록 중심적인 상태를 유지한 것을 보면, 인류 역사에서 취함의 이점이 부정적인 결과보다 더 중요했음이 틀림없다. 엄청나게 복잡하고 전례 없는 속도로 변화하는 현대 세계에서 이 계산법이 무엇을 권하는지는 넓은 역사적·심리적·진화적 관점을 취해야 제대로 평가할 수 있다. 트윙키가 안 좋다는 것은 확실하다. 자위를 한다고 해서 실명하는 것은 아니고 사회적 이익만 제한될 뿐이다.

술에 찬성 주장을 하는 것은 더 복잡하다. 근대 초기의 프랑스 미식가 브리야-사바랭(Brillat-Savarin)이 말한 것처럼, 취함에 대한 인간의 갈증을 설명하는 것은 실로 '철학적 정신의 관심을 끌 만한 가치가 충분히 있다.' 그러나 왜 우리가 술에 취하는가라는 질문, 즉 취성물질이 어떤 문제나 도전에 대한 해결책을 제공하는가라는 질문에 대한 답은 단순한 철학적 또는 과학적 관심 이상의 것이다. 술에 취하려는 우리 욕구의 기능적 역할을 이해하면, 오늘날 우리 삶에서 술과 여타 취성물질의 적절한 역할을 더 잘 이해하게 될 것이다. 틀린 계산으로 발생하게 되는 잠재적인 비용을 감안하면, 통속 개념이나 어렴풋이 이해하고 있는 정책 또는 청교도적 편견에만 이끌려 지금까지 해왔던 것처럼 비틀거리며 걸어가기에는 위험 부담이 너무 크다. 역사는 우리가 언제 그리고 무엇으로 취했는지 말해줄 수 있다. 그러나 역사와 과학을 결합시켜야만 우리 인간이 왜 애초에 술에 취하기를 원하는지, 그리고 실제로 가끔 고주망태가 되는 것이 어떻게 우리에게 좋을 수 있는지 비로소 이해하게 된다.

제1장
왜 우리는 술에 취하는가?

사람들은 술을 좋아한다. 인류학자 마이클 디틀러(Michael Dietler)가 주목하듯이 "술은 세계에서 가장 널리 마시고 가장 많이 마시는 향정신성 약물이다. 현재 전 세계 24억 명 이상(또는 지구 인구의 약 3분의 1)이 애주가인 것으로 추정된다."[1] 그리고 이런 현상은 최근에 발달한 게 아니다. 인간은 정말 오랫동안 술에 취해 왔다.[2] 술 마시고 파티하는 이미지가 21세기 인스타그램만큼이나 초기 고고학 기록에도 많이 등장한다. 예를 들어, 프랑스 남서부의 2만 년 된 조각품에서는 어쩌면 다산의 여신으로 생각되는 한 여성이 각배(角盃; 뿔잔)를 입에 물고 있다. 입에 가까운 부분이 넓은 쪽이라는 점만 빼면 그 여성이 그것을 악기로 삼아 불고 있다고 상상할 수도 있다. 그녀는 무언가를 마시고 있는데, 그것이 그냥 물이라고 상상하기는 어렵다.[3]

인간이 의도적으로 술을 빚었다는 최초의 직접적인 증거는 기원전

그림 1.1. 로셀의 뿔을 가진 비너스(프랑스 아키텐 박물관 소장품; VCG Wilson / Corbis via Getty Images).

7000년경 중국 황하 유역에서 찾을 수 있다. 황하 유역에서 초기 신석기 마을의 질그릇 조각에는 현대 기준으로 볼 때 매우 좋은 것은 아니지만 야생 포도와 여러 과일, 쌀, 꿀로 만든 포도주의 화학적 흔적이 묻어 있다.[4] 기원전 약 7000년에서 6000년까지 오늘날의 유럽 조지아에서 포도주를 담갔다는 증거가 있다. 같은 지역에서 나온 도자기 파편은 인간이 축하하기 위해 팔을 공중에 벌리고 있는 모습을 묘사하고 있는데, 이는 포도가 식사가 아닌 술을 위한 것임을 암시한다.[5] (그리스산 와인과 여타 와인의 경우에서와 마찬가지로) 송진(松津)으로 절임된 포도주에 대한 화학적 증거는 기원전 5000년에서 5500년경의 오늘날 이란의 도자기에서 발견되었고, 기원전 4000년까지 포도주 담그

기는 중요한 집단 사업이었다. 아르메니아에 있는 거대한 동굴 유적지는 포도를 밟아서 짜내기 위한 물동이, 발효통, 저장 항아리, 마실 그릇이 있는 고대의 본격적인 포도주 양조장 역할을 했다.[6]

또한 신석기인은 술을 만드는 재료에서 창의적이었다. 영국 북부 오크니 제도에서 고고학자들은 다양한 향료와 가벼운 환각제를 첨가하여 귀리와 보리로 빚은 술이 담겼던 것으로 보이는 신석기 시대의 거대한 도자기 항아리를 발견했다.[7] 술을 생산하려는 인간의 욕구는 시기적으로 아주 오래된 것일 뿐만 아니라 독창성에서도 인상적이다. 태즈메이니아 주민은 고무나무에 자국을 내어 수액을 받아 알코올로 발효시켰다. 현재 호주 남동부의 빅토리아 주의 쿠리(Kooris) 부족은 꽃, 꿀, 고무나무를 혼합하여 취하게 하는 술로 발효시켰다.[8]

아주 오래된 환각 유발성 음료의 존재에서 암시하듯이, 비록 술이 대부분의 거대한 세계 문화들 사이에서 선택하는 약물이었지만, 인간은 독물 선택 시에 엄청나게 무차별적이었고, 여러 취성물질로 술을 보충하거나 술이 없는 장소에서 대체물을 찾아냈다.[9] 일반적으로 포도나무 버섯 또는 선인장에서 나온 환각제는 애용물이고, 때로는 술 이상으로 특별한 지위를 부여받기도 한다. 예를 들어, 고대 인도의 베다인에게는 술이 있었지만, 술이 도덕적으로 미심쩍은 취함을 만들어낸다고 생각하면서 술을 약간 못 미더워했다. 문화적·종교적 위신에서는 환각제인 소마가 만들어낸 마다(mada)라는 심리상태가 으뜸이었다. 'mada'는 영어 단어 'madness'(미쳐버림)와 같은 뿌리에서 나왔지만, 산스크리트어로 보면 종교적 황홀감의 특권 상태인 환희나 희열 등을 의미한다.

멕시코 북동부의 인간 동굴 주거지에서 기원전 3700년으로 탄소 연대 측정된 페요테 선인장 봉오리와 메스칼린(선인장의 일종에서 추출한, 환각 물질이 들어 있는 약물) 함유 콩이 발견되었다.[10] 실로시빈 버섯의 이미지에 사람의 얼굴이나 동물이 새겨진 거대한 돌 조각과 메스칼린 선인장이 재규어와 같은 주술적 동물 꼭대기에 있는 것으로 묘사한 도자기는 기원전 3000년까지 거슬러 올라간다. 이는 환각제가 중남미 전역에서 오랫동안 종교의식에서 중심적인 역할을 했음을 암시한다.[11] 남북 아메리카 대륙에서 100종 이상의 환각제가 발견되었으며, 모든 환각제는 수천 년 동안 인간이 집중적으로 이용했다. 가장 이상한 환각제는 중앙 아메리카에서 발견되는 특정 독두꺼비의 피부 분비물로서, 이 분비물은 독두꺼비의 피부를 건조시켜 담배로 피우거나 액상 혼합물에 첨가하여 맛볼 수 있다.[12] 또는 급하면 그냥 독두꺼비를 꼭 누르면서 핥을 수도 있다.

술이 지역 해산물을 섭취하여 얻은 독소와 부정적으로 서로 작용하기 때문이겠지만, 태평양에서 음주 행위를 채택하지 않은 문화는 결국 카바를 선호하는 취성물질로 의존하게 되었다.[13] 바누아투 섬에서 인간의 지배하에 처음 들어온, 집중적으로 재배된 작물의 뿌리로 만든 카바는 너무 오랫동안 인간이 재배해 왔기 때문에 더 이상 스스로 번식하지 못한다.[14] 카바는 마취와 최면 효과가 있고, 강력한 근육 이완제이다. 전통적으로 씹어서 그릇에 뱉어낸 후 의식에 의해 엄격하게 규제되는 방식으로 주위로 전달하는 카바는 만족스럽고 사교적인 정신 상태를 유도하여 술보다 더 거나한 황홀감을 준다.

그리고 거나한 황홀감의 말이 나온 김에, 중앙아시아가 원산지인 대마초를 언급하고자 한다. 대마초가 기원전 2000년까지 널리 유통되고 소비되는 의식과 오락성 약물이 되면서, 유라시아인은 적어도 8,000년 동안 대마초를 피워 취하고 있다.[15] 대마초에 대한 우리의 취향이 얼마나 오래되었는지 알기 위해서는 기원전 첫 천 년경의 중앙 유라시아 매장지를 보면 된다. 이곳에서 12개 이상의 대마초로 만든 수의(壽衣)에 싸여진 한 명의 남성 무덤이 발견되었다.[16] 기원전 5세기에 그리스 역사학자 헤로도토스(Herodotus)는 중앙아시아의 말을 탄 유목민인 무서운 스키타이족 전사들이 목조틀 텐트를 세우고, 중앙에 거대한 청동 난로를 설치하며, 넉넉한 한 줌의 대마초를 던지고, 엄청나게 취함으로써 긴장을 푸는 것을 묘사했다. 이러한 의식은 최근의 고고학 증거로 확인되었고, 대마초를 피우는 중앙아시아 전통은 5, 6천 년 전으로 거슬러 올라간다.[17] 듀드(The Dude)라면 자랑스러울 것이다.

대마초를 접하지 못하는 유라시아 밖의 사람들은 다른 담배와 씹는담배로 임시변통했다. 수천 년 동안 호주 원주민은 피처리(pituri)라고

듀드는 《위대한 레보스키》(The Big Lebowski)(1988년 작품)라는 블랙코미디에 나오는 등장인물이다. 듀드는 제프 레보스키라는 이름 대신에 듀드라는 이름으로 불리기를 원한다. 영어 Dude(듀드)는 "사내, 놈, 녀석"을 의미한다. 가볍게 부르는 이 단어는 그의 인생을 함축한다. 영화에서 수많은 사람들이 그에게 큰 사건부터 아주 일상적인 것에 이르기까지 이런저런 요청을 한다. 그런 사람이 "레보스키"라는 딱딱한 이름을 사용했다면 사람들이 쉽게 다가가지 못했을 것이다. 그러 의미에서 듀드라는 별명은 그를 부르는 좋은 단어인 것이다. 영화에서 듀드는 칵테일과 맥주를 즐겨 마신다. 취하지 않으면 살아갈 수 없는 세상에서 적응하기 위해 듀드는 매일같이 취하고자 화이트 러시안을 마시는 것이다. 이 영화에서 영감을 받은 듀드주의(Dudeism)는 인생의 어려움에 직면하여 "흐름을 타라", "항상 침착해라", "마음 편히 살아라"라는 세 가지를 실천한 것을 권한다.

불리는 마약, 흥분제, 나무 재의 혼합물을 만들어, 그것을 씹는담배처럼 사용하면서 볼에 씹는담배 한 덩이를 넣어두고 있었다. 주성분은 다양한 품종의 토종 담배와 지역 마약 관목(흔히 '피처리'라고도 한다)이다. 원주민이 술을 생산하지 않고 사용하지 않는 지구상에서 몇 안 되는 곳 중 하나인 북미에서는 매우 정교한 담배 재배와 지역무역 제도가 존재했고, 고고학에서 발견한 담뱃대가 기원전 3000년에서 1000년 사이로 거슬러 올라간다는 것은 의미심장하다.[18] 비록 담배가 취성물질로 생각되는 경향은 없지만, 미국 원주민이 재배한 품종은 우리가 지금 동네 골목 가게에서 살 수 있는 담배보다 훨씬 더 독하고 취성이 있었다. 일반적으로 그랬듯이, 담배는 환각을 일으키는 성분과 섞으면 정말 강렬한 효과를 발휘했다.[19] 아편은 오래전 조상들이 뇌에 미치는 영향을 처음 알아낸 이후 인간들이 즐겼던 또 다른 마약이다. 영국과 유럽의 유적은 3만 년 전에 아편 양귀비를 소비하고 있었다는 것을 암시하며,[20] 고고학 증거는 기원전 2천 년 전까지만 해도 지중해에서 양귀비 여신이 숭배되었다는 것을 보여준다.[21]

그래서 사람들은 술에 취하거나 마약으로 황홀해지거나 환각제로 취하는 등 전 세계적으로 정말 오랜 시간 동안 취해왔다. 취성물질에 대한 우리 종의 취향뿐만 아니라 우리가 변한 상태에 대한 욕구를 추구해 온 엄청나게 다양한 방법을 기록한 재미있는 책은 넘쳐난다.[22] 대체의학 정신과 의사 앤드류 웨일(Andrew Weil)이 말한 것처럼, "약물 사용의 편재성은 인간의 기본적인 욕구를 나타낼 정도로 매우 인상적이다."[23] 고고학자 앤드류 쉐라트(Andrew Sherrat)도 이와 비슷하게 전 세계에서 사용되는 취하기 위한 매우 다양한 기술을 개관하면서, "향정신성 경험에 대한 의도적인 추구는 해부학적으로 (그리고 행동학적으로) 현대의 인간만큼 오래되었을 가능성이 있다. 그것은 호모 사피엔스 사피엔스의 특징이다"라고 주장한다.[24]

그러나 일반적으로 우리 술 취향의 역사적·인류학적 개관에서 인간이 애초에 왜 술에 취하기를 원하는가라는 근본적인 문제는 검토하지 않았다.[25] 현실적으로 말해서, 술에 취하는 것은 정말 나쁜 생각인 것 같다. 개인적 층위에서 술은 우리의 인지 능력과 운동 기능을 해치고 우리 몸을 손상시키는 신경독이다. 사회적 층위에서 만취와 사회적 장애의 연결고리는 현대 축구 훌리건이나 대학생이 고안한 것이 아니다. 디오니소스 또는 바커스라고 부르는 그리스 신의 이름에서 유래한 단어인, 거칠고 위험할 정도로 혼란스러운 바카날리아(bacchanalia; 바커스제, 주신제(酒神祭))는 고대 그리스 생활의 기본적인 특징이었다. 고대 이집트에서 중국에까지 술이 공급되는 의식과 연회에 대한 설명과 시각적 묘사에서 보면 무질서, 싸움, 질병, 시기적절하지 않은 인사불성, 다량의 구토, 부정한 성관계는 오랫동안 음주 행위의 흔한 결과였다.

전 세계 인간이 사용하는 각종 환각제는 위험하고 파괴적이다. 환각제는 현실로부터 우리를 완전히 단절시키는 것 외에도, 화학적 성질은 사람을 쉽게 죽일 수도 있다. 소노란(Sonoran) 사막에서 자라는 작은 관목인 소포라 세쿤디플로라(Sophora secundiflora; 콩과(科) 고삼속(苦蔘屬)의 상록나무)는 독성이 너무 강하여 하나만 먹어도 거의 순식간에 아이를 죽게 하는 콩을 생산한다. 사람들이 그 콩과 거리를 두는 법을 재빨리 배울 것이라고 생각되지만 그렇지 않다. 이는 이른바 '메스칼 콩'도 매우 취하게 할 수 있기 때문이다. 비록 그 콩은 음식으로서 가치가 없지만, 기원전 수천 년 전으로 거슬러 올라가는 고고학 유물에서 그 콩의 흔적이 발견되었으며, 그 당시 사막 문화에서는 그 콩이 취함의 힘으로 사용되고 있었다. 콩 반쪽이 어른에게 알맞은 복용량이지만, 여러분은 더 먹음으로써 부작용을 겪기는 원치 않을 것이다. 더 많이 먹으면 "메스꺼움, 구토, 두통, 땀, 침 분비, 설사, 경련, 호흡 근육의 마비 등이 생긴다. 질식에 의한 죽음에 이른다."[26] 끝내 이 문제를 해결하기에 앞서 꽤 많은 사상자가 있었다는 것은 의심의 여지가 없다.

왜 위험을 무릅쓰려고 하는가? 무시무시하게 위험한 환각성 콩에 대해 말하고 있든, 멍하게 하는 마약이나 방향감각을 잃게 하는 독성 알코올에 대해 말하고 있든 간에, 왜 사람들은 그냥 아니오라고 말하지 않는가? 취성물질의 비용과 잠재적인 위험을 감안하면, 소화를 돕거나 피를 따뜻하게 한다는 노파들의 구닥다리 미신처럼 미약하고 임시방편적인 정당성이 묵살되는 것에는 이유가 있다. 19세기 초의 금주운동가는 사람들이 술을 마셔 취하는 것을 정당화하기 위해 늘 도도하게 내놓는 증거 없는 합리화를 제대로 조롱했다.

> 어떤 형태든 독한 술은 만병통치약이고, 모든 슬픔을 달래주는 흥분제이다. 술은 결혼식 축제를 우아하게 하고, 장례식의 암울함에 활기를 불어넣는다. 술은 친구들의 교제에 힘을 북돋우고, 노동의 피로를 풀어준다. 성공한 사람은 술대접을 받을 자격이 있고, 실망한 사람은 술 한잔을 필요로 한다. 바쁜 사람은 바쁘기 때문에 술을 마시고, 한가한 사람은 달리 할 일이 없어서 술을 마신다. 농부는 일이 힘들기 때문에 술을 마셔야 하고, 정비공은 반복되는 지루

한 일상 때문에 술을 마셔야 한다. 날씨가 따뜻하면 시원해지려고 마시고, 시원하면 따뜻해지려고 마신다.[27]

이것만 가지고는 안 된다. 먼저 술에 취하려는 인간의 욕구에 대한 일반적인 과학적 설명부터 살펴보자. 그런 과학적 설명은 얼핏 보면 금주론자가 조롱하는 합리화보다 나아 보이지만, 결국 만족스럽지 못한 것은 매한가지이다.

뇌 납치: 포르노와 성에 굶주린 초파리

사람은 오르가슴을 좋아한다. 과학적 관점에서 이것은 이상한 일이 아니다. 오르가슴은 우리에게 "잘했어. 하던 일을 계속 해"라고 말하는 진화의 방법이기 때문에 즐겁다. 진화가 이런 말을 하는 것은 우리가 진화했던 환경에서 오르가슴은 당신이 유전자를 다음 세대로 물려주려는 목표를 위해 노력했다는 신호이기 때문이다.

확실히 진화는 완벽한 시스템은 아니다. 자위하는 원숭이에서부터 다리를 비벼대는 개에 이르기까지 모든 종류의 동물은 자위를 발견한 이후로 꾸준히 해오고 있다. 하지만 인간은 최악이다. 예를 들어, 호모 사피엔스는 무언가 하기 시작한 이후로 오랫동안 포르노를 만들어 왔다. 석상 조각, 그림, 석판화, 영화 촬영술, 인터넷 등 모든 신기술이 처음에는 주로 포르노에 사용되는 것이었다. 앞에서 묘사한 비너스 형상처럼 선사시대 고고학 유적지에서 튀어나오는 관능적인 형상을 일반적으로 학자들은 다산의 신이나 어머니의 신으로 해석한다. 어쩌면 그렇다. 하지만 그런 비너스 형상은 플레이보이 잡지의 한가운데에 접어 넣는 페이지에 실린 누드 사진의 효시이고, 그 형상을 만든 사람에게 같은 목적을 제공했을 것이다. 어쨌든, 고대 춘화에서 현대의 섹스 인형까지, 진화를 속이는 것에 관한 한, 대부분의 전선(戰線)에서와 마찬가지로 여기에서도 인간은 정말 비할 데 없는 존재이다.

그러나 진화는 이 교묘한 속임수에 다소 무관심했다. 진화는 완벽함에는 관심이 없고, 적당히 괜찮은 것에 만족한다. 확실한 산아 제한이 없는 상황에서 오르가슴과 유전자를 물려주는 좋은 일을 연결시키기 위한 기본 설계는 역사적으로 대체로 역할을 다했다. 그러나 최근의 기술 발전은 이 연결고리를 심각하게 붕괴시킨다. 콘돔과 피임약은 성행위와 그것이 의도한 결과를 실제적으로 분리시킨다. 인쇄기, 광택지로 된 잡지, VHS 테이프, DVD, 그리고 마침내 인터넷 덕분에 누구라도 자기 집의 은밀한 곳에서 이전에는 상상할 수 없었던 양의 다양한 성적 이미지를 얻을 수 있다. 이러한 극단적인 상황으로 치닫는다면, 우리의 보상 체계에 대한 이런 합심한 납치는 사실상 진화의 계획을 부분적으로 훼손할 수도 있다.

취함의 취향에 관한 가장 일반적인 견해는 정확히 취함이 이전의 적응적 욕구를 납치한다는 것이다. '납치' 이론은 술과 여타 취성 약물을 섹스 같은 적응적 행동을 장려하기 위해 진화가 원래 고안한 우리 뇌의 보상 체계를 우연히 작동시키는 포르노와 같은 것으로 본다. 이런 취성 약물이 아무리 적은 양이라도 구하기 힘들었고, 효능이 상대적으로 약했던 대부분의 진화 역사에서는 이것이 문제가 되지 않았다. 진화는 조금의 자위나 비(非)생식 섹스를 눈감아 주는 것과 같은 방식으로, 영장류와 여타 포유류가 정글 바닥에서 발견되는 발효된 과일로 가끔 취하는 것을 즐겼다는 사실은 모른 체할 수 있었다. 그러나 진화는 큰 뇌, 도구 사용, 문화 혁신을 축적할 수 있는 능력을 가진 영장류가 맥주, 포도주, 그리고 놀랄 정도로 강력한 증류주를 만드는 방법을 진화적으로 눈 깜짝할 사이에 갑자기 알아낼 것이라고는 예상하지 못했다. 납치 이론은 빠른 인간 혁신에도 아랑곳없이 진화가 나태하기 때문에 독한 술이 진화적 방어망을 빠져나갈 수 있었다고 주장한다.

이 견해의 고전적인 대표자는 진화 의학 분야의 창시자인 랜돌프 네스(Randolph Nesse)로서, 그는 다음과 같이 말한다.

> 순수한 향정신성 약물과 직접적인 약물 투여 방법은 우리 환경에서 진화상 새로운 특징이다. 이런 약물은 내재적으로 발병의 원인이 된다. 이는 그것이 적응적 정보처리 시스템을 우회하고, 정서와 행동을 제어하는 옛날의 뇌 메커니즘에 직접적으로 영향을 미치기 때문이다. 긍정적 정서를 유도하는 약물은 건강상의 이익에 대한 잘못된 신호를 보낸다. 이 신호는 '좋아함'과 '원함'의 유인(誘因) 기제를 납치하고, 더 이상 즐거움을 가져다주지 않는 약물을 계속 사용하는 결과를 초래할 수 있다. 약물 남용은 뇌에 엄청난 건강상의 혜택이 생긴다는 것을 거짓으로 암시하는 신호를 만든다.[28]

진화심리학자 스티븐 핑커(Steven Pinker)도 이와 비슷하게 현대에 취성 물질의 사용을 인간 마음의 두 가지 자질을 결합한 결과로 본다. 하나는 우리가 화학적 보상을 좋아한다는 것이고, 다른 하나는 우리의 문제해결 능력이다. 비록 우연일지라도, 뇌의 쾌락 자물쇠를 가까스로 여는 물질은 우리의 목표 추구와 혁신의 초점이 될 것이다. 물론 이 물질을 추구하면 순전히 적응적 관점에서 중립적 또는 부정적 결과가 생길 수는 있다.[29] 앞서 언급했듯이 우리의 성욕은 이 역학의 또 다른 좋은 예이다. 진화는 우리에게 성적인 쾌락과 오르가슴의 형태로 강력한 유인 체계를 제공한 뒤 손을 털고 만족스럽게 걸어가며, 어리석게도 인간이 이제 확실히 이성 간의 생식기 성교만 추구하여 우리의 유전자를 다음 세대로 물려줄 것이라고 생각한다. 진화는 인간이 무엇을 할 수 있는지 확실히 알지 못한다. 핑커는 보상 체계의 납치로 인한 부적응의 사례로, "사람들은 짝을 찾아야 할 시간에 포르노를 본다"는 것에 주목한다. 물론 이것은 우리가 흔히 저지르는 많은 비생식적인 성적 납치 중 하나에 불과하지만, 왜 진화가 그 설계의 전복에 예리하게 경각심을 가져야 하는지를 시사한다.

성적으로 불우한 초파리를 조롱하는 것이 수반된 연구는 이러한 우려를 증가시킨다. 작고 겉으로 보기에 우리와 전혀 다르다는 것을 고려하면, 초파리는 알코올을 처리하는 방법 등 많은 면에서 인간에게 놀랄 만큼 좋은 대용물이다.[30] 초파리는 술을 좋아하고 술에 취하며 우리와 비슷한 방식으로 보상 체계를 자극한다. 초파리는 또한 알코올에 중독될 수 있다. 초파리는 일반 음식보다 알코올이 많이 든 음식을 선호하고, 이러한 욕구는 시간이 지남에 따라 더욱 강해진다. 알코올을 주지 않다가 다시 주면 초파리는 흥청망청 먹고 마신다.[31] 이 모든 것은 적어도 실험실에서 사용되는 알코올의 수준에서 분명히 비적응적이게 되며, 알코올을 탄 음식은 종종 머리를 아프게 하는 호주 시라즈(Shiraz)(약 15~16% 알코올)의 강도에 이르게 된다. 시라즈를 마시는 초파리는 날고 음식이나 짝을 찾는 데 어려움을 겪는다. 성적으로 불우한 초파리를 대상으로 한 연구에서는 본질적으로 섹스가 거부될 때 초파리가 술병으로 향한다는 것을 밝혀냈다.[32] 알코올 섭취는 성공적인 짝짓기와 동일한 보상 신호를 인위적으로 유발한다. 이는 취한 초파리가 다른 곳에서 즐거움을 얻기 때문에 구애 행동에 대한 관심이 줄어든다는 것을 의미한다. 초파리는 괜찮지만, 그들의 유전자에는 그렇게 좋지 않다.[33]

진화적 숙취: 술 취한 원숭이, 물김치, 오수

납치 이론은 취성물질에 대한 우리의 취향을 새로운 진화적 문제로 보는, 서론에서 기술한 '숙취' 이론과 다소 겹친다. 그러나 숙취 이론은 인간 심리의 어떤 특징을 보상 체계의 순수한 우연적인 납치로 보는 것이 아니라, 비록 오래되어서 유용성을 잃긴 했지만 원래 좋은 적응적 목적을 제공했던 것으로 본다. 정크푸드가 대표적인 예이다. 진화는 특히 지방이나 설탕이 함유된 고밀도 칼로리를 소비한 것에 대해 소량의 보상을 받도록 우리를 설계했다. 진화는 보는 눈이 없고 행동이 굼뜨기 때문에, 값싸고 무한히 많은 양의 가공된 설탕이 든 간식, 감자칩, 가공육 제품을 제공하는 편의점의 등장을 예상했을 리가 없다.

술에 대한 우리의 취향을 설명할 때, 어쩌면 가장 두드러진 숙취 이론은 생물학자 로버트 더들리(Robert Dudley)가 제안한 '술 취한 원숭이' 가설이다.[34] 인간이 처음 진화한 뒤엉킨 열대우림에서 박테리아와의 화학전의 일환으로 효모 세포는 익은 과일에서 알코올을 생산하며, 박테리아는 알코올에 대한 내성이 약하고 과일의 영양분을 얻기 위해 효모와 경쟁한다. 따라서 알코올은 효모-박테리아 전쟁의 잔인한 역사에서 비롯된 것이다. 더들리는 우리가 알코올이라고 부르는 분자의 우발적 특징(전문 용어로는 에탄올)이 영장류가 알코올에 대한 취향을 얻게 된 열쇠라고 주장한다. 에탄올은 극도로 휘발성이 강하다. 즉, 에탄올은 공기 중에서 먼 거리를 이동할 수 있는 작고 가벼운 분자이다. 그러므로 에탄올은 이상적으로 다양한 종을 위한 후각적인 식사용 벨로 기능할 수 있다. 이런 종에는 의심할 여지없이 초파리가 있다. 알코올에 대한 초파리의 취향은 초파리를 과일로 이끄는 알코올의 능력과 관련이 있다.

초기 인류뿐만 아니라 우리의 영장류 조상이나 사촌들에게도 마찬가지였다는 것이 더들리의 주장이다. 알코올 분자의 향기를 따라 잘 익은 과일이라는 진귀한 상을 찾아내고 식별하는 우리 영장류 조상은 소량의 알코올과 고품질의 영양분을 연관시키게 되었다. 특히 그 맛이나 약리적 효과에 매혹된 개인은 알코올을 힘들게 찾아내어, 절대 금주하는 동료보다 칼로리를 더 많이 섭취했을 것이다. 이런 적응적 이점은

술 취한 원숭이(drunken monkey) 가설
인간이 술을 좋아하는 내력이 수백만 년 전 유인원 조상이 발효된 과일을 골라 먹던 데서 시작됐다는 가설.

알코올에 대한 취향의 진화뿐만 아니라 알코올을 신진대사하는 능력도 촉진했다. 그래서 더들리는 진화적 환경에서 알코올이 많은 칼로리와 영양적 보상으로 이어졌기 때문에 알코올이 우리의 기분을 좋게 만든다고 주장한다. 현대 도시인이 술이 간 손상, 비만, 조기 사망을 이끄는 경향이 있는데도 여전히 술에서 즐거움을 얻는 것은 단순히 진화적 숙취이다. 더들리의 말처럼 "과일에 포함된 소량의 알코올은 정글에서는 안전하게 작동되었지만, 슈퍼마켓에서 맥주, 포도주 혹은 증류주를 마구 구입할 수 있게 되면서 이제 알코올은 위험한 것으로 변했다."[35]

다른 숙취 이론은 곡물과 과일의 발효가 칼로리를 더 오래가고 휴대하기 쉬운 형태로 전환하는 데 유용하여, 냉장고가 없는 세상에서 그렇게 하지 않으면 손실될 수 있는 자원을 보존할 수 있게 한다고 주장한다.[36] 이런 견해에서 알코올은 전통적으로 김치나 피클의 보다 재미있는 버전처럼 기능했다. 이것은 분명히 발효의 사소한 이점은 아니다. 오늘날에도 탄자니아 북부의 기업가는 바나나와 파인애플 기반의 와인을 발효시켜 수확 후 빠르게 썩는 과일을 보존하고, 물론 맛있는 양조주를 생산한다.[37] 적어도 곡물을 맥주로 변형시키는 것에 대해 이야기할 때 발효의 또 다른 이점은 영국 영양학자 플랫(B.S. Platt)이 '생물학적 고상화(biological ennoblement)'라고 불렀던 것이다. 플랫은 옥수수를 맥주로 발효시키면 필수 미량영양소와 비타민 함량이 거의 두 배로 증가한다는 것을 관찰했다.[38] 곡물을 발효시키는 효모의 작용으로 야기되는 이러한 영양적 변형은 특히 전근대 농업 사회에서 중요했다. 고고학자 아델하이트 오토(Adelheid Otto)는 적어도 메소포타미아에서는 맥주의 영양 성분이 사람들의 '울적할 정도로 불량한 식단'을 풍부하게 하는 데 결정적이라고 주장한다. 이런 식단은 거의 전적으로 녹말과 신선하지 않은 채소, 과일 또는 고기로 이루어졌다.[39] 빅토리아 시대 이전의 영국만큼 최근에는 맥주가 보통 사람들의 칼로리 섭취량에서 상당한 부분을 차지하는 것으로 생각된다.[40]

이것은 전근대 사람들에게 알코올의 간단한 칼로리 효과라는 또 다른 장점을 암시한다. 순수한 알코올 1그램에는 7칼로리가 들어 있으며, 이는 지방의 경우 9칼로리나 단백질의 경우 4칼로리와 비교된다. 소량인 5온스 양의 적포도주가 2인치짜리 브라우니나 작은 아이스크림 한 숟갈(약 130칼로리)만큼의 칼로리를 함유하고 있다는 것은 충격적이다. 연구에 따르면, 역사적으로 유명한 문화와 심지어 현대 문화에서 맥주는 국소 칼로리 섭취량의 3분의 1 이상을 차지할 수 있다고 한다.[41] 다이어트를 하는 누구에게나 우울할 정도로 익숙하듯이, 알코올 음료는 칼로리 밀도가 매우 높으며, 유서 깊은 흑맥주 기네스의 캐치프레이즈 "모든 잔에 한 끼씩"에는 진실의 일면이 있다. 우리 생물학의 많은 측면과 마찬가지로 현대의 술꾼들에게 문제가 되는 것이 만성적으로 배고프고 영양적으로 스트레스를 받았던 우리 조상에게는 큰 이익이었을는지도 모른다.

숙취 이론의 또 다른 범주는 칼로리를 보존하거나 비타민을 첨가하는 능력인 알코올의 변동성이 아니라 살균 특성에 초점을 맞춘다. 앞서 언급했듯이, 알코올은 박테리아를 죽이도록 설계되어 있다. 알코올은 과일과 곡물을 분해하는 데 우위를 점하기 위한 박테리아와의 경쟁에서 효모가 무기로 생산한 것이기 때문이다. 이는 순수 알코올이 탁월한 소독제인 이유이다. 인간이 전형적으로 마시는 약한 형태에서도,

알코올은 일부 항균성 및 항기생충 특성을 가진 것으로 보인다. 이는 초밥을 먹을 때 술을 마시는 것이 나쁘지 않은 이유이다. 회를 사케로 씻어 내리는 것은 무임승차한 불결한 벌레를 죽이는 데 도움이 된다.

초파리도 이런 식으로 알코올을 이용한다. 초파리는 지독한 술꾼이고, 과일 위주의 식단 때문에 효모처럼 알코올에 상대적으로 내성이 있다. 초파리는 기생 말벌의 존재를 감지할 때 매우 멋진 진화적 묘기를 부린다. 말벌은 다소 몰인정하게 자신의 알을 초파리의 알 속에 넣어두는 고약한 포식자이다. 평범한 상황에서 이 알은 작은 말벌 유충으로 성장하여 초파리 유충을 다 먹어 치우며, 새로운 희생자를 찾아내기 전에 완전히 게걸스럽게 먹어 치운다. 말벌이 위협이 되는 이런 환경에서 암컷 초파리는 알을 낳을 알코올 함량이 높은 과일을 찾아낸다. 알코올은 자기 유충의 성장을 더디게 하는 점에서 좋지 않지만, 작은 초파리는 예민한 말벌 유충보다 에탄올에 훨씬 더 내성이 있으며, 말벌 유충은 일반적으로 절멸된다. 초파리가 일정 비율의 자손을 알코올 중독에 희생시키는 것은 적어도 일부가 살아남을 수 있다면 지불해야 할 작은 대가이다. 처음에 초파리가 과일을 음식 공급원으로 의존함으로써 추진된, 알코올에 대한 초파리의 상대적 내성은 이런 식으로 증오하는 상대에 대항하는 효과적인 무기가 된다.[42]

마지막으로 알코올 음료의 발효 과정은 또한 알코올 음료를 만드는 물을 소독하는 효과가 있다. 긴 인류 역사 동안, 특히 농업의 출현과 밀집한 도회지 생활 이후, 현지 상수원은 종종 마시기에 극도로 위험했다. 따라서 알코올 발효가 오염된 물을 마시기에 알맞은 액체로 바꾸는 역할을 했을 가능성이 있다. 일부 남아메리카 지역 사회에서는 옥수수 기반의 맥주인 치차(chicha; 스페인의 아메리카 정복 이전부터 존재한 알코올 음료로 페루에서 유래)는 물 처리가 부족한 지역에서 수화(水和) 작용의 중요한 공급원이다.[43] 약효 성분은 이와 비슷하게 식물 기반의 취성물질에 대한 우리의 취향을 설명하기 위해 인용되어 왔다. 그중 많은 취성물질은 우리에게 이상한 착색 모양, 신 또는 말하는 동물을 보게 하는 것 외에도 꽤 강력한 항기생충제이다.[44]

트윙키와 포르노 그 이상: 숙취와 납치 이론을 넘어서

사람들이 취함에 대한 취향의 기원을 진지하게 연구했던 경우에, 이런 종류의 '트윙키와 포르노' 설명을 넘어서는 사람은 거의 없다. 이런 설명은 겉으로 보기에는 받아들이기 어려운 것은 아니다. 특히 숙취 이론은 직관적으로 설득력이 있다. 숙취 이론에는 어쩌면 약간의 진실이 있기 때문이다. 즉, 술은 정말로 매우 유용한 이 모든 기능을 수행한다. 술 냄새는 매우 결정적인 과일 보상을 나타낼 수 있다. 술은 영양가도 있고 소독도 하고 맛도 좋다.

그러나 결국엔, 숙취 이론은 덥고 햇볕이 쨍쨍 내리쬐는 오후에 마시는 반 파인트의 미지근한 니어비어(near beer; 알코올 성분이 0.5% 이하의 약한 맥주)처럼 만족스럽지 않은 느낌을 남긴다. 납치 이론은 술과 여타 취성물질 섭취에 드는 비싸고 혹독한 비용이라는 견고한 큰 장벽과 맞닥뜨린다. 술 취한 원숭이 가설과 같은 숙취 이론은 영장류학자와 인간생태학자들 사이에서 미지근한 반응을 받아왔다. 이들은 야생 영장류가 에탄올을 생산하는 너무 익은 과일을 피하는 것처럼 보이며, 인간에 대한 연구에서 우리가 너무 익은 과일보다 적당히 익은(에탄올이 없는) 과일을 강력히 선호한다는 것을 암시한다고 지적한다.[45] (나는 분명히 그렇다.) 다른 숙취 이론은 뇌의 많은 부분을 마비시키지 않고 아침에 머리가 깨질 정도로 두통을 남기지 않는 무언가도 우리의 조상 환경에서 술이나 다른 약물의 상정된 기능을 똑같이 수행했을지도 모른다는 유감스러운 사실 때문에 곤란을 겪는다.

예를 들어, 밀, 기장, 귀리 같은 곡물을 생물학적으로 '고상하게 하는 것'은 그저 곡물을 죽으로 발효시켜도 가능하며, 이는 여전히 전 세계 소규모 농업 공동체에서 흔히 볼 수 있는 일반적 관습이다. 발효된 죽은 저장 문제도 해결한다. 예를 들어, 아일랜드에는 귀리를 몇 주 동안 발효하는 죽으로 바꾸고, 필요할 때 얇게 썰어서 튀길 수 있는 빵 같은 덩어리로 점차 굳히는 전통적인 관습이 있다. 특히 베이컨과 함께 먹으면 맛있다. 곡물을 죽으로 바꾸는 것은 곡물을 맥주로 양조하는 것보다 영양상 더 효율적이다. 귀리죽은 확실히 우리를 기분 좋을 만큼 취하게 하지는 않지만, 이는 우리가 왜 애초에 그런 뇌 납치에 취약한가 라는 질문을 제기한다. 식량 보존이 강력한 고려사항이라면, 왜 진화는 맥주 대신 죽에 열광한 개인을 선택하지 않았을까? 죽에 열광하는

파인트(pint)
야드파운드법에 따른 액체의 부피 단위 중 하나. 1파인트는 8분의 1갤런으로 영국에서는 0.568리터, 미국에서는 0.473리터에 해당한다. 한국 독자에게 이 단위는 익숙하지 않지만, 이 책에서는 파인트 단위를 변환하지 않고 그대로 사용한다. 1파인트는 대략 500밀리리터 내외로 짐작하면 된다.

개인은 맥주를 마시는 사촌들보다 어쩌면 더 건강하고 생산적이며, 죽을 고수한 문화는 많은 무모한 행동, 신체적 사고, 서투른 노래, 숙취를 피할 것이다. 그러나 우리가 알고 있는 바로는 아일랜드에서는 역사적으로 속을 편하게 하는 아침 식사용 죽은 애초에 불편함을 초래한 물질의 대체물이라기보다는 과음한 다음날 속을 풀어주는 음식이었다.

혹은 오수(汚水) 가설을 고려해 보라. 만약 박테리아가 득실거리는 물로 고통받고 있다면, 그냥 끓이면 된다. 물론 질병에 대한 세균 이론(모든 질병의 원인이 세균 감염이라는 이론)이 등장한 것은 상당히 최근이고, 아직도 세계 곳곳에는 이런 정보를 접하지 못한 사람들이 있다. 그러나 대부분의 적응 문제에 대한 인간의 해결책이 보여주었듯이, 우리는 시행착오를 통해 문제를 해결하는 데 수반되는 실제 인과성에 대해 아무것도 알 필요가 없다. 개인은 항상 시행착오를 통해 문제를 해결한다. 문화는 문제를 훨씬 더 잘 해결한다. 이는 문화가 문제에 대한 특별히 좋은 우연한 해결책을 '기억'하고, 그 해결책을 전달하여, 문화 속의 개인에게 이익을 주고, 또는 집단 자체의 확산을 도울 수 있기 때문이다.[46]

강과 호수가 풍부한 풍경에서 여러 집단이 자원을 얻기 위해 경쟁하고 있지만, 많은 양의 수인성(水因性) 병원균에 시달리는 시나리오를 상상해 보자. 술을 만들지 않는 집단은 고민할 필요가 없다. 그들은 오래전에 죽었기 때문이다. (외부 관측자들에게) 놀랄 일도 아니듯이 물이 썩기 시작할 무렵에 죽었다. 살아남은 집단은 술을 발견했고, 발효를 통해 효과적으로 물을 정화시킨 맥주만 마시는 관습을 갖게 되었다. 하지만 한 집단은 저녁 식사에서 생선을 넣고 끓인 물을 마시면 아침에 약간 더 기운차다고 느끼게 되고, 설사, 위경련, 그리고 마시면 안

되는 썩은 물을 마실 때 나타나는 다른 증상들이 덜하다는 느낌을 갖게 되었다. 일부 사람은 이 마법의 '생선물'만 마시고, 맥주와 처리되지 않은 물은 피한다. 이런 사람은 그렇게 하지 않은 사람들보다 더 활동적이고 건강하고 성공했기에, 점차 이 집단은 물고기 신이 축복한 물만이 인간이 마시기에 적합하며 다른 모든 음료는 금기시된다고 믿게 된다. 물고기 신의 씨족은 맥주를 마시는 이웃보다 경쟁에서 우월하기 시작한다. 맥주 마시는 사람도 마찬가지로 수인성 질환이 없지만, 심야 음주로 인한 숙취와 피로감은 이들이 아침에 어장까지 가는데 행동을 굼뜨게 한다. 생선물을 마시는 사람은 점차 맥주를 마시는 사람을 몰아내거나 동화시키기 시작한다. 또는 맥주를 마시는 집단은 깨달음을 얻어 물고기 신의 종파로 개종하기로 결심하고 다른 모든 음료를 포기한다. 생선물이 발견된 지 몇 세대도 되지 않아 음주 행위는 완전히 일소되었다.

어쩌면 정수(淨水)의 필요성이 술의 발명을 촉진시켰다는 생각에 반대하는 가장 명백한 문화-역사적 증거는 중국이다. 중국 문화권의 사람들은 아주 오랜 시간 동안(글쎄, 적어도 몇 천 년 동안) 차를 마셨고, 처리되지 않은 물을 마시는 것에 반대하는 강력한 문화적 규범도 오랫동안 있었다. 물론, 그것은 중국인들이 술 발명의 틀을 만드는 방식이 아니다. 중국의 전통적인 의학적 신념에 따르면, 찬물을 마시는 것은 위장의 기(氣), 즉 에너지를 해친다. 물을 마셔야 한다면 끓여서 마시거나 따뜻하거나 하다못해 상온으로 마시는 '개수(開水; 끓인 물)'여야 한다. 이 이론은 수인성 병원체의 위험성이 아니라 온도와 온도가 기에 미치는 영향에 초점을 맞추고 있지만, 기능은 같다. 즉, 물을 끓여서 불결한 것을 죽이지 않는 한 마시지 말라는 것이다. 그렇다면 지구상에 살았던 사람들 중에서 꽤 많은 비율을 포함하는 중국 문화와 중국의 영향을 받은 문화는 차나 끓인 물만 마시는 단순한 수단으로 병원균의 하중 문제를 해결한 것 같다.

그런데도 중국인은 여전히 독한 술을 마신다. 그것도 많이 마신다. 고대 상(商)왕조 시대(기원전 1600~1046)부터 현재까지, 술은 세계 어느 나라의 문화권만큼이나 중국 문화권의 의식과 친목 모임을 지배했다. 물이나 위(胃)에 있는 병원균을 죽이는 것이 술의 주요 기능이었다면 이는 말이 되지 않는다. 일단 중국인이 차를 발견했고, 처리되지 않은 물을 마시는 것에 반대하는 규범을 채택했다면, 음주 행위는 점차 감소하면서 사라졌어야 했고, 술의 주요 기능은 훨씬 덜 위험하고, 비용이 덜 들고, 생리학적으로 덜 해로운 다른 것으로 교체되었어야 했다. 대단히 효과적인 사탕수수 기반의 독한 술인 바이주(白酒)가 유감스럽게 계속 존재했다는 사실은 그렇지 않다는 것을 상기시킨다. 오수 가설이 사실 우리가 세계에서 접하는 다른 문화적 규범과 맞지 않는다는 점에도 유념해야 한다. 맥주나 와인을 마시는 집단은 일반적으로 여전히 처리되지 않은 물을 마시거나, 처리되지 않은 물을 술에 섞는다.[47] 술의 주된 적응적 기능이 위를 상하지 않도록 하는 것이라면 이중 어느 것도 이치에 맞지 않는다.

알코올 섭취에 드는 분명한 비용을 고려하면, 문화적 진화 역학은 오수, 미세한 영양소의 부족, 또는 음식 보존의 문제에 대한 대체 해결책이 빠르게 발견되고 이용되어 음주 행위를 멸종으로 몰고 갔을 것이다. 다른 말을 보탤 것도 없이 이런 일은 일어나지 않았다.

진정한 진화 퍼즐: 뇌를 몰래 훔치는 입속의 적

뇌 납치와 진화적 숙취 중 어떤 것으로 틀을 잡든 간에, 기존 이론은 모두 취함에 대한 우리의 취향을 실수로 보고, 취성물질이 현대 인간 사회에서 실용적인 역할을 거의 하지 않거나 전혀 하지 않는다고 주장하는 데 의견이 일치하고 있다. 우리 환경에서 고칼로리 식품을 구할 수 있는 지역을 찾아야 하는가? 슈퍼마켓에 가면 된다. 음식을 보존해야 할 필요가 있는가? 냉장고에 넣어두면 된다. 대변에 기생충이 있는가? 의사는 대부분 담배 한 갑보다는 구충제를 권할 것이다. 오수? 그냥 끓이면 된다. 그러나 사실 사람들은 여전히 술을 마시고 취하기를 좋아하며, 이런 사실은 상반되는 강한 선택압(選擇壓)처럼 보이는 것에 저항한다. 문화 집단들마다 비슷하게 술과 여타 취성 약물에 끈질기게 열정적이었다.

진화론적 접근법의 훌륭한 점은 인간 행동의 당혹스러운 측면을 설명하는 데 도움을 줄 뿐만 아니라, 애초에 이런 퍼즐의 존재를 인식할 수 있게 해 준다는 것이다. 종교를 예로 들어보자. 나는 종교역사학자로 교육을 받았고, 내 전공 분야에서는 동서고금을 막론하고 사람들이 보이지 않는 초자연적 존재를 믿었으며, 초자연적 존재에게 막대한 부를 제물로 바쳤고, 초자연적 존재를 섬기기 위해 엄청난 비용을 들이는

선택압
개체군 중에서 환경에 가장 적합한 일원이 부모로서 선택될 확률과 보통의 일원이 부모로서 선택될 확률의 비율.

것을 당연하게 여겼다. 즉, 이런 사실을 눈에 띄지 않은 기본적인 출발점으로 여겼다. 세계의 종교에서 영감을 받은 고통스럽고, 비용이 많이 들거나, 단지 엄청 불편한 행동의 긴 목록은 일단 생각하기 시작하면 놀랍다. 포경수술, 맛있고 영양가 있는 조개류와 돼지고기 없이 살아가기, 단식, 무릎 꿇기, 자학, 만투라 외우기, 유일한 휴일에 불편한 양복을 입고 몇 시간 동안 지루한 설교 듣기, 볼에 금속 말뚝을 밀어넣기, 하고 있는 모든 것을 멈추고 하루에 5번 특정한 방향으로 절하기와 같은 것들이 있다. 이중 어느 것도 생물학적으로 말이 되지 않는다. 다윈의 안경을 쓰면, 이런 행동의 이해할 수 없는 성질이 명백해진다.

집단 속의 사람들은 숭배 방식이 비슷하게 사치스럽다. 고대 중국에서는 GNP(국민총생산)의 상당 부분을 그저 죽은 사람들과 함께 땅에 묻었다. 진시황제의 묘를 찾은 관광객은 병마용의 병사 하나하나의 세세한 모습, 온전한 전차, 죽은 황제를 지키기 위해 늘어선 전체 군대의 기막힌 광경에 경탄한다. 애초에 왜 누군가가 그렇게 엄청나게 사치스러운 것을 지었는지에 대한 의문은 거의 생기지 않는다. 기억하라, 이 모든 것은 엄청난 비용을 치렀고, 충격적일 정도로 많은 막 희생된 말과 사람이 함께 땅 속에 묻혔다. 그리고 이 점에서 중국만 특별한 것은 아니다. 이집트나 아즈텍 피라미드, 그리스 사원, 기독교 성당 등을 생각해 보라. 어떤 전근대 문화권에서도 확실히 가장 크고, 가장 비싸고, 사치스러운 건축물은 종교적 목적에 바친다.

진화론적 관점에서 보면, 이 모든 것은 정말 어리석다. 과학자들처럼 아마도 섬길 초자연적 존재가 실제로 존재하지 않는다고 가정한다면, 종교적 행동은 대단히 사치스럽고 반(反)적응적이다. 초자연적 처벌이 이루어지지 않기 때문에, 뺨에 금속 말뚝을 박는 고통과 위험을 포기하고, 존재하지 않는 존재에게 기도하기보다는 실용적인 목적을 추구하면서 시간을 보내며, 찾을 수 있는 곳이면 어디든 단백질과 칼로리를 즐기는 사람은 종교를 믿는 사람보다 더 성공하고 건강해야 하며, 따라서 더 많은 자손을 남겨야 한다. 존재하지 않는 조상 영혼은 살아 있는 사람을 벌할 힘이 없기 때문에, 쓸모없는 기념물을 세우거나 가짜 군대를 땅에 묻기보다는 도시 성벽 보수나 관개 운하 건설, 군대 훈련에 노동을 투자한 문화는 종교 집단을 능가했어야 했다. 그러나 이는 역사 기록에서 볼 수 없다. 살아남아서 성장하여 다른 문화를 집어삼키는 문화는 터무니없이 대규모의 낭비나 인간의 희생을 즐기는 경향이 있다. 우리는 과학자이므로 집단 정체성이나 사회적 응집력의 필요성 같이 어떤 다른 적응력이 확실히 작용하고 있다고 결론내릴 수 있다.[48]

취성물질의 사용은 종교만큼 혼란스러우며, 적절한 과학적 연구를 할 수 있을 만큼 무르익었다. 그러나 종교적 신념과 의식의 경우에서처럼 인간의 취함이 만연해 있기 때문에 그 존재의 신비는 가시적이지 않게 된다. 진화적 사고의 렌즈를 통해 취성물질의 사용을 바라봐야만 비로소 그 현상의 진정으로 기묘한 성질이 명확해진다. 가정 내 학대, 만취해서 하는 싸움, 자원 낭비, 숙취와 아무짝에도 쓸데없는 군인이나 일꾼 등 술과 여타 화학적 취성물질의 사회적 비용을 고려할 때, 왜 술과 이와 유사한 물질의 생산과 소비가 인간 사회생활의 핵심이었는가? 조지 워싱턴이 훨씬 우월한 독일 용병을 압도한 것은 그들이 술로 흥청망청대다 무기력하게 되었기 때문이다. 그러나 조지 워싱턴은 독한 술을 마시는 것이 군사 조직에 이익이 된다는 점을 두루 인정하고 논쟁의 여지가 없다고 주장하면서, 신생 미 육군에 럼주의 안정적인 공급을 위해 공공 증류소의 설립을 의회에 제안했다.[49] 액체 독물에 대한 이러한 이상한 신념에도 불구하고, 미국과 미 육군은 오히려 잘 해내고 있다.

마찬가지로 놀라운 것은 고대부터 현대에 이르기까지 문화생활에서 취성물질의 생산과 소비가 중심적인 역할을 한다는 것이다. 전 세계 어디에서나, 사람이 있는 곳이면 어디서든 취하려는 유일한 목적에 터무니없는 양의 시간과 부와 노력을 바친다는 것이 드러난다. 고대 수메르에서는 의식과 일상생활의 초석인 맥주 생산이 전체 곡물 생산량의 거의 절반을 빨아들인 것으로 추정된다.[50] 잉카 제국에서 조직적 노동의 상당 부분은 옥수수 기반의 취성물질 치차의 생산과 유통에 바쳤다.[51] 심지어 고대의 죽은 사람들조차 취함에 사로잡혀 있었다. 많은 양의 알코올, 대마초, 또는 다른 취성물질과 함께 죽은 사람을 보내지 않은 문화는 찾기 어렵다. 중국의 상나라 무덤에는 도기와 청동으로 만든 온갖 모양과 크기의 정교한 술잔이 가득했다.[52] 이것은 오늘날의 관점에서 볼 때, 빈티지 버건디(적포도주)로 가득 찬 트렁크와 함께 몇 대의 신형 벤츠 SUV를 땅에 묻는 것과 동등한 문화적 투자이다. 포도주에 까다로운 세계 최초의 집단인 고대 이집트의 지배계층은 제조자의 제조 연도, 품질, 이름을 꼼꼼히 기록한 항아리가 가득한 무덤에 안치되었다.[53] 인간의 삶에서 술이 중심적이기 때문에, 경제력과 정치력은 종종 취성물질을 생산하거나 공급할 수 있는 능력에 기초했다. 잉카 황제의 치차 생산 독점은 황제의 정치적 우위를 상징하고 강화시켰다. 식민지 초기 호주에서는 럼주의 통제와 유통에 너무 전적으로 의존하여 뉴사우스웨일스의 첫 번째 건물은 '안전한 술 저장고'였으며, 이 저장고는 뉴사우스웨일스의 제1 통화 역할을 하기도 했던 귀중한 수입 액체를 보호했다.[54]

따라서 문명과 발효의 이런 결합은 인류 역사에서 일정한 주제였다. 가장 초기 신화는 음주와 적절한 인간됨을 동일시한다. 앞서 보았던 것처럼 수메르 신화는 맥주로 인한 기쁨이 동물의 성질을 가진 엔키두를 인간으로 변모시키는 데 중요한 것으로 묘사한다. 고대 이집트 신화에서 최고의 신 라(Ra)는 인간이 자신에 대해 불경스러운 말을 지껄인 것에 분노하여 사나운 사자머리 형상을 한 여신 하토르(Hathor)에게 인류를 깡그리 없애버리라고 명령한다. 하토르가 기꺼이 살육을 시작한 후에, 라는 인간을 불쌍히 여겨 하토르를 중지시키기로 하지만, 하토르는 말을 듣지 않는다. 라는 하토르에게 인간의 피와 닮은 붉게 물들인 맥주 호수를 마시도록 속여서 겨우 물러나게 한다. 하토르는 취해서 잠이 든다. 마크 포사이스(Mark Forsyth)는 "이렇게 해서 인류는 맥주 덕분에 살아날 수 있었다"고 말한다.[55]

술의 향기를 따라가면서 문화의 확장을 추적할 수도 있다. 마크 트웨인(Mark Twain)은 서부 개척 시대의 정착에 대해 언급하면서, 철도, 신문, 선교사보다 앞서 위스키를 '문명의 초창기 선봉'으로 훌륭하게 특징지었다.[56] 지금까지 남북 아메리카 대륙의 초기 유럽 정착지에서 발견된 기술적으로 가장 진보하고 가치 있는 유물은 구리 증류기로서, 이것은 많은 경비를 들여서 수입했고 천금 같은 가치가 있었다.[57] 마이클 폴란(Michael Pollan)이 주장했듯이, 현재 미국 신화에서 배고픈 정착민에게 건강에 좋고 비타민이 가득한 사과 선물을 퍼트리는 것에 여념이 없는 것으로 묘사되는 조니 애플시드(Johnny Appleseed)는 사실은 '아메리칸 디오니소스'로서, 절실히 필요한 술을 국경 지역에 가져다주었다. 미국 정착민이 그토록 필사적으로 추구했던 조니의 사과는 식탁에서 먹을 것이 아니라 사과술과 '애플잭'을 만드는 데 쓰였다.[58]

취함의 문화적 중심성은 오늘날까지 남아 있다. 예를 들어, 남아메리카 안데스 지방의 전통 가정에는 옥수수로 치차를 생산하는 데 필요한 다양한 항아리가 여전히 널리 보급된다. 이런 치차를 만드는 과정은 며칠이 걸리고 금방 상하는 음료를 생산하는 과정이다.[59] (보존 이론은 여기까지이다.[60]) 안데스 여성의 평일 중 많은 시간은 오로지 치차 공급을 유지하는 데만 할애된다. 아프리카에서 기장 맥주의 경우도 마찬가지이다. 아프리카에서 기장 맥주의 생산은 성 역할을 분명히 규정하고 농업과 가정의 주기적인 순환을 지배한다.[61] 오세아니아의 카바 문화에서, 취하게 하는 괴경(塊莖)의 생산은 경작 가능한 땅과 농업 노동의 엄청난 양을 독점하고 있으며, 그 소비는 사교모임과 의례 행사에서 지배적으로 소비된다.[62] 시장경제에 관한 한, 전 세계의 현대 가정은 적어도 음식에 쓰는 돈 중에서 3분의 1을 술과 담배에 소비한다고 공식적으로 전한다. 일부 국가(아일랜드, 체코 공화국)에서는 그 돈이 절반 또는 그 이상까지 올라간다.[63] 암시장의 확산과 이 주제에 대해 적게 보고한다는 사실을 감안하면, 실제 지출은 훨씬 더 높을 것이다. 이는 놀라운 것으로, 이런 식의 소비는 진화의 실수에 쓰기에는 너무 많은 돈이다.

게다가, 실수에 대해 말하자면, 이런 실수는 비싸기도 하지만 개인적·사회적으로 희생도 크다. 오세아니아에서 카바 섭취는 숙취에서부터 피부염과 심각한 간 손상에 이르기까지 건강상의 부정적 결과를 광범위하게 일으킨다. 술은 더 나쁘다. 2014년 캐나다의 한 연구소는 건강, 법 집행, 경제 생산성에 미치는 영향 등 음주의 연간 경제적 비용이 146억 달러로, 캐나다 규모의 나라로서는 상당한 액수라고 추정했다. 여기에는 사망 1만 4800명, 입원 8만 7900명, 13만 9000년간의 생산연령의 손실이 포함된다.[64] 미국 질병관리센터(Center for Disease Control; CDC)는 2006년부터 2010년까지 과음으로 인해 연간 8,000명이 사망하고 250만 년의 잠재적 생명 손실과 2,490억 달러의 경제적 피해가 발생한 것으로 추산하고 있다. 2018년 영국의 의학전문지 《란셋》(The Lancet)에 널리 공개된 한 논문에서 음주 행위가 전 세계적으로 사람의 건강에 가장 심각한 위험 요인이며, 15세에서 49세 사이의 전 세계 사망자의 거의 10%는 술로 인한 사망이라고 결론지었다. 이 논문에서는 이렇게 결론내렸다. "술의 건강상 이익에 대한 널리 알려진 견해는 개정할 필요가 있다. 이는 특히 개선된 방법과 분석을 통해 음주 행위가 전 세계적인 사망과 장애에 얼마나 많은 영향을 미치는가를 계속해서 밝혀주고 있기 때문이다. 우리의 연구결과에서 가장 안전한 음주 수준이 0수준임이 밝혀진다."[65]

취성물질 섭취의 위험성을 감안하면, 셰익스피어에 나오는 카시오의 고뇌와 혼란이 공감이 된다. 카시오는 교활한 이아고에게 속아서 탐닉한 후에 취했다는 이유로 화난 오셀로에게 해고당했다.

오, 보이지 않는 술귀신아,

너에게 알려진 이름이 없다면,

악마라고 불러주마! [⋯]

원 참, 인간들이 자기네 적을

입안으로 집어넣고 정신을 뺏어가게 하다니!

흥청망청 기뻐하고

즐거움에 박수 치며 우리 스스로가 짐승으로 변신하다니!⁶⁶

왜 우리는 자발적으로 마음을 독살하는가? 거기에 들어가는 모든 끔찍한 비용에도 불구하고, 계속해서 그렇게 적극적이고 열정적으로 우리 스스로를 짐승으로 변형시킨다는 것은 우리의 실제 생명체 유형에 비추어 보면 훨씬 더 놀라운 수수께끼이다. 우리 뇌의 다른 파괴자인 포르노와 정크푸드는 인간에게 아직 그에 대한 방어 수단이 없기 때문에 무제한의 자유를 만끽한다. 취성물질의 경우는 다르다. 다른 종들과는 달리 인간은 자신의 뇌를 몰래 훔치는 이 입속의 적에 대한 유전적·문화적 방어 수단을 모두 가지고 있다. 이는 좀 더 자세히 고려해 볼 가치가 있다.

유전적 미스터리: 우리는 취하도록 만들어진 유인원이다

많은 동물은 우연히 취한다. 초파리에서부터 새, 그리고 원숭이에서부터 박쥐에 이르기까지, 많은 동물은 알코올과 종종 심각한 유해물에 끌린다.⁶⁷ 예를 들어, 우리 가족에게 전해들은 이야기에 따르면 이탈리아 볼로냐에 사는 친척은 불법 애완동물인 여우원숭이를 키우고 있었는데, 그 여우원숭이는 산파인 그 친척 집에 있던 대량의 소독용 알코올에 중독되었다고 한다. 어느 날 그 원숭이는 알코올에 젖은 면봉이 든 자루에 침입해 알코올에 취하여 불행하게도 최고층 아파트 발코니에서 떨어져 죽었다. 술 취한 새가 창문으로 날아들어 목이 부러지거나 고양이가 우글거리는 잔디밭에서 낮잠을 자는 비슷한 이야기도 있다. 아마도 가장 극적인 것은 술 취한 코끼리가 미친 듯이 날뛰며 지나가면서 모든 것을 짓밟고 파괴했던 이야기일 것이다.

인간이 볼로냐의 여우원숭이와 같은 운명을 겪는 것도 전례가 없는 일은 아니다. 술에 취해 떨어져 죽은 호모 사피엔스가 확실히 없는 것은 아니다. 하지만 다른 동물들과 달리, 우리가 알코올 면봉의 급습에 제약을 받지 않는다는 것을 아는 것이 중요하다. 사실, 농축된 알코올 복용량의 존재는 우리 덕분이다.[68] 그럼에도 불구하고 내가 아는 한 볼로냐의 산파는 소독용 알코올로 완전히 취하고 싶은 유혹을 받은 적이 없다. 이런 산파는 주변의 다른 모든 사람과 마찬가지로, 맛의 정도가 다양한 사실상 무제한의 알코올에 끊임없이 둘러싸여 있었다. 그렇게 쉽게 접근할 수 있다는 점을 고려하면, 볼로냐의 아파트 발코니에서 떨어져 죽는 술 취한 사람이 거의 없다는 것은 놀라운 일이다. 훌륭한 그라파(grappa; 포도 짜는 기구에서 나온 찌꺼기를 증류시켜 만든 술)는 말할 것도 없이, 지역 적포도주의 맛과 효능만으로도 그 지역 내 전역의 아파트 뜰에 시체가 끊임없이 쌓일 것으로 예상된다. 하지만 내가 알기로는, 이 불행한 여우원숭이는 적어도 그 특정 아파트 단지에서 볼로냐의 술과 관련된 유일한 추락사이다. 마주보는 엄지, 큰 뇌, 기술을 가지고 있고, 효능이 높은 알코올 음료가 무한 공급되는 수십억 마리의 여우원숭이나 코끼리가 살고 있는 세상을 상상해 보라. 그것은 상상만 해도 몸서리나는 규모의 혼란과 대학살일 것이다. 그러나 이것은 우리가 사는 세상이 아니다.

이는 부분적으로 우리의 특별한 유인원 혈통이 알코올을 처리하고 몸에서 빠르게 제거하는 데 유전적으로 적응하는 것처럼 보이기 때문이다. 많은 동물, 특히 과일을 많이 먹는 동물에게서 생성되는 알코올 탈수소효소(alcohol dehydrogenase; ADH)는 알코올 분자인 에탄올을 처리하는 데 관여하는 효소의 일종이다. 인간을 포함한 작은 영장류 집단에게는 ADH4라는 ADH의 초강력 변종이 있다. 이 효소를 갖고 있는 동물에게서 이 효소는 알코올에 대한 제1 방어선으로, 에탄올을 몸이 쉽게 사용하거나 제거할 수 있는 화학물질로 재빨리 분해한다. 이 효소 변종이 현대 유인원의 아프리카 조상(고릴라, 침팬지, 인간)에게 결정적인 진화적 우위를 주었다고 주장하는 이론도 있다. 이 조상 유인원은, 어쩌면 원숭이와의 경쟁에 대응하여, 나무에 사는 것에서 땅에서 사냥하는 것으로 전환했다. ADH4로 인해 이 조상 유인원은 너무 익어서 떨어진 과일인 새롭고 가치 있는 식량 근원을 사용할 수 있게 되었다.[69] 이런 사실은 취성물질 사용에 대한 납치 이론의 지나치게 단순한 형태에 의문을 제기한다.

마주보는 엄지
나머지 네 손가락을 마주보고 맞닿아 물건을 쥘 수 있게 해 주는 엄지손가락의 생물학 용어로서, 이는 일부 영장류에서만 볼 수 있는 특징이다. 마주보는 엄지손가락과 나머지 네 손가락 사이에 형성되는 긴장 때문에 인간은 도구를 사용할 수 있고, 고도의 인지 능력을 가지게 되었다고 볼 수 있다.

이와 비슷하게 진화인류학자 에드 하겐(Ed Hagen)과 동료들[70]은 적어도 인간이 대마초나 환각제 같은 식물성의 기분 전환용 약물을 소비하는 데 생물학적으로 적응했다는 증거를 통해 납치 이론이 설득력을 잃는다는 것을 밝혀준다. 대마초를 예로 들어보자. 당신을 흥분시키는 대마초 성분인 THC(Tetrahydrocannabinol; 대마초의 주성분)는 사실 그 식물이 먹잇감이 되는 것을 피하기 위해 만들어내는 쓴맛의 신경독이다. 카페인, 니코틴, 코카인을 포함한 모든 식물성 약물은 이유가 있어서 쓰다. 톡 쏘는 맛은 초식동물에게 보내는 메시지이다. "물러서라, 만약 나를 먹으면 네 위를 다치거나 뇌가 어지러울 것이고 어쩌면 이 둘 다이다"가 그런 메시지이다. 대부분의 초식동물은 분별력이 있어서 이런 식물을 피한다. 그러나 일부 특히 고집 센 초식동물이나 코카인을 상당히 좋아하는 초식동물은 진화하면서 그런 취성물질을 해독하는 효소를 만들면서 대응책을 개발한다. 인간이 식물 독소에 대한 이러한 고대 포유류의 방어 수단을 물려받았던 것처럼 보인다는 것은 의미심장하다. 이는 알코올과 같은 식물성 약물이 진화론적인 새로운 천벌이 아니라 오히려 오랜 친구라는 것을 암시한다.[71]

이를 표현하는 또 다른 방법은 우리가 취하게끔 되어 있는 동물이라는 것이다. 이 사실은 납치 이론의 타당성을 떨어지게 만든다. 이는 알코올과 여타 취성물질이 우리가 예상치 못한 최근의 위협이라기보다는 오랫동안 우리가 진화했던 적응적 환경의 일부였음을 시사한다. 하지만 여전히 숙취 이론은 남아 있다. 우리는 썩어가는 과일에서 발견되는 비교적 낮은 알코올 농도를 처리하거나 코카인 잎에서 발견되는 독소를 가공하는 데 생물학적으로 사전에 적응하고 있을지도 모른다. 하지만 일단 농업, 대규모 사회, 기술, 무역의 발달로 강력한 맥주, 포도주, 증류주가 우리 처분에 맡겨지거나 정제된 코카인 또는 슈퍼 THC 대마초 변종에 유혹되면 우리는 무기력하게 된다. 고대 스키타이인은 비록 무시무시한 전사였지만, 만약 그들이 내가 현지 대마초 조제실에서 갖고 올 수 있는 마우이 와우이(Maui Wowie)나 부바 쿠쉬(Bubba Kush)에 접근할 수 있었다면 침을 질질 흘리는 멍청이로 전락했을 것이다. 숙취 이론은 우리가 다른 종과 공유하고 있는 취성물질에 대한 오래된 적응을 허용하지만, 지난 9,000여 년 동안 호모 사피엔스가 경험한 독특한 변화, 즉 우리를 소규모 수렵채집 생활에서 세계화된 도시인의 생활로 발진시킨 변화는 유전적 진화가 따라잡기에는 너무 빨리 진행되었다고 가정한다.

이것은 안전한 가정이 아니다. 일반적으로 유전적 진화는 작용하는 데 오랜 시간이 걸려서, 약 수십만 년 또는 수백만 년의 시간 척도에서만 적응을 만들어 낸다고 생각된다. 인간이 8,000년에서 1만 년 정도만 대규모 사회에서 살았다는 것을 고려하면, 이것은 우리가 홍적세 아프리카 평원을 돌아다니는 수렵채집인이었던 이후로 인간이 유전적으로 변하지 않았다는 것을 의미할 것이다. 또 다른 일반적인 믿음은, 대규모 사회의 출현과 농업의 발명 이후, 인간은 일상적인 생존 도전의 족쇄를 벗어났고, 따라서 유전적 진화의 압력으로부터 스스로 해방되었다는 것이다.

이런 믿음들 중 어느 것도 사실이 아니다. 예를 들어, 소를 키우는 문화권 사람은 지난 8,000년 중 언젠가 성인이 되어 우유를 소화하는 것에 유전적으로 적응했다. 평균 고도가 4,500미터인 티베트 고원은 민을 수 없을 정도로 가혹한 환경이다. 그러나 12,000년에서 8,000년 전 사이에, 거주민은 그곳에서 발견되는 낮은 산소 수준의 해로운 영향으로부터 보호하는 유전적 적응을 나타내기 시작했다. 이와 유사하게, 음식을 얻기 위해 바다 다이빙에 의존하는 동남아시아 어부는 지난 2천 년 동안 숨을 오래 참을 수 있는 능력을 발휘했다.[72] 이와 같이 농업이 출현한 이후 술의 오용에 반하는 적응이 서서히 발전하는 데는 오랜 시간이 걸렸다. 만약 인간의 취성물질 사용에 대한 숙취 이론이 사실이라면, 유전적 진화가 우리의 취하려는 취향을 없애기 위해 초과근무를 할 것이다. 또한 이 '입속의 적'에 대항하는 방어 수단을 진화시킨 어느 인간이라도 매우 성공적이어서, 관련 유전자가 매우 강력한 취성물질을 이용할 수 있는 세계 어느 지역으로든 급속히 확산되도록 유발할 것이다.

물론, 자위나 정크푸드와 같은 차선책이 증명하듯이, 유전적 진화는 때때로 꽤 멍청할 수 있다. 또한 유전적 진화가 단순히 우리를 도울 수 없는 많은 문제가 있다. 인간의 척추를 생각해 보라. 척추는 직립하고 두발 달린 유기체에게 끔찍한 설계로서, 그래서 많은 사람은 허리 문제로 고통을 받는다. 하지만 진화는 처음부터 우리를 설계할 여유가 없다. 진화는 주어진 것을 가지고 최선을 다해야 한다. 나무에 올라가서 살 수 있도록 고안된 신체 구조는 직립보행이 가능할 때까지 개조되고 난도질되는 것이다.[73] 자연선택은 바로 근처에서 자세히 보거나 적응의 계곡 너머를 볼 수 없으며, 처음에 오랫동안 잘못 짚은 이유로 선택되었던 진화적 경로의 틀에 종종 박혀 있다. 그렇다면 이론적으로 알코올에 대한 우리 취향이 통증이 있는 허리와 비슷하다는 것은 이론적으로 가능한 일이다. 이는 유전적 진화가 어떻게 이전의 결정으로부터 너무 많은 제약을 받아 사실상 손이 묶여 있는가를 보여주는 아쉬운 예이다. 진화생물학자는 이것을 '경로 의존성'이라고 부른다. 존재하지 않는 돌연변이에 선택이 작용하지 못하는 것도 사실이다. 그래서 또 다른 가능성은 취하려는 우리의 취향에 대한 치료법이 생물학적으로 가능하지만 유전적 돌연변이 룰렛 바퀴의 회전은 아직 그 위에 상륙하지 않았다는 것이다. 이것은 간단한 가용성 문제이다.

적어도 알코올에 대한 우리의 취향에 관해, 경로 의존성과 가용성 문제는 확실히 배제된다. 왜냐하면 인간 마음의 기식자라는 이 진화의 실수에 대한 훌륭한 해결책이 이미 인간의 유전자 풀에 존재하며 정말 오랜 시간 동안 존재했었기 때문이다.

우리는 알코올과 같은 독을 막는 몸의 제1 방어선인 ADH 효소를 언급했다. ADH는 에탄올 분자인 C_2H_6O를 가져와서 두 개의 수소 원자를 떼어낸다. 따라서 '알코올 탈수소효소'라는 이름을 붙인다. 그 결과로 생긴 분자인 C_2H_4O 또는 아세트알데히드(acetaldehyde; 아세트산 제조용으로서, 중간 정도의 독성이 있으며 고농도일 경우 마약이다)는 여전히 독성이 강하며, 확실히 우리는 그것이 몸 안에서 떠다니는 것을 좋아하지 않는다. 제2

> **경로 의존성(path dependence)**
> 미국 스탠포드대학의 폴 데이비드(Paul David)와 산타페연구소의 브라이언 아서(Brian Arthur)가 주창한 것으로서, 과거의 역사나 우연에 의해 정해진 특정 경로에 한 번 의존하기 시작하면 이후에 사회경제적·기술적 환경이 변화하여 그 경로가 비효율적임을 알게 되더라도 여전히 그 경로를 벗어나지 못하고 계속 그 경로에 의존하게 되는 경향성을 말한다. 이는 어떤 물체가 자신의 운동상태를 그대로 유지하려는 관성의 법칙과 맥락을 같이 한다.

의 간 효소인 알데히드 탈수소효소(aldehyde dehydrogenase; ALDH)가 그 자리를 대신한다. (흐르는 물 분자에서 뽑아낸 산소 원자를 첨가하는) 산화 과정을 통해 이 효소는 아세트알데히드를 아세트산으로 전환시킨다. 아세트산은 훨씬 덜 위험한 화학물질이고, 그다음에 물과 이산화탄소로 쉽게 변하여 몸에서 제거될 수 있다(그림 1.2).

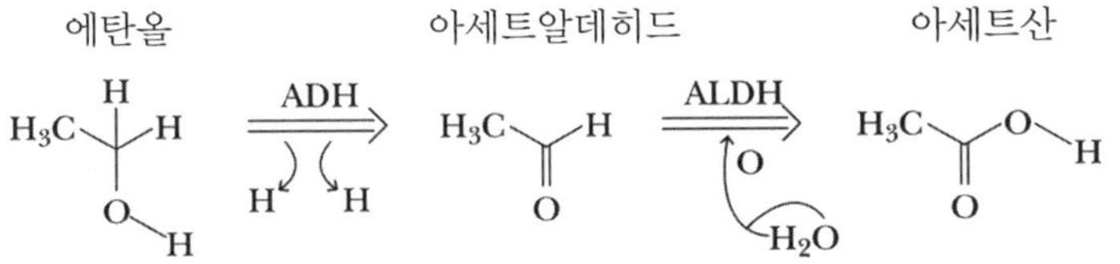

그림 1.2. ADH와 ALDH에 의해 에탄올을 각각 아세트알데히드와 아세트산으로 전환하기.

이 두 번째 단계가 지체되면 일이 험악해진다. ADH가 다행히도 알코올을 아세트알데히드로 전환하지만 ALDH가 제 역할을 못 한다면, 아세트알데히드는 체내에 축적되기 시작한다. 이것은 안 좋은 것이다. 몸은 안면홍조, 발진, 메스꺼움, 심장 두근거림, 호흡곤란 등을 일으키면서 불쾌감과 경각심의 신호를 보낸다. 우리에게 보내는 메시지는 "무엇을 하고 있든 지금 당장 멈춰라"는 것이다. 최악의 시나리오는 ADH가 정말 일을 잘해서 아세트알데히드를 많이 생산하지만, ALDH는 그 일을 너무 못하여 조립라인의 운 나쁜 찰리 채플린처럼 이 독성 물질이 축적되어 사방에 쏟아지게 하는 것이다. 놀랍게도, 이 두 효소의 유전정보를 지정하는 유전자들이 직접적으로 연결되어 있지 않다는 것

제1장 왜 우리는 술에 취하는가? • 79

을 고려하면, 초효율적 ADH와 지독한 게으름뱅이인 ALDH의 이 이상한 결합은 일부 인간 집단에서 나타난다. 이런 이상한 결합은 특히 동아시아인에게 가장 흔하게 나타나는 현상으로서, 그래서 그로 인한 질환은 '아시안 플러싱 증후군'으로 알려지기도 한다. 이 질환은 또한 중동과 유럽 일부 지역에서 독자적으로 진화한 것으로 보인다.

몸은 바보가 아니다. 과다한 아세트알데히드로 생기는 증상은 매우 불쾌하기 때문에 이런 증상을 겪는 사람은 몸에 많은 양의 알코올을 넣는 것을 피하는 법을 잘 듣고 빨리 배운다. 사실, 얼굴이 붉어지는 홍조 반응은 음주를 매우 혐오스럽게 만들어, 유전자 상으로 정상인 사람에게 그런 홍조를 일으킬 수 있는 약은 알코올 중독 치료에 사용되는 정도이다.[74] 이러한 변종 효소의 유전정보를 지정하는 유전자뿐만 아니라 비아시아 인구 집단에서 발견되는 기능상 유사한 변종의 보유자는 알코올에 대한 욕망으로부터 사실상 해방되었다. 이런 유전자 보유자는 적당하게 술을 마실 수 있고, 항균성 치료, 미량 미네랄과 비타민, 과하게 공급되지 않을 경우에 칼로리 등 적당한 음주가 제공하는 모든 혜택을 누린다. 그러나 술을 너무 많이 마셔 비효율적인 ALDH 효소가 처리하지 못하면서 나타나는 불쾌한 신체적 증상은 이

아시안 플러싱 증후군(Asian flushing syndrome)
아시아 홍조 증후군 또는 아시안 글로우(asian glow) 현상. 동아시아인에게서 주로 나타나는 알코올 거부 반응을 말한다. 술을 마시면 얼굴이 붉어지는 현상으로, 일반인의 경우도 만취할 때 얼굴이 붉어지는 것이 정상이지만 아시안 플러싱 증후군이 있는 사람은 알코올 도수가 낮은 술을 조금만 마셔도 얼굴이 붉어진다. 이는 이는 동아시아에 널리 분포되어 있는 특정한 유전형질에서 선천적으로 알코올의 대사산물인 아세트알데하이드의 분해 능력이 떨어지는 것이 원인이다.

런 유전자 보유자가 만취 상태와 알코올 중독으로부터 보호받고 있다는 것을 의미한다. 이런 사람은 만취나 알코올 중독에 빠지는 위험 없이 케이크를 먹게 된다. 납치나 숙취 문제에 대한 얼마나 멋진 해결책인가! 이것은 마치 생식 섹스에 대한 욕구를 손상시키지 않고도 포르노물을 매력이 없게 만들거나 트윙키를 마분지 같은 밋밋한 맛이 나게 만들지만 브로콜리는 가장 유쾌한 신의 음식 같은 맛이 나게 만든 유전자가 있는 것 같다. 이것은 상당한 유전적 대성공이다.

알코올 문제에 대한 이 유전적 묘약은 동아시아에서 7,000년에서 1만 년 전에 오랫동안 인간 유전자 풀을 돌아다녔다. 흥미롭게도, 동아시아에서 그 묘약의 분포는 쌀을 기반으로 하는 농업의 출현과 전파를 뒤쫓는 것처럼 보인다. 이는 쌀술의 갑작스러운 이용 가능성에 대한 반응을 암시할 수도 있지만,[75] 어떤 이론은 쌀술의 원래 적응적 기능이 곰팡이 중독으로부터 지키는 것이라고 단정한다.[76] 수렵채집인은 야생에서 나는 나물, 과일, 고기를 먹으며, 음식을 저장하는 것은 별로 좋아하지 않는다. 그러나 일단 벼농사를 하게 되면 많은 양의 곡물이 생기며, 이런 곡물은 나중에 축축한 환경에 모아 놓으면 재빨리 곰팡이의 침입을 받는다. 체내의 고농도 아세트알데히드는 경험하기 불쾌하지만 또한 곰팡이 감염을 없애는 데 매우 효과적이다. 이와 같이 홍조 반응을 경험한 적당한 음주가가 저장된 쌀을 안전하게 소비할 수 있게 함으로써 홍조 반응은 제값을 했을지도 모른다. 다른 이론은 비효율적인 형태의 ALDH가 결핵을 예방하는 것처럼 보이며, 농업으로 가능해진 크고 밀집된 집단에서 사람들이 살기 시작하면 질병의 위험성이 증가하기 때문에 선택되었을 수도 있다고 말한다.[77] 살균제와 결핵약 중 어느 경우든 알코올 중독에 대비하는 강화된 아세트알데히드의 보호 효과는 단지 좋은 부작용일 뿐이다.

하지만 얼마나 대단한 부작용인가! 만약 음주가 우리 진화 역사의 역효과를 낳게 하는 사고였다면, 과도한 음주가 잠재적 문제였던 곳 어디든 '아시안 플러싱' 유전자는 들불처럼 번졌을 것이다. 다시 말해, 문명 세계의 거의 모든 곳에서 말이다. 유당 내성이나 높은 고도에서의 수행과 같은 다른 새로운 유전적 적응이 유용하게 쓰이는 지역에서 널리 퍼졌던 속도를 감안하면, 이 책을 읽을 수 있는 사람은 누구든 한두 잔 정도 마신 후에 얼굴이 붉게 물들어야 한다.[78]

이것은 분명히 사실이 아니다. 이러한 반응을 일으키는 유전자는 동아시아의 비교적 적은 지역에 국한되며, 그곳에서도 보편적이지는 않다. 중동과 유럽에서 독립적으로 진화한 형태들도 마찬가지로 범위가 제한적이었다. 유전적 진화는 심각한 문제를 해결할 때 공유하는 것을 꺼리지 않는다. 취하려는 우리의 취향에 대한 기적의 '치료제'를 복용하는 사람이 상대적으로 거의 없다는 사실로 인해 진화의 실수 이론에 심각한 의문이 제기된다.

문화적 미스터리: 금주법의 이상한 세계 점령 실패

921년, 이슬람 학자 아흐마드 이븐 파들란(Ahmad Ibn Fadlan)은 바그다드의 칼리프(과거 이슬람 국가의 통치자)에게서 외교적·종교적 임무를 받고 볼가 불가르(Volga Bulgar)로 파견되었다. 이 부족은 최근에 이슬람교로 개종하여 현재의 러시아 볼가강에 살고 있고, 듣자 하니 칼리프는 새로운 신앙에 대한 이 부족의 이해가 약간의 조율이 필요하다고 느꼈다.

한편 이븐 파들란은 가던 중에 바이킹족을 만났다. 그는 이들의 키와 체격에 압도당했지만, 혐오스러운 개인적 습관, 진탕 마시고 노는 장례식, 통제 불능인 음주에 소름이 끼쳤다. 이븐 파들란은 "바이킹족은 밤낮을 가리지 않고 인사불성이 될 때까지 미드(mead; 꿀에 물을 섞어 발효시켜서 만든 벌꿀술)를 마신다. 어떤 사람은 잔을 손에 든 채 죽는 경우가 종종 있다"고 적고 있다.[79]

바이킹족은 심각하게 술에 빠져 있었다. 바이킹족에서 최고의 신 오딘의 이름은 '도취한 자' 또는 '술 취한 자'라는 뜻이며, 오딘은 포도주만 마시고 산다고 한다. 마크 포사이스는 이것의 의의를 지적한다. 많은 문화권에는 그 사회 내에서 술에 어떤 인정된 역할을 부여하기 위해 술이나 취함의 신이 있지만, 바이킹족에게 최고의 신과 술의 신은 동일하다. "바이킹 사회에서는 술과 취함이 따로 자리를 잡을 필요가 없었기 때문이다. 술과 취함이 곧 바이킹 사회였다. 술은 권위자이자 가족이고 지혜이자 시이며 병역이자 운명이었다."[80]

이것은 문화적 전략으로서 단점이 있었다. 중세 바이킹족에 비하면 현대의 남성 사교클럽 아이들은 허브차를 마시는 할머니처럼 보일 것이다. 이언 게이틀리(Iain Gately)가 언급하듯이, 엄청난 양의 에일(맥주) 통에 익사하는 것에서부터 술에 취해 인사불성 상태에서 비틀거리다가 경쟁자에게 학살당하는 것에 이르기까지 "엄청나게 많은 영웅과 왕이 술과 관련된 사고로 죽을 정도로"[81] 폭음은 그들 문화에서 중심적인 역할을 했다. 끊임없이 술에 취한 중무장한 전사는 또한 주변 사람에게 위협을 가했다. 전설적인 바이킹/앵글로색슨 영웅 베오울프에게 주어진 극찬은 "그는 술에 취했어도 친구를 죽인 적이 없다"는 것이었다. 포사이스가 말한 것처럼, "이런 일은 분명히 일종의 업적이고, 시에 언급할 정도로 이례적인 일이었다."[82] 극적이고 폭력적인 이런 단점 외에도 바이킹 사회는 또한 취성물질을 생산하는 데 드는 엄청난 물질적 비용과 암이나 간 손상과 같은 과음으로 인한 장기적인 건강상의 영향을 견뎌야 했다.

물질적 비용, 건강상의 영향, 사회 무질서의 측면에서, 술의 엄청난 비용은 역사를 통틀어 모든 유형의 금주운동가 마음의 중심에 있었다. 금주 문학은 적어도 기원전 2천 년 전 중국까지 거슬러 올라간다. 〈잔치에 오신 손님〉(賓之初筵)이라는 《시경》(詩經)의 시 한 편은, 너무 오래 지속되는 만찬회를 주최해 본 사람에게는 익숙한 한탄을 표현한다.

賓之初筵	손님들이 잔치에 와서 앉을 때는
溫溫其恭	온화하고 공손하더니!
…	
曰旣醉止	술 취하고 난 뒤에는
威儀幡幡	거동이 경망스럽네.
…	
是曰旣醉	이에 가로되 술에 취하면
不知其郵	그 허물을 모른다네.

뒤에 나오는 한 시는 악명 높을 정도로 과음하는 상나라의 마지

막 왕에게 "하늘이 널 술에 빠뜨리지 않았건만 / 옳지 못한 일을 따르네"[83]라고 경고한다. 전통 중국 역사가들은 왕조가 몰락한 것이 정확히 과도한 음주와 여색 때문이라고 주장한다. 상왕조의 뒤를 이은 서주(西周; 기원전 1046~기원전 771)의 성왕은 (추정컨대) 상나라 왕의 행동에 대해 생각하면서 '금주'라는 담화문을 발표해야겠다는 마음을 먹었다. 이 담화문에서 그 왕은 상나라 왕의 알코올 중독, 성적 부도덕, 제의 임무의 소홀을 한탄했다. 조상에게 바치는 향긋하고 제대로 된 제물의 냄새 대신 상나라 말년에 '백성의 고충과 술 취한 관리의 고약한 술 냄새'[84] 외에는 하늘로 올라간 것이 없었다. 하늘은 달갑지 않아서, 주나라 백성에게 상나라의 멸망을 단행하도록 했다.

중국은 이후 줄곧 술에 대해 걱정했다.[85] 중국의 신화에서는 가장 초기의 현명한 왕이 금주 정책을 편 것으로 여겼다. 하(夏)나라(기원전 2205~기원전 1766)를 세웠다고 하는 전설적인 우(禹)임금은 포도주를 시음해 맛을 본 다음, 포도주를 만든 여자를 즉시 추방했다고 한다. 우임금은 포도주가 '언젠가는 누군가의 왕국을 파괴할 것'[86]이기 때문에 금지되어야 한다고 말한 것으로 알려졌다. 중국은 어쩌면 기록상 가장 초기에 금주법을 공공정책으로 시행한 듯하다. '금주' 담화문은 추방보다 한 걸음 더 나아가, 포도주를 마시다 발각되면 누구든지 사형에 처해야 한다고 전한다. 이 문서의 기원은 분명하지 않지만, 주나라 초기로 확실히 제조 시일을 추정할 수 있는 청동제에서 유사한 선언문의 증거가 나왔고,[87] 후기의 중국 통치자들은 음주를 금하는 정치적 칙령을 꾸준히 내렸다.[88]

고대 그리스는 적당한 음주의 사회적 유용성에 대한 인식과 술고래에 대한 경멸 및 과음의 위험에 대한 강한 경고를 결합했다. 한 초기의 극작가는 술의 신 디오니소스에게 절제와 절주의 미덕에 관해 충고한다.

> 나는 분별 있는 사람에게 석 잔을 권한다. 첫 번째 잔은 건강을 위해, 두 번째 잔은 사랑과 쾌락을 위해, 세 번째 잔은 잠을 위한 것이다. 이 석 잔을 다 마시면 현명한 손님은 집으로 향한다. 네 번째 잔은 더 이상 내 것이 아니라 자만심에 속하고, 다섯 번째 잔은 외침에 속하고, 여섯 번째 잔은 흥청망청 떠들기에 속하고, 일곱 번째 잔은 멍든 눈에, 여덟 번째 잔은 법정 소환에, 아홉 번째 잔은 담즙에 속하고, 열 번째 잔은 광기와 가구를 마구 던지는 사람에게 속한다.[89]

이후에 서양에서 다양한 형태의 기독교는 일곱 가지 대죄 중 하나인 '폭식'이라는 포괄적인 말로 음주와의 오랜 전쟁을 벌였다. 오늘날 우리는 과식이라는 관점에서 폭식을 생각하는 경향이 있으며, 그 죄는 확실히 돼지 갈빗살을 너무 많이 먹는 것을 망라한다. 그러나 지나친 음주는 전통적으로 도덕주의적 반(反)악덕 비방으로 다루어질 뿐만 아니라 종종 주된 초점이었다. 15세기 기도서를 연구하는 한 학자는 "폭식의 죄악이 가져올 수 있는 영향의 목록에 수다스러움, 꼴사나운 기쁨 표현, 이성의 상실, 도박, 음탕한 생각, 사악한 말이 있었다"는 것에 주목한다. 이 학자는 이런 악습이 "과식 때문에 생긴 것 같지 않다"[90]고 비꼬며 말한다. 구세군의 창시자이자 최근의 금주운동가 윌리엄 부스(William Booth)는 "음주 곤경은 모든 것의 근본에 있다. 가난, 불결함, 악덕, 범죄의 10분의 9는 이 독성이 있는 주근(主根)에서 나온다. 수많은 유퍼스(upas) 나무처럼 땅을 뒤덮는 우리 사회악의 상당수는 독한 술로 끊임없이 물을 주지 않으면 점점 줄어들어 죽게 될 것이다"[91]고 분명히 말했다. 오늘날 우리는 동남아시아에 자생하고 있으며 어쩌면 냄새만으로 죽을 수 있을 정도로 독성이 강한 유퍼스 나무가 야기하는 위험에 대해 행복한 무지 속에서 우리의 삶을 보내고 있지만 메시지는 분명하다. 즉, 음주는 나쁘다는 것이다.

취함에 따른 분명한 비용을 고려하면, 많은 정치 지도자가 절대 금주를 문화적 성공의 비결로 본다는 것은 놀라운 일이 아니다. 예를 들어, 20세기 초 체코 사상가이자 독립 지도자이고 체코슬로바키아의 초대 대통령인 토마시 마사릭(Tomáš Masaryk)은 금주를 체코 민족 해방의 열쇠로 보았다. 그는 악명 높을 정도로 과음하는 동포를 겨냥한 성명에서 "많이 마시는 나라는 의심할 여지없이 술 취하지 않은 맑은 정신의 나라에 굴복당할 것이다. 각 나라와 특히 작은 나라의 미래는 절주(節酒)의 여부에 달려 있다"[92]고 선언했다.

그 지역에 가본 적이 있는 사람은 누구든 체코인이 술을 끊지 않았음을 눈으로 확인할 수 있다. 사실, 체코인은 다른 어떤 민족보다 1인당 맥주를 더 많이 마시는 영광을 계속 누리고 있으며, 1인당 전체 음주량에서 꾸준히 세계 최고에 올라있다.[93] 그러나 체코 공화국은 똑같이 술을 많이 마시는 구소련에 잠시 예속되긴 했지만 아직 전멸되지 않았다. 금주법은 중국에서도 결코 성공하지 못했다. 술을 마시는 사람에게 죽음을 알리는, 청동 정(鼎)이 있는 주나라 무덤도 정교하고 값비싼 포도주 그릇으로 가득 차 있고, 술 소비를 제한하려는 시도가 성공한 적이 없었다. 그러나 중국 문화에서는 금주법이 오래 유지되었다.

술을 안 마시는 이븐 파들란이 더러운 술고래로 일축했던 술에 흠뻑 찌든 바이킹족도 문화 집단으로서 크게 성공을 거두었다. 바이킹족은 유럽의 넓은 지역을 지배하고 공포에 떨게 했고, 아이슬란드와 그린란드를 발견하여 식민지로 삼았으며, 남북 아메리카 대륙에 도달한 최초의 유럽인이 되었고, 결국 상당히 많은 현대 북유럽인을 낳게 되었다. 음주에 느슨한 태도를 갖고 있다고 해서 문화 집단이 그렇게 많이 쇠하는 것은 아닌 것처럼 보인다.

이것은 아시안 플러싱 유전자가 세계를 휩쓸지 못한 것보다 훨씬 더 곤혹스럽다. 토마시 마사릭이 분명히 보았듯이, 저녁 내내 엄청난 비용을 들이고 영양가 있는 음식 생산량을 손상시키면서 만든 액체 신경독을 섭취하는 문화는 취성물질을 완전히 삼가는 문화 집단과 비교할 때 엄청나게 불리해야 한다.

술을 마시는 문화 집단은 존재하고 꽤 오랫동안 존재했다. 가장 두드러진 예는 이븐 파들란을 배출한 이슬람 세계이다. 금주법은 가장 초기 이슬람 시대의 특징이 아니라, 하디스(hadith; 모하메드의 언행록) 또는 전통에 따르면, 모하메드의 동료들이 너무 취해서 기도를 제대로 할 수 없게 된 특별한 만찬의 결과였다. 어쨌든, 632년에 예언 시대가 끝날 무렵, 절대 금주는 이슬람 율법에 자리 잡았다. 문화적 진화 게임에서 이슬람교가 극히 성공적이었음을 부인할 수 없다. 이슬람교는 아라비아 반도의 유목민족 사이에서 유래하여 유라시아 대륙과 남아시아와 동남아시아의 광대한 구역을 지배하면서 세계 대종교 중 하나가 되었다. 그럼에도 불구하고, 납치와 숙취 이론 모두 문화적 진화 게임에서 이슬람교에 결정적인 장점을 할당할 때, 이슬람교는 (바이킹족은 물론이고) 기독교 및 유교와 같은 알코올 친화적인 신앙과 계속 친분을 쌓아야 한다.

취성물질 사용의 어떤 비(非)적응적 이론에 더욱 손해를 끼치게도, 이슬람교에 관한 현장 상황은 신학이 주장하는 것보다 훨씬 더 복잡하다. 우선, 카므르(khamr), 즉 취성물질의 금지는 종종 알코올 음료와 심지어 포도나 대추에서 발효된 알코올에만 적용되는 것으로 해석되고, 다른 취성물질은 언급하지 않는다. 이런 대안적 취성물질 중에서 가장 두드러지는 것은 보통 해시시(hashish; 인도 대마초의 꽃봉오리로 만든 마약) 형태의 대마초이다. 대마초는 특히 다소 이단적인 수피파에게서 사랑을 받았지만 일반 대중들 사이에서도 널리 용인되었다.[94] 게다가, 신학적 금주법에도 불구하고 이슬람 문화는 역사적으로 금주법을 엄격하게 시행하는 정도에 따라 상당히 다양했다. 대부분의 이슬람 문화에서, 음주는 특히 지배계층의 개인 가정에서도 허용되었고, 일부 장소와 시대에는 공공 생활에서도 두드러진 역할을 했다. 한 역사학자가 말한 것처럼, "역사 내내 이슬람교의 통치자와 그 조신(朝臣)은 종종 엄

수피(Sufi)파
이슬람교의 신비주의적 경향을 띤 한 종파이다. 수피란 아랍어로 양모(羊毛)를 뜻하는 '수프'에서 파생된 말로 수피파는 초기 신도들이 양털로 짠 옷을 입고 다닌 데서 유래한 이름이다. 수피파는 코란(Koran)이나 교리보다는 신과 합일하는 체험을 중시하고 율법이나 의례보다는 개인의 신앙을 강조하는 신비주의 교단으로, 성인(聖人)의 무덤을 방문해 기도하는 성인 숭배 전통을 갖고 있다. 수피파의 유일한 목적은 신과 하나가 되는 것으로 이를 위해 춤과 노래로 구성된 독자적인 의식을 갖고 있었다. 금욕과 고행을 중시하고 청빈한 생활을 이상으로 하는 수피파는 8세기 무렵부터 나타나서 12세기부터 13세기 이후에 많은 교단이 조직되었다.

청난 양의 술을 때로는 대중들이 보는 곳에서 마셨다. 일반 이슬람교도가 그들 종교의 금주법을 위반하는 예는 셀 수 없을 정도로 많다. 이슬람교의 술 금지는 점진적이고 거의 마지못해 하는 과정으로서, 겉보기에는 절대성이 있음에도 불구하고 상대적인 것으로 드러나서 허점을 제공하고 핑계를 허용하며 죄를 용서받을 기회를 열어주는 과정이었다."[95] 이슬람 세계가 (아랍어 al-kohl에서 나온) 'alcohol'을 가리키는 단어와 알코올 증류에 대한 첫 번째 설명뿐만 아니라 우리의 위대한 포도주 시를 제공했다는 것은 주목할 가치가 있다. 쉬라즈의 유명한 하페즈는 14세기에 쓴 글에서 포도주를 마시는 것이 인간됨의 본질이라고 선언하기까지 했다. "포도주가 내 혈관에 피처럼 흘러들어왔다 / 방탕하는 법을 배워라. 친절해라. 이것은 포도주를 마시지 않아 사람이 될 수 없는 짐승이 되는 것보다 / 훨씬 낫다."[96] 만약 금주가 삶에 엄청난 영향을 미친다는 문화적인 진화적 킬러앱(killer app; 출시와 동시에 시장을 재편할 정도로 인기가 있는 상품이나 서비스.)이라면, 당신은 술 금지령이 더욱 일관성 있게 시행되기를 기대할 것이다.

언급할 가치가 있는 또 다른 금주 문화는 통칭으로 모르몬교도로 알려진 말일성도교회(Church of the Latter-Day Saints)이다. 모하메드처럼 모르몬교의 창시자 조셉 스미스(Joseph Smith)는 금주법 게임에 조금 늦게 합류했다. 《모르몬 경전》(Book of Mormon)은 포도주를 성찬 물질로 보는 일반적인 기독교 견해를 공유하고 있으며, 적어도 적당한 취함을 신이 승인하는 진정한 쾌락으로 묘사한다. 초기 모르몬 교회는 종교 집회에서 포도주를 자유로이 이용했으며, 심지어 신전 안에서 술잔치와 춤을 결합하기도 했다. '지혜의 말'이라는 조셉 스미스의 1833년 계시가 있은 후에야 모르몬교도는 하느님이 술, 카페인이 든 음료, 담배 섭취를 좋아하지 않았다는 말을 들었다. 그 후 음주 행위는 억제되었지만 점진적으로만 억제되었다. 절대 금주는 1951년이 되어서야 공식적인 교회 교리가 되었다.[97] 그러나 현대 모르몬 교회가 인상적인 열의를 가지고 금주법을 받아들였다고 말해도 좋을 것이다.

따라서 모르몬교도는 우리의 삶으로부터 마음을 납치하는 화학물질을 제거하는 것에 대해 진지하게 고민하는 집단처럼 보이며, 이는 다시 다른 집단보다 이 집단에 큰 이점을 제공해야 한다. 그리고 모르몬교 신앙은 사실 꽤 성공적인 이야기이다. 비록 최근 몇 년 동안 모르몬교 신앙의 성장률이 다소 둔화되었지만 대부분의 종교적 신앙에서 말할 수 있는 것보다 세계적으로 신도 수 증가에 있어 앞서고 있다.

그러나 모르몬 교회가 향정신성 약물과 벌이는 전쟁의 바로 그 열의와 포괄성은 이 교회의 실제 기능에 대한 실마리를 제공해 주어야 한

쉬라즈(Shiraz)
이란 남부지방을 대표하는 대도시. 파르스 주에 있으며, 페르세폴리스와 키루스 2세의 무덤이 있는 파사르가다에가 이 도시 근방에 있다. 또한 이란 최고의 시성 하페즈, 사디, 커주 케르마니의 묘소가 있는 페르시아 문화와 문학의 중심이다. 과거에는 와인으로 유명했던 도시이다. 쉬라즈 와인이 바로 이 지방에서 유래된 것이다.

하페즈(Hafez)
14세기 이란의 시인으로, 현재까지 회자되는 페르시아 문화권의 대표적인 문학가이다. 이슬람권에서 비교적 예술적 표현에 관대했던 수피였던 그는 신앙을 사랑에 빗대어 표현하거나 가잘(서정시)의 형식으로 사랑의 애틋함 등을 수려한 문체로 표현해내었다. 신앙과 사랑 외에도 그는 평화와 서민에 대한 연민, 성직자의 위선에 대해 노래하였다. 무슬림이었지만 자유로운 사상 덕분인지 유명한 술고래였다고 한다. 사랑을 술에 비유하였고 포도주를 '신의 이슬' 혹은 '불타는 루비'라는 시를 짓기도 했다.

다. 모르몬 교회가 코카콜라 및 커피 금지와 술 금지를 결합하는 것은 이 교회의 주요 표적이 취함의 비용이라면 거의 말이 되지 않는다. 술이나 다른 취성 약물과 달리 카페인은 단지 개인적 신앙과 집단 성공에 긍정적인 이점을 가지고 있는 것 같다. 전설에 따르면, 차 마시기는 술을 입에도 대지 않는 아시아의 승려들 사이에서 오랜 명상을 유지하는 데 도움을 주기 위해 생겨났으며, 커피와 니코틴이 없으면 알코올 중독자 갱생회(Alcoholics Anonymous)의 얼마나 많은 회원이 수료할 수 있을지 말하기 어렵다. 실제로 현대 생활은 담배, 커피, 차가 없으면 거의 틀림없이 갑작스럽게 멈출 것이다.

미국 종교 역사가 로버트 풀러(Robert Fuller)가 주장했듯이, 모르몬교의 향정신성 화학물질 금지는 술의 특정 문제를 겨냥하기보다는 '다른 기존 종교 집단과의 차이를 강조하기 위한 전략'[98]을 목표로 하는 것 같다. 이슬람교의 금주에 대해서도 비슷한 주장이 제기되었다. 이 금주는 원래 초기 이슬람 세계와 그 세계를 둘러싸고 있던 지중해와 근동의 포도주를 마시는 문화를 구별하는 기능을 했을지도 모른다.[99] 금주법은 강력한 집단 표식과 충성심을 자극하는 값비싼 표시 역할을 하는 극적인 문화적 주장이다. 모르몬 교회의 경우, 금주를 통해 스스로를 타인과 구별할 수 있는 이런 능력은 모든 남성 신자에게 2년간의 사명을 요구하고, 죽은 지 오래된 조상의 대리 세례를 허용하는 등 다른 창의적이고 인상적인 의식과 결합되었다. 모르몬교 신앙의 상대적 성공을 설명하는 것은 술 자체의 금지라기보다는 문화적인 진화적 혁신일 가능성이 높다.

요약하자면, 만약 취함이 문화 집단에 전반적으로 부정적인 영향을 미쳤다면, 우리는 특히 문화적 진화가 유전적 진화보다 훨씬 더 빨리 진행되기 때문에 반(反)취성물질 규범이 보편화되기를 기대할 것이다. 그러나 만약 술 금지가 세계를 장악하는 중이라면, 분명히 세계 장악 과정을 서두르지 않고 있다. 고대 중국이나 미국에서 금주법의 실패, 또는 프랑스에서 금주법의 지속적인 존재를 어떻게 설명할 것인가? 공식적으로 화학적 취성물질을 금지한 집단은 종종 사적인 사용을 못 본 체하거나 지배계층이 공적으로 탐닉할 때 모르는 척한다. 펜테코스트파나 수피파와 같이 취함 금지에 대해 더욱 진지한 많은 사람은 취함의 기쁨을 황홀 상태에서 성령이 말하는 것, 즉 '방언(glossolalia; 종교적 황홀감에서 하는 알아들을 수 없는 말)'이나 춤 명상과 같은 비화학적 황홀의 형태로 대체한다. 이 모든 것은 취함이 사회에서 중요한 기능을 한다는 것을 시사한다. 이는 취함이 문화적 명령에 의해 제거되는 것에 저항하게 만들고, 취함이 순수하게 고려되지 않는 드문 경우에는 채워져야 하는 진공상태를 만들 것이다.

펜테코스트(Pentecost)파
방언, 간증, 성령의 초자연적 힘과 병 고침 등을 강조하는 기독교파.

춤 명상(ecstatic dance)
춤 명상은 정해진 형태 없이 자유로운 움직임에 초점을 둔다. 그래서 일반 춤보다는 움직임과 생각에 제약과 제한이 없고, 신발을 신지 않는다. 술을 마시지 않는다는 등의 기본적인 제약이 있지만 가장 건강한 방법으로 안전한 장소에서 춤을 즐기기 위함이다. 춤 명상의 역사는 40,000년 전의 동굴 벽화로 인류 역사와 함께 시작되었다고 알려져 있다. 1970년대 가브리엘 로스가 이를 되살려 그녀의 5리듬 명상법으로 공식화되었고, 그 이후로 서구 문화에 급속도로 퍼지기 시작하면서 현대에서는 춤을 통한 치유를 목적으로 명상의 한 형태가 되었다.

조상을 위한 피클?

고대 중국의 가장 초기 기록인 상나라 '갑골'은 고대 중국의 제의적 종교 생활에 대한 통찰력을 제공한다. 밀에서 나온 에일(ale)을 가리키는 일반적인 용어지만, 아마도 들포도(야생 포도)와 여타 과일로 만든 술인 '酒'는 신성한 의식 제물에서 최고의 위치를 차지하면서 두드러진 역할을 한다. 실제로 종교사학자 푸무추(蒲慕州)는 비록 여러 가지 식료품을 태워 신과 조상에게 제물로 바치지만, 술은 너무나 중심적이어서 술 사용 자체는 의식 자체와 동의어였으며, 제사 지내기를 가리키는 글자[奠]는 또한 제사상 위에 놓인 술잔을 묘사하는 것 같다고 말한다.[100] 중국에서 온 가장 오래된 문헌인 《시경》의 시 한 편은 풍성한 수확을 축하하기 위해 거행하는 고대 주나라 의례를 묘사한다.

爲酒爲醴	이제는 술을 빚고 단술을 담아
烝畀祖妣	조상들께 먼저 바쳐 대접을 하고
以洽百禮	이어서 갖가지 예를 다하니
降福孔皆	하늘도 큰 복 내려 축원해주네.[101]

의례의 초점은 조상의 영혼이 특히 애용하는 듯한 '술과 단술'이다. 다양한 음식 등 다른 물품도 제사에 바치지만, 그것이 어떤 것인지 알기는 어렵다. 술과 그러그러한 다른 것들이라고만 알려져 있다. 이것은 고대 중국의 전형적인 것으로, 그 당시에 의식적인 축하와 영령에게 바치는 제물은 술 소비와 올리기에 전적으로 초점을 맞추고 있다.[102]

이런 점에서 중국 문화는 특별하지 않다. 역사를 통틀어 그리고 전 세계적으로 술을 비롯해 카바, 대마초, 환각 버섯, 환각제가 가미된 담배 등의 취성물질은 조상과 신에게 바치는 주요한 제물일 뿐만 아니라 일상적이고 공식적인 공동 의식에서 중심적인 경향이 있다. 유럽의 철기 시대 지배계층의 무덤에서 가장 극적인 유물은 큰 술잔이었고,[103] 이집트 조상은 후손들에게 포도주 제물을 요구했다. 유월절 식탁에서는 엘리야(Elijah; 기원전 9세기경 북이스라엘에서 활동하던 예언자)를 위한 술잔이 마련되어 있다. 엘리야는 아마도 와서 자기 자리에서 마른 맛초(matzo) 조각을 발견하면 실망할 것이다. 《술: 세계에서 가장 좋아하는 약》(*Alcohol: The World's Favorite Drug*)의 저자 그리피스 에드워즈(Griffith Edwards)가 언급하듯이, 사회적 축배는 항상 술로 하고, 술의 취성 본질로부터 그 힘을 어느 정도 이끌어 내는 것 같다. "'건강을 위하여!'는 가장 일상적이고 널리 퍼져 있는, 마법의 느낌을 가진 음주 의식의 예이다." 에드워즈는 더 나아가 "우리는 김 빠진 소다수로 축배하여 우리를 다스릴 위대하고 선한 여왕을 갖게 된 것에 대해 진실한 기쁨과 감사함을 표현하고 있는가? 그런 행위를 금지하라!"[104]라는 빅토리아 시대 언론인이자 작가 에드워드 스펜서 모트(Edward Spencer Mott)의 말을 인용하면서 "이 의식에서 술의 필요성은 널리 퍼져 있고 아주 오래된 고대의 가정"이라고 말한다.

이 모든 것은 우리를 더 혼란스럽게 할 것이다. 김치와 요구르트를 중심으로 한 연회와 종교의식은 술에서 나오는 모든 혜택을 비용 없이 제공할 것이다. 신령은 독성이 있고 쓴 음료 대신에 맛있고 영양가 있는 피클로 완벽하게 행복해야 한다. 그러나 지구상의 어떤 문화도 조상에게 피클을 대접하지는 않으며, 세계적으로는 술을 입에도 대지 않는 김치 기반의 대단한 문명은 아직 출현하지 않았다. 이는 술에는 우리가 깨달은 것보다 더욱 특별한 무언가가 있고 취함의 기능에 더 많은 것이 있다는 것을 강하게 시사한다.

   취함의 기능은 무엇인가? 취함이 해결책이 되는 문제를 이해하지 않고는 이 질문에 답할 수 없다. 인간은 고의적이고 체계적으로 취하는 유일한 동물이다. 인간은 또한 다양한 면에서 매우 특이하다. 다음 장에서 보게 되겠지만, 농업 기반의 문명에서 사는 인간은 훨씬 더 이상하다. 취하려는 취향의 진화적 미스터리를 풀기 위해서는 인간이 직면하는 독특한 도전을 짐작할 필요가 있다. 즉, 인간은 적어도 겉으로는 이기심 없는 사회적 곤충처럼 행동하는 듯한 이기적인 유인원이다.

제2장
디오니소스를 위해 문 열어두기

리얼리티 쇼 《서바이버》에 참가하여 경쟁하는 침팬지는 다른 경쟁자들을 박살 낼 것이다. 다 자란 침팬지는 거대한 이빨을 가지고 있고 사람을 갈기갈기 찢을 정도로 강하다는 점에서 글자 그대로 박살 낼 것이고, 생존 기술 측면에서도 그럴 것이다. 침팬지는 날렵하고 강인하며 매우 영리한 문제 해결자이다. 만약 낙하산을 타고 낯선 황야로 떨어지는 많은 종의 개체 중에서 생존할 가능성이 높은 개체에게 돈을 걸어야 한다면, 나는 침팬지에게 걸 것이다. 인간은 하위 다섯 번째에도 들지 못할 것이다. 새로운 환경에 홀로 던져진 인간은 반감기(半減期)가 꽤 짧다.[1] 그럼에도 불구하고 《서바이버》의 침팬지 참가자는 적어도 두 경쟁 부족이 하나가 되는 '합치기' 후에 섬에서 쫓겨나는 최초의 참가자가 될 것이다.

이는 인간이 엄청난 이점을 가지고 있기 때문이다. 즉, 우리는 대부분의 시간을 대규모 형태의 '합치기'에서 보낸다. 이런 합치기에서 생존은 주로 힘이나 개별적 영리함이 아니라 사회적 기술에 달려 있다. 강하거나 불을 피우거나 사냥감을 잡는 데 능숙하다면 분명히 나쁠 것은 없지만, 궁극적으로 《서바이버》에서 정상에 오르는 사람은 연합 건설업자나 동맹 협상가, 현명한 조종자인 경향이 있다.[2] 아주 오랫동안 인간에 대한 주된 적응적 도전은 물리적 환경이 아니라 다른 인간이었다. 사막에서 물을 찾는 방법을 아는 것이 중요하지만, 그 물을 다른 사람과 나누는 법을 배우고, 물을 다시 캠프로 운반하는 데 드는 노동 분담을 협상하며, 보고 있지 않을 때 누가 당신의 몫을 훔칠지를 간파하는 것만큼 중요한 것은 아니다.

이런 관찰 결과는 우리가 왜 술에 취하는가라는 퍼즐을 푸는 데 매우 중요하다. 인간은 계획적이고 조직적이며 규칙적으로 취하는 유일한 종이다. 이런 취하는 행동의 진귀함은 비용을 감안하면 놀랍지 않다. 놀라운 것은 그렇더라도 왜 인간이 취하는 것에 집착하는가이다. 앞서 보았듯이, 반대압력과 유전적·문화적 '해결책'이 존재함에도 아랑곳없이 취함에 대한 인간의 취향이 지속되는 것을 보면 그 취향이 진화의 실수는 아닌 것 같다. 납치 이론과 숙취 이론 모두 적절한 설명처럼 보이지 않는다. 그러나 취함이 무엇에 좋은가라는 문제는 여전히 해결되지 않고 있다.

이 질문에 답하기 위해서는 우선 인간이 되는 것이 어떤 구체적인 점에서 어려운지를 이해할 필요가 있다. 종(種)은 나타나서 특정한 생태적 지위(ecological niche)에 적응함으로써 살아남는다. 이 용어는 부분적으로 포식자든 먹잇감이든, 초식동물이든 육식동물이든 지역 생태계에서 종의 위치를 가리킨다. 좀 더 기본적으로, 이 용어는 성공적으로 그 자리를 차지하고 음식과 은신처를 확보하며 숨거나 사냥하고 동료 종과 다른 종 모두를 다루기 위한 방법의 목록을 말한다. 새로운 생태적 지위에 적응하면서 개체군에게 생기는 점진적 변화는 새로운 종이 생겨나는 과정 중 하나이다. 적소(適所) 환경이 특수화를 추진하기 때문에 상황이 이상해질 수 있다.³

수족관이 있는 사람들 사이에서 인기 있는 작은 민물고기인 멕시칸 테트라(Mexican Tetra)를 생각해 보자. 특정한 하위개체군이 지상의 강이 아닌 지하 동굴에서만 살게 됨에 따라, 이 종은 현저하게 다른 두 가지 형태로 갈라졌다. 동굴에 사는 테트라는 옅은 흰색이고, 급격하게 눈을 잃게 되어 점차 빛이 없는 환경에 적응했다. 색소는 햇빛이 비치는 물에서 유용하며, 이런 물에서 색소는 물고기가 시각적 배경에 뒤섞이게 돕는다. 같은 방식으로, 물고기가 움직이는 데 필요한 눈과 신경 장치는 지상 세계에서 제값 이상을 한다. 즉, 지상 세계에서 눈과 신경 장치는 먹이를 찾고 포식자를 식별하는 데 필수적이다. 그러나 어두운 동굴 세계에서는 색소와 시각이 도움이 되지 않기 때문에, 적응압(適應壓; 생명체가 환경에 적응하며 나타나는 진화적 경향)은 생리적으로 값비싼 것이지만 지금은 무용지물인 이런 특징이 필요 없게 된 개체를 촉진시켰다. 눈이 멀고 창백한 동굴 테트라는 다소 기괴하게 생겼지만 후각과 촉각으로 먹이를 효율적으로 쫓는 새롭고 어두운 생태적 지위에 절묘하게 적응되어 있다. 하지만 이제는 되돌릴 수 없다. 동굴 테트라는 빛과 색으로 가득한 지상의 강 세계에 던져놓으면 즉석 만두요리가 될 것이다. 동굴에 사는 테트라는 동굴에 적응했으니 동굴에 머물러야 한다.

영장류 중에서 인간은 동굴에 사는 테트라와 다르지 않은 상황에 처해 있다. 호모 사피엔스는 우리의 영장류 조상과 가장 가까운 영장류 친척이 사는 곳과는 매우 다른 엄하고 특이한 생태적 지위에 적응함으로써 인상적인 성공을 거두었다. 동굴에 사는 테트라가 더 이상 밝고 무서운 지상의 강 세계에서 살아남지 못하는 것과 마찬가지로, 인간은 문화에 너무 의존하게 되어 더 이상 문화 없이는 살 수 없게 되었다.[4]

예를 들어, 우리가 종으로서 적응했던 가장 초기의 가장 기본적인 기술 중 하나는 불이다. 영장류 동물학자 리처드 랭엄(Richard Wrangham)이 말하듯이, 불은 많은 면에서 유용하며, 그중에서도 채소와 고기를 요리할 수 있게 한다는 것이 가장 중요하다.[5] 조리된 음식은 먹고 소화하기 쉽다. 이는 불에 통달한 최초의 인간 또는 원인(原人)은 가령, 거칠고 섬유질이 많은 과일과 날고기 식단을 처리하기 위해 침팬지에게 필요한 거대한 턱, 튼튼한 치아, 그리고 정교한 소화계가 필요하지 않았음을 의미한다. 조리된 음식 덕택에 초창기 인간은 에너지를 갈망하는 뇌와 같은 해부학의 다른 부위를 강화하는 데 생리적 자원을 전용(轉用)할 수 있게 되었다. 눈이 없는 동굴 테트라처럼 침팬지의 거대한 턱, 튼튼한 치아, 정교한 소화계가 없으므로 우리 인간은 소화가 잘되게 요리된 음식의 새로운 환경에서 더 효율적이지만, 또한 불에 의존하게 된다. 불 이용이 포함된 생태적 지위에 적응하여 사람과(科)의 동물은 날음식만으로 생존하는 능력이 손상되었다. (현대의 생식주의자는 이를 아직 모르고 있다.)

그래서 인간이 적응한 '동굴'의 한 가지 특징은 다른 기본적인 문화적 기술 중에서 불을 제공한다는 것이다. 또한 언어와 엄청나게 귀중한 문화적 정보도 제공한다. 이는 언어에 정통하고 다른 사람들로부터 학습하는 것에 대한 인간의 다중 적응을 설명한다. 영장류가 처음에 적응했던 환경과 비교하면, 우리의 동굴은 붐비고 낯선 사람으로 가득 차 있으며, 이런 낯선 사람은 우리가 어떻게든 협력해야 하는 비(非)친척이다. 그곳에 사는 것은 인지적으로 어려운 것으로서, 수많은 인공적인 문화적 기술과 규범을 숙달할 수 있는 능력뿐만 아니라 새로운 기술과 규범을 만들어 내는 능력도 필요하다.

그러므로 이러한 생태적 지위에서 살기 위해서는 개인적·집단적 창의성, 집중적인 협력, 낯선 사람과 군중에 대한 내성(耐性), 그리고 우리의 가장 가까운 영장류 친척들 사이에서는 필적할 수 없는 개방성과 신뢰가 필요하다. 예를 들어, 치열하게 개인주의적이고 혹독하게 경쟁하는 침팬지와 비교하면, 우리 인간은 꼬리를 흔드는 얼빠진 강아지 같다. 우리는 극도로 온순하고 애정과 사회적 접촉을 절실히 필요로 하며, 착취에 매우 취약하다. 인류학자 겸 영장류 동물학자 세라 블래퍼 허디(Sarah Blaffer Hrdy)가 언급하듯이, 수백 명의 사람이 작은 비행기에 빽빽이 탑승하고 고분고분하게 안전벨트를 매며, 퀴퀴한 크래커를 잔뜩 먹고 영화를 보고 잡지를 읽으며, 초면인 옆 사람과 공손하게 이야기를 나눈 다음 평화롭게 반대편으로 줄지어 나아가는 것은 주목할 만한 일이다. 비슷한 수의 침팬지를 비행기에 빽빽이 태운다면, 결국 기내에 피와 토막 난 몸 조각들이 가득 차 있는 것을 보게 될 것이다.[6] 인간은 분명히 개인으로서 약하고, 서로 연결하기를 애절하게 열망하며, 생존을 위해 전적으로 집단에 의존하기 때문에 집단으로서는 강하다.

나는 인간을 눈이 없는 동굴 테트라와 강아지에 비유했지만, 이와 관련해 다른 은유가 더 적절하다. 개미나 벌과 같은 사회적 곤충의 은

유가 그것이다.[7] 다른 영장류에 비해 우리는 이상할 정도로 사회적이고 협동적이다. 우리는 비행기에 고분고분하게 앉아 있을 뿐만 아니라, 단체로 일하여 집을 짓고 서로 다른 기술을 전문으로 다루며, 집단에서 특정한 역할로 추진되는 삶을 살아간다.

이것은 우리의 가장 최근의 진화적 역사를 고려하면 영장류가 훌륭히 해내는 상당한 곡예이다. 군체 생활은 개미가 (글자 그대로) 쉽게 할 수 있는 일이다. 개미는 같은 유전자를 공유하므로, 공동선(公同善)을 위해 희생하는 것은 실은 희생이 아니다. 내가 개미라면, 공동선은 그저 나의 선이다. 그러나 인간은 유인원으로서, 다른 부족에 의해 조작되고 현혹되거나 이용당하는 위험을 몹시 경계하면서 가까운 친척이나 어쩌면 동료 부족원과 제한적인 방식으로만 협력하도록 진화했다. 그러면서도 우리는 열을 지어 보조를 맞춰 걷고, 고분고분하게 줄지어 앉아 교훈을 낭송하며, 사회 규범에 순응하고, 때로는 병정개미를 무색하게 만들 정도의 열정으로 공동선을 위해 목숨을 바친다. 네모난 영장류 나무못을 원형의 사회적 곤충 구멍에 박아 넣으려는 것은 어려울 수밖에 없다. 하지만 곧 보게 되듯이 취함은 그렇게 하는 데 도움이 된다.

인간의 생태적 지위: 창의적·문화적·공공적 지위

닭은 우리가 생각하는 것만큼 멍청하지 않다. 동남아시아 토착종인 적색야계의 후손인 닭은 인지적으로 말해 가축화 과정에서 놀랄 정도로 부작용을 거의 겪지 않았다. 사육된 보통의 닭은 야생 닭만큼 영리하고, 간단한 숫자와 논리 관계를 처리할 수 있으며, 원인과 결과에 대해 추론하고, 다른 닭의 관점을 취하며, 공감을 경험할 수 있다.[8]

그러나 이 모든 인상적인 인지 능력과 행동은 타고난 것이다. 닭은 바보 같은 것이 아니라 완고하고 둔하다. 생후 2주째에 할 수 있는 것은 닭이 할 수 있는 거의 모든 것이다. 이는 닭이 생물학자들이 '조성(早成)'(부화 후 곧 활동하는) 종으로 분류한 새의 일종이라는 점을 감안하면 놀라운 일이 아니다. 닭은 완전히 형성되고 깃털이 있으며 걸을 준비가 되어 있고, 이미 적응하고 있는 상대적으로 좁은 생태적 지위에 대해 알아야 할 모든 것을 작은 머리에 가득 채운 채로 부화한다. 이것은 사실상 닭이 알에서 나오자마자 땅을 박차고 달릴 수 있다는 것을 의미하며, 이는 명확한 이점이다.

다른 새의 종, 이른바 '만성(晚成)'(부화 후에 잠시 어미새가 돌봐야 하는) 새는 태어날 때 다소 무력하다. 이런 새는 털이 없고 눈먼 채로 부화하고, 혼자 움직이거나 먹이를 먹지 못하며, 먼 꿈처럼 한참 후에야 날 수 있다는 예상을 갖고 부화한다. 이런 새는 종종 비교적 긴 시간 동안 부모의 집중적인 보호 없이는 전혀 살아남지 못한다. 예를 들어, 뉴칼레도니안 까마귀는 완전히 자활하려면 2년 내내 보살펴야 하고, 종종 먹이를 탈취하고 기술을 습득하면서 4년 동안 부모 곁을 맴돌기도 한다. 까마귀가 일반적으로 10살까지만 산다는 점을 고려하면, 6년이라는 이 기간은 까마귀의 수명에서 놀랄 만큼 긴 시간이다.[9]

얼핏 보면, 닭의 전략이 훨씬 나아 보인다. 우리는 종으로서 왜 냉장고에서 우유를 몰래 가져가고 더러운 빨래를 여기저기 놔두는 어리고

들러붙는 무기력한 10대를 책임지는가? 세상에 나갈 준비가 된 채로 알에서 튀어나오는 것에 분명한 장점이 있다는 것을 고려하면, 어떻게, 그리고 왜 만성적 전략이 진화했는지, 혹은 만성적으로 시작한 종이 왜 모두 조성적으로 진화하지 않았는지 알기란 어렵다.

그러나 많은 고등학교의 홈커밍데이 킹과 퀸이 손해를 보면서까지 발견했듯이, 너무 일찍 정점을 찍는 데는 단점이 있다. 보통보다 작고, 괴롭힘을 당하고, 〈던전 앤 드래곤〉(Dungeons & Dragons) 게임을 하는 멍청하고 따분한 학생은 종종 결국은 고학력이고 출장을 자주 다니는 성공한 성인이 된다. 마찬가지로, 무서운 닭 동료로부터 사물함에 들이박혀서 점심값을 빼앗기듯이, 약하고, 털이 없고, 막 부화한 까마귀는 결국 엄청난 행동 유연성을 가진 놀라울 정도로 창의적인 동물로 변하게 된다.

예를 들어, 까마귀는 갈가마귀와 어치를 포함하는 '까마귀과'로 알려진 새의 한 부류이다. 까마귀는 만드는 데 몇 번의 누적 단계를 필요로 하는 도구를 만들 수 있고(가령, 정성 들여 만든 갈고리나 특정한 모양으로 자른 잎 등), 이러한 도구를 식량 탐험을 할 때 지니고 가서(예견과 계획의 증거), 닿기 어려운 곳에서 곤충을 끄집어내는 데 사용한다.[10] 까마귀의 기억력은 인상적이며, 이는 넓은 지리적 범위에 걸쳐 여분의 식량을 숨기거나 '저장하는' 능력으로 증명된다. 대단히 놀랍게도, 까마귀는 인상적인 사회적 지능을 보여준다. 한 까마귀가 음식을 저장하는 중에 다른 까마귀가 보고 있다면 잠재적 도둑이 주의를 딴 데로 돌릴 때까지 기다렸다가 자기 음식을 다시 감추기 위해 돌아온다. 또는 견과류처럼 생긴 작은 돌 같은 가짜 음식을 숨기거나, 또는 잠재 스파이가 저장해둔 음식의 실제 위치를 찾는데 허탕치게 한다. (까마귀는 명확한 이유 때문에 닭을 무시한다.) 까마귀는 합치기 이후의 《서바이버》에서 꽤 잘할 것이다.

결정적으로, 까마귀는 유연하고 창의적이며, 새로운 조건에 따라 복잡한 행동을 수정한다. 실험실에서, 까마귀는 평범한 도구 제작 재료가 바닥이 나면 철사와 같은 새로운 재료로 갈고리를 만들 수 있다. 썩기 쉬운 음식인 귀뚜라미가 야생에서보다 더 빨리 부패하는 조건에 있을 때, 까마귀는 귀뚜라미 대신 내구성이 더 강한 땅콩을 저장하고 회수하는 법을 빠르게 배운다. 원숭이나 유인원과 같이, 까마귀는 특정한 학습 과제에서 일반 규칙을 이끌어내고, 비슷하지만 새로운 상황에 이 규칙을 적용한다. 예를 들어, 까마귀에게 푸른색 자극과 일치하도록 푸른색 사각형을 쪼은 뒤에 음식으로 보상해 주면, 까마귀는 "자극과 일치시키시오"라는 일반 규칙을 빠르게 익히고, 색깔이 바뀌거나 모양으로 대체될 때도 그 규칙을 계속 적용한다.[11]

까마귀는 통찰력과 상상력을 필요로 하는 완전히 새로운 문제를 해결할 수도 있다. 예를 들어, 한 실험실 실험에서,[12] 까마귀에게 고기를 횃대에 매달린 끈에 달아서 주었다. 그 고기를 잡는 유일한 방법은 부리로 끈을 조금 잡아당겨 횃대 위에 내려놓은 다음, 누적된 끈을 발톱으로 잡고, 그 과정을 조심스럽게 6 내지 8회 반복하는 것뿐이었다. 놀랍게도, 실험에서 야생 까마귀 한 마리가 조심스럽게 상황을 파악한 후, 첫 번째 시도에서 이 과제를 해결했다. 실험에 참여한 다른 까마귀는 몇 번의 시도만으로 해결책을 알아냈다.

끈에서 닿지 않게 걸려 있는 음식에 직면하면, 불운한 닭은 굶어 죽을 것이다. 일반적으로, 닭이나 비둘기 같은 조성 조류는 상대적으로 협소한 범위의 행동 외에는 어떤 것도 보여주지 못한다. 실험실에서, 조성 조류는 기계적으로 특정한 일을 배울 수 있지만, 그 이면의 일반 규칙을 분별하지는 못한다. 이로써 조성 조류는 새로운 문제에 직면하면 완전히 당황하게 된다. 파란색 사각형을 제시하면 파란색 사각형을 쪼는 훈련을 받은 비둘기는 색깔이 바뀌거나 색깔이 모양으로 대체되면 어떻게 할지 전혀 모른다. 비둘기는 '일치'라는 추상적 개념을 공식화하지 못한다. 조성 조류의 전성기는 어릴 때였으며, 바로 그때 조성 조류는 너무 멋지고 성공적이어서 책이나 학교에 신경 쓰지 않고서, 두려움 없이 운동장을 뽐내며 걸어다녔던 것이다. 이것은 대단한 장기적인 전략으로 보이지 않을 수는 있지만, 그런 전략은 사실 맥락에 달려 있다. 일찍 정점을 찍는 것이나 늦게 정점을 찍는 두 가지 전략 모두 각각 장점이 있기 때문에 세상에 존재하며, 실행되는 환경을 모르고서는 어느 쪽이 더 나을지 말할 수 없다.

발달심리학자 앨리슨 고프닉(Alison Gopnik)과 동료들이 말했듯이, 일반 지능, 행동적 유연성, 새로운 문제해결 능력, 그리고 다른 사람들의 학습에 의존하는 것은 오랜 기간의 무력한 미성숙과 대략 상관관계를 이룬다.[13] 이런 상관관계는 새와 포유류를 포함한 광범위한 동물에서 발견되며, 이런 상관관계가 협소한 능력과 창의적 유연성 사이의 근본적인 진화적 거래를 추적한다는 것을 시사한다. 다시 말해, 종 전체는 대기만성형인 멍청하고 따분한 고등학생이나 조숙한 홈커밍데이 퀸 전략에 내기를 걸고, 그다음 그들이 선택한 전략이 가장 좋은 보상을 제공하는 생태적 지위로 들어가는 것처럼 보인다. 혹은, 한 전략이나 다른 전략을 요구하는 환경에 처하게 된 것을 발견하고는, 그 특정 전략으로 분화한다.

많은 영역에서처럼 인간이 여기서 이상점(outlier)이라는 사실에 놀라서는 안 된다. 우리는 최고로 멍청하고 따분한 학생이고 괴롭힘을 당하는 얼간이이며 선생님의 애완동물이다. 어떤 부모나 조부모라도 잘 알고 있듯이, 우리는 만성 포유동물 중에서 단연코 가장 무기력하다. 우리의 자손은 완전히 쓸모없고 침팬지나 원숭이 동료에게 은유적으로 그리고 문자 그대로 짓밟힐 것이다. 네 살짜리 어린아이가 신발 끈을 매는 동안 현관 앞에서 초조하게 기다려본 적이 있는 사람은 누구나 인간 아이가 닭이라도 닮았으면 하고 바라도 무리가 아니다. 매우 분통 터지는 일은 전혀 손재주가 없거나 적절한 단계를 기억하지 못하는 것만이 아니다. 어린 인간 아이는 이상하다. 즉, 아이는 신발 끈을 반 정도 매고는 무엇을 해야 하는지를 잊어버리고, 대신 코딱지를 파는 데 집중하거나 간신히 맨 신발 한 짝의 끈을 푸는 데 다시 집중한다. 당신은 그 시간을 확인하기 위해 잠시 눈길을 돌린 다음, 다시 힐끗 보고는 아이가 신발을 신지 않았을 뿐만 아니라, 상상할 수 없는 이유로 이제는 (기대하시라!) 바지를 벗고 있는 것을 보게 된다.

우리 자손의 불운함은 인간에 대한 또 다른 특이한 사실을 설명해 준다. 우리 인간은 암컷이 아직 살날이 많이 남았지만 기본적으로 생식 게임을 포기하는 폐경을 겪는 몇 안 되는 종 중 하나이다. 폐경이 개인적 생식을 포기하여 전체적인 생식 성공을 극대화하고, 손자와 증손자를 돕는 데 시간과 자원을 투자하는 것이 아니라면, 폐경은 유기체에게 이상한 일이다. 작은 새끼가 생존하기 위해 할머니가 필요할 정도로 다루기에 엄청나게 귀찮은 문제인 경우에만 폐경은 이치에 맞는 것이다. 인간도 마찬가지인 것으로 보인다.[14] 유례없이 나약하고 산만하며 분통 터지게 하는 자식을 키우는 것은 온 마을이 나서야 할 정도로 어려운 일이다.

인간은 종으로서 똑같이 극단적인 생태적 지위에 서식하게 되었기 때문에 극단적 형태의 대기만성형 전략을 채택했다. 우리가 적응해 온 이상하고 붐비는 동굴이 우리에게 부과한 주요한 요구사항은 '3C'로 요약할 수 있다. 즉, 우리는 창의적(Creative)·문화적(Cultural)·공공적(Communal)이어야 한다. 3C의 요구사항은 무기력하고 눈먼 만성의 까마귀 새끼처럼 우리가 튼튼하고 덜 복잡한 동물보다 더 취약하다는 것을 암시한다. 그 예는 상어이다. 우리는 네 살짜리 인간과 네 살짜리 상어를 경쟁시키고 싶지 않을 것이다. 그러나 사실상 연약하고 가냘프게 우는 유아는 우주의 주인으로 성장하여, 상어를 수족관에 넣고, 상어 지느러미를 수프에 넣어 먹을 것이며, 지금은 아쉽게도 세계 많은 지역에서 상어를 멸종으로 몰고 가고 있다.

그러나 인간이 극단적 취약성에서 거대한 권력으로 전환하는 것은 도전이 난무하는 여정이다. 이러한 도전의 성격을 이해하는 것은 취함의 잠재적인 적응적 장점을 이해하는 데 중요하다. 우리는 취한다. 이는 우리가 이상한 종이고, 동물 세계에서 어색한 패배자이며, 온갖 도움을 필요로 하기 때문이다. 이제 3C와 왜 긴 어린 시절, 또는 화학적 취성물질이 우리와 같은 종에게 매우 유용한지 살펴보자.

창의적 동물

오이디푸스는 실제로 반복되는 불운 속에서 좋은 기회를 잡는 데 어려움을 겪는다. 소포클레스의 비극 《오이디푸스 왕》(Oedipus Rex)의 주인공은 아버지를 죽이고 어머니와 결혼할 운명이라는 신탁 때문에 갓난아기였을 때 고향 코린트(Corinth)에서 쫓겨나 죽도록 버림받는다. 놀랍게도 그는 살아남지만, 정착할 곳을 찾아가던 중에 갈림길에서 공격성이 강한 노인과 노상 싸움에 휘말려 그 노인과 그를 수행하던 사람을 죽임으로써 자신도 모르게 첫 번째 예언을 실현한다. 더 나쁜 일이 닥치려 한다. 그는 테베에 들어가려다 무서운 스핑크스의 공격을 받는다. 스핑크스는 도시를 공포에 떨게 하고, "아침에는 네 발, 낮에는 두 발, 저녁에는 세 발로 걷는 것은 무엇인가?"라는 수수께끼를 풀지 못하면 오이디푸스와 테베 시민을 죽이겠다고 협박한다.

물론 답은 사람이다. 아기 때는 기어가다가 그런 뒤에 똑바로 걷고 마침내 지팡이의 도움을 필요로 한다. 이후에, 오이디푸스는 테베의 왕이 된 후(그리고 주목해야 하듯이 또한 자신의 어머니와 결혼했다), 끔찍한 역병이라는 또 다른 위기에 직면한다. 예언자 테레시아스(Teresias)는 새나 다른 흉조가 날아다니는 것에서 발견한 단서로부터 적절한 앞길을 분별하기를 바라면서 신에게 의지한다. 오이디푸스는 스핑크스와의 만남을 떠올리며 예언자를 크게 책망한다.

> 자, 말해보시오, 당신의 신비한 거창한 의식이 진실에 접근한 적이 있었던가?

악녀 스핑크스가 여기 테베에 나타나 재주를 부리고 있었을 때
말해보시오, 당신은 이 백성들에게 어떤 도움이 되었던가?
그녀의 마술은 처음 따라온 남자를 위한 것이 아니었소.
그것은 진짜 엑소시스트가 필요했소. 당신의 새들—
그 문제에 대해 그 새들은 무슨 소용이 있었던가? 아니면 신들은 무
  슨 소용이 있었던가?
하지만 그때 내가 왔소,
아무것도 모르는 소박한 남자, 오이디푸스.
나 혼자 그것을 맞혔소, 새도 안 도와줬소!¹⁵

    스핑크스를 이긴 것은 마술이나 신의 개입이 아니라 인간의 창의적 통찰력이었다.

    문화사학자 요한 하위징아(Johan Huizinga)가 언급했듯이, 죽음의 고통에 닥쳤을 때 풀어야 할 수수께끼는 세계의 신성한 신화적 문화 전반에 걸쳐 공통된 특징이다. 그가 말하길 "신화적 맥락이나 제의적 맥락에서 볼 때, 그것은 거의 예외 없이 독일의 문헌학자들이 '모가지 수수께끼'(Halsrätsel)로 알고 있는 것으로서, 수수께끼를 풀든가, 그렇지 않으면 머리를 내놓아야 한다. 경기자의 생명이 걸려 있다."¹⁶ 인간 신화에 등장하는 이판사판식 수수께끼의 보편성은 상징적 형태로 우리의 생태적 지위에 적응하는 데 있어서 우리가 직면하는 주요 도전 중 하나를 강조한다. 즉, 인간은 살아남기 위해 창의적이어야 한다.

    한 종으로서 우리는 카약과 작살에서부터 어획물과 일자(一字) 집에 이르기까지 문화적 기술을 낳는 통찰과 발명에 유례없이 의존한다.¹⁷

우리는 옷을 꿰매고 다용도 도구를 만들며 은신처를 짓고 음식을 가공하고 요리한다. 대부분의 다른 종은 얻어야 할 것을 자연으로부터 받는다. 사자에게는 발톱이 있고, 가젤에게는 속도가 있다. 벌집을 짓는 벌과 댐을 짓는 비버도 자동조종장치 모드인 것처럼 무의식적으로 그렇게 한다. 벌과 비버가 만드는 이런 인공물은 표면적으로는 인간의 발명품처럼 보일지 모르지만, 실제로는 새의 날개나 상어의 이빨과 다를 바 없이 단지 게놈(genome)이 확장된 것이다. 철사로 갈고리를 만드는 까마귀도 이용 가능한 재료를 가지고 이 도구를 유연하게 만들 수는 있지만, 접근하기 힘든 벌레가 있으면 갈고리가 필요하다는 등 다소 각본대로 하고 있다. 문화적 혁신이 단순히 우리의 DNA에서 읽혀지는 것이 아니라는 점에서 인간은 진정 새로운 것을 발명한다. 접근하기 힘든 벌레 문제에 직면했을 때, 진짜 인간 같은 까마귀는 갈고리를 가지고 꾸물거릴 것이 아니라, 원하는 것으로 손을 뻗어 거머쥘 수 있는 벌레 농장을 발명할 것이다. 인간은 창의적 기술을 통해 세상을 변화시키고, 그런 기술 없이는 살아남을 수 없다. 인간이 창의적 통찰에 완전히 의존한다는 것은 오이디푸스와 스핑크스 대결의 진정한 교훈이다.

스핑크스의 수수께끼를 돌이켜보면 1945년 세상을 떠난 하위징아는 현대 인지과학의 혜택을 받지 못했지만, 심리적인 난제를 충분히 잘 이해했다. 그는 "수수께끼 같은 질문에 대한 답은 숙고나 논리적 추론으로 발견되는 것이 아니라 글자 그대로 갑작스러운 해결책으로 나온다. 그 해결책이란 질문자가 당신을 얽매고 있는 매듭을 느슨하게 푸는 것이다"고 주장했다.[18] 알고리즘 연쇄 추론이나 무차별 대입(brute force; 억지 기법)으로는 수수께끼의 답이 나오지 않는다. 즉, 마음을 편안하게 하고 번득이는 통찰력으로 답을 찾아야 한다. 심리학자들은 이 과정, 즉 '아하' 순간(깨달음의 순간)을 만들어 내는 것을 목표로 하는 과정을 수평적 사고(lateral thinking)라고 부른다. 수평적 사고가 필요한 또 다른 과제는 원격 연상단어 검사(Remote Associates Test; RAT)이다. fox, man, peep과 같은 겉보기에 무관해 보이는 단어 3개가 제시되면, 이 모두를 하나로 묶는 네 번째 단어를 생각해 내는 테스트이다. (답을 위해서는 미주 참조.)[19] 비정상적 사용 시험(Unusual Uses Test; UUT)도 마찬가지로 고정관념에서 벗어날 것을 요구한다. 참여자에게 종이클립과 같은 평범한 물건을 주고서 제한시간 내에 가능한 한 많은 새로운 용도(이쑤시개, 귀고리, 낚싯바늘)를 생각해 내도록 한다.

수평적 사고 과제는 사실 수수께끼를 푸는 것처럼 꽤 재미있고, 즐거운 파티에서 하는 놀이로 개조할 수 있다. 하지만 오이디푸스 신화에서처럼, 수평적 사고 과제를 해결하는 우리의 능력 뒤에는 더없는 진지함이 있다. 인간은 부리가 쓸모없고 날개가 없는 성숙한 까마귀와 비슷하다. 까마귀는 특히 닿기 어려운 음식물을 얻거나 깊이 숨겨져 있는 음식에 접근할 필요가 있을 때 가끔 도구를 사용한다. 그러나 가장 로우테크(low-tech)(저차원적) 사회에서도 인간은 도구와 도구를 만들어 내는 창의적 통찰이 없이는 완전히 무력하다. 우리는 제대로 작용하기 위해 창의성이 필요하다.

인간의 긴 발육기, 즉 우리의 긴 아동기는 창의성의 요구에 대한 한 가지 반응일 수 있다. 비정상적 사용 시험에 도움을 받고 싶다면, 어린 아이를 꾀어 보라. 신발을 신어야 할 때 바닥을 기어다니는 개미에 정신을 빼앗기거나, 난데없이 바지를 벗는 네 살짜리 아이는 정말로 자신의 역량을 발휘하여 수평적 사고 과제를 해결한다. 아이는 물류와 계획에 형편없지만, 아이들의 작고 무질서한 마음은 어른을 완전히 압도하는 속도와 예측 불가능성으로 가능성 공간의 구석구석을 탐험한다.

원격 연상단어 검사(Remote Associates Test; RAT)
Mednick & Mednick(1967)가 개발한 원격 연상단어 검사는 언뜻 보면 전혀 무관한 듯한 단어 서너 개를 제시하고 그들 사이에 관계를 찾아내게 하는 것으로 창의력을 측정할 때 많이 쓰이는 테스트이다. Bowden & Beeman(2003)은 최초의 이 검사를 수정 보완하였다.

수평적 사고는 기존 아이디어와는 차원이 다른 아이디어를 찾는 활동이고, 직감을 자극하는 사고법이며, 인간적이고 창의적인 사고법이다. 수평적 사고의 세 가지 발상법은 다음과 같다.
▶ 가설 추론 혹은 귀추법(abduction)_ 관찰된 사실만을 인정하고, 이를 설명하는 이론은 모두 가설로 남겨두고 끝까지 호기심을 버리지 않고 답을 찾기 위해 노력하는 방법이다.
▶ 유추법(synectics)_ 낯선 것끼리의 조합을 통한 아이디어 발상법이고 핵심은 공통점 찾기이다. 해결하고 싶은 문제 A를 설정하고, 그다음에 이 문제와 관련이 있다고 생각되는 B를 찾는다. A와 유사한 B를 찾게 되면 혹은 A와 B 사이의 공통점을 찾게 되면 B로 미루어 A가 풀리지 않는 문제를 짐작하게 된다.
▶ 발명적 문제해결 이론(Theory of Inventive Problem Solving)_ 정형화된 문제해결 패턴에서 새로운 영감을 찾아내는 방법이고 핵심은 아이디어 발상의 원리를 이해하고 응용하는 데 있다. 머리가 돌아가지 않거나 눈앞이 막막할 때 발명 원리는 생각의 길라잡이가 된다. 사물을 보다 세밀하게 나누기, 순서 바꾸기, 뒤집기, 움직임 부여, 주기적 작동 등이 그런 발상의 원리이다.

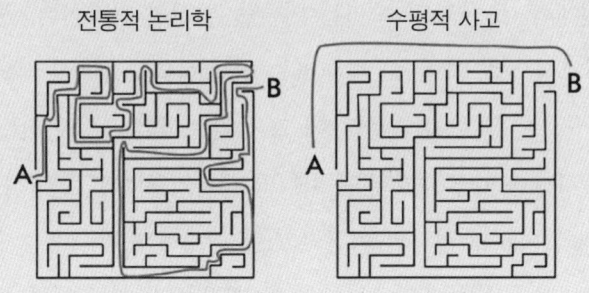

하루 중 언제라도 아무 아이를 보더라도, 그는 마분지 원통을 로켓선으로 바꾸거나, 큰 막대기를 말처럼 사용하듯이 UUT와 같은 것을 하고 있을 것이다.

사실, 고프닉의 가장 중요한 주장은 이러한 인지적 유연성과 창의성이 어린 시절의 설계 자질(design feature)이라는 것이다. 고프닉과 동료들은 새로운 학습 과제에 관해 많은 종의 새끼가 종종 어미보다 뛰어나다는 것을 암시하는 증거를 검토한다.[20] 확실히 인간의 경우에 그렇다. 고프닉의 한 가지 실험에는 '블리킷 탐지기(blicket detector)'를 실험대상자에게 소개하는 것이 있다. 이는 '블리킷성(blicketness)'에 노출될 때 불이 켜지고 음악을 재생하는 대략 구두상자 크기의 장치이다. 실험대상자에게 이 장치 위에 다양한 모양의 물건을 올려놓고 그중 어떤 것이 규정하기 힘든 이 특성을 가지고 있는지 알아내게 했다. 어른들 사이에서 공유되는 기본 가정은 블리킷성이 단일 물건의 특성이어야 한다는 것이었고, 어른은 '이접' 조건에서 거의 어린아이 못지않게 잘했다. 좀 더 직관에 반하는 '연접' 조건에서는 물건들의 특정 조합이 동시에 위에 놓였을 때만 상자에 불이 켜진다. 이런 시도에서, 예상대로 '블리킷'이 고립된 어떤 하나의 물건을 지칭하지 않는다는 것을 알아야 했다. 이런 조건에서 네 살짜리 아이는 어른을 완전히 격파한다. 성인의 약 30%와 대조적으로, 아이 중 약 90%는 연접 블리킷을 성공적으로 식별하고, 나이를 한 살 한 살 먹어감에 그 성과는 점점 감소한다(그림 2.1).

무엇이 시간에 따른 변화뿐만 아니라 성과의 차이를 설명하는가? 또 다른 추세와 비교해 성과의 이런 감소를 검토해 보자. 이 추세는 인간의 전두엽피질에서 회백질(gray matter)과 백질(white matter)의 상대적 밀도

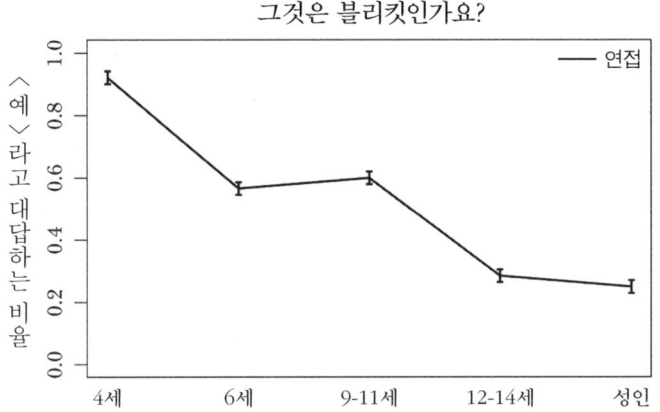

그림 2.1. 블리킷이 두 개의 개별 물건으로 구성된 연접 조건에서 블리킷을 정확하게 식별하는 연령별 실험대상자의 비율.[21]

를 보여주는 발달신경과학에서 나온 것이다(그림 2.2).

뇌가 축적을 통해 성숙하여 특정 부위에서 점점 더 많은 뉴런을 형성한다고 생각할 수 있지만, 사실 성숙은 불필요한 신경 연결을 점진적으로 제거하는 '신경 가지치기'에서 비롯된다. 뇌의 한 부위는 가늘고 기능적으로 잘 조직된 시스템으로 정착할 때 성숙하게 된다. 뇌에서 신경 가지치기에 대한 좋은 대용물은 그 부위에서 회백질과 백질의 상대적 밀도이다. 대부분의 계산 작업을 수행하는 뇌의 뉴런이 풍부한 회백질은 한 부위가 성숙함에 따라 밀도가 감소한다. 회백질 밀도가 감소함에 따라 백질의 밀도, 즉 회백질이 하는 계산 일의 출력인 정보를 전송하는 수초로 둘러싸인 축삭은 증가하여 효율성과 속도는 향상되지만 유연성은 떨어지는 결과가 초래된다. 이를 상상하는 한 가지 방법은 미성숙하고 회백질이 풍부한 부위를 미개발의 훤히 트인 들판

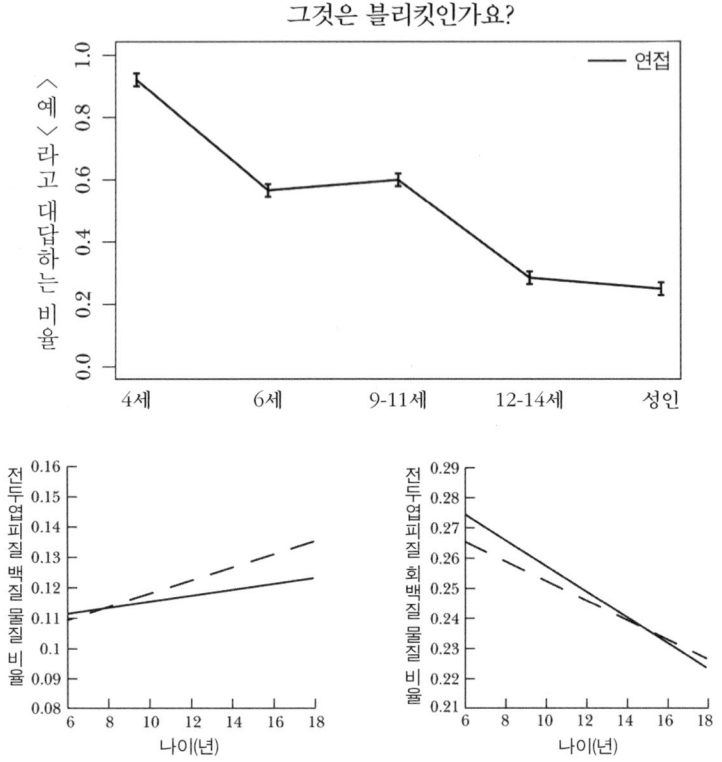

그림 2.2. 발달 동안 전두엽피질에서 백질 밀도 증가(좌측하단) 및 회백질 밀도 감소(우측하단)와 비교한, 반직관적인 연접 조건에서 연령별 성공적인 성과(상단)(점선은 남성 실험대상자를, 실선은 여성 실험대상자를 나타낸다).[22]

으로 보는 것이다. 이 들판에서 사람들은 구속받지 않고 여러 방면으로 돌아다닐 수 있지만 그다지 효율적이지는 않다. 멋진 블랙베리 덤불에서 열매를 따먹기 위해서는 초목과 얕은 개울을 제치고 길을 내면서 나아가야 한다. 백질이 회백질을 점진적으로 교체하는 것은 이 들판의 발전을 반영한다. 도로가 깔리고 다리가 건설되면서 쉽고 빠르게 이동할 수 있다. 하지만, 이제는 이렇게 굳어진 경로를 따라서만 이동하게 된다. 블랙베리 덤불로 가는 새로운 포장도로는 블랙베리를 더 편리하게 채집하게 하지만, 새로운 길을 따라 달려가면 숲에서 우연히 마주칠 수 있는 맛있는 산딸기는 놓치게 될 것이다. 유연성과 효율성, 발견과 목표 달성 사이에는 상충하는 관계가 있다.

뇌가 성숙할수록, 회백질 밀도는 감소하고 백질은 연속적으로 증가한다. 이는 성숙도와 기능적 효율성의 증가를 반영한다. 우리의 목적에 적절한 이 부위는 전전두엽피질(PFC)로서, 추상적 추론과 심리학자들이 말하는 '인지 제어'를 위한 자리이다. 인지 제어란 직무에 집중하고 산만과 유혹에 저항하며 감정을 조절하는 능력이다. 그림 2.2에서 볼 수 있듯이, PFC를 비롯한 전두엽피질이 신경 가지치기 과정을 마치려면 오랜 시간이 걸린다. 사실 20대 초가 되어서야 성숙 상태에 이르면서 마지막에 성숙하는 부위가 PFC이다. 이 때문에 10대가 그렇게 위험한 것이다. 즉, 10대는 성인 같은 동기 체계, 맹렬한 호르몬, 자동차와 같은 위험한 기술에 대한 접근성을 가지고 있지만 합리적인 자기통제

신경 가지치기(neural pruning)
갓 태어난 아기의 뇌는 회백질로 가득 차 있다. 이런 뇌로 느끼는 세상은 온통 반짝반짝한 자극으로 가득 차 있을 것이다. 회백질은 감각, 인지를 담당하는 신경세포 덩어리다. 하지만 이대로는 무용지물이다. 회백질은 다른 회백질 혹은 척수 등 몸과 연결되어야 행동, 생각, 감정을 통제할 수 있다. 그 역할을 하는 것이 백질이다. 회백질이 제품을 만들어내는 공장이라면, 백질은 그것을 실어나르는 도로다. 아기 또한 회백질 아래에 백질이라는 도로를 내면서 인간으로 성장한다. 그 도로는 아기가 새로운 체험을 할 때마다 조금씩 영역을 넓힌다. 이 도로가 급격히 늘어나는 시기가 있으니 청소년기이다. 이 시기에 아이의 뇌와 몸은 광범위하게 재조직된다. 머릿속에선 신경 가지치기가 일어난다. 아동기에 만들어졌지만 더 이상 필요 없게 된 신경 연결을 조정하거나 없앤다. 이때, 신경세포들의 적자생존이 일어난다. 즉, 많이 쓰인 건 늘어나고 안 쓰인 건 사라진다. 평생을 좌우할 어마어마한 뇌의 변화가 이 시기에 일어난다.

에는 한계가 있다.

그림 2.2에서 그래프로 표시된 추세들이 상관성을 이루는 방식은 의미심장하다. 사람은 나이가 들면서 전두엽피질의 회백질 밀도는 감소하고 백질 밀도가 증가한다. 이는 수평적 사고의 창의성 과제에서 성과의 감소를 반영한다. 전두엽피질이 성숙할수록 인지는 덜 유연하게 된다. PFC는 임무를 계속 수행하며 만족을 지연시키는 것에는 핵심적이지만, 창의성에는 치명적인 적이다. PFC는 우리에게 일에 초집중하게 하지만, 먼 미래의 가능성은 보지 못하게 한다. 창의성과 새로운 연관 학습 모두 인지 제어를 완화할 것을 요구하며, 이런 완화는 마음을 방랑하게 하는 것이다(마음이 집중하지 못하고 분주하게 움직이는 상태).[23] 재즈 피아니스트를 대상으로 한 fMRI 연구에서는 음계나 고스란히 그대로 베낀 곡을 연주하는 것에서 자유로운 즉흥연주로의 전환이 PFC의 하향 조절에 의해 반영된다는 것을 보여주었다.[24] 다른 상관관계 증거도 같은 것을 암시한다. 예를 들어, PFC가 영구적으로 손상된 성인은 건강한 통제집단보다 수평적 사고 과제를 더 잘 수행한다. 그리고 현대 기술의 놀라운 발전 덕분에, 적어도 한 연구에서는 수평적 사고에서 PFC가 부정적인 역할을 한다는 직접적인 인과적 증거를 제시한다. 실험자는 실험대상자에게 창의성 과제를 수행하게 하고, 그 수행을 측정한 다음 강력한 경두개 자기로 PFC를 습격함으로써 PFC의 기능을 일시적으로 정지시켰다.[25] (집에서는 이를 시도하지 말라.) 실험대상자는 그런 공격 이후에 창의성 과제를 더 잘 수행했다. 이 모든 데이터는 어린아이가 PFC가 거의 발달하지 않았기 때문에 매우 창의적이라는 것을 보여준다. 어린아이의 생각을 감시하는 것은 아무것도 없으며, 이에는 물

론 장단점이 다 있다. 신발을 신는 데 20분이 걸린다는 것은 창의적 사고를 위해 지불해야 하는 비용인 것이다.

그렇다고 해서 가늘고 효율적인 PFC를 가진 어른이 창의성과 혁신에 있어서 전혀 쓸모가 없다는 뜻은 아니다. 재즈 피아니스트가 편안하게 즉흥연주를 하듯이, 어른은 때때로 PFC의 경계심을 풀고 스스로 연주에 빠질 수 있다. 이런 점에서, 장성한 인간도 여전히 아이 같거나 적어도 잠재적으로 아이 같다. 수수께끼에 많은 흥미를 느낀 문화사학자 하위징아는 인간에게 특유한 것이 놀이에 대한 욕망이라는 유명한 주장을 했다. 이런 의미에서 우리는 길들인 개를 닮았다.

fMRI(기능적 자기공명영상; functional magnetic resonance imaging)
뇌의 활성화 양상을 측정하는 방법으로서, 뇌가 활동할 때 혈류 안의 산소 수준을 반복 측정하여 기능적으로 활성화된 정도를 측정하는 방법이다. 뇌의 특정 부위에 활동이 많아져 신진대사가 증가하면 그 특정 조직의 모세혈관으로 혈류 공급이 증가하는데, 이때 혈류 속에 산소와 결합한 헤모글로빈의 비율이 과도하게 높아진다. 이 헤모글로빈은 산소를 빼앗긴 주변 조직의 헤모글로빈에 비해 높은 신호 강도를 가지며, 바로 이 차이를 탐지한 신호가 혈류 안의 산소 수준의 신호이다. 이를 이차원 영상으로 구성하고, 다시 삼차원 영상으로 재구성하여 원하는 뇌 부위의 활성화 양상을 측정한다.

하향 조절(downregulation)
세포가 호르몬이나 신경전달물질과 같은 약물이나 화학물질과 오랫동안 접촉할 때 세포 표면에 존재하는 특정 수용체의 수가 감소하는 현상.

경두개 자기 자극법(transcranial magnetic stimulation)은 전도 전자기 코일로 발생시킨 자기장으로 뇌의 특정 부위를 자극하여 신경세포를 활성화시키는 비수술적 뇌 자극의 한 방법이다. 머리 가까이에 전도 전자기 코일로 강력한 자기장을 발생시키면 이 자기장이 두개골을 통과하면서 경두개 피질의 신경세포를 자극한다. 이때 자기장의 빠르기에 따라 대뇌피질의 활성도를 높이거나 낮게 할 수 있는데, 우울증과 같이 대뇌피질의 활성도가 낮은 경우는 고빈도 자극을 이용하고 불안증이나 조증과 같이 활성도가 너무 높은 경우는 저빈도 자극을 이용하여 활성도를 조절하는 것이다.

개가 매우 귀엽다는 인상을 주는 이유는 늑대 조상에 비해 개는 청소년기의 특성이 성인기로 확장되는 '유형성숙(幼形成熟)'하기 때문이다. 다시 말해, 개는 성숙해도 늑대 새끼처럼 보이고 그렇게 행동하며, 강아지 같은 둥근 이목구비와 강렬한 놀이 욕망, 그리고 신뢰할 의향을 갖추고 있다는 것이다. 놀이연구가 스튜어트 브라운(Stuart Brown)은 외모와 유희성 모두에서 성인 인간이 본래 "영장류 세계의 래브라도"(맹도견으로 쓰이는 큰 개)라고 말한다.[26] 우리는 침팬지 어른보다 침팬지 아기처럼 보이고 그렇게 행동한다. (개처럼) 유형성숙하는 종은 유연하지만 효율성과 자급자족 능력은 떨어지는 경향이 있다. (늑대처럼) 성숙한 특성을 보이는 종은 굉장히 효율적이지만 엄격하여 유연성이 떨어진다. 긴 아동기가 인지적 유연성의 전조(前兆)가 되는 경향이 있는 것과 마찬가지로, 광범위한 종에 걸쳐 뇌의 크기와 유희성 사이에는 양(+)의 상관관계가 있는 것으로 보인다.[27] 따라서 인간의 아이는 강아지와 마찬가지로 이중으로 미성숙하다. 즉, 그 자체가 유년기의 특성을 유지하는 종의 유년기 형태인 것이다.

우리는 어른일 때도 놀이를 즐긴다. 어쩌면 우리 아이가 놀이를 좋아하는 것만큼은 아니지만 늑대나 어른 침팬지보다는 더 좋아한다. 이것은 창의성 과제에 도움이 된다. 브라운이 말하듯이, 증기 기관차, 비행기, 시계, 화기 등 많은 중요한 발명품은 장난감으로 시작되었다.[28] 아이와 우리 스스로를 즐겁게 해 줄 것들을 만들면서 노는 것은 우리 어른이 아이 같은 창의성을 되찾는 데 도움이 된다. 우리 자신을 아이로 상상하는 것도 도움이 된다. 한 가지 연구에서 밝혀졌듯이, 대학생에게 자신의 7살짜리 자아가 휴강에 어떻게 반응할지 먼저 생각해 보라고 했을 때 창의성 테스트에서 높은 점수를 받았다. 즉흥적인 요새 만들기에 대한 추억에 잠기거나 한가롭게 개울에 돌멩이를 던지면 우리의 수평적 사고 능력이 자유롭게 해방되는 것 같다.[29] 놀이는 또한 학습에 결정적이며, 이런 학습은 두 번째 C인 문화(culture)로 우리를 인도한다.

문화적 동물

인간의 개인적 창의성은 그 자체로 인상적이기는 하지만, 전달된 문화, 즉 보존되고 전승되는 문화적 혁신의 매개체를 통해 과거의 통찰력을 축적하고 쌓아가는 우리의 능력을 통해 엄청나게 증대되고 결정적으로 향상된다. 이는 현대 최첨단 문화에서 명백하다. 내가 주머니에 넣고 다니는 아이폰은 기본 작동 원리부터 부품에 이르기까지 수백 년 동안 축적된 연구개발(R&D)을 나타낸다. 결정적으로, 어느 누구도 혼자서는 순수한 통찰력이나 창의성을 통해 아이폰의 가장 기본적인 부품이나 복잡한 문화적 기술을 생산하기를 기대할 수 없다. 혁신은 항상 점차적이고 점진적인 것으로서, 과거 인류의 축적된 통찰력을 바탕으로 한다. 우리는 대단히 뛰어난 문화적 동물이고, 개인적 창의성의 산물을 공유하고 이를 후대에 전수하는 능력은 우리의 생태적 우위에 대한 열쇠이다.[30]

더욱이 문화 전체는 원칙상 특정 개인의 해결 능력을 넘어서는 문제에 대한 해결책을 찾아낼 수 있다. 문화진화이론가 마이클 무터크리슈나(Michael Muthukrishna)와 동료들이 주장하듯이, 우리는 인간의 뇌를 단순히 머릿속에 들어 있는 개별 기관이 아니라, 확장된 네트워크의 부분, 즉 거대한 '집단적 뇌(collective brain)' 속의 마디로 생각할 필요가 있다.[31] 창의적인 발견은 종종 특정 개인이 재생산할 수 있는 것보다 더 크고 더 강력한 과정을 통해 이 네트워크에서 발생한다. 무터크리슈나와 동료들이 말하기로, "크든 작든 혁신이 영웅적인 천재를 요구하지 않듯이, 당신의 사고는 특정 뉴런에 달려 있지 않다. 오히려 사고가 우리의 신경망에서 활성화되는 뉴런의 발현적 특성인 것처럼, 혁신은 우리 종의 심리가 사회와 사회적 네트워크 내에 적용되는 것에 따른 발현적 결과로 일어난다. 우리 사회와 사회적 네트워크는 집단적 뇌로 행동한다."[32]

개인적 뇌의 해결 능력을 벗어나는 문제를 집단적 뇌가 해결하는 상대적으로 로우테크 기술의 예를 위해 마니오크(카사바)의 경우를 고려해 보자. 인류학자 조지프 헨릭(Joseph Henrich)의 설명처럼,[33] 이 덩이뿌리는 아메리카 대륙에서 처음 재배한 중요한 주식 작물이지만 감자처럼 간단히 요리해서 먹을 수는 없다. 대부분의 품종에는 쓴 물질이 들어 있으며, 마니오크를 섭취할 때 이 물질은 시안화물(청산가리) 중독을 일으킨다. 이 물질은 곤충과 초식동물에 대항하는 방어물이다. 따라서 역사적으로 마니오크에 의존해 온 문화는 그 뿌리를 긁어내고 강판에 갈며, 적시어 끓이고, 그다음 구워서 먹기 전에 며칠을 끈기 있게 기다리는 등 그 뿌리를 가공하는 데 수일이 걸리는 정교한 절차를 개발했다. 현대 화학 분석에 따르면, 이 과정은 마니오크의 독성을 극적으로 감소시킨다. 왜 가공하지 않은 마니오크가 위험한지, 그리고 어떻게 가공하고 걸러내면 안전한지는 꽤 최근에야 알려지게 되었다. 그러나 고대 문화는 문화적 기억과 함께 길고 맹목적인 시행착오 과정을 통해 수천 년 전에 마니오크의 식량 잠재력을 드러내는 문제를 해결했다. 처음에 실수로 인해, 가령 깜박하고서 마니오크를 며칠 동안 물에 적셔둠으로써 일을 제대로 한 집단은 이런 다행스러운 실수를 하지 않은 집단보다 더 잘한 것이다. 다른 집단은 성공한 집단을 모방하기 시작했다. 시간이 지나면서 유용한 실수나 무작위 변이가 누적되면서 마니오크를 안전하게 섭취할 수 있는 요리 풍습이 생겨났다.

어느 누구도 혼자서는 이를 알아낼 수 없었다는 것을 깨닫는 것이 중요하다. 마니오크를 섭취하는 것과 마니오크의 부정적인 효과를 경험하는 것 사이의 오랜 시간상의 차이뿐만 아니라 필요한 여러 해독 단계를 적절한 순서로 모아서 정리하는 도전으로 인해, 누군가 혼자서 마니오크를 해독하는 법을 배웠다는 것은 전혀 불가능하지는 않더라도 가능성이 극히 희박하다. 더구나 이런 경우, 문화적 해법에서 혜택을 받는 사람은 일반적으로 그런 문화적 해법이 어떻게, 왜 작동하는지, 심지어 애초에 그것이 필요하다는 사실조차 모르고 있다. 헨릭이 언급하듯이, 마니오크 해독 절차는 누구에게든 인과적으로 불투명하다. 만약 당신이 마니오크를 이틀 동안 담가두어야 한다고 생각하는 것이 그렇게 하지 않으면 조상이 화를 낸다는 어머니의 말 때문이라면, 당신은 그 인과관계를 오해하긴 했지만, 그게 무슨 문제가 되겠는가? 그런 것은 중요하지 않다. 당신이 마니오크를 이틀 동안 물에 담가 두어서 먹을 수 있게 했다는 것이 중요하다.

헨릭이 또한 말하듯이, 한 특정한 역사적 실험에서는 전통적인 문화적 기억 없이 즉흥적으로 하는 것이 얼마나 위험한지를 보여준다. 17세기 초, 포르투갈인은 마니오크가 재배하기 쉽고, 이차 경작지에서도 인상적인 수확량을 제공한다는 점에 주목하여 남미에서 아프리카로 마니오크를 수입했다. 마이오크는 빠르게 확산되어 그 지역의 중요한 주요 작물이 되었고, 지금도 그렇다. 그러나 포르투갈인은 마니오크를 제대로 해독하는 방법에 대한 남미 토착의 문화적 지식도 수입해야 한다는 것을 간과했다. 이미 있는 것을 다시 만드느라 쓸데없이 시간을 낭비하는 곤경은 이를테면 마니오크가 도입된 지 수백 년이 지난 많은 현대 아프리카인이 낮은 수준의 시안화물 중독으로 인한 건강 문제로 계속 고통을 받고 있다는 사실에서 극적으로 드러난다.[34] 헨릭은 "문화적 진화는 흔히 우리 개인보다 훨씬 더 영리하다"고 결론짓는다.

태평양 전역의 섬 문화를 대상으로 한 인류학 연구에서는 집단 크기 및 다른 섬들과의 연결성과 하나의 문화가 보유한 도구의 수뿐만 아니라 도구 복잡성의 정도 사이에 양(+)의 상관관계가 있음을 보여주었다. 현대 도시 사회에서 인구 밀도의 증가는 새로운 특허의 수나 1인당 연구개발 활동과 같은 대용물로 측정되는 기술 혁신의 증가로 이어진다.[35] 문화적 축적을 통해 기술과 지식의 점진적인 구축이 가능할 뿐만 아니라 기존의 문화 자원이 새로운 개별 발명의 원료가 되는 선순환(善循環)이 만들어진다. 농업이 발명되고 대규모 문명이 출현하면서, 이 선순환은 초(超)공간 여행을 위한 추진 시스템으로 들어갔다. 거대한 제국들 간의 공유로 수많은 지역 민족과 생태계가 하나로 묶여, 모든 제국은 원자재, 문화적 지식, 기술을 거래하게 되었다. 이러한 문화적 진화의 과정을 통해 우리는 자동차, 비행기, 고속 엘리베이터, 그리고 인터넷을 얻게 되었다.

인간이 이처럼 문화에 의존하는 현상은 동물계(動物界)에서 매우 유별난 것이다. 대부분의 종은 한 개체가 문제를 평가하고 해결책을 만들어내는 '비(非)사회적 학습'을 통해 세계를 다룬다. 우리의 가장 가까운 생물학적 친척인 침팬지는 거의 전적으로 비사회적 학습에 의존한다. 그러나 인간은 어느 순간 돌이킬 수 없는 진화적 결정을 내렸다.[36] 축적된 문화의 많은 장점으로 우리의 뇌는 점점 더 '사회적 학습'에 의존하게 재형성된 것이다. 이는 개인이 문제에 직면할 때 문화가 제공하는 해결책에 의지하는 과정을 말한다. 문화가 제공하는 정보를 이용하기 위해 개인은 타인에게 개방적이고 타인을 신뢰해야 하며, 혼자 힘으로 하기보다는 타인에게 의지할 의향이 있어야 한다.

무터크리슈나와 동료들은 뇌의 크기, 집단 크기, 청소년기의 길이, 짝짓기 구조, 환경의 풍부함 등 많은 생물학적·환경적 변수에 대한 출발 조건을 다양하게 한 실세계의 컴퓨터 모델을 반복적으로 돌리고, 어떤 학습 전략이 지배적인 전략으로 등장하는지 관찰했다. 그림 2.3에서 알 수 있듯이, 대부분의 조건에서 선택은 비사회적 학습자의 편을 들며, 일부 모델은 사회적 학습에 가볍게 의존한다는 것을 보여준다. 집단의 크기가 커지고, 뇌가 커지며, 청소년기가 길어지고, 누적된 문화적 지식이 확장되어 적응적 이점을 제공하는 좁은 조건의 범위에서만 개인이 사회적 학습에 거의 전적으로 의존하는 것을 보여주는 모델에서 급등이 일어난다.

인간이 횡단하게 되었던 비사회적 학습과 사회적 학습 사이의 거대한 계곡과 우리에게 밀어닥친 적응적 공간의 좁은 구석에 주목해 보

라. 일단 사회적 학습이 충분히 가치가 있다면, 사회적 학습에 접근할 수 있는 종은 비사회적 학습에서 가차 없이 벗어나서 문화에 완전히 의존하게 된다.

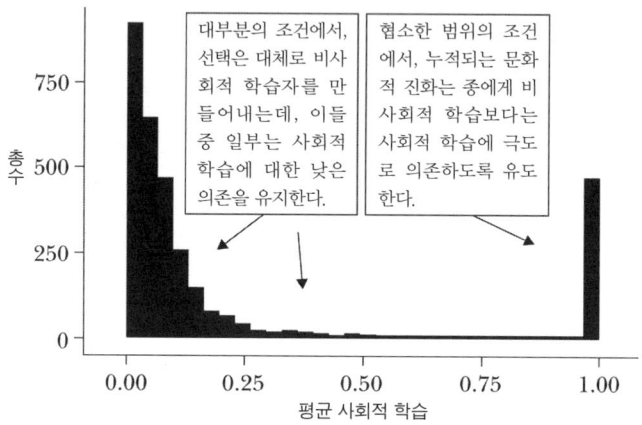

그림 2.3. 다양한 모델에서 지배적인 전략으로 등장한 평균 사회적 학습 정도. 모델의 수는 y축에 나타내었다.[37]

누적되는 문화적 진화의 힘은 우리 인간을 동굴에 사는 테트라만큼 극적으로 개조했다. 문화적 학습에 모든 것을 걸면, 비사회적인 개별 학습으로 돌아갈 수 없었다. 인간 혁신자나 개척자는 자연이 던진 난제를 순수한 의지력과 통찰력을 통해 해결하는 홀로인 대담한 개인이라는 일반적인 이미지가 있다. 이 홀로인 천재의 이상은 혁신적인 침팬지나 까마귀의 모습은 잘 묘사할 수 있지만, 인간에 관해서는 말이 안 된다. 침팬지는 강하고 독립적이며 영리하다. 이에 반해, 인간은 약하고 타인에게 의존하며, 혼자일 때는 머리가 좋은 수재가 아니다. 동굴에 사는 테트라처럼 우리는 사회적 학습의 어둡고 가려진 동굴 속 생활에 정교하게 적응하고 있지만, 문화가 없는 세상에 던져진다면 아무것도 보지 못하고 아무런 힘도 쓰지 못할 것이다.

우리가 문화에 의존한다는 것은 우리의 마음이 타인에게 열려 있어야 그들에게서 배울 수 있다는 것을 의미한다. 이것은 긴 아동기가 확실히 우리의 생태적 지위에 대한 적응인 또 다른 영역이다. 아기와 아이는 지구상에서 가장 강력한 학습 기계이다. 앨리슨 고프닉이 말한 것처럼, "아기에 대한 진화적 의무는 가능한 한 빨리 배우는 것만큼 많은 것을 배우는 것이다."[38] 고프닉의 말처럼 이것은 충분히 발달하지 않은 아기의 PFC가 결함이라기보다는 기능적인 설계 자질임을 의미한다. 아기와 어린아이는 쉽게 주의가 산만해지지만, 또한 주변에서 일어나고 있는 일의 광범위한 스펙트럼을 인지하고, 집중적이고 목표 지향적인 성인이 집중하지 못하는 부차적인 세부사항에 주의를 기울인다.[39] 더구나 아이가 끊임없이 물건을 가지고 놀고 물건을 만지작거림으로써 기술을 배우고 주변 세계의 인과적 구조를 깨우치게 하는 부차적인 효과가 생긴다.[40] 아이가 이해해야 할 인과성은 물리적 인과성만이 아니라 사회적 인과성이기도 하다. 예를 들어, 내 딸은 아장아장 걷기 시작할 무렵에 소꿉놀이를 매우 좋아했다. 내 딸은 동물 인형들과 함께 나를 동그랗게 앉히고, 나에게 작은 왕관을 씌우곤 했다. (내 최고의 모습은 아니다.) 내 딸은 주인으로서 우리 모두에게 (상상의) 차를 따르고, (상상의) 간식을 대접하며, (무의미한) 공손한 대화에 임하곤 했다. 내 딸과 또래의 친구들은 각자의 생각대로 행동하게 두면 이와 비슷하게 온갖 종류의 사회적 시나리오, 선생님과 학생, 의사와 환자, 부모와 자식 '놀이'를 할 것이다.

소꿉놀이는 재미를 위한 것만은 아니다. 물론 아이는 소꿉놀이를 즐기도록 설계되어 있지만 말이다. 이런 소꿉놀이는 아이가 주변의 사회적 세계의 인과적 구조를 배우는 진지하고 결정적인 과정이다. 놀이의 욕구, 그리고 주변 사람에게서 정보를 흡수하는 개방성은 아이가 생존하기 위해 필요로 하는 축적된 문화를 습득할 수 있도록 설계된 아동기의 특징이다. 현지 언어뿐만 아니라 누구와 어떤 언어를 사용하는지, 어떻게 옷을 입고, 먹고, 요리하고, 사냥하고, 건축하고, 노를 젓고, 트랙 게임을 하는지, 현지 사회적 구조와 규범, 금기, 의식, 신화 등, 인간 아이가 얼마나 많은 정보에 숙달해야 하는지는 쉽게 가늠할 수 없다.

13살 전후로 외국어를 배우려고 해 본 사람이라면 누구나 쉽게 증명할 수 있듯이, 성년이 되면서 이런 학습 능력은 위축된다. 성숙해 짐에 따라 손에 넣는 데 어려운 것이 언어뿐만은 아니다. 성인은 참신한 사회적 관행과 규범을 배우는 데 어려움을 겪으며, 실제로는 일반적으로 그렇게 하는 것에 저항한다. 아이오와에서 중국 음식을 먹는 대부분의 그 고장 사람은 젓가락 대신 포크를 요구하고, 현재의 식단에 근접한 단맛을 기대한다. 영국의 문화적 맥락 바깥에서 성숙기에 도달한 나는 언제나 마마이트(영국인이 주로 빵에 발라 먹는 이스트 추출물로 만든 제품)가 역겹다고 생각할 것이다. 어른은 새로운 기술을 습득하는 데도 형편없다. 나는 성인이 되어서 테니스를 배웠고, 몇 년 동안 레슨을 받고 게임을 하고서도 아직까지 제대로 된 포핸드 자세가 나오지 않는다. 내 딸은 어린 시절 힘들이지 않고 제대로 스윙하는 법을 배웠고, 곧 코트에서 나를 너덜너덜하게 만들 것이다.

창의성 쇠퇴에서처럼 여기서도 그 책임을 PFC로 돌릴 수 있다. 이미 획득한 복잡하고 숙련된 행동은 암묵적인 자동 시스템에 의해 실행되고, PFC와 수행 통제를 가동시키면 사실 일을 망친다는 것을 보여주는 증거가 있다. 프로 테니스 선수의 서브를 방해하는 가장 좋은 방법은 서브를 넣을 때 어떻게 하면서 그렇게 하는지 생각해 보라고 하는 것이다. 힘들이지 않은 즐거운 농담을 주고받는 사람들에게 그들의 사회적 역동성을 곰곰이 생각해 보라고 하면 확실히 파티는 엉망이 될 것이다. 그래서 PFC가 완전히 발달하면 새로운 지식과 기술에 상대적으로 스며들지 않게 된다. 그리고 이것이 바로 PFC가 성숙하는 데 오랜 시간이 걸리고, 인간에게 아동기가 그렇게 오래 걸리는 이유이다. 우리는 주변 사람에게 배울 것이 엄청나게 많기 때문에 가능한 한 오랫동안 유연하고 수용적일 필요가 있다.

인간은 다른 사람에게 대단히 개방적이고, 다른 사람에게서 배운 것에 의존하도록 진화상 형성되었으므로 영장류 세계의 래브라도에 걸맞게 다른 사람과 잘 노는 법도 배워야 한다. 다른 영장류에 비해, 인간은 마치 바보 같은 개와 같다. 즉, 인간은 낯선 사람에게 유별나게 관대하고, 새로운 경험에 열려 있고, 놀 준비가 되어 있다. 타인에 대한 개

수행 통제(executive control) 는 정보처리학습이론에서 외적 정보인 자극을 수용하여 여러 정보처리 과정을 거쳐, 즉 학습 및 기억 과정을 거쳐 학습 행동을 산출하는 전체 학습 과정을 활성화하고 수정하는 기능이다. 이는 수행 조정이라고도 하는데, 전체 학습과 기억 과정에서 학습자가 정보처리 전략을 선택하고 활성화하여 자신의 내적 정보처리 과정을 조정하는 인지 전략의 기능이다.

방성이 우리의 성공을 위해 필요한 것이지만, 이는 취약성도 만들어낸다. 우리는 다른 영장류와는 달리 타인이 필요하다. 이는 우리를 세 번째 C, 즉 우리의 강렬한 공공적(communal) 본성으로 인도한다.

공공적 동물

생명은 협력으로부터 발생한다. 생물계는 유전자에서부터 세포와 유기체, 사회집단에 이르기까지 뒤얽힌 채 협력하는 단위의 눈부신 만화경을 제시한다. 우리 몸속의 염색체는 '유전자 사회'[41]를 나타낸다. 이런 유전자 사회란 서로 의존하고 공동의 운명을 공유하는 DNA 개별 조각의 집합체이다. 이런 염색체로 만들어진 세포는 자신들의 운명을 맡긴 개별 유기체가 최소한 절반의 유전자를 다음 세대로 성공적으로 전할 목적으로, 은유적으로 말해 서로 다른 조직과 기관 유형으로 분화하는 데 '동의한다.'[42]

일단 개별 유기체의 수준에 도달하면, 이 협력하는 단위들은 세계나 다른 유기체와 싸우면서 혼자 힘으로 하거나 다른 협력 단위와 팀을 짤 수도 있다. 때때로 후자의 경우, 해당되는 협력의 정도는 너무 강렬해서 협력하는 개체의 집단이 초유기체처럼 보여, 개별 몸을 가능하게 하는 같은 종류의 협력 협정을 사회적 규모로 반복한다.[43] 예를 들어, 벌이나 개미와 같은 사회적 곤충에서 개체는 일꾼이나 병정이나 번식과 관계되는 여왕 등 서로 다른 기능적 카스트로 빠르게 분화한다. 일개미는 다른 개미의 먹잇감을 구하려고 아무 생각 없이 사심 없이 열심히 일하는 동안, 병정개미는 침입자를 무찌르기 위해 선뜻 앞뒤 가리지 않고 자신을 희생한다. 중요한 것은 집단의 유전자가 다음 세대에 들어갈 수 있도록 여왕벌이 살아남는 것이다.

영장류는 이기적이다. 영장류는 일반적으로 자기 멸절이나 앞뒤 가리지 않는 자살에는 관심이 없다. 그러나 앞서 주목했듯이 영장류 세계의 사회적 곤충인 인간은 예외이다. 개개인의 능력을 완전히 뛰어넘는 것을 성취하기 위해 서로 의지하고 협력하는 정도는 각각 인상적인 벌집과 복잡한 노동분업을 가진 벌이나 개미와 약간 닮았다. 영장류의 생명 작용은 우리에게 진화적 문제를 남긴다. 즉, 깊은 수준에서 우리는 여전히 이기적이고 상대방의 뒤통수를 치는 유인원으로 남아 있는 것이다. 여왕벌은 신하의 불복종을 걱정할 필요가 없다. 하지만 인간 통치자는 항상 독살되거나, 목이 잘리거나, 투표로 공직에서 물러나게 된다. 이는 우리의 개인적 욕망, 즉 침팬지 DNA가 개인주의적 고개를 쳐들기 때문이다.

대규모 협력의 필요성과 개별적인 영장류 주도의 이기심 사이의 긴장은 사회적 협력에 내재하는 일종의 딜레마에서 뚜렷하게 나타난다. 공공의 이익과 개인의 이익 사이에 긴장이 발생할 때마다 경제학자들이 말하는 '변절(變節)'의 위험성이 있다. 이것은 이기적인 개인이 공익에 기여하지 않으면서 공익으로부터 이익을 얻는 상황을 말한다. 이런 긴장은 '공유지의 비극'이나 '무임승차 문제' 등 여러 이름으로 통한다.[44] 물고기 개체수가 감소하고 있는가? 모든 사람이 낚시를 줄이는 것에 동의한다면 더 좋겠지만, 공해상에서 어떻게 이를 집행할 것인가? 경쟁자가 참다랑어를 마지막 한 마리까지 강탈하는 동안 아무것도 하지 않고 그냥 집에 앉아 있는 호인이 되고 싶은 사람은 아무도 없다. 그래서 참다랑어는 멸종하게 된다. 직장의 공동주방에서 따뜻하게 몸을 녹이거나 점심을 준비해서 먹는 것을 좋아하는가? 명확하게 정해진 청소 일정이 없는 경우, 그러한 공동 공간은 사적인 공간과는 달리 혐오스럽고 사용 불가능한 시궁창으로 빠르게 전락한다. 이는 다른 사람이 각자 자기 임무를 다하지 않는다면 공동 공간을 청소하는 것이 누구에게도 개인적 관심사가 아니기 때문이다. 내가 양보해서 끈적끈적한 싱크대를 닦거나 최종적으로 식기세척기를 비운다면, 나는 다른 사람들이 내 노력에 무임승차하게 내버려 두는 것이 된다.

이와 같은 협력 과제는 상호작용의 모든 규모에서 인간의 사회적 세계에 널리 퍼져 있다. 이런 과제는 기후변화와 싸우려는 세계적인 노력을 방해하고, 정당과 경제 카르텔을 분열시키며,[45] 종종 개인을 어려운 선택으로 내몰기도 한다. 이런 선택 중 하나는 '죄수의 딜레마'라는 유명한 사고실험(머릿속에서 생각으로 진행하는 실험)의 기초로서, 무임승차 문제의 한 가지 변이형을 생생하게 예증한다. 당신이 죄를 지어서 구금되어 기소되었다고 하자. 검사는 당신이 전혀 알지 못하는 같은 범죄의 또 다른 용의자도 구금되었다고 말한다. 당신은 거래를 제안받는다. 그

공유지의 비극
수자원이나 토지자원 등 공유자원의 이용을 개인의 자율에 맡길 경우 서로의 이익을 극대화함에 따라 자원이 남용되거나 고갈되는 현상.

무임승차 문제
국가재정으로 공급되는 공공재는 누구나 자유롭게 소비할 수 있기 때문에 사회구성원들이 자발적으로 대가를 지불하지 않고 소비하려고 하는 데 따르는 문제점.

다른 사람을 밀고하면 1개월 형이라는 가벼운 처벌을 받고 그 다른 사람은 3년 형을 선고받게 되며, 밀고하기를 거부하면 공무집행방해죄로 기소되어 6개월의 형을 받게 된다. 두 사람 모두 결국 상대방을 고소하게 되면 모두 범죄의 방조자로 기소되어 2년 형을 선고받게 된다. 당신이 다른 죄수와 의사소통할 방법은 없다.

이 딜레마를 보상 행렬의 항으로 보는 것은 도움이 된다(표 2.1).

표 2.1. 죄수의 딜레마 보상 행렬

	B는 침묵(협조)	B는 A를 고발(변절)
A는 침묵(협조)	둘 다 6개월	A는 3년, B는 1개월
A는 B를 고발(변절)	B는 3년, A는 1개월	둘 다 2년

침묵을 지키고 감형을 받는 것이 두 죄수 모두에게 전반적으로 최선책이다. 하지만, 다른 죄수가 협조한다는 보장이 없다. 당신은 협조하는 데 상대방이 변절하는 위험을 감안하면, 당신에게 유일하게 합리적인 전략은 상대방을 변절하고 고발하는 것이다. 이 결과는 두 개인에게 모두 차선책이지만 유일하게 안전한 전략이다. 순수하게 합리적이고 이기적인 사람은 죄수의 딜레마에서 이기지 못한다.

다행히도, 인간은 합리적이지 않거나, 하다못해 주로 합리적이지도 않다.[46] 대부분의 협력 이론가는 사람들이 서로에게 정서적으로 헌신적이기 때문에 종종 죄수의 딜레마에 직면하면 협력한다는 것을 인정한다. 사랑이나 충성, 우정을 통해 다른 사람 또는 집단에 정서적으로 의무가 있을 때, 우리는 다른 사람을 믿고 딜레마를 극복하며 모든 사람에게 최적인 결과를 얻을 수 있다. 검사가 친구를 고발하도록 부추기는 상황에 직면할 때, 실제 갱단 조직원은 입을 다물고 감형된 형량을 받을 수 있다. 이는 단순히 응징에 대한 두려움(불면 뒤진다) 때문만이 아니라, 더 중요한 것은 조직에 대한 충성심과 변절에 따른 내부 자괴감 때문이다. 밀고자를 좋아하는 사람은 아무도 없고, 밀고자가 되는 것을 기분 좋게 느끼는 사람 또한 그 어디에도 없다.

결정적으로, 이것이 작용하는 유일한 이유는 우리가 우리의 정서를 완전히 의식적으로 통제하지 못하기 때문이다. 일요일 아침에 일찍 일어나 친구가 소파 옮기는 것을 도와주지 못하는 것에 대해 변명하는 것이 나의 좁은 사리사욕이지만, 그러면 죄책감을 느낄 거라서 나는 어젯밤에 마신 술로 인한 숙취에도 불구하고 침대에서 일어나 친구를 돕기 위해 밴을 가지러 간다. 건강 위기, 직장 불안정, 또는 자녀 양육의 압도적인 트라우마로 인해 한 배우자나 두 배우자 모두에게 관계가 일시적으로 불편해질 수도 있지만, 비이성적 사랑은 로맨틱한 커플이 어떤 고난이 있어도 서로에게 의무감을 갖게 하는 접착제 역할을 한다. 진지하게 느껴지는 사회적 정서는 우리에게 단기적이고 계산적인 마음의 이기심을 무시하게 하지만, 이는 단지 우리가 의식적으로 그런 사회적 정서를 통제하지 못하기 때문이다. 만약 사회적 정서를 통제할 수 있다면, 의식적이고 합리적인 우리 마음은 우리에게 이익이 될 때 사회적 정서를 정지시킬 것이고, 그런 사회적 정서는 효능을 잃게 될 것이다. 편리에 따라 내가 켜거나 끌 수 있는 사랑이나 명예는 진정한 사랑이나 명예가 아니다.

여기서 다시, 적(敵)은 추상적 사고, 도구적 이성, 인지 제어의 자리인 전전두엽피질(PFC)이다. PFC의 지배를 받는 두 죄수는 2년 동안 감옥에 갇힐 것이다. 감형을 면할 수 있는 유일한 방법은 명예나 수치심과 같은 비이성적 감정으로 PFC를 제압하는 것이다. 두 명의 커크 선장은 죄수의 딜레마를 해결할 수 있고, 두 명의 스팍은 감옥에서 썩을 것이다.

정서가 어떻게 협력의 딜레마를 해결하는 데 도움을 주는지, 그리고 현재 정서를 의식적으로 통제하지 못하는 상대적 무능력이 왜 정서의 사회적 기능에 결정적인지 이해하기 위해서는 그리스 신화의 또 다른 이야기가 유용하다. (이 장에서는 그리스 신화에 많이 의존한다.) 영웅 오디세우스가 여러 지역을 여행하면서 직면하는 많은 위험 중 하나는 사이렌의 섬을 통과하는 것이다. 이성적인 선원은 유혹적인 노래로 배를 해안으로 유인한 다음 무력하고 난파된 선원을 맘껏 잡아먹는 이 위험한 생명체를 피한다. 하지만 오디세우스는 결코 모험을 피하지 않는다. 완벽한 쾌락주의자 오디세우스는 상상할 수 없을 정도로 아름

커크 선장(Captain Kirk)은 미국의 TV 시리즈 《스타트렉》(Star Trek)에서 주인공으로서, 현명하고 헌신적인 리더의 표상처럼 기억되는 인물이다. 커크 선장의 대사 중에는 "가장 커다란 위협은 우리 자신이다. 미지의 것을 두려워하는 우리 자신 말이다. 하지만 이 세상에 미지란 건 없다. 이른바 미지란, 그저 일시적으로 감춰져 있고, 이해되지 않는 것일 뿐이다"가 있다. 이 대사는 커크 선장의 진취적인 태도를 잘 보여 준다.

스팍(Mr. Spock)은 벌컨 행성이 고향이다. 감정을 철저히 배재한 채 오로지 이성과 논리에 따라 생각하고 행동하며, 심각한 위기에 맞닥뜨릴 때마다 침착하고 냉정하게 행동한다. 그는 우주선 엔터프라이즈호에 함께 탑승한 동료를 늘 오만이 어린 관대한 표정으로 바라본다.

답다고 하는 사이렌의 노래를 듣고 싶어 한다. 오디세우스 또한 그 위험을 잘 알고 있다. 늘 그렇듯이 자신만의 영리한 방식으로, 오디세우스는 자신의 미래 자아가 '변절'하지 않도록 막는, 스스로를 곤경에 빠뜨리는 것을 막는 비결로서 차선책을 생각해 낸다. 오디세우스는 선원들에게 위험한 유혹을 전혀 들을 수 없도록 자신의 귀를 왁스로 막은 다음 자신을 돛대에 단단히 묶으라고 지시한다. 이런 방식으로 오디세우스는 자신이 죽음으로 뛰어드는 것을 물리적으로 제지하면서 사이렌 소리를 들을 수 있다. 이 노래를 듣는 순간, 오디세우스는 끔찍이 죽음으로 뛰어들고 싶어 한다.

오디세우스를 돛대에 묶은 밧줄은 이른바 '선(先)다짐'의 문자적 실례이다. 코넬대학의 경제학자 로버트 프랭크(Robert Frank)가 말하듯이, 사회적 정서는 '이성 안의 열정'을 나타낸다.47 사랑, 명예, 수치심, 그리고 의분은 비이성적으로 보일 뿐이다. 상황이 요구하는 순간에 통제할 수

사이렌(siren)은 바다 한가운데 솟아있는 작은 섬이나 암초에 살았다고 전해지며, 인간과 새가 뒤섞인 기묘한 모습을 하고서 아름다운 소리를 내 뱃사람들을 유혹하고 위험에 빠뜨린 요정이다.
초창기에는 머리만 여성이고 몸통 전체는 새의 모습을 하고 있다고 여겨졌는데, 점차 상반신은 손에 악기를 들고 있는 아름다운 여성으로, 허리 아래는 새의 형상으로 묘사되었다. 고대 그리스어로 세이렌(Seirên), 라틴어로 시렌(Siren, 사이렌)이라 불리는데, '휘감는 자, 옴짝달싹 못하게 얽어매는 자, 묶는 자'라는 뜻의 옛 그리스어에서 비롯된 명칭이다. 한편, 고대 그리스 로마 시대부터 세이렌은 '매혹적인 말이나 노래', '뛰어난 시인', '유혹거리', '고동소리', '호적(號笛, 신호로 부는 피리)' 등을 가리키는 말로 사용되었다.
오늘날 '위험을 경고하는 소리나 신호'의 의미로 쓰이는 사이렌이란 단어도 여기서 비롯되었다.(역주)

없는 정서에 좌우되는 것은 사실 장기적으로는 합리적 이익이다. 오디세우스를 묶고 있는 밧줄처럼, 정서는 다짐의 장치로서 기능할 수 있다. 왜냐하면 우리는 단지 정서로부터 자유로워질 수 없기 때문이다. 우리는 사랑에 빠지거나 어떤 집단에 진심 어린 충성을 맹세함으로써 우리 자신을 돛대에 효과적으로 묶고 있어서, 부득이하게 유혹이 있을 때 다른 사람을 배신하지 않도록 막을 정서적 다짐에 우리 스스로를 묶는다. 이것은 매우 효과적인 전략이며, 왜 그렇게 많은 로맨틱한 커플이 서로에게 열성적인지, 대학생들이 서로 소파를 옮기는 것을 돕고, 감옥에 갇힌 조직원이 분개하여 검사에게 밀고하는 것을 거부하는지를 설명한다.

인간관계에서 신뢰의 필요성은 죄수의 딜레마에 관한 한 명백하다. 신뢰의 필요성은 약속과 상호의존성으로 가동되는 다른 비(非)거래적 관계에서도 명확하다. 고전적으로 부모-자녀 관계, 환자-보호자 관계가 그 예이다.[48] 일반적으로 잘 인식되지 않지만 표면적으로 순수한 거래처럼 보이는 상호작용조차도 어느 정도 암묵적 신뢰의 깊은 배경에서 발생한다. 내가 노점상에서 프랑크소시지를 사는데 4달러를 지불할 때, 프랑크소시지 가격 거래는 너무 길어서 완전히 열거하는 것이 불가능한 여러 가지 가정에 달려 있다. 프랑크소시지는 제대로 만들었고, 일부러 더럽히지 않았다. 내가 건네주는 달러 지폐는 위조가 아니다. 프랑크소시지에는 개고기가 아닌 (적어도 대체로) 쇠고기나 돼지고기가 들어 있다. 이중 어떤 것도 명확하게 기술되지는 않지만, 그래도 모두 확고하게 당연한 것으로 여겨진다. 그래서 배경이 되는 믿음 중 어느 하나를 이따금씩 어긴 것이 밝혀지면, 그것은 매우 수치스러운 것이 된다. '현지 상인의 프랑크소시지에 담긴 개고기! 공원에서 위조된 돈을 건네는 현지 아버지!' 이와 같은 쇼킹한 신문의 헤드라인은 우리가 이러한 근본적인 배경 가정을 얼마나 깊이 신뢰하고 있는지, 그리고 얼마나 드물게 위반되는지를 강조한다.

창의성과 문화 학습에서처럼 신뢰와 공동의 유대감에 관해, 아이는 어른보다 훨씬 뛰어나다. 아이는 문화 집단의 동료들과 유대하고 신뢰해야 할 거의 필사적이고 원초적인 필요성을 갖고서 세상에 나온다. 이것은 공항 대합실에서 말 많은 4살짜리 아이가 다가와서 들고 있던 인형을 길고 빠르게 소개하는 일을 당한 사람이라면 누구에게든 명백하다. 사실, 전혀 모르는 사람을 포함한 다른 사람들을 기꺼이 신뢰하고 그들과 상호작용하려는 아이의 열망으로 인해 그런 신뢰를 어기는 것은 너무나 비극적이고 끔찍하다. 마찬가지로, 아이에게서 신뢰하는 마음이 없다는 것은 그들 환경에서 무언가가 심하게 잘못되었다는 신호이다.

창의성과 학습에서처럼 신뢰에 관해서도 놀이는 중요하다. 동물의 세계 전체에서, 놀이는 새끼에게 사냥이나 싸움과 같은 중요한 성인 기술을 연습하게 하고, 사회 계급 구조를 이해할 수 있는 기회를 제공한다. 그러나 결정적으로 놀이는 신뢰에 대한 연습도 제공한다. 동물행동 전문가 마크 베코프(Marc Bekoff)가 말한 것과 같이, 놀이는 일반적으로 고의적인 취약성(배나 목을 드러내고 있는 장난기 많은 개를 생각해 보라)과 신뢰성의 신호를 포함한다. 개들이 놀이로 격투 시합을 하기 전에 공공연히 서로 인사하는 '플레이 바우'는 사회적 신뢰의 신호이다. 만약 당신도 플레이 바우를 한다면, 우리는 놀이 세계에 뛰어든다는 것에 동의한 것이다. 이런 놀이 세계에서는 깊게 물지 않을 것이고, 심각하게 으르렁거리지 않을 것이며, 돌아가면서 상대를 위압할 것이다.⁴⁹ 비록 연구자들이 오랫동안 놀이의 주된 기능이 기술 연습과 훈련을 위한 것이라고 생각했지만, 이러한 사회화와 신뢰 구축 기능이 더 근본적인 것처럼 보인다. 스튜어트 브라운의 말대로, "놀이 싸움을 박탈당한 고양이도 사냥은 그럭저럭 잘 할 수 있지만, 사교활동은 성공적으로 하지 못하고 사교활동을 결코 배우지도 못한다. 고양이를 비롯한 쥐와 같은 사회적 포유류가 놀이의 기회를 심각하게 빼앗긴다면, 친구와 적을 명확하게 구분하지 못하고, 사회적 신호에서 실수하며, 지나치게 공격적이거나 후퇴하고, 정상적인 사회적 패턴에 참여하지 못할 것이다."⁵⁰

다른 아이 같은 특징과 마찬가지로, 인간 어른도 어른 늑대나 침팬지보다 래브라도와 훨씬 더 비슷한 방식으로 놀이를 좋아하고 상대를 신뢰한다. 다 자란 늑대나 침팬지가 이빨을 드러낼 때, 우리는 도망가는 것이 낫다. 인간, 심지어 성인 인간까지도 우위를 점하기보다는 공을 쫓는 것에 더 열중한다. 비록 언어적 조롱이나 말장난이 점차 육체적 싸움으로 이어지는 경향도 있지만, 친구나 지인, 그리고 심지어 낯선 사람과 함께 기꺼이 노는 것은 주목할 만하다. 프랑크소시지를 파는 아저씨와 그가 쓰고 있는 야구 모자로 알 수 있듯이 뉴욕 메츠에 대한 그의 한심한 충성심을 두고 내가 농담을 할 때, 우리는 공원에서 놀이

플레이 바우(Play Bow)
가장 잘 알려진 개의 놀이 신호는 앞다리를 낮추고 뒷다리는 뻗어서 엉덩이를 치켜든 플레이 바우 자세이다. 플레이 바우는 사람이나 다른 개를 자신의 놀이에 초대한다는 의미로, 일시 정지하며 이 자세를 취하고 다시 활발하게 놀이를 시작하곤 한다. 보통 플레이 바우는 쫓고 쫓기는 추격 놀이를 상대에게 부추기려고 사용한다.

로 싸우고 있는 두 마리의 개와 매우 흡사하다. 나의 언어적 잽은 진정으로 상처를 주기 위한 것이 아니라 놀이 정도의 진지함이고, 성공적인 가벼운 농담은 바쁜 대도시 한가운데서 덧없지만 그래도 중요한 신뢰 관계를 구축한다. 반면에 침팬지가 가장 좋아하는 야구팀을 모욕하면 당신은 팔을 잃을 수도 있다. 인간이 어른이 될 때까지 놀이에 필요한 복잡하고 정교한 인지적 장치를 유지하고, 실제로 다른 사람들과의 놀이를 계속 즐긴다는 것은 인간사(人間事)에서 신뢰의 깊은 중요성을 반영한다.

아이의 마음 되찾기

따라서 긴 미성숙과 아이 같은 특성이 성인기까지 유지되는 것은 3C가 제기하는 도전에 대한 인간의 응수로 간주된다. 아동기와 사춘기를 거치면서 우리는 마음이 한 가지 사고에서 다른 사고로 마구 왔다 갔다 하는 긴 발육기를 통과한다. 그리고 새로운 정보를 흡수하는 데 개방적이고, 나이가 들수록 덜 하긴 하지만 상대를 신뢰하고 상대방에게 신뢰감을 줄 수 있다. 하지만 어른일 때도, 스스로 이룩한 아주 이상한 이 생태적 지위에서 성공하기 위해 창의적이고 문화를 흡수하고 전달할 수 있어야 하며, 타인을 신뢰하고 헌신을 필요로 하는 협력 딜레마를 해결할 수 있어야 한다. 하나의 종으로서, 우리는 성인기까지 아이 같은 특성을 간직한 영장류 세계의 래브라도이다.

그러나 수많은 신화와 아동도서에서 자세히 얘기하듯이, 영장류 사이에서 독특하게 갈망하는 아이 같은 우리의 유희성은 결국 사라진다. 우리는 프랑크소시지를 파는 아저씨와 농담하는 것을 즐기지만, 직장에 늦기 때문에 짧게 한다. 어른이 되면, 정처 없이 거닐고 코딱지를 파며 놀려는 아이 같은 욕구는 생산적인 일과보다 덜 중시된다. 일어나고, 옷 입고, 출근하고, 일하고, 먹고, 자기를 반복한다. 이것은 수행 통제의 중심지인 PFC의 영역이고, 당연하게도 PFC의 성숙은 점차 더 일에 집중하고 욕구 충족을 미루며, 감정과 욕망을 추상적 이성과 실용적 목표 달성보다 덜 중시하는 것에 대응한다.

그렇지 않을 수는 없다. 사실대로 말하자면, 아이는 재미있고 사랑스럽지만 아직 쓸모 있는 단계는 아니다. 아이가 어떤 일을 책임진다면 우리는 끝장이다. 심지어 13살짜리 내 딸도 오븐을 사용하고 나서 전원을 끄거나, 개를 산책시키는 일을 기억하거나, 심지어 젖은 수건을 바닥에 쌓아두지 않고 걸어 둘 것이라고 신뢰할 수 없다. 그럼에도 불구하고, 내 딸은 5살 난 자신의 자아와 비교해 보면 초집중적 초성취자이다. PFC는 생리적으로 비용이 많이 드는 장치이고, 우리는 PFC를 진화시킨 이유가 있다. 일에 계속 집중하고 감정을 억제하며, 욕구 충족을 미루는 능력은 인간의 중요한 특성이다. 우리는 영원히 아이로 남아있을 수는 없다.

이것이 블리킷 테스트의 반(反)직관적인 형태에서 어른을 한 수 앞서는 4살짜리 아이의 능력을 너무 과장해서는 안 되는 이유이다. 앨리슨 고프닉(Alison Gopnik)은 아이의 명백한 창의성 이점을 되새기면서 기업 세계에서 나온 다음과 같은 비유에 의존한다.

아이와 어른 사이에 일종의 진화론적 노동분업이 있다. 아이는 인간 종의 연구개발 부서이다. 공상적인 사람이고, 난상토론 참가자이다. 어른은 생산과 마케팅 부서이다. 아이는 발견을 하고, 우리 어른은 그 발견을 시행한다. 아이는 대부분 쓸모없는 것이지만 백만 개의 새로운 아이디어를 떠올리고, 우리 어른은 서너 개의 좋은 아이디어를 갖고 와서 그것을 실현시킨다.[51]

이 비유의 문제는 사실, 4살짜리 아이에게 주어지는 특허는 거의 없다는 것이다. 성인 발명가가 자녀로부터 직접 아이디어를 빌리는 사례도 찾기 어렵다.[52] 어른은 때로 아이가 어지럽혀 놓은 무작위적 변화를 이용하거나 거기에서 영감을 얻을 수 있지만, 유용한 혁신을 인식하고, 기술 혁신과 창의적 약진을 이용하거나, 통찰력을 상품으로 전환시킬 수 있는 위치에 있어야만 그렇게 할 수 있다. 기껏해야, 가상적 청년, 즉 다른 점에서는 실용적인 성인의 아이 같은 마음 상태가 문화적 혁신의 열쇠가 되는 것이다.

유인원임에도 불구하고 군체 곤충으로서 훌륭하게 역할을 다하기 위해, 인간 성인은 PFC가 완전히 발달했음에도 아이 같은 특성에 접근할 수 있어야 한다. 목표는 일시적으로 아이의 마음을 되찾는 것이지 실제로 다시 아이가 되는 것은 아니다. 우리는 창의적이고 상대를 신뢰할 수 있어야 하며, 또한 신발 끈을 매고 제시간에 집을 나설 수도 있어야 한다. 의미심장하게, 전 세계의 문화와 역사를 통틀어 공통적인 주제는 영적 완벽함이나 도덕적 완벽함이 아이의 마음을 되찾는 것이라는 생각이다. 〈마태복음〉에서는 "진실로 너희에게 이르노니, 너희가 돌이켜 어린아이와 같이 되지 아니하면 결단코 천국에 가지 못하리라"고 선언한다. 《도덕경》이나 《노자》에서는 완벽한 현자를 완벽하게 개방적이고 세상을 수용하는 유아나 어린아이에 비교한다.[53]

이러한 요구에 응수하여, 인간은 다른 방식으로 완전히 실용적인 성인에게서 일시적이지만 강력하게 아이 같은 창의성과 수용력을 증진시키기 위한 다양한 문화 기술을 생각해 냈다. 명상이나 기도와 같은 다양한 종류의 영적 의식은 그렇게 하는 효과적인 방법일 수 있다. 그러나 더 빠르고 더 간단하며 훨씬 더 대중적인 것은 일시적으로 발달과 인지 성숙을 역전시킬 수 있는 화학물질로 시선을 돌리는 것이다.

술 취한 마음

앞에서 묘사한 창의성 실험에서 보았듯이, 아이의 인지적 유연성을 다시 창조하고 싶다면, 경두개 자기는 효험이 있다. 즉, PFC를 제압하여 굴복시킬 수 있다. 그러나 경두개 자기와 같은 장치는 최근에서야 이용할 수 있게 되었다. 그리고 이런 장치는 비싸고 휴대성이 매우 떨어지며, 일반적으로 파티장에는 갖고 갈 수 없다. 우리에게 필요한 것은 사실 로우테크이다. PFC의 기능을 효과적으로 정지시키고 우리를 정말 행복하고 편안하게 만들지만 몇 시간 정도만 그렇게 하는 것이다. 그것은 어디에서든, 거의 모든 것에서, 누구나, 적당히 저렴하게 만들 수 있는 무언가이다. 만약 맛있고 음식과 궁합이 잘 맞으며 춤을 비롯한 다른 공공 사회성의 형태로 이어질 수 있다면, 그것은 보너스 포인트이다.

물론 술은 이러한 설계 사양에 꼭 맞아떨어진다. 술이 썩은 과일에서 자연적으로 발생한다는 사실은 다양한 종도 술의 향정신성 특성을 쉽게 발견할 수 있다는 것을 의미한다. 정말 멋진 특성이다! 발견성, 생산성, 그리고 섭취의 용이성 외에도, 취성물질의 왕으로서 술이 차지하는 확실한 위치에 기여하는 또 다른 요인은 술이 인간의 몸과 정신에 미치는 폭넓고 복잡한 영향이다. 스티븐 브라운(Stephen Braun)이 말한 것처럼, 술은 많은 약물의 작용을 모방하여, 일종의 '병 속에 든 약물: 뇌 회로나 계통을 실제로 건드리지 않는 활성화 약/우울증 약/기분 변화 약'이다. 이런 점에서 술은 향정신성 약물들 가운데 독특하다. 브라운은 "코카인과 LSD 등의 물질은 약리적 메스처럼 작용하여, 하나 또는 소수의 뇌 회로만 작용을 변경할 수 있다"는 것에 주목한다. 술은 약리적 수류탄에 가깝다. 즉, 술은 사실상 주변의 모든 것에 영향을 미친다.[54]

부분적으로 이는 술이 우리의 몸-뇌 계통에 쉽게 퍼지기 때문이다. 술의 활성 성분인 에탄올은 물과 지방에서 녹는다. 에탄올이 물에 녹는다는 것은 물로 쉽게 운반되고 혈류로 빠르게 흡수된다는 것을 의미하며, 반면 지방에서 녹는다는 것은 에탄올이 지방 세포막을 쉽게 통과할 수 있게 한다.[55] 술을 억제제(抑制劑: 일반적으로 근이완과 발한(發汗)에 의하여 기능적 활성 및 생활력을 감소하게 하는 약물)로 생각하는 것은 흔한 일이지만, 약리적 수류탄에서 기대할 수 있듯이 실제 이야기는 훨씬 더 복잡하다.[56]

우선, 술 취함은 '이중 단계적'이다. 상승 단계는 혈중알코올농도가 높아짐에 따라 흥분과 가벼운 행복감으로 특징지어진다. 이는 알코올이 도파민(흥분 전달 물질)과 세로토닌(행복 전달 물질)의 방출을 증가시키기 때문이다. 이 상승 단계는 알코올이 코카인이나 MDMA와 같은 순수한 자극제의 효과를 모방하는 단계이다. 이 단계에서 알코올은 엔도르핀(진통 효과를 가지는 물질의 총칭)의 방출도 자극한다. 이런 점에서, 알코올은 진통 효과를 제공하고 전반적인 기분을 좋게 하며 불안감을 줄여주는 가벼운 형태의 모르핀과 비슷하다.[57]

하강 단계에서 혈중알코올농도가 최고조에 달했다가 감소하기 시작하면 알코올은 억제 효과를 갖는다. 뇌 기능의 억제 측면에서, 알코올은 억제제를 곱빼기로 제공한다. 알코올은 신경 활동을 억제하는 가바 에이 수용체($GABA_A$ receptor)의 활동을 강화하거나 과장하지만, 동시에 흔히 신경 활동을 흥분시키는 글루타민산염 수용체의 활동을 억제한다. 그래서 뇌 활동에 관한 한, 알코올은 브레이크를 세게 밟고 동시에 가속기에서 발을 뗀다. 신경이 끽하는 소리를 내며 멈추는 것은 특히 높은 혈중알코올농도에서 억제 효과를 일으키는 것이다.[58]

알코올의 억제 효과는 뇌의 세 가지 부위에 집중되는 것으로 보인

코카인(cocaine)은 코카 식물의 잎에 들어 있는 결정체로 된 트로판 알칼로이드이다. 중추신경계 자극제, 식욕 억제제이며 행복과 에너지 상승 등 도취감으로 설명되는 감정이 들게 만든다. 코카인은 정신적으로 중독될 수 있기 때문에 사실상 전 세계에서 의학적 용도 및 정부에서 허가한 목적 이외의 코카인 소지, 재배, 배포는 불법이다.

MDMA는 메틸렌 디옥시-메스암페타민(methylene dioxy-methamphetamine)의 약어로서, 각성제와 구조적으로 유사한 화합물로서, 흔히 엑시터시(ecstasy)라고 불린다. 안도감을 유발하거나 타인에 대한 친근감을 증가시키지만, 불면, 불안을 나타내 남용을 계속하면 정신착란 상태가 되기도 한다. 또한 신장, 간장애, 기억장애 등의 증상도 나타난다.

다. PFC, 해마, 소뇌가 그 부위이다.⁵⁹ 해마는 기억력과 관련 있고, 소뇌는 기본적인 운동 기술과 관련 있다. 이 둘 모두 알코올의 표적이 된다는 사실은 왜 술 취한 사람이 하룻밤 흥청망청 놀다가 집으로 돌아와 넘어져 꽃병을 깨뜨리고 다음날 아침에 꽃병이 어떻게 깨졌는지 의아해하는지를 설명한다.

그러나 우리가 가장 많이 관심을 갖는 것은 PFC와 관련 영역의 하향 조절이다. 인지 제어에 관해 PFC의 중요한 동맹자 중 하나는 전대상피질(anterior cingulate cortex; ACC)이다. ACC는 일종의 운동장 감시 장치로 기능한다. 즉, 세계에서 당신의 행위를 지켜보면서 당신이 현재 하고 있는 것이 무엇이든 중단해야 한다는 것을 암시하는 실수나 다른 음(−)의 피드백을 찾고 있다.⁶⁰ 겨울 아침에 사무실에 가려고 문을 나섰다가 빙판길에서 미끄러지기 시작할 때, 이 비틀거림을 알아채고, 보통 자동조종장치 모드로, 즉 무의식적으로 작동하는 당신의 운동계를 PFC가 넘겨받도록 신호를 보내는 것이 바로 이 ACC이다. PFC가 제어할 경우, 당신의 걸음걸이가 어색하고 부자연스러운 것은 운동계가 그 자체의 장치에 맡겨둘 때 가장 잘 작동하기 때문이다. 사무실까지 가는 데 시간이 더 걸리긴 하지만, 적어도 미끄러져서 앞으로 넘어지지는 않는다.

실험실에서 ACC-PFC 팀이 실제로 작용하는 것을 보는 한 가지 방법은 위스콘신 카드분류검사(Wisconsin Card Sorting Test)라는 실험 패러다임이다. 이 과제는 실험대상자에게 다양한 숫자와 색상의 여러 모양과 기호가 있는 카드를 준다. 실험대상자는 받은 자극 카드와 '일치하는' 카드를 선택해야 한다. 만약 맞춘다면, 양(+)의 피드백을 받지만 추가 지시는 없다. 이것은 까마귀나 비둘기를 대상으로 하는 색이나 모양 일치 과제의 좀 더 정교한 형태이고, 당신이 언제 성공했는가라는 말은 듣지만 해당 규칙이 무엇인지 알지 못하기 때문에 처음에는 사실 짜증이 난다. 그럼에도 불구하고, 실험대상자가 아주 빠르게 감을 잡는 것은 일치 원리가 무작위가 아니기 때문이다. 사물의 수, 색상, 유형을 일치시켜야 할 수도 있지만, 어떤 경우든 해당 규칙으로 놀라울 정도로 빠르게 초점을 맞춘다. 일단 직감적으로 이해한 규칙에 익숙해지고(가령, 모양을 일치시키고, 숫자와 색을 무시하라) 본능으로 정확하게 대답하기 시작하면, 짓궂은 실험자는 말없이 규칙을 바꾼다. 갑자기 색깔이 중요해지고 모양은 중요하지 않게 되어, 이전과 일치했던 카드는 이제 거부된다. 이것은 얼음으로 뒤덮인 인도가 갑자기 예상대로 느껴지지 않는 것에 대한 실험실의 등가물이다. 신경학적으로 전형적인 실험대상자에게서, 규칙 변경으로 야기된 새로운 실수는 ACC에 무언가 잘못되었다는 신호를 보낸다. 그런 다음 ACC는 PFC를 호출하여 이전 행동(모양별로 일치)을 중지하고 응답을 늦추며, 새 규칙이 나타날 때까지 기다리라고 말한다. 일단 새로운 규칙이 정해지면, ACC는 행복해지고, PFC는 긴장을 풀 수 있으며, 실험대상자는 다시 자동조종장치 모드로 돌아가서 만족스럽게 색깔과 색깔을 일치시킨다.

> **위스콘신 카드분류검사**는 신경심리 영역에서 가장 널리 알려져 있으며, 추론 능력, 변화에 대한 인지적 적응 능력을 평가하기 위해 개발되었다. 아동, 청소년, 성인 899명 임상을 표본으로 1981년에 초판 되었으며, 전반적인 능력뿐 아니라 개별적 장애등급을 판단하는 지표를 제공하며 뇌병변 장애의 전두엽과 후두엽을 판별하는 데 매우 유용하다. 실험대상자는 색상, 형태, 개수 등 상이한 원칙에 따라 자극 카드를 정렬하며 비효율적 초기 개념화, 인내력, 설정유지 및 학습장애 여부를 평가받는다. 정렬 원칙을 빠르게 바꾸며 상황에 따른 목표성취 및 문제해결 능력을 알아볼 수 있다.

이러한 전이는 즉시 일어나지 않는다. 규칙 변경 후 일정 기간 동안, 사람들은 음(-)의 피드백에도 불구하고 반복 행동을 하고 지금과 같은 부정확한 전략을 계속 추구한다. 반복 행동을 멈추는 데 걸리는 시간은 인지 제어와 PFC 건강에 대한 좋은 척도이다. 전전두엽 손상이나 결손이 있는 사람에게, 환경의 변화는 행동을 변화시키는 데 오랜 시간이 걸린다.[61] 다시 말해, 그런 사람은 미끄러운 빙판길이라는 새로운 조건에도 불구하고 계속해서 정상적으로 걷는다.

의미심장하게도, 술 취한 사람은 마치 PFC에 손상을 입은 것처럼 이 과제를 수행한다. 이들은 계속해서 음(-)의 피드백에도 불구하고 고집스럽게 앞으로 뛰어든다. 이것은 밤 늦게까지 술을 마시고 귀가하는 사람이 멍청하게도 자기 집 열쇠를 이웃집 문에 끼워 맞추는 것을 보는 사람에게는 놀랄 일이 아니다.[62] 술의 여러 효과가 어떻게 서로를 강화시키는지 보여주는 좋은 예에서, 음(-)의 피드백을 인식하는 능력의 손상은 뇌에서 터뜨려진 다양한 폭발로 인해 악화된다. 편도체에서 두려움을 비롯한 부정적 정서의 처리는 약화되어, 술 취한 사람은 어떤 부정적인 자극이 실제로 어떤 일을 해내는지에 대해 상대적으로 무감각해진다.[63] 주의는 알코올 '근시(近視)'[64]라는 즉각적 순간으로 좁혀져서, 추상적이거나 외적인 고려사항에 의해 지배되고 미래의 결과를 예측하는 것을 어렵게 만든다. 작동 기억과 인지적 처리 속도는 감소된다.[65] PFC의 주요 기능 중 하나인 충동을 억제하는 능력은 손상된다.[66] 마지막으로, 취함의 상승 단계에서 세로토닌과 도파민 급증을 경험하는 사람은 너무 기분이 좋아서, 느린 PFC와 ACC 팀이 경고 신호를 보내더라도 일을 망치고 있다는 것을 신경 쓰지 않는다.[67] 이것은 좌절감을 느끼며 술집에 다니는 사람이 제대로 작동하지 않는 열쇠를 아무렇게나 던져 버리고, 잠든 이웃이 놀라 자빠지게도 창문을 부수고 '이웃의' 집에 들어가는 순간이다.

술의 광범위한 강타력을 꽉 채우고 있는 어떤 다른 화학적 취성물질은 없지만, 가장 대중적인 취성물질은 인간 마음에 비슷한 영향을 미친다. THC라는 대마초의 활성 성분은 알코올과 마찬가지로 도파민 수치를 높이고 기억이 잘 나지 않게 하며 운동 기술을 손상시키는 방식으로 뇌의 수용체('카나비노이드' 수용체)를 표적으로 삼는다. 카바도 비슷하게 도파민을 자극하고 불안감을 줄이는 것으로 보이지만, 대부분의 고등 인지 능력은 상대적으로 손대지 않고 그대로 둔다. LSD나 실로시빈과 같은 전형적인 환각제는 세로토닌 수용체와 도파민 수용체를 표적으로 하여, 우리에게 긍정적인 기분을 북돋우는 동시에 뇌의 '디폴트 모드 네트워크(default-mode network; DMN)'를 심각하게 방해한

> 디폴트 모드 네트워크(default-mode network; DMN)는 사람들이 특정한 일에 몰두하지 않고 아무 일도 하지 않을 때 오히려 활성화되는 뇌 부위이다. 이 특수한 부위에서 뇌 에너지의 60~80%가 사용되기도 한다. 우리가 아무리 쉬어도 쉰 것 같지 않은 느낌이 드는 이유는 이 구간에서 많은 에너지가 소모되기 때문이다. 즉, 마음이 쉬고 있을 때는 활성화되고, 마음이 어떤 과제에 집중할 때는 활성화되지 않는다. 여기서 중요한 점은 '잘 통합된 디폴트 모드 네트워크'는 평소에 여러 과제를 처리하기에 급급해 서로 연결되지 못하는 두뇌 부위들을 연결해줄 수 있다는 사실이다. 바쁘고 정신없이 일할 때보다 어떤 일도 하지 않고 멍하게 있을 때 뇌 속에서는 특정 정보가 디폴트 모드 네트워크의 모드 사이를 흘러 다니기 시작한다. 뇌는 무의식중에 여러 개념을 연결하고 있으며, 이렇게 연결된 생각들이 의식의 수면 위로 떠 올라오게 된다. 이때 통찰과 진정한 창의성이 발휘될 수 있다. 우리가 멍하게 있는 동안 무심코 생각이 닿는 곳에서 뜻밖의 통찰을 얻는 것이다. 뿐만 아니라 이때의 뇌는 불필요한 정보를 삭제하고 이전에 입력된 정보를 정리하기도 한다.

다. DMN은 우리에게 기본적인 자아감을 제공하는 것 같다. 환각제가 DMN을 방해하면 급진적인 인지적 유동성이 만들어지고, 자아와 타자 사이의 경계가 불분명해지며, 꿈꾸는 마음과 어린아이의 마음을 특징 짓는 감각 필터링의 결핍이 만들어진다.[68]

술에 취할 때 나오는 것처럼 보이는 인지적 효과를 낼 수 있는 다양한 비화학적 의식이 있다는 것도 주목할 가치가 있다. 예를 들어, 과도한 운동은 도파민 자극과 PFC의 하향 조절을 통해 '러너스 하이'(달리기 애호가들이 느끼는 도취감)를 만들어 낼 수 있다. 이는 과도하게 긴장된 몸이 항상 에너지를 갈망하는 신피질(新皮質)로부터 자원을 빼앗아 즉각 필요한 운동계와 순환계로 돌리기 때문이다. 신경과학자 아르네 디트리히(Arne Dietrich)는 이 조합이 운동적 '절정경험(peak experience)'의 특징인 자아감 상실과 강렬한 행복감을 일으킨다고 주장했다.[69] 다양한 종교 전통에서는 이 책략을 이용해 왔다. 수피 댄스, 단체 노래와 구호, 고통스러운 포즈(책상다리하기, 기도 시 무릎꿇기)로 하는 긴 명상, 개인적 고행(자기 태형, 피어싱), 그리고 극단적인 호흡 운동은 모두 PFC로부터 에너지를 다른 곳으로 돌리면서 도파민과 엔도르핀을 증가시키는 비슷한 종류의 높은 황홀감을 제공한다.

하지만 얼마나 번거로운가! 이러한 극단적인 경험이 요구하는 엄청난 시간과 노력을 고려하면, 사람들이 약물로 눈을 돌리는 것은 놀랄 일이 아니다. 그리고 약물 중에서도 술이 으뜸이다. 대마초는 피우거나 섭취할 필요가 있고 조제하기 어려우며 몸과 마음에 예측할 수 없는 영향을 미친다.[70] 마리화나는 어떤 사람은 외향적이고 활기차게 만들고, 또 다른 사람은 내향적이고 편집증적이며 무기력하게 만든다. 실로시빈 버

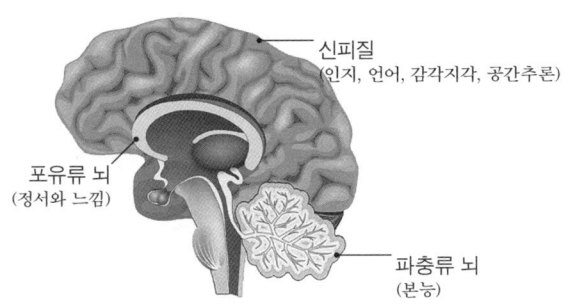

신피질(neocortex)은 대뇌 피질 중 가장 최근에 진화된 부위로서, 여섯 개의 세포층으로 구성된다. 피질의 세부구조는 사람의 뇌의 역할 중에서 최고의 것으로 생각되나 하위 뇌에서 나오는 정보에 의해 정상적인 역할이 이루어진다. 주된 역할은 운동, 체감각, 시각, 청각, 고도의 정신작용, 연합(학습), 언어 등에 관한 것이다. 인간은 신피질의 발달로 과거와 미래의 시간에 대한 개념이 생겼다고 한다. 인간이 술을 마시는 이유는, 술을 마시게 되면 과거에 대한 자학, 미래에 대한 걱정을 내려놓은 채 현재의 쾌락에 집중할 수 있기 때문이다.(역주)

수피 댄스(Sufi dancing)는 흔히 이집트, 튀르키예 등 중동 지역의 전통 춤으로 알려졌지만 원래는 이슬람 종교의식 중 하나이다. 튀르키예의 콘야 지방에서 비롯된 것으로 전해지며 튀르키예에서는 "세마"라고 부른다. 남성 무용수들이 5~7명의 악사와 함께 춤을 춘다. 화려하게 장식된 의상과 아랫단이 매우 넓은 치마를 입은 사람이 나와 빙글빙글 돌기만 하는 단순한 모습이지만 전통적으로 신과 교감을 하는 행위로 받아들여진다. 원래는 종교적인 의미를 지닌 검은색 조끼와 흰색의 수의를 입고 추었지만 최근에는 전통적인 춤으로도 변형되어 다양한 색으로 장식된 의상을 입는 경우가 많다. 춤이 시작되면 30, 40분간 계속 한자리에서 도는데 점점 회전의 속도가 붙는다. 이 같은 고통스러운 동작은 무용수가 신과의 영적인 교감 상태에 도달하기 위해 죽음의 세계로 들어가는 과정이며 그 속에서 신과 교감하는 황홀경을 느끼게 된다고 한다.(역주)

섯은 심한 위장장애, 심한 방향감각 상실, 망상을 일으킬 수 있고, 장시간 동안 현실에서 완전히 떠나도록 할 수 있다. 그래서 어떤 문화도 저녁 식사 전이나 친목 모임에서 마법 버섯을 야금야금 먹는 것을 권장하지 않는다. 그리고 엄청나게 독성이 강한 사막의 씨앗이나 거대한 독두꺼비와 비교하면, 실로시빈은 어쩌면 자연스럽게 발생하는 환각제 중에서 가장 평범하고 안전하지만 그렇게 놀랍거나 특별하지는 않다.

반면에 술은 많은 면에서 완벽한 약물이다. 술은 복용하기 쉽고, 인지적 효과는 사람들마다 안정적이다. 무엇보다도, 이런 효과는 예측 가능한 방식으로 증가하다 약해지며, 비교적 오래가지 않는다. 바텐더가 준 두 번째 술잔을 기쁘게 받아 마셔도, 우리의 간은 첫 잔에서 나온 에탄올을 무독성으로 분해하여 우리 몸에서 빼낼 수 있도록 열심히 노력한다. 그래서 대부분의 비알코올 화학적 취성물질의 단점과 비화학적 수단이 요구하는 엄청난 시간, 노력, 고통을 고려하면, 우리들 대부분이 대개 뺨에 날카로운 물건을 찌르는 것보다는 몇 파인트의 맥주를 선택하는 것은 놀라운 일이 아니다. 기분을 좋게 하고 PFC의 기능을 일시적으로 정지시키고 싶다면, 맛있는 액상 신경독이 가장 빠르고 즐거운 선택이다.

디오니소스에게 문 열어주기

PFC는 진화상 가장 신기한 뇌 부위이고, 발달상 가장 늦게 성숙한다. PFC는 또한 틀림없이 우리를 인간으로 만든다. 충동을 제어하고 장기 과제에 집중하며 추상적으로 추론하고 욕구 충족을 미루며, 우리 자신의 활동을 감시하고 오류를 정정하는 능력이 없다면 삶이 어떨지 상상하기란 어렵다.

그러나 우리는 또한 3C의 요구에 성공적으로 대응하는 것에 관해, 즉 인간의 생태적 지위를 차지하는 특정한 도전에 성공적으로 대응하는 것에 관해, PFC가 적이라는 것을 보았다. 취하는 것은 인지 제어에 대한 대항 수단이다. 즉, 취하는 것은 창의성, 문화적 개방성, 공공의 유대감에 대한 적인 PFC를 일시적으로 무력하게 만드는 방법이다.

우리의 뇌에서 앞부분에 있는, 들뜬 기분을 가라앉게 하는 맑은 정신의 PFC를 갖는 것에 수반되는 상대적 이익과 비용을 구체화하기 위해 다시 한 번 그리스 신화에 의지해 보자. 그리스 판테온에는 아폴로와 디오니소스라는 두 신이 있다. 이 둘은 자기통제와 자유분방 사이의 긴장을 의인화한다.[71] 태양신 아폴로는 합리성, 질서, 자기통제를 상징한다. 예술에서 아폴로 방식은 자제와 우아함, 세심하게 설계된 균형을 특징으로 한다. 아폴로는 지정된 사원에서 근엄하고 형식적인 공물로 숭배를 받는다. 디오니소스는 술, 취함, 다산, 감정, 혼돈의 신이다. 디오니소스적 예술은 과도함, 황홀한 고양, 변한 상태를 탐닉한다. 그의 숭배자들 중에는 유명한 마이나데스가 있다. 이들은 거나하게 취함, 나체, 종종은 카니발리즘이 있는, 현대의 떠들썩한 파티 같은 알코올과 마약이 제공되는 파티인 최초의 바카날리아를 위해 밤에 비밀리에 숲에 모여드는 광란하는 여성을 말한다.

디오니소스는 섹스, 정서, 운동, 촉각 등 우리 뇌의 더 오래되고 원초적인 부위에 호소한다. 아폴로는 전전두엽피질(PFC)에서 자신의 본래

마이나데스(Maenades)는 그리스 신화에서 술의 신 디오니소스를 따르는 여신들이다. 이들은 미친 듯한 도취 상태로 산과 들판을 헤매고 다니면서 춤추고 노래하며 디오니소스를 찬양하였다. 실제로 디오니소스 제례가 행해질 때도 광적인 춤을 추며 디오니소스에 대한 의식을 행하는 여인들이 있었다. 마이나데스(Maenads)는 그리스 신화의 Maenad(영어 표기)에다 복수를 나타내려 's'를 덧붙였다.(역주)

집을 찾는다. PFC는 성인 인간이 놀이를 좋아하는 래브라도보다 일반적으로 음울한 늑대처럼 행동하게 만든다. PFC의 지도 아래, 우리는 전문화된 작업에 매우 능률적이고, 지루함과 산만함과 피로를 떨쳐버리면서 그런 작업을 가차 없이 추구할 수 있다. 적어도 아이를 돌보고 제시간에 출근하려는 어른의 관점에서 볼 때, PFC는 만물의 근원으로서, 안쓰럽게 신발 끈을 매고 푸는 4살짜리 아이에게는 부족한 것이다. 카페인과 니코틴은 늑대의 친구로서, 늑대의 집중을 돕고 피로를 씻어주며 주의를 날카롭게 한다. 이런 물질은 PFC의 친구이자 자연스러운 동맹이며, 아폴로의 도구이다.

하지만 디오니소스적 본성에 도움을 주고 싶다면, PFC를 느리게 하거나 손상시킬 무언가가 필요하다. 그것은 우리를 좀 더 놀기 좋아하고 창의적이며 정서적이고 더 신뢰감 있게 만들 수 있는 무언가를 말한다. 우리는 좀 더 느슨해져야 한다. 라틴어로 디오니소스의 다른 이름 중 하나는 리베르(Liber)(자유)였다. 우리는 어른이 되었을 때 아이 같은 마음의 모든 놀라운 특성을 즐기게 하는 무언가가 필요하다. 그것은 아폴로 식의 질서와 규율에 약간의 디오니소스적 혼돈이나 완화의 기미를 띠게 해 줄 무언가이다.

물론 이것이 디오니소스가 술의 신이기도 한 이유이다. 술은 상당한 양의 음악, 춤, 또는 다른 형태의 놀이와 이상적으로 결합하여 몇 시간 동안 PFC를 마비시키는 데 완벽하게 적합하다. 한두 잔만 마셔도 당신의 주의는 눈앞의 환경으로 좁혀진다. 당신은 예측할 수 없게 정처 없이 거닐고, 대화가 이끄는 곳이 어디든 그곳으로 자유롭게 따라간다. 당신은 행복하다고 느끼고 미래의 결과에 대해 걱정하지 않고, 운동 기술은 형편없게 된다. 반면에, 만약 외국어를 한다면 갑자기 자신감이 생기고 유창하게 된다. 다시 말해, 당신은 다시 아이가 되고, PFC를 방해하면서 나오는 모든 혜택과 비용을 갖게 된다. 한두 잔의 술은 성인의 몸, 능력, 자원을 가진 누군가에게 어떻게 수용적이고 유연하며 아이 같은 마음 상태를 일시적으로 만들어낼 수 있는가라는 문제를 우아하고 편리하게 해결한다.

아이 같은 디오니소스가 적어도 잠깐 동안 그 자리를 대신하게 허락하는 것은 우리가 인간이 되는 것에 내재된 도전에 대응했던 방법이다. 술 취함은 우리의 생태적 지위에 대한 요구를 해결하도록 도와준다. 즉, 우리가 창의적이고, 다른 사람과 좁은 곳에 다닥다닥 붙어 함께 살며, 우리의 정신을 집단적 일에 유지하고, 다른 사람과의 연결과 배움에 더 개방적이게 되는 것을 쉽게 만들도록 도와준다. 거의 편집광적인 아폴로의 신봉자인 플라톤조차 술이 제공하는 정신적·영적 회춘의 필요성을 인식했다. "술 마시는 사람의 영혼은 새빨갛게 달아오른 쇠처럼 시뻘겋게 달아올라 부드러워지고 젊어지기 때문에, 술 마시는 사람의 인격을 도야하고 교육시킬 수 있는 능력과 기술을 가진 사람이라면 누구나 그들을 어렸을 때처럼 다루기 쉽다는 것을 알게 된다."[72] 그리고 술에 취하면 인간이 되는 공공적 요구에 도움이 되고, 상대를 더 신뢰하고 동시에 상대가 더 신뢰할 수 있는 사람이 된다.

그래서 술의 비용과 그 결과로 야기되는 문제에도 불구하고 음주 행위는 유전적 진화나 문화적 명령에 의해 제거되지 않는다. 글자 그대로든 정신적으로든, 때때로 우리는 술에 취해야만 한다. 아폴로는 디오니소스에게 종속되어야 한다. 늑대는 래브라도에게 자리를 양보할 필요가 있다. 어른은 아이에게 자리를 양보할 필요가 있다. 올더스 헉슬리(Aldous Huxley)는 화학적 중독에 관한 자신의 독창적인 연구인 《지각의 문》(The Doors of Perception)에서 "종(種)으로서든 개체로서든 체계적인 추론은 우리에게 없으면 안 되는 것이다. 그렇다고 해서 우리가 제정신이기만 하다면 비체계적일수록 더 좋은, 우리가 태어난 안팎의 세계에 대한 직접적 지각이 없어도 되는 건 아니다"[73]고 말한다.

다시 말해, 인간이 되는 것은 아폴로와 디오니소스 사이의 신중한 균형 잡힌 행동을 필요로 한다. 우리는 신발 끈을 맬 수 있어야 하지만, 때때로 아름답고 흥미롭고 새로운 것에 정신이 팔려야 한다. 한 종으로서 직면하는 독특한 적응적 도전 때문에, 우리는 통제된 양의 혼돈을 우리 삶에 주입하는 방법이 필요하다.[74] 맑은 정신의 어른인 아폴로가 항상 책임질 수는 없다. 디오니소스는 불운한 아이처럼 신발을 신는 데 어려움을 겪을 수도 있지만, 가끔 아폴로가 결코 보지 못하는 새로운 해결책을 우연히 발견하곤 한다. 술이 최고인 취함 기술은 역사적으로 우리가 디오니소스에게 문을 열어놓은 하나의 방법이었다.

그리고 우리를 비틀거리고 웃으며 문명으로 끌고 갈 만큼 충분히 오랫동안 이기적인 유인원 자아로부터 우리를 자유롭게 해 주었던 것은 다름 아닌 술을 홀짝홀짝 마시고, 춤추며, 극도로 황홀한 상태인 디오니소스이다.

제3장
취함, 황홀, 문명의 기원

기원전 8천 년경 대략 오늘날의 이집트에서 시리아를 거쳐 이라크와 이란에 이르는 중동의 반원형 구역인 '비옥한 초승달 지대'에서, 영리한 수렵채집인은 매우 생산성이 높거나 맛있는 야생 곡물과 콩에서 씨앗을 구해서 작은 공터에 옮겨 심었다. 그다음 계절에 돌아와서 똑같이 했다. 또한 주기적으로 돌아와 잡초를 뽑거나 물을 주었다. 결국 이 선택 과정으로 친숙한 초기 형태의 현대 작물이 생산되었다. 이 작물은 땅을 개간하기 위해 일을 하고, 밭을 파종하고 간수하며, 수확하기 위해 서성거리며 기다리는 정착 인구를 지탱하고 보상할 수 있을 만큼 충분히 생산적인 식물이었다. 자보라, 이것이 농업이다. 얼마 후, 중국의 황허강과 양쯔강 계곡에서 밀, 기장, 쌀 재배나 아메리카에서 옥수수 재배와 같은 비슷한 과정이 세계의 다른 지역에서 독립적으로 농업혁명으로 이어졌다.

초창기 농부가 체계적으로 농작물을 생산하면서, 종종 잉여 농산물이 생기곤 했다. 이런 잉여 농산물은 비수기나 미래의 흉년에 대비한 보험으로 비축해 둔 것이다. 하지만 어느 순간, 사람들은 (가령, 빵을 만들다 포기하면서) 으깬 곡물을 물에 담가 두면 그 혼합물이 완전히 다른 것으로 변한다는 것을 알게 되었다. 불쾌한 냄새는 아니었다. 맛이 좀 웃긴데, 맛에 친숙해져서 좋아하게 되었다. 무엇보다도, 취하게 할 수 있었다. 그래서 그 이야기에 따르면 농사를 완전히 터득하고 얼마 뒤, 인류는 맥주의 이점을 즐기기 시작했고, 전 세계에서 비슷한 과정이 포도, 기장, 쌀, 옥수수 기반의 술로 이어졌다. 사람들은 마침내 빵이나 치즈와 궁합이 맞는 맛있는 것을 갖게 되었다. 이것은 술 생산의 기원에 대한 널리 알려진 설명이다. 술은 우연한 사고이다. 즉, 농업 발명의 의도하지 않은 결과이다.

그러나 1950년대 무렵, 이 이야기는 '빵보다 맥주가 먼저(beer before bread)' 이론을 지지하는 사람들로부터 의심을 받기 시작했다.[1] 술이 제공되는 대대적인 잔치는 농업이 정착되기 훨씬 전에 시작되었다는 것이다. 그리고 종종 멀리 떨어진 지역에서 사람들은 음악, 춤, 제의, 음주, 제물을 즐기기 위해 며칠간 한데 모였다. 이 책의 후반부에서 더 많이 이야기할 현대 튀르키예에서 발견된 유적인 괴베클리 테페(Göbekli Tepe)에서 수렵채집인들은 기원전 1만 년에서 8천 년 내내 정기적으로 모여 가젤을 마음껏 먹고, 원형 구조물을 건축하며, 신비로운 그림 문자와 동물 모양으로 새겨진 거대한 T자 모양의 석회암 기둥을 세웠으며, 어쩌면 그 당시 모두 맥주에 거하게 취했을 것이다. 실제는, 술에 취하는 것과 웅장한 건축물을 세우는 것이 어울리지 않은 것처럼 보임에도 말이다. 괴베클리 테페에 세워진 돌기둥은 무게가 10 내지 20톤에 달하고, 채석장으로부터 거의 500미터 떨어진 곳에서 옮겨야 했기에 500명 정도가 중노동을 해야 했다. 돌을 절단하고, 끌고, 들면서 술에 취해 발과 손가락을 으깨는 문제는 말할 것도 없고, 취했을 때나 숙취가 있을 때 훨씬 더 힘들었을 것이다.

하지만 고대 세계 전역에서, 잔치, 제의, 주연을 중심으로 한 최초의 대규모 모임이 누군가가 농작물을 심고 수확한다는 생각을 하기 훨씬 전에 열렸다는 비슷한 증거들이 나온다. 비옥한 초승달 지대를 연구하는 고고학자들은 가장 초기의 유적지에서 사용되는 특정한 도구와 재배되는 곡물이 빵보다 맥주를 만드는 데 더 적합하다는 것에 주목했다. 최근의 발견에서는 14,400년 전 요르단 북동부의 한 지역에서 빵이나 맥주가 만들어졌다는 증거가 나왔다. 이는 농업의 출현보다 적어도 4천 년 앞선 것이다.[2] 빵이 여전히 식생활의 주식이 되는 데 수천 년이 걸렸던 점을 감안하면, 이런 수렵채집인이 모여 쪼그리고 앉아 일을 시작하는 가장 유력한 동기는 공동의 잔치와 황홀한 종교의식의 주성분을 생산하기 위한 것이었다.[3] 세계에서 가장 오래된 현존하는 조리법이 초기 수메르 신화의 일부인 맥주를 위한 것이며, 집단 잔치에 대한 가장 초기 회화에 술을 꿀꺽꿀꺽 마시는 장면이 잘 묘사되어 있다는 점도 주목할 필요가 있다.[4] 인간이 알코올 발효에 숙달된 것은 너무 오래되어서 와인 및 사케와 관련된 특정한 효모 품종은 12,000년 이상 전에 재배되었다는 증거를 보여준다.[5]

술 생산이 농업을 선행하는 동일한 패턴은 세계 다른 지역에서도 볼 수 있다. 테오신트(멕시코 및 중앙 아메리카산의 키가 큰 벼과(科)의 일년초)라고 불리는 옥수수의 원종(原種)은 농부들이 적당한 옥수수를 생산하기 훨씬 전인 9천 년 전에 중남미에서 재배되었다. 테오신트는 낮은 품질의 옥수수 가루가 되지만 훌륭한 술이 된다. 즉, 테오신트는 중앙아메리카와 남아메리카 전역에서 여전히 마시는 맥주 같은 음료인 치차의 기초이다. 치차가 기원전 9세기 초에 일찍이 의례 잔치에서 역할을 했다는 증거가 있으며, 치차의 통제와 분포는 기원전 3세기부터 6세기까지 잉카 제국에서 국가 의식과 권력의 결정적인 부분이었다.[6] 알코올이 없던 지역에서 알코올을 대신한 약품도 마찬가지일 것이다. 어떤 학자들은 '빵보다 맥주가 먼저' 주장에 공감하면서 호주에서 취성이 있는 피처리(코르크나무의 잎이나 잔가지를 말려서 만든 흥분제)의 성분을 재배하려는 욕구가 특정 지역에서 농업 발전을 이끌었다는 증거를 지적했다.[7] 이와 비슷하게, 북미와 남미에서, 특히 토착 분포구역 밖의 지역에서 행해진 담배 재배가 다른 식물 종을 교묘히 다루어 농업을 시작하게 하는 데 영감을 주었을 가능성이 있다.[8]

이 모든 것은 술에 취하려는 욕구가 농업을 발생시켰을 가능성이 높다는 것이지 그 반대가 아니라는 것을 암시한다. 물론 농업은 문명의 기반이다. 이는 액체 신경독이나 흡연 가능한 신경독에 대한 우리의 취향, 즉 PFC의 기능을 일시 정지시키는 편리한 수단에 대한 취향이 정착된 농경 생활의 촉매제가 되었다는 것을 의미한다. 게다가, 취성물질은 우리를 문명으로 유혹했을 뿐만 아니라, 이 장에서 탐구하듯이 우리의 문명화를 가능하게 하는 데 도움을 주었다. 취성물질은 인간에게 적어도 일시적으로 더 창의적이고 문화적이며 공공적이게 함으로써, 즉 유인원 본성에도 불구하고 사회적 곤충처럼 살 수 있도록 함으로써, 우리 인간에게 진정으로 대규모 집단을 형성하고, 점점 더 많은 수의 동식물을 길들이며, 새로운 기술을 축적하고, 그리하여 우리를 지구상에서 지배적인 초대형 동물로 만들어 준 뻗어나가는 문명을 창조하게 했던 스파크를 제공했다. 다시 말해, 고주망태가 될 정도로 엄청 많은 술을 마시고 유혹하는 피리를 부는 디오니소스가 바로 문명의 창시자인 것이다. 그리고 아폴로는 그저 같이 타고 왔을 뿐이다.

그리스인이 디오니소스에게 있는 것으로 생각한 많은 재능 중 하나는 변형의 힘이었다. 디오니소스는 동물로 변할 수 있고, 불행한 미다스 왕에게 손에 닿는 것은 무엇이든 황금으로 변하게 할 수 있는 힘을 부여한 신이었다. 디오니소스는 술의 신이므로 정신이 온전한 사람을 미치게 할 수 있다. 아니면, 더욱 인상적이게도 일에 집중하고 의심이 많으며 공격적이고 극심하게 독립적인 영장류를 느긋하고 창의적이며 상대를 신뢰하는 사회적 존재로 변형시킬 수 있다. 이제 동서고금을 막론하고, 인간이 창의적이고 문화적이며 공공적인 유인원이 되는 본질적인 도전에 직면했을 때 어떻게 디오니소스에게 도움을 청했는지 살펴보자.

뮤즈의 방문: 취함과 창의성

> 갠지스 강둑에서 우리는
> 기쁨의 신이 승리했다는 소식을 들었습니다.
> 인더스강에서 모든 것을 정복하신 어린 박카스가 거룩한 포도주를
>   가지고 와서,

백성들을 잠에서 깨우니 말입니다.

— 프리드리히 횔덜린(Friedrich Hölderlin), 〈시인의 사명〉⁹

동서고금을 통틀어 문화적으로 친숙한 비유는 술이 뮤즈라는 것이다. 다안 판(Da'an Pan)이 주목하듯이, "전통 중국 문화에서 술은 예술적 상상력의 도취제와 촉진제라는 역설적인 역할을 하여, 술 마시는 사람을 최적의 창의적 순간으로 '일깨운다'. 취하는 것은 영감을 받는 것이다."¹⁰ 고대 중국 시인들이 취중에 시를 짓는 것은 드문 일이 아니다. 다음은 장유에(張說: 667~730)의 시 〈취중에 짓다〉(醉中作)이다.

醉后樂無極　한 번 취하면 내 기쁨은 끝이 없네.
彌勝未醉時　취하기 전보다 훨씬 나아졌네.
動容皆是舞　내 움직임과 표정들이 모두 춤으로 바뀌어,
出語總成詩　그리고 내 입에서 나오는 모든 말은 시로 변하네!¹¹

이 시는 다음의 고대 그리스의 속담을 생각나게 한다.

만약 당신이 물로 잔을 채운다면
결코 현명한 글을 쓰지 못할 것이다.
그러나 포도주는 시인을 하늘로 데려가는
파르나소스의 말[馬]이다.¹²

음유시인과 시적 영감의 앵글로색슨족 신 크바지르(Kvasir)라는 이름은 'strong ale(독한 에일 맥주)'을 가리키는 단어에서 유래되었다. 북유럽 신화에서, 크바지르는 죽임을 당하고, 그의 피는 술과 섞여서 '영감의 술'을 창조한다. 이언 게이틀리는 "이 마법의 물약을 마신 사람은 누구든지 그 후 시를 짓고 지혜로운 말을 할 수 있었다"고 말한다.[13] 그리고 금주에 대한 명목상의 종교적 신념에도 불구하고, 가장 위대한 페르시아 시는 포도주의 계시력(啓示力)으로 창작되었고 공공연히 찬양받았다.

영문학자 마티 로스(Marty Roth)가 주목하듯이, 유진 오닐(Eugene O'Neill)에서 헤밍웨이(Hemingway)에 이르기까지 현대 작가가 자신의 예술에서 술의 역할을 명백히 부인했지만, "이런 부인은 술고래에게서 나올 때 사실 진술이라기보다는 술 알리바이일 가능성이 더 높다."[14] 어쨌든, 엄청나게 많은 작가, 시인, 예술가, 음악가가 또한 해방된 마음에 대한 보답으로 육체적 비용과 때로는 재정적·개인적 비용을 기꺼이 감수하고서 액상 영감을 많이 사용한다는 사실을 무시할 수 없다. 빌리 윌더(Billy Wilder)의 《잃어버린 주말》(Lost Weekend)에 등장하는 허구적 인물인 알코올 중독자 작가는 "그것은 내 간을 줄어들게 하지, 안 그래? … 그것은 내 신장을 절이지. 그렇지. 그것은 내 마음에 무엇을 하지? 그것은 모래주머니를 밖으로 던져 풍선이 날아오를 수 있게 하지"라고 주장한다.[15] 다른 화학적 취성물질도 이런 역할을 할 수 있다. 전통적으로 술보다는 카바에 의존했던 태평양의 섬 바누아투에서, 작곡가는 새로운 음악 제작을 의뢰 받을 때 숲으로 들어가 선조들과 교감하고 카바를 마시며 영감을 기다린다.[16] 대마초도 수피 신비주의자, 비트 시인, 그리고 재즈 음악가의 상상력을 자극하면서 비슷한 방식으로 천 년 동안 뮤즈 역할을 해왔다.[17] 그리고 물론 콜리지의 유명한 〈쿠블라 칸〉(Kubla Khan)은 강렬한 아편 환각경험의 산물이었다.

술, 카바, 대마초의 장점은 평범한 창의적·사회적 생활에 통합하기 비교적 쉽다는 것이다. 실로시빈이나 메스칼린과 같은 환각제는 일상 현실과 극적인 불화를 일으킨다. 이러한 이유로, 이런 환각제를 사용하는 것은 역사적으로 특별한 의례나 샤먼과 같은 특수한 사회 계층으로 제한되었다. '샤먼'이라는 용어는 일반적으로 종교학자들이 인간 세계와 영혼 세계 사이의 매개자 역할을 하고, 흔히 질병을 치료하고 미래를 예견하며 동물과 소통하고 통제하는 능력 등의 다양한 힘을 영적 세계로부터 끌어내는 사람을 지칭할 때 사용한다.[18] 전 세계적으로, 가장 초기에 발굴된 매장지에는 제의 용품, 동물 이미지, 그리고 가장 흔히 인용되는 진단 특징인 화학적 취성물질, 특히 환각제의 존재에 기초해 샤먼의 유물로 보이는 것이 들어 있다.

샤머니즘적 종교는 너무 오래되어서 멸종된 인류의 조상 혈통에서도 발견된다는 주장이 있다. 약 6만 년 전 이라크 북부의 한 동굴에 있던 소위 '꽃매장'에는 네안데르탈인(호모 네안데르탈렌시스) 남성의 유해가 들어 있다. 다양한 의약용 약물과 취성 약물이 포함된 꽃밭에 그가 안치되었다는 것을 암시하는 꽃가루 흔적을 근거로 초기 보고에서는 그를 샤먼으로 묘사했다.[19] 네안데르탈인이 술에 취했다거나 영혼과 교감했을 가능성이 얼마이든 간에, 초기 인간 매장은 취성물질로 부추겨진 샤머니즘적 황홀과 환영이 유서 깊은 역사를 가졌음을 암시한다. '산 페드로(San Pedro)'(메스칼린 흥분제) 선인장 아래에 있는 재규어를 묘사하는, 페루 안데스산맥의 차빈(Chavín) 문화(기원전 1200~기원전 600)의 도자기 그릇은 일반적으로 샤머니즘의 맥락에서 이해된다. 이

선인장은 샤먼의 환영과 다른 세계로의 여행을 촉진하는 약물이다. 안데스산맥에서, 대략 서기 1000년까지 거슬러 올라가는 동굴 매장은 광대한 의례 장구(裝具), 코로 들이쉬는 판과 관, 그리고 아야와스카와 관련된 화학물질인 코카인과 어쩌면 실로시빈의 잔해를 담은 주머니의 존재를 감안하면 샤먼의 무덤처럼 보인다. 이 물질 중 어느 것도 이 지역에 고유한 것이 아니다. 이는 취성물질이 정착된 광범위한 무역망의 일부였음을 시사한다.

샤먼의 역사적 기능을 살펴보는 한 가지 방법은 매우 창의적인 통찰력의 근원으로 보는 것이다. 샤먼은 화학적으로 촉진된 정신 여행에서 돌아올 때 아무개가 무엇 때문에 아픈지, 두 파벌 X와 Y 사이의 갈등에서 근본 원인이 무엇인지, 또는 최근의 가뭄이나 현지 사냥감의 소멸을 어떻게 해야 하는지와 관련해 새로운 견해를 가지고 온다. 샤먼이 일반적으로 이런 통찰력을 신령의 것으로 돌리지만, 이런 통찰력은 PFC가 손상된 뇌의 표면으로 떠오른 무의식의 깊은 영역에서 온 메시지로 볼 수 있다. 우리는 현대 인지과학의 도움으로 취함과 창의적 통찰력의 오래되고 널리 퍼져 있는 연관성이 우연이 아니라는 것을 미루어 알 수 있다.

심리학자들은 목표 달성에 분명히 집중하거나 당면한 과제에 주어질 부수적인 보상에 관심을 갖게 되면 발상의 폭을 넓히는 수평적 사고에 수반된 창의성이 억제된다는 것을 오래전부터 알고 있었다. 원격연상단어 검사(RAT)를 해결하기 위해 너무 열심히 노력하면, 긴장을 풀고 3가지 자극 단어를 통합하는 키워드를 생각해낼 수 있는 여유를 마음에 줄 때보다 더 못하게 된다.[20] 색종이와 접착제 더미에서 창의적인 콜라주를 만들 경우에, 만약 외부 심사자의 평가를 받아야 한다고 생각한다면, 당신은 활기 없이 조심스럽게 노력을 하게 될 것이다.[21] 비록 인지 제어 능력이 감소된 사람들이 주의를 집중하는 데 어려움을 겪지만, 창의성과 유연성을 요구하는 문제는 더 잘 해결하는 것처럼 보인다.[22] 전문 작가들과 물리학자들은 모두 가장 창의적인 생각, 즉 아하! 발견의 멋진 느낌을 주는 생각이 "마음이 방랑하는" 동안 나온다고 보고한다. 즉, 당면한 과제나 즉각적인 목표와 단절된 정신적 상태로 표류하는 동안 나온다.[23]

앞서 살펴본 것처럼, 여기서는 아폴로의 자리인 PFC가 문제이다. 우리는 PFC에 손상을 입은 성인이나, 경두개 자기로부터 멋진 공격을 받아 PFC의 기능이 일시적으로 정지된 사람이 창의성 과제를 더 잘 수행한다는 것에 주목했다. 전반적으로 수동적이고 긴장을 푼 마음 상태도 도움이 된다. 이런 마음 상태는 PFC와 같은 목표 지향적인 하향식 제어 영역의 하향 조절을 반영하는 뇌의 높은 수준의 알파파(α wave) 활동으로 암시된다. 한 연구에서, 실험자는 실험대상자 집단에게서 알파파 활동을 증가시키기 위해 바이오피드백(biofeedback)을 사용했다.[24] 실험대상자는 EEG(뇌파; electroencephalogram) 모니터에 연결되어, 알파파 활동의 수준을 나타내는 녹색 막대가 있는 화면을 보고서 그 녹색 막대를 가능한 한 높이 올리라는 말을 듣는다. 실험대상자는 힌트를 받는데, 그것은 명상을 시도해 본 사람은 누구든 친숙한 힌트이다. 즉, 마음을 편안하게 하고, 숨을 깊게 규칙적으로 들이쉬며, 모든 생각과 느낌이 자유롭게 오고 가게 하고, 몸이 긴장을 풀고 느슨해지는 것을 느끼라는 것이다. 그 직후, 알파파 활동을 성공적으로 높인 실험대상자는 수평적 사고 과제에서 다른 동료를 능가했다.

인간은 창의적 영장류이므로 수평적 사고에 결정적으로 의존한다. 우리는 새로운 통찰력의 연속적인 흐름과 기존 지식의 지속적인 재구성을 요구한다. PFC가 충분히 발달하지 않은 아이는 이런 점에서 슈퍼스타이다. 하지만 앞에서 본 것처럼, 적어도 목표 지향적인 어른의 실용적인 관점에서 볼 때 아이를 그렇게 창의적으로 만드는 바로 그것인 아이의 PFC는 아이가 만든 창조물 대부분을 쓸모없는 것으로 만든다. 바비인형 머리의 레고 사람들이 운전하는 종말론 이후의 폐품으로 만든 차량을 인기물로 하는 왜곡된 레고 세상 또는 공식적인 영국 다과회로 조직된 슈퍼히어로 조각상과 봉제인형의 동물은 틀에서 벗어난 인상적인 사고를 반영한다. 하지만 지금 당장 사회가 정말로 필요로 하는 것은 새로운 백신과 더 효율적인 리튬이온 배터리이다. 만약 당신의 목표가 실행 가능한 문화적 혁신을 최대화하는 것이라면, 이상적인 사람은 어른의 몸을 가졌지만 짧은 기간 동안 아이의 마음을 가진 사람이다. 그런 사람은 인지 제어가 하향 조절되었고, 경험에 대한 개방성

알파파
뇌파는 뇌에 존재하는 신경세포들이 활동을 하면서 발생하는 전파이다. 5가지의 종류로 구분되는 뇌파 중에서 정신적 이완과 관련된 뇌파가 알파파이다. 정신적 이완, 즉 과도하게 긴장을 하거나, 마음이 불안하거나, 심리적으로 불안정한 것이 아닌 편안하고 안정감을 느끼는 상태일 때 알파파가 활성화되는 것으로 알려져 있다.

바이오피드백
생체 자기 제어. 몸에 부착된 감지기를 통해 심박수, 근육 긴장, 호흡, 발한, 피부온도, 혈압, 뇌파 등의 생리적 기능의 변화를 알려 주어 신체 기능을 의식적으로 조절하도록 유도하는 기법.

이 고조되어 있으며, 마음이 예측할 수 없는 방향으로 방랑하는 사람이다. 다시 말해, 술에 취해 있거나 마약으로 황홀해 있거나 마약에 취해 있는 어른이다. 사회는 취함과 창의성을 연관 짓게 되었다. 이는 화학적 취함이 비교적 통제된 방식으로 성인기에서 정신적 아동기로의 변화를 유발하는 결정적이고 널리 사용되는 기술이었기 때문이다.

화학적 강아지: 늑대를 래브라도로 바꾸기

레오 톨스토이(Leo Tolstoy)는 현실에 직면할 때 융통성 없는 완고한 사람이었다. 예상대로 그는 취성물질 사용에 엄격했다. 그는 1890년 에세이 〈왜 사람들은 스스로를 마취시키는가?〉에서 "해시시, 아편, 포도주, 담배가 전 세계적으로 소비되는 것은 맛이나, 그것이 제공하는 어떤 즐거움, 오락, 환희 때문이 아니라, 단순히 인간이 양심의 요구를 숨겨야 하기 때문이다"라고 분명히 말한다. 아이쿠!

톨스토이 소설의 등장인물들이 도덕적 위반이나 방탕한 생활에 대한 불안을 마비시키기 위해 취성물질을 사용한다는 것은 분명한 사실이다. 그러나 세계의 종교 전통에서 술이 진정한 기쁨과 위안의 원천이라는 것을 쉽게 발견할 수 있다. 맥주 여신에게 보내는 고대 수메르 찬가는 다음과 같이 선언한다.

발효통의 심장이 우리의 심장이 되게 하라!
무엇이 당신의 심장을 멋지게 느끼게 하는가,

또한 우리의 심장을 멋지게 느끼게 하는가.
우리의 간은 행복하고, 마음은 즐겁다.
당신은 운명의 벽돌에 해방감을 쏟아 부었다 …
맥주를 마시면서 행복한 기분으로,
술을 마시고, 흥분을 느끼며,
가슴속에 기쁨과 행복한 간을 가지고.[25]

톨스토이가 걱정했던 것처럼 술로 인한 기쁨은 종종 일종의 정신적 도피와 관련이 있지만, 일반적으로 떨쳐버리고 싶은 것은 사람의 양심이 아니라 오히려 일상생활의 가혹함이다. 잠언에 씌어져 있듯이, "죽을 준비가 된 사람에게는 독한 술을 주고, 마음이 무거운 사람에게는 포도주를 주어라. 그에게 술을 마시게 하여 가난을 잊게 하고, 더 이상 고통을 기억하지 못하게 하라."[26] 시인은 확실히 술잔 바닥에서 영감뿐만 아니라 정서적 편안함도 발견한다. 그리스 시인 알카이우스(Alcaeus)는 "우리의 영혼이 슬픔에 젖게 해서는 안 된다. 모든 방어 수단 중 가장 좋은 것은 술을 많이 섞어서 마시는 것이다"라고 쓰고 있다.[27] 중국의 시인 도연명(陶淵明)은 다음과 같이 선언한다.

萬化相尋繹	온갖 변화가 서로 이어지니,
人生豈不勞	인생이 어찌 힘들지 않겠는가?
…	
何以稱我情	무엇으로 내 마음을 위로할[稱] 것인가?
濁酒且自陶	탁주로나마 우선 스스로를 즐겨보자.[28]

이 시의 맥락에서 동사 稱(칭)은 아마도 '위로하다'로 가장 잘 표현되지만, 근원 의미는 저울에 무게를 달거나 도량법을 조정하거나 조화시키는 것이다. 잠언의 인용문에서와 같이, 우리는 술이 기분 조절의 도구로 이용되고 있다는 분명한 느낌을 받는다.

도연명이나 알카이오스 같은 비교적 부유한 지배계층조차 슬픔을 달래거나 현실을 부정하는 기쁨의 순간을 만끽할 필요가 있다면, 들판이나 공장, 도로, 건축 현장에서 고생하고, 매일같이 불충분한 음식과 휴식으로 간신히 살아가는 세계 대규모 사회의 대다수의 사람에게 그 필요성이 얼마나 강렬했는지 상상해 보라. 이런 사람들에게 현실로부터 2, 3시간의 해방은 즐거울 뿐만 아니라 어쩌면 필연적일지도 모른다.

애당초 취성물질 사용을 설명하려는 인류학자들이 보기에 스트레스나 불안감 감소는 술의 일반적인 사회적 기능이었다.[29] 이 견해를 초창기에 가장 두드러지게 주장한 사람은 도널드 호튼(Donald Horton)이었다. 1943년에 발표된 56개의 소규모 사회에 걸친 음주 습관에 대한 조사에서, 호튼은 "모든 사회에서 술의 주된 기능은 불안감을 줄이는 것이다"라고 분명하게 말했다.[30] 호튼은 음주 행위의 수압 모형(hydraulic model)을 제안하고서, 불안감을 일으키는 식량 부족이나 전쟁이 증가하면서 음주 비율이 증가하고, 이는 과도한 음주로 인한 새로운 불안과 맞닥뜨릴 때까지 계속된다고 주장했다. 어떤 사회든 결국 이 두 극단 사이에서 균형에 이르게 된다.

호튼의 이론은 술이 익듯이 잘 익지 않았다. 그러나 전반적인 기분을 북돋우고 불안과 스트레스를 해소하는 술의 능력이 취성물질 사용에 대한 통속적 설명과 과학적 설명 모두의 핵심이라는 것은 사실이다.³¹ 바뀐 것은 개인 수준에서 기분을 북돋우고 불안감을 줄이는 것이 어쩌면 대규모 사회의 옹색하고 위계가 있는 한계에서 인간이 그럭저럭 잘 살아가게 하는 폭넓은 사회적 기능을 한다는 것을 인식한 점이다. 보다 최근의 인류학 이론은 술을 사회적 결속력을 강화하는 도구로 본다. 즉, 지독하게 독립적인 수렵채집인이 사회적 곤충처럼 살아가는 데 장애가 되는 침팬지 본성의 측면을 떨쳐 버리게 한다.³²

스트레스 해소가 어떻게 근본적으로 사회적 문제인지를 깨닫고자 한다면, 쥐는 유용한 모델이다. 쥐의 스트레스와 자발적인 알코올 섭취 사이의 관계를 조사한 한 연구에서 이전에 알코올을 맛본 적이 없는 건강한 쥐의 3가지 집단에게 서로 다른 양의 스트레스를 주었다.³³ 통제집단은 일상 스트레스가 없는 혼잡하지 않은 정상적인 실험실 우리에 넣었다. 급성 스트레스를 받는 집단은 거의 움직일 수조차 없는 매우 붐비는 작은 우리에서 하루 6시간을 보냈지만, 나머지 1시간은 평범한 우리에서 보냈다. 만성 스트레스를 받는 세 번째 집단은 일주일 내내 극심하게 붐비지는 않지만 불편하게 밀집한 우리에서 보냈다. 모든 쥐는 음식과 두 개의 액체 공급원에 자유롭게 접근할 수 있었다. 하나는 수돗물만 들어 있는 병이고, 다른 하나는 에탄올이 많이 섞여 있는 수돗물이 들어 있는 병이었다.

통제집단과 비교했을 때, 급성 스트레스 집단과 만성 스트레스 집단은 연구 과정에서 체중이 빠졌다. 이는 이 두 집단이 정말로 그런 조건에서 흥분했다는 신호이다. 두 집단 모두 알코올을 마시면서 이런 스트레스에 대응했다. 단지 하루의 과잉수용 후에, 이 두 집단의 알코올 섭취는 통제집단보다 훨씬 더 많았다. 이것은 흥미롭지만, 어쩌면 그렇게 놀라운 것은 아닐지도 모른다. 그러나 급성 스트레스 집단과 만성 스트레스 집단의 행동이 달랐던 방식은 흥미로운 사실을 드러낸다. 급성 집단의 알코올 섭취는 상당히 안정적이었고, 한 주가 끝날 무렵에 분명히 또한 이 새로운 음료에 대한 약간의 관심이 생겨난 통제집단과 다소 일치했다. 반면에 만성 스트레스를 받은 쥐는 알코올에 열정적으로 의존하여, 알코올 섭취량은 스콧 피츠제럴드(F. Scott Fitzgerald)의 얼굴이 붉어질 정도까지 증가했다(그림 3.1).

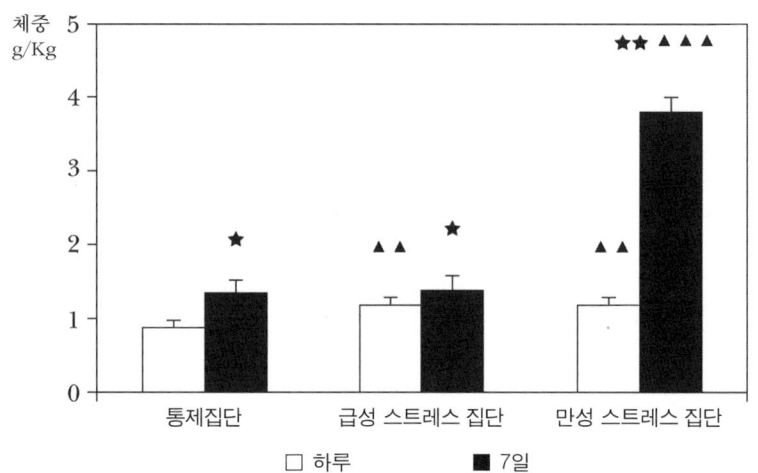

그림 3.1. 통제집단, 급성 스트레스 집단, 만성 스트레스 집단의 쥐에 대한 하루와 7일간의 알코올 섭취량.[34]

이런 연구자는 일시적인 스트레스 요인은 화학적 도움 없이도 쉽게 적응될 수 있는 반면, 장기적인 스트레스는 알코올이라는 액체 위안제를 꾸준히 섭취하도록 하며, 효과를 유지하기 위해 시간이 지나면서 그 양이 늘어나야 한다고 결론을 내렸다.

이 연구는 쥐에게 꽤 잔인한 것 같다. 그러나 아마 틀림없이 인간이란 종이 진화적 역사 내내 즐겼던 생활양식이고, 가장 가까운 친척들 및 직계 조상들과 공유하는 생활양식인 작은 수렵채집 집단에서 정착된 농업 공동체로 전이한 것에도 이와 비슷하게 잔인한 충격이 수반되었을 것이다.

'빵보다 맥주가 먼저' 가설을 최근에 두드러지게 옹호하는 그레그 웨들리(Greg Wadley)와 브라이언 헤이든(Brian Hayden)은 농업으로의 신석기 이행으로 인구밀도와 불평등이 심각하게 증가했다고 주장한다. 수렵채집인 집단은 사냥감과 식물을 찾아 넓은 환경을 배회하는 20~40명 정도였다. 이주하는 수렵채집인이 크고 정주(定住)형 공동체로 정착했을 때 초승달 지대에서 처음 발생한 생활양식 혁명을 겪은 사람은 확실히 꽤 형편없는 식량을 갖고서 매우 작은 우리에 던져진 쥐처럼 느꼈을 것이다. 공동체로 정착하면서 확실히 음식의 질과 다양성이 현저하게 감소하는 현상이 나타났다. 야생 고기, 식물, 과일이 다양하게 섞여 있는 것에서부터 배는 부르지만 신선하지 않고 비타민이 부족한 빵이나 다른 녹말에 기초한 식단으로의 변화가 일어났다. 인구밀집과 불평등도 꾸준히 극적으로 증가했다. 웨들리와 헤이든이 주목하듯이 심지어 12,000년 전 초승달 지대의 마을에는 200 내지 300명이 살았고, 이미 사유 재산, 부의 불평등, 사회적 계층화의 징후가 보였다. 그 후 상황은 급속도로 악화되었다.

실증적 연구에 따르면, 제2장에서 본 술의 생리학적 영향에 대한 조사에서 예상되듯이 술이 스트레스에 대한 인간의 반응에 미치는 효과는 쥐의 반응에 미치는 효과와 유사하다. 한 권위 있는 연구에서,[35] 인디애나대학 커뮤니티의 남성 지원자는 틀림없이 우리 안의 과잉수용보다 더 강렬한 스트레스 요인을 받았다. 그들은 360부터 0까지의 디지털시계 카운트다운을 보면서 고통스러운 전기 충격을 받거나, '내 외모에서 마음에 드는 곳과 싫어하는 곳'이라는 주제로 카메라를 보고 즉흥 발표를 해야 했다. 그런 다음 이 발표는 개방성과 신경과민증의 수준을 두고 심사위원단의 평가를 받는다. (1980년대에 인간 실험대상자의 승인은 분명히 훨씬 더 쉬웠다.) 이들의 스트레스 반응은 (스트레스에 따라 증가하는) 심박수와 피부 전도 같은 암시적 측정뿐만 아니라 '불안 다이얼'에서 제공되는 명시적 보고를 통해 지속적으로 관찰되었다. 실험대상자는 자신의 의식적인 정신 상태를 반영하기 위해 1(매우 차분)에서 10(매우 긴장)까지의 이 불안 다이얼을 돌리면 된다. 그들의 혈압, 자가 보고된 기분, 혈중알코올농도(BAC)도 실험 전과 후에 평가했다.

술을 마시면 어떻게 되는가에 대한 문화적 견해인 '기대 효과'를 통제하기 위해, 실험자는 균형 잡힌 위약 설계를 사용했다. 모든 사람은 라임 주스를 곁들인 보드카 토닉처럼 보이고 그런 맛이 나는 것을 받았지만, 집단들마다 마실 것을 두고 다른 말을 들었다. 첫 번째 집단은 보드카 토닉을 받는다는 말을 들었고, 실제로 그러했다. 두 번째 집단은 같은 말을 들었지만, 대신 순수한 토닉워터를 받았다. (연구에 사용된 칵테일 강도에서, 알코올 칵테일과 무알코올 칵테일은 맛으로 구분할 수 없었다.) 세 번째 집단은 토닉워터를 받는다는 말을 들었지만, 대신 보드카가 섞인 음료를 받았다. 마지막으로, 네 번째 집단은 순수한 칵테일을 받는다는 말을 들었고, 실제로 그것을 받았다. 두 가지 알코올 조건(집단 1과 3)의 실험대상자는 결국 법적 음주 수치를 조금 넘긴 약 0.09%의 혈중알코올농도가 나왔다. 실험 동안 이들은 낮은 피부 전도율과 심박수 증가, 그리고 자가 보고된 낮은 불안 수준을 보였다. 실험 후에 이들은 통제집단보다 더 쾌활하다고 보고했다. 알코올의 효과가 전적으로 에탄올의 약리적 특성에 기인한다는 것은 의미심장하다. 토닉워터를 마신 두 번째 집단의 실험대상자는 생리적 또는 심리적 위약 효과를 보이지 않았다.

이 연구는 1980년대 이후로 알코올의 '스트레스-반응 감쇠' 효과를 입증하는 방대한 문헌에서 더욱 지지를 받았다.[36] 적당히 술 취한 상태는 물리적(큰 소음, 전기 충격)·사회적(공개 발표, 낯선 사람과의 대화)인 다양한 스트레스 요인에 대한 생리적·심리적 반응을 감소시킨다. 이 진정 효과는 알코올의 자극적 기능(에너지 증가, 가벼운 행복감)과 침체적 기능(긴장 완화, 근육 긴장 감소, 인지적 근시)을 모두 포함하는, 술이 인체에 미치는 복잡하고 광범위한 영향에서 비롯된다.[37]

다시 쥐 이야기로 돌아가면, 과잉수용으로 인한 스트레스만 쥐를 술로 몰아넣는 것은 아니다. 쥐는 사회적 상호작용에서 패배한 것에 대한 반응으로도 술을 마신다. 우세하고 세력권세(勢)의 습성을 가진 수컷과 상습적으로 같이 수용되는 부하 쥐는 스스로 안정적으로 살 수 있도록 허용된 통제집단 동료보다 술을 더 많이 마셨고, 우세한 수컷에게 괴롭힘을 당한 후에 알코올 섭취량도 증가했다.[38] 웨들리와 헤이든이 천연덕스럽게 말했듯이, "인간의 알코올 과다 사용 또한 유사한 상황 때문일 것이다." 제1장에서 논의했듯이 발효를 통한 비타민과 미량 미네랄이 부족한 곡물의 '생물학적 고상화'가 단조로운 식단으로 살아가려고 애쓰는 초창기 농부들에게 도움이 된 것은 사실일 수도 있다. 하지만 훨씬 더 중요한 것은 술의 여신이 부여한 '기쁨에 찬 가슴과 행복한 간'이라는 심리적 효과였다. 즉, 술의 여신은 '운명의 벽돌 위에 해방감을 부어줌으로써' 고통을 완화시킨다.

술의 사회적 기능에 대한 훌륭한 예는 영화 《바베트의 만찬》(Babette's Feast)(1987)에 나온다. 이 영화는 덴마크의 어느 작은 바닷가 마을에 사는 음울하고 경건한 체하는 사람들의 작고 고립된 공동체를 배경으로 한다. 이들은 술과 여타 취성물질을 삼가면서, 인색하고 금욕적이며 술을 전혀 마시지 않는 생활을 한다. 그들의 주된 기쁨은 규칙적이고 (적어도 덴마크 사람들에게는) 약간 황홀한 종교의식으로서, 이런 의식은 카리스마 있는 지도자가 조직하고 관장한다. 이 지도자가 죽으면서, 이런 예배의식은 응집성이 떨어지고, 공동체는 분열되기 시작한다. 오래된 개인적인 불평이 되살아나고, 과거의 모욕이 기억나며, 교회 집회는 꿀벌들의 조화라기보다는 원망스러운 침팬지들의 집합체처럼 보이기 시작한다. 마침내 이 공동체에 화합을 되찾아 준 것은 혁명에 휩싸인 파리에서 도망쳐야만 했던 프랑스 요리사 바베트라는 한 이방인이 마련한 바카날리아의 밤이었다. 바베트의 만찬은 공들이고 색다른 여러 휘황찬란한 음식을 제공하지만, 우리는 이 만찬이 세계 수준의 수입산 알코올이 끊임없이 공급되고 가미된다는 것을 알아차릴 수 있다. 저녁이 되면서 긴장이 풀리고, 농담이 오가며, 오래된 우정이 회복된다. 한 집단의 혈중알코올농도가 꾸준하고 지속적으로 상승하면서 스트레스와 대인관계 갈등이 감소하는 현상에 대한 이보다 더 나은 가상적 묘사는 상상하기 어렵다. 인간이 군체 의식을 달성할 수 있는 방법에는 여러 가지가 있지만, 술은 확실히 가장 빠른 방법이다.

따라서, 내 어린 시절의 풍부한 무료 식사에서부터 오늘날의 이코노미석에서 인색하게 나누어주는 크래커로 이어졌던 항공 서비스를 줄이기 위한 경쟁에서, 결코 빠지지 않은 한 가지가 술이라는 것은 우연이 아니다. 인간을 밀폐된 숙소에 쑤셔 넣거나 다른 사람들에게 종속되어 일하도록 강요할 때, 서로를 갈기갈기 찢지 않게 하는 한 가지 중요한 방법은 적당량의 약한 술을 마시는 것이다. 요즘 우리는 퇴근 후에 집이나 술집에서 느긋하게 한두 잔의 술을 마시면서 스트레스를 해소하려는 경향이 있다. 반면에, 우리 조상은 일반적으로 현대적 기준으로 볼 때 상당히 약한 맥주로 긴장을 풀었고, 근무일 내내 자가투약 시간을 일정한 간격으로 두었다. 어쨌든, '빵보다 맥주가 먼저' 가설을 옹호하는 사람들의 말이 맞다면, 술은 초창기 농부들에게 정착하여 발효시킬 곡물을 생산하게 동기를 부여할 뿐만 아니라, 이러한 급격한 생활양식의 변화에 수반되는 심리적 스트레스를 관리할 수 있는 매우 귀중한 도구를 제공함으로써 문명의 창조를 이끌었다.[39]

화학적 악수: 술에 진리가 있다

우리는 앞 장에서 신뢰에 기반을 둔 관계가 인간사에 만연해 있다는 것과 정서적 헌신이 어떻게 다른 식으로는 처리하기 어려운 협력 딜레마를 해결할 수 있는지에 대해 이야기했다. 타인을 신뢰하는 법을 배우는 것은 공동체 생활을 하는 영장류에게 매우 중요하다. 그러나 우리는 헌신 관계가 명백한 이익에도 불구하고 위선이라는 변절의 독특한 형태에 취약하다는 점은 언급하지 않았다. 오디세우스처럼 돛대에 몸을 묶는 대단한 쇼를 하지만 매듭은 풀어 두는 것처럼, 내가 당신에 대한 헌신을 날조할 수 있다면, 비용을 전혀 지불하지 않고도 나는 그 모든 헌신의 이익을 거둬들일 수 있다. 거기서 논의한 협력 도전인 죄수의 딜레마의 말을 빌리면, 당신이 감옥에서 3년간 썩는 동안 나는 한 달간의 형기를 마친다. 당신은 소파 옮기는 걸 도와주지만, 당신이 이사할 차례가 되면 나는 이상하게 허리를 다치거나 타이어 펑크가 난다.

그러므로 인간은 진심으로 공동체가 되는 혜택을 누리기 위해 신뢰하는 법을 배워야 했지만, 무차별적으로 그렇게 하는 것은 아니었다. 이러한 필요성으로 인해 미세한 얼굴 표정, 목소리 톤, 몸짓 언어 등 타인의 성실성과 신뢰도를 평가하는 다양한 능력이 발전하게 되었다.[40] 연구에 따르면, 우리는 타인을 만나자마자 거의 즉시 상대방의 신뢰도를 측정하고 평가한다. 한 연구에 따르면, 실험대상자는 1십만 분의 1초 이내에 얼굴에서 신뢰성을 판단했고, 더 많은 정보나 시간이 주어져도 이런 판단은 바뀌지 않았다.[41] 3세 이상의 아이가 얼굴을 '비열하다' 또는 '착하다'로 빠르고 쉽게 분류하는 등, 사람들을 즉시 믿음직한 협력자인지 혹은 그렇지 않은지로 어림잡는 이런 경향은 발달 초기에 나타난다.[42] 이러한 내장적 평가(본능적 평가, 직관적 평가)는 문화 전반에 걸쳐 일관되며, 사람들이 추상적이고 합리적인 기준의 안내를 받을 것으로 예상되는 법정 소송사건이나 정치 선거와 같은 공식적인 맥락에서도 놀라울 정도로 큰 역할을 한다.

죄수의 딜레마와 같은 공공재(公共財) 게임에서 협력 과제를 협상할 때도 내장적 점검이 중요하다. 한 실험에서,[43] 낯선 사람들 쌍은 속이도록 유인하는 일회성의 죄수의 딜레마 게임을 하기 전에 30분 동안 대화를 나누는 것이 허용되었다. 협력적인 쌍은 서로를 정확하게 간파하고 빠르게 딜레마를 해결하여 전반적으로 최상의 보상을 받았다. 흥미롭게도, 변절자는 또한 변절하기 쉬운 동료를 식별하고 협조를 보류했다. 변절자가 협력자를 이용하는 불일치의 경우는 극히 드물었다. 이 결과는 여러 번 성공적으로 반복되었으며, 정확한 예측은 얼굴 표정, 몸짓 언어, 목소리 톤에서 도출된 암묵적인 단서에 기초하는 것으로 보인다.[44]

누군가를 신뢰할지 말지를 결정할 때, 우리는 정서 표현이나 미묘한 몸짓 언어와 같은 단서에 의존한다. 이는 이런 단서가 의식적 통제로부터 상대적으로 독립적이기 때문이다. 우리는 냉철한 계산과 이기심의 중심지인 PFC가 예의주시해야 할 무언가라는 것을 적어도 암묵적으로 알고 있으므로, 직관적으로 신뢰성에 대한 우리의 평가는 PFC의 통제를 우회하는 신호에 기초할 가능성이 더 높다. 정서는 우리의 뜨거운 인지 또는 무의식적 인지를 바로 이용한다. 진짜 미소나 공포의 표정을 억누르려 했던 사람은 누구든 잘 알고 있듯이, 정서는 경고 없이 일어나는 경향이 있고 통제하기가 매우 어렵다.

정서의 얼굴 표정이 정직하고 위조하기 어려운 신호라는 생각은 근대 과학 문헌에서 찰스 다윈(Charles Darwin)까지 거슬러 올라가지만, 정서의 이러한 의사소통 기능은 중국과 그리스의 고대 사상가들에게 잘 알려져 있었다.[45] 사람들은 타인에게서 관찰한 정서를 빠르고 정확하게 인식하고 분류할 수 있으며,⁴⁶ 얼굴 표정이나 목소리 톤에서 정서적 '누설'을 효과적으로 억제하기란 어렵다.⁴⁷ 우리는 진정한 미소/자발적 웃음과 억지 미소/억지 웃음을 구별하는 데 능숙하다. 사실, 이 두 종류의 표정은 근육계와 목소리 기관이 서로 다른데,⁴⁸ 진정한 미소는 의식적 제어가 잘 되지 않는다. 실제 공공재 게임에서 사람들은 억지 미소가 아닌 진정한 미소를 보여주는 파트너와 상호작용할 때 더 많은 판돈을 걸고 더 많은 이익을 얻는 것처럼 더 많이 신뢰하고 의심하지 않는다.⁴⁹ 변절 이후, 사람들은 얼굴을 붉히면서 뉘우치는 파트너를 용서하고 신뢰한다. 이는 얼굴 붉힘이 전형적인 자발적 반응이기 때문이다.⁵⁰

충격적이지만 명쾌한 한 연구에서⁵¹ 심리학자 리앤 텐 브링크(Leanne ten Brinke)와 동료들은 실종된 친척이 돌아오게 하는 데 도움이 될 정보를 얻기 위해 사람들이 대중에게 감정적으로 호소하는 실생활의 동영상을 조목별로 요약했다. 이 사건들 중 절반에서, 호소인은 거짓말을 했고 나중에 압도적인 물리적 증거에 근거하여 친척을 살해했다는 유죄 판결을 받았다. 나중에 어떤 사람이 자신들의 심통한 마음을 위조한 것으로 밝혀졌는지를 모른 채, 참가자는 의식적으로 통제하기 어려운 얼굴 근육 부위에 집중하여 범인을 골라낼 수 있었다. 살인범은 진정한 '슬픔과 관련된 근육'(눈썹주름근, 입꼬리내림근)은 활성화가 덜 되고, 가짜 미소와 관련된 근육(대관골근)과 슬퍼 보이려는 의식적 노력과 관련된 근육(전두근)이 더 활성화되는 모습을 보였다.

게다가 신뢰성은 우리 마음속에서 정서 표시의 인식된 진정성 및 자발성과 연결된다.⁵² 이것은 말이 된다. 우리는 정서가 없거나 성의 없이 정서적인 것으로 보이는 사람을 불신한다. 오디세우스와 사이렌에 비유하자면, 이런 사람은 스스로를 돛대에 묶지 않았거나, 느슨하게 묶었다. 커크 선장을 지지하고 스팍에 반대하는 이런 편향은 최근의 실험 연구에서 입증되었다. 이 실험은 사람들이 빨리 결정하도록 강요하거나 직관을 믿으라고 할 때 공공재 게임에 더 협조적이라는 것을 시사한다.[53] 그들에게 곰곰이 생각하라고 말하거나 충분한 시간을 갖고 결정을 내리게 하는 것은 합리적 밀고자를 드러나게 하고 공공의 이익을 희생하면서 더 많은 부정행위를 낳는다. 동서고금을 통틀어 종교적·윤리적 제도에서 자발성/진정성과 도덕적 신뢰성/사회적 카리스마를 연결시킨 데는 타당한 이유가 있다.[54]

따라서 위선자를 걸러내는 우리의 능력은 공동의 인간 삶에서 중요한 부분이고, 우리는 불충분한 미래 파트너를 꽤 능숙하게 탐지한다. 그래서 인간은 무의식적인 정서적 신호에 주의를 기울이는 교묘한 진화적 재주를 통해 공동생활의 중심에 있는 이 중추적인 위험, 즉 위선자가 우리의 헌신에 무임승차하는 위험을 해결한 것처럼 보인다. 당신은 이런 신호를 사용하여 잠재 파트너를 평가하고, 미덥지 못하다고 생각되는 사람은 그냥 멀리하기만 하면 된다.

아쉽게도, 진화는 결코 쉬지 않는다. 사자가 점점 더 빨라지고 가젤을 잡을 수 있게 되면서, 가장 빠른 가젤만이 살아남아 가젤의 속도를 서서히 높인다. 이제 가장 빠른 사자만이 먹이를 잡는 데 성공하여 사자에게 속도에 대한 새로운 압력을 만들어낸다. 이러한 종류의 진화적 군비경쟁은 생물학적 세계 전역에서 볼 수 있으며,[55] 일반적으로 극적인 특성의 개발을 이끄는 원동력이다.

그런 특성 중 하나는 정확히 부정행위를 찾아내는 인간의 능력이다.

비록 우리가 프랑크소시지 판매상이 약간 미덥지 못한 듯 보인다거나 우리 아이가 개를 산책시켰다고 거짓말을 하는 것을 바로 알아챌 수 있다는 것을 당연하게 여기지만, 침팬지는 우리의 마음읽기 능력에 놀랄 것이다. 이런 마음읽기 능력이 침팬지에게는 완전히 마술처럼 보일 것이다. 침팬지는 초보적인 마음상태를 신호로 나타낼 수 있지만,[56] 약간 올라간 눈썹이나 목소리 톤, 또는 입의 씰룩거림을 통해 생각, 정서, 성격 특성의 거대한 대역폭을 서로에게 전달하는 우리 인간의 능력은 동물의 세계에서는 타의 추종을 불허한다. 이런 능력은 진화적 군비경쟁으로 추진되는 극단적인 특성을 보증한다.

북아메리카의 평원을 가로질러 달리는 엄청 빠른 영양(羚羊)의 존재를 추측할 때, 우리는 이런 속도를 동기화했던, 그만큼 엄청 빠른 포식자가 존재했을 것으로 추측한다. 미국 영양의 경우, 실제로 그런 포식자는 수천 년 전에 이 지역에서 멸종된 사자나 치타 같은 포식자의 '유령'이다.[57] 거짓말을 탐지하는 우리의 초자연적 능력도 그에 상응하는 기만 능력에 의해 비슷하게 추진되었다. 인간은 세계 최강의 거짓말쟁이다. 그리고 우리는 수천 년이 흐르는 사이 거짓말을 점점 더 잘하게 되었다. 특히 속도가 빠른 현대의 영양은 성공적인데, 이는 적어도 부분적으로는 보통 의식적인 통제 하에 있지 않은 근육계를 자발적으로 통제할 수 있기 때문이다. 예를 들어, 배우이자 감독인 우디 앨런(Woody Allen)은 "제가 나쁜 짓을 했다고 생각하시거나 제가 바보라고 생각하시겠지만, 그건 정말 오해입니다"라는 트레이드마크 표정을 짓게 하는 이마근육을 통제할 수 있는 소수 집단에 속한다. 특히 다른 사람들이 단지 자발적으로 그런 표정을 지을 때 임의적으로 그런 표정을 지을 수 있는 것은 정말 도움이 된다.[58] 빌 클린턴과 같은 카리스마 있는 정치인은 그들 뇌가 방 건너편에 있는 중요한 후원자에게 집중되어 있는 동안에도 현재의 대화상대, 어쩌면 관세를 걱정하는 소(小)기업인이 전 세계에서 유일한 관심의 대상이라는 것을 일시적이지만 진정으로 확신할 수 있고, 그런 소기업인에게 온전한 관심을 주는 것처럼 보인다. 궁극적인 사회적 변절자인 사이코패스가 진정한 정서적 '누설'을 억누를 수 있다는 증거가 있다.[59] 이는 아주 완벽하게 거짓말할 수 있는 사이코패스의 오싹한 능력에 기여하는 것이다.

사자의 편에서, 점쟁이는 어쩌면 최첨단 사기꾼 탐지자이다. 점쟁이가 당신의 손을 잡고, 눈을 쳐다보고, 모호하지만 점점 더 정확해지는 질문을 할 때, 그는 미묘한 표정과 작은 반응을 이용하여 당신이 최근에 가족 중에 누군가를 잃었고, 직장에서 지독하게 불행하다는 사실 쪽으로 나아간다. 이것은 보통 사람들에게는 마술처럼 보이지만, 평범한 인간의 마음읽기는 침팬지에게 보이는 것과 똑같은 수준일 것이다. SF소설 작가 아서 클라크(Arthur C. Clark)는 충분한 경험이 없는 사람에게는 충분히 진보된 기술이 마술과 구분되지 않는다고 말했다. 이는 쉽게 이기는 진화적 군비경쟁에 의해 과장된 극단적인 특성에도 적용된다.

술에 관한 우리의 이야기에 중요하게도, 문화는 사기꾼과 사기꾼 탐지자 사이의 이 경쟁에서 무관심한 구경꾼이 아니다. 문화는 그 속에 살고 있는 개인이 죄수의 딜레마와 여타 협력 문제를 해결할 때 이익을 얻으므로, 사기꾼 탐지자를 편애하기 위해 조작하는 것에 지속적인 흥미가 있다. 문화는 사기꾼의 갑옷에 있는 틈새를 겨냥해서 그렇게 한다. 이는 속임수를 쓰거나 거짓말을 하기 위해서는 인지 제어가 요구된다는 사실이다. 진실을 말하거나 진정한 정서를 표현할 때는 정직하거나 진실하게 보이는 것이 쉽고 힘이 들지 않는다. 거짓말을 하거나 정서를 속이는 것은 노력과 주의를 요구한다. 거짓말쟁이가 거짓말하는 것을 어렵게 만들고 싶다면, 한 가지 유망한 방법은 거짓말쟁이의 인지 제어를 하향 조절하여 이 약점을 이용하는 것이다. 이상적으로, 당신은 기만이 걱정되는 어떤 중요한 사회적 상황에서도, 그리고 지나치게 야단스럽지 않은 방식으로 거짓말쟁이가 거짓말하는 것을 어렵게 만들고 싶을 것이다. 어떤 경두개 자기도 허용되지 않는다. 만약 당신이 실제로 즐겁고 또한 사람들을 행복하게 하고 주변 사람들에게 더 집중하게 하면서 거짓말쟁이가 거짓말하는 것을 어렵게 만들 수 있다면 그것은 보너스 포인트이다.

내가 이걸 가지고 어디로 가는지 당신은 안다. 나는 여기에서 헌신과 사기꾼 탐지의 진화적 역학에 많은 시간을 보냈다. 이는 미덥지 못한 친구인 위선자가 제기하는 위협이 어느 공동체에나 존재하는 위협이기 때문이다. 그래서 날조자의 가면을 벗겨서 사람들 사이의 신뢰를 공고히 하게 돕는 것이, 취성물질이 인간 문명에서 해왔던 중요한 기능이다.[60] 고대 그리스, 고대 중국, 중세 유럽, 선사시대 태평양 제도처럼 여러 사회에서, 잠재적으로 적대적인 사람들의 모임이 어마어마한 양의 취성물질을 포함하지 않고는 일어나지 않았던 것에는 매우 타당한 이유가 있다.

최근에 발견된 기원전 4세기 혹은 3세기로 추정되는 고대 중국의 죽간에는 "국가 간 화합은 술을 마시면서 이루어진다"는 무언가를 환기시키는 선언이 담겨 있다.[61] 고대 중국에서는 참가자들이 처음에는 액체 신경독을 마실 타이밍을 신중하게 맞추고 조정하여 마심으로써 자발적으로 자신의 뇌를 손상시켜 정치적 합의에 도달했다. 로마의 역사가 타키투스는 독일의 야만족 사이에서 모든 정치적 또는 군사적 결정이 술에 취한 공동 의견의 난관을 헤쳐나가야 한다는 것에 주목했다.

> 연회석이야말로 그들이 일반적으로 원수를 화해시키거나 결혼 동맹을 맺거나 우두머리를 선출하는 문제뿐 아니라 전쟁과 평화에 관해 협의하는 곳이다. 그들은 이때만큼 순수한 명분에 마음을 열고 숭고한 열망에 감동할 수 있는 순간이 없다고 생각하기 때문이다. 그들은 선천적으로나 후천적으로 잔꾀가 없는 종족으로서, 자유로운 연회 분위기에서 감춰둔 생각을 털어놓는다. 그리하여 모든 이의 마음이 드러나면 그다음 날 협의가 재개된다. 그들은 본심을 숨길 수 없을 때 협의하고 실수가 나올 수 없을 때 결정한다.⁶²

타키투스는 잘난 체하면서 술을 이처럼 자백약(억압된 감정이나 생각 등을 드러내게 하는 최면약)으로 사용하는 것을 원시적이고 야만적인 관습으로 묘사하고 있지만, 고대 로마인과 그리스인은 정확히 술의 이런 기능에 상당히 의존했다. 실제로, 취함이 '진정한' 자아를 드러낸다는 생각은 비록 오래되었고 보편적이긴 하지만, 아마도 라틴어 in vino veritas(술에 진리가 있다; 취중진담)라는 말은 이에 관한 가장 유명한 표현이다. 그리스인은 정직과 취함 사이의 이런 연관성을 인식했는데, 이들에게 '술과 진리'의 결합은 자명한 이치였다. 이언 게이틀리가 주목하듯이, "부적절한 절주(節酒)는 매우 의심스러운 것으로 생각되었다." "웅변 등의 기술은 술에 취해야만 발휘될 수 있다. 술 취하지 않은 맑은 정신인 사람은 냉담하다. 이런 사람은 말하기 전에 숙고하고 말을 조심하므로, 주제에 관심을 갖지 않는다."[63] 플라톤의 《향연》(*Symposium*)의 한 구절은 "진리는 술과 아이에 의해 드러난다"고 선언한다. 이것은 아이와 술 취한 사람이 공유하는 일종의 PFC 장애에 대한 매우 효과적인 방정식이다.

술 취한 상태에서 하는 말은 마음에서 우러나오는 말이기 때문에, 역사적으로 교활하고 통제되고 계산적인 자아에서 나오는 의사소통보다 더 중요시되었다. 고대 그리스에서, 술의 영향을 받고서 했던 선서는 특히 신성하고 믿을 만하며 강력한 것으로 여겨졌다. 바이킹은 신성한 '약속 잔'으로 (거하게) 마신 후에 했던 서약에 거의 마법에 걸린 듯한 경의를 부여했다. 엘리자베스 영국과 스튜어트 영국에서는 술과 함께 축배를 들지 않는다면 공적인 선언은 의심스러운 것으로 여겨졌다.[64]

진실과 신뢰를 증진시키는 술의 기능에 대해 내가 가장 좋아하는 실례는 TV 드라마 《왕좌의 게임》(Game of Thrones)에서 나온다. 유명한 〈피의 결혼식〉 에피소드에서, 두 라이벌 일족은 분명히 서로의 차이를 극복하고 공동의 적에 대항하여 단결하기로 동의했다. 인간이 늘 그러하듯이, 협력을 위한 이 협정은 술에 흠뻑 젖는 폭음 연회에서 거행되고 강화된다. 흥청거리는 가운데, 한 하인이 분명히 구린 데가 있는 것 같은 등장인물인 볼튼 경(Lord Bolton)에게 술을 따르려고 하자 볼튼 경은 술잔 위로 손을 올려 술을 따르지 말라고 한다. 옆에 앉은 술 취한 사람이 술을 마시지 않는 이유를 의심하듯 묻자 볼튼은 "술을 마시면 감각이 무뎌져서요"라고 쌀쌀맞게 대답한다. "하긴 그렇지!"는 유쾌한 대답이다. 사실, 하긴 그렇지. 《왕좌의 게임》 팬이라면 누구나 알고 있듯이 볼튼 경은 전형적인 변절자로서, 술 취한 "친구들" 모두를 냉혹하게 살해하는 일을 지휘하기 위해 정신을 맑게 유지한다. 여기서의 교훈은 축배를 중간중간 빠트리는 사람을 주의하라는 것이다.

술은 가장 일반적으로 사용되는 진실을 말하게 하는 기술이지만, 흥미롭게도 술이 없는 지역에서는 다른 취성물질이 동일한 기능을 한다. 태평양에서 가장 초기의 유럽 탐험가는 카바가 중심에 있는 연회를 통해 환영을 받고, 위협의 정도를 평가받았다고 전했다.[65] 오늘날까지도, 모든 참석자가 카바로 적절히 취하고 나서야 피지 마을 회의는 토의를 시작한다. 이와 비슷하게, 북아메리카의 우드랜즈(Woodlands)와 플레인스(Plains) 부족들 사이에서, 경쟁 관계에 있는 추장들은 북아메리카 원주민이 쓰는 긴 담뱃대(평화의 상징) 또는 나중에 할리우드 서부영화에서 거행된 '평화의 담뱃대'로 논쟁을 해결하고 분쟁을 종결지었다. 환각제를 탄 이 담배의 강렬한 취기 효과는 이 영화에서 분명히 배제되었다. 미국 종교 역사가 로버트 풀러는 "관습에 따르면 긴 담뱃대를 제공하고 받아들이면 담배를 피우는 행동은 어떤 맹세라도 신성하고 거역할 수 없는 것으로 만든다"는 것에 주목한다. "이 협정을 위반하는 사람은 누구든 공정한 처벌을 결코 면할 수 없다."[66]

이러한 방정식에서 술이 제외되면, 이와 동일한 기능적 역할을 수행하기 위해 다른 화학적 취성물질이 활용된다는 사실은 납치나 숙취 이론에 반하는 강력한 증거이다. 동서고금의 문화는 현대 신경과학이나 사회심리학의 혜택을 누리지 못했지만, 맑은 정신이고 합리적이며 계산하는 개인의 마음이 사회적 신뢰에 대한 장벽이라는 것을 은연중에 알았다. 그렇기 때문에 중요한 친목 행사, 사업 협상 및 종교의식에서 술에 취하는 것, 종종 심각하게 술에 취하는 것이 일반적인 의무이다. 《시경》의 한 고대 중국 시는 다음과 같이 선언한다.

湛湛露斯	촉촉하게 내린 이슬
匪陽不晞	햇볕 아니면 마르지 않네.
厭厭夜飮	편안한 밤 술자리에
不醉無歸	취하지 않고는 못 돌아가리.[67]

모르드개(Mordecai)가 집단학살을 일으키려는 하만(Haman)을 이긴 것을 기리는 유대인들의 명절 부림절도 마찬가지로 축제 참석자들이 "하만에게 저주를"과 "모르드개에게 축복을"도 구분하지 못할 정도로 취해야 한다고 요구한다.

부림절(Purim)
서기전 6세기 말경 페르시아는 예루살렘 성전을 무너뜨리고 많은 유대인을 메소포타미아로 끌고 가서 박해했다. 그 중심에 총리 하만이 있었다. 하만은 문지기인 유대인 모르드개가 자신에게 절하기를 거부하자 이를 빌미로 유대인을 전멸할 계획을 세웠다. 그는 페르시아의 왕 아하수에로에게 청해 전국에 이에 관련된 조서를 내렸다. 그러나 모르드개의 사촌 동생이자 수양딸로 유대인임을 숨긴 채 왕비가 된 에스더로 인해 상황이 완전히 뒤바뀌었다. 에스더는 목숨을 걸고 왕에게 하만의 음모를 고함으로써 유대 민족을 구해냈다. 결국 하만은 모르드개를 매달려던 처형대에 대신 매달렸고, 하만의 음모에 가담했던 이들은 유대인의 손에 죽임을 당했다. 이렇듯 부림절은 유대 민족이 죽음에서 벗어난 사건을 기념하는 해방의 날이며, 유대인은 여러 기념일 가운데 부림절을 가장 유쾌하게 보낸다. 에스더가 페르시아의 권력자 하만의 음모에서 유대인 동포들을 구해냈다는 이야기에서 비롯된 부림절은 다른 종교적 절기에 비해 세속적인 성격을 지니며 유대인이 마음껏 취하고 소란스럽게 즐기는 기쁨의 축일이다.

물리적인 무기를 가지고 있지 않다는 것을 보여주기 위해 악수를 하는 것처럼, 우리는 함께 취함으로써 다른 사람들 앞에서 인지적으로 무장 해제를 할 수 있게 된다. 중국 연회장에서 열 번째 고량주 잔을 기울이거나, 그리스 향연이나 부림절 마지막 날에 포도주 잔을 기울이는 것으로 참석자는 모두 자신의 PFC를 똑똑히 보이게 하여 스스로가 인지적으로 무방비 상태임을 드러낸다. 이것은 헨리 키신저(Henry Kissinger)가 중국 지도자 등소평(鄧小平)에게 "우리가 마오타이주를 충분히 마시면 무엇이든 해결할 수 있을 것 같다"[68]고 말했을 때 염두에 둔 사회적 기능이다. 따라서 취함은 인간이 대규모 사회에서 사회생활에 널리 퍼져 있는 협력 딜레마를 극복하는 데 결정적인 역할을 했다. 집단이 의심과 사후 비판을 이겨내기 위해서는 우리의 교활한 의식적 마음은 최소한 일시적으로 마비될 필요가 있으며, 대량의 화학적 취성물질은 이 목표를 달성하는 가장 빠르고 효과적이며 즐거운 방법이다.

토하기와 유대

사회성은 신뢰를 중심으로 돌아간다. 그러므로 액체로 된 자백약이 항상 사회적 협력과 화합의 강력한 상징으로 작용한 것은 놀라운 일이 아니다. 고대 메소포타미아에서 맥주 통의 독특한 모양은 일반적인 사회적 상호작용의 상징 역할을 했다.[69] 고대 중국의 제의는 사람들 간의 화합을 목적으로 하든, 산 자와 그들 조상의 화합을 목적으로 하든, 술을 중심으로 조직되었으며, 의례 장구(裝具)에서 공들인 청동 술잔이 가장 두드러진 특징이었다. 고대 송시(頌詩)에서 "영령은 취했다!"라는 즐거운 선언은 조상의 선한 은혜와 산 자와 죽은 자의 화합을 축하한다. 연회와 술자리는 동서고금을 막론하고 이방인들을 한자리에 모으고, 앙숙인 씨족들을 결속시키며, 분쟁을 종식시키고, 새로운 사회적 유대관계를 만드는 윤활제로 사용되었다. 예를 들어, '신부의'를 뜻하는 영어 'bridal'은 bryd ealu, 즉 'bride ale(신부 에일)'에서 유래했는데, 신부와 신랑은 자신들의 결혼과 결정적으로 가족들 간의 새로운 유대를 보증하기 위해 이 술을 주고받았다.[70]

술의 사회적 기능에 대한 연구의 선구자인 인류학자 드와이트 히스(Dwight Heath)는 술이 항구의 선원들이나 숲에서 막 나온 벌목꾼들, 술집에 모인 카우보이들 등 다른 점에서 고립된 사람들이 어울려야 하는 상황에서 항상 중요한 유대 기능을 했다는 것에 주목한다.[71] 세계산업노동자동맹(Industrial Workers of the World; IWW)은 20세기 초 심각한 공공재 문제를 해결해야 했던 노동조합으로서, 직업과 배경이 서로 다르고 인종이 다양하며 서로 의심이 많은 근로자들에게 좁은 개인적 관심사는 제쳐두고 자본 소유주에 대항하여 큰 이해관계가 걸려 있는 집단 협상에서 공동 전선을 펴게 한다. 그들이 음악과 노래를 곁들여 과음에 의존했던 정도는 오늘날 가장 잘 알려진 워블리(Wobblies)라는 별명에서 드러난다. 이는 어쩌면 이 술집, 저 술집을 비틀거리면서 찾아다니는 방식을 가리키는 말일 것이다.[72] 술에 취해 노래하는 이 워블리들은 "한 명이 받는 상처는 모두의 상처이다"는 모토를 내걸고 다양한 산업에 걸쳐 15만 명에 이르는 근로자를 모아 고용주에게서 꽤 성공적으로 중요한 양보를 얻어내었다.

많은 문화에서, 성대한 음주 연회는 군사적 목적에 부합할 수도 있다. 중세 켈트족, 앵글로색슨족, 게르만족 중에서, 정기적으로 열리는 성대한 술자리는 전사와 군주를 결속시키고 더 나아가 전사들끼리 결속시키는 데 도움을 주었고, 술을 주고받는 것은 충성심과 헌신의 강력한 상징으로 작용했다.[73] 앞에서 우리는 조지 워싱턴이 독일 용병의 만취 상태를 이용하여 이들을 물리쳤음에도 불구하고, 술을 군을 단결시키기 위한 매우 중요한 성분으로 보고, 의회에 신생 미 육군에게 술을 충분히 보급할 공공 증류소의 설립을 촉구했다는 것에 주목했다. 1777년 프로이센의 프레드릭 대왕은 맥주 대신 커피를 마시는 새롭지만 그가 생각하기에는 위험한 습관에 통렬한 비난을 퍼부었다.

> 신하들이 마시는 커피의 양이 늘고, 그 결과 외지로 나가는 돈이 늘어나는 것을 보면 역겹다. 모두가 커피를 마신다. 이것은 막아야 한다. 나의 백성은 맥주를 마셔야 한다. 왕은 맥주를 마시며 자랐고, 그의 조상들과 관리들도 마찬가지였다. 많은 전투는 맥주를 양분으로 한 병사들이 싸워 이겼고, 왕은 또 전쟁이 일어날 경우 고난을 견뎌내기 위해 커피를 마시는 병사들에게 의존할 수 없다고 믿는다.[74]

다른 화학적 취성물질도 전사들에게 필요한, 특별히 강력한 형태의 사회적 유대를 형성하는 데 사용되었다. 남북 아메리카 대륙으로 가는 초기 스페인 선교사는 몇몇 토착 집단이 전쟁을 하기 전에 페요테(페요테 선인장에서 채취한 환각제)를 사용한다는 것에 주목했다. "페요테는 그들에게 두려움, 갈증, 배고픔을 생각하지 않고 싸움에 전념하도록 자극한다. 그리고 그들은 페요테가 모든 위험으로부터 자신을 보호한다고 말한다"고 전했다.[75] 노르웨이 전설에 등장하는 전설적인 '베르세르크 전사(beserker)'의 전투 열망은 환각제에 의해 자극받았을 가능성이 높으며,[76] 고대 페르시아에서 두려움의 대상인 암살자는 자신들의 이름(페르시아어 Ḥashashiyan, 아라비아어 Ḥashīshiyyīn)을 투지를 끌어내는 해시시라는 취성물질에서 가져왔다.

일반적인 범문화적 패턴에서 음주는 여성보다 남성과 더 많이 연관된다. 남성과 여성 모두 술을 마시는 문화에서 남성은 더 많이 마시는 경향이 있다. 이는 거의 확실히 생리적 요인 때문이다.[77] 평균적으로 남성의 몸이 더 크고, 따라서 동일한 심리적 효과를 얻기 위해 여성보다 더 많은 술이 필요하다. 그러나 더 확실한 요인은 전통적인 가부장적 사회에서 공공 생활과 정치 생활의 주요 행위자이자, 잠재적으로 적대적인 낯선 사람들과 협력 딜레마를 헤쳐나가야 하는 사람은 다름 아닌 남성이라는 점이다.[78] 인류학자 저스틴 제닝스(Justin Jennings)가 말하기로, 가령 안데스산맥의 현대 토착 사회에서 "남성은 여성보다 술 소비와 더 많이 연관된다. 남녀 모두 술을 마시지만, 남성들 간의 관계는 술을 마심으로써 확인된다. 술을 마셔도 취하지 않는 능력은 그가 남자임을 표시하며, 술을 통해 '우정과 합의가 보증되고 친족관계가 인정된다.'"[79] 볼리비아 아마존의 외딴 캄바족에 대한 권위 있는 인류학 연구[80]에서 드와이트 히스는 캄바족 남성들이 사회적 결속력을 높이고 대인적 갈등을 극복하기 위해 종종 무의식 상태에 이를 정도로 술을 마시는 방식을 기록했다. 함께 토한 사람은 함께 머문다.

이것은 낯선 사람이 보통 많은 양의 술로 환영받는 이유이다. 술을 많이 마시는 밤을 성공적으로 넘기는 것은 새로운 사회 환경으로 받아들여지는 가장 빠른 방법이다. 인류학자 윌리엄 매드슨(William Madsen)은 멕시코 시골에서 현장 조사를 수행 중이었다. 그가 현지 종교의식을 사진으로 찍자 성난 군중이 몰려들었다. 용설란(龍舌蘭) 즙으로 만든 전통 맥주인 풀케(pulque)에 취한 한 무리의 남성들이 마체타 칼로 그를 벽에 밀어붙이고 위협했다. 그때 매드슨이 머물던 이웃 마을 노인이 "우리 친구를 놓아주어라. 그는 낯선 사람이 아니다. 그는 우리의 풀케를 마셨다"고 알려주면서 그는 목숨을 건졌다. 남성들은 마체타 칼을 즉시 치우고, 모두 앉아 함께 풀케를 마셨다.[81] 술을 나누면 소속감과 신뢰의 영역이 넓어진다. 아마도 우리의 현존하는 가장 오래된 법률 문서인 함무라비 법전에는 특히 공모자들이 술집에 모여 맥주를 마시면서 나쁜 일을 꾸미는데도 그 자들을 잡아 법정으로 끌고 가지 않는다면 그 술집 여주인을 사형에 처한다는 조항이 있다. 이처럼 술집 여주인에게 죽음을 각오하고 맥주를 마시며 공모한 음모를 보고하는 일을 맡긴다는 것은 흥미롭다.[82] 술의 깊은 결속력은 정확히 야심이 있는 반란군이나 혁명가에게 유용한 도구이다.

따라서 술을 공유하지 않는 것, 즉 내민 술잔을 거부하는 것은 심각한 거절이나 적대 행위이다. 이런 행동은 심지어 신의 보복을 야기할 수도 있다. 제닝스는 페루 신에 대한 17세기 초의 신화에 대해 이야기한다. 그 신은 가난하고 굶주린 이방인의 모습으로 연회에 나타나 공동체의 미덕을 시험했다. 오직 한 사람만 그를 알아보고 술잔을 권하며 그를 맞이했다. 마침내 신이 자신을 드러내고 이기적인 연회 참석자들에게 분노를 표출했을 때, 오직 이 사람만 목숨을 건졌다.[83] 마찬가지로, 내민 술잔을 거절하는 것은 종종 심각한 모욕으로 여겨진다. 예를 들어, 현대 독일 초기에는 "동료가 내민 술잔을 거부하는 것은 독일 사회 모든 계층의 남성들이 칼을 뽑도록 흥분시켜 때로는 치명적인 결과를 가져올 수 있는 명예에 대한 모욕이었다."[84] 마찬가지로 끔찍한 결과는 미국 국경 지방의 한 술집에서 술 한잔 마시는 것을 거절한 데서 비롯될 수 있다.

술로 형성된 신뢰와 유대감의 강력함과 인식된 진정성 때문에 포도주나 맥주로 보증된 서약을 거부하는 것은 이례적으로 강력한 배신이다. 고고학자 피오트르 미칼로스키(Piotre Michalowski)는 고대 수메르의 매우 불쾌한 사례를 보고한다. 이 사례는 아킨-아마르(Akin-Amar)라는 사람과 관계를 계속 유지하고 있는 왕에게 보낸 서한에서 다음과 같이 자세히 얘기된다.

"아킨-아마르는 나의 적이 아니라 폐하의 적이 아닌가요? 왜 그는 여전히 폐하의 은총을 입나요? 한 번은 그가 폐하와 함께 머물면서 잔에 담긴 술을 마시고 (인사의 표시로) 그 잔을 들어 올렸습니다. 폐하께서는 그를 부하로 여기고, 그에게 옷을 내리고, [의식용] 머리 장식을 하사하셨습니다. 그러나 그는 약속을 어기고, 자기가 마신 술잔에 변을 보았습니다. 그는 폐하에게 적대적입니다!" 사실, 이것은 정말 강력한 이미지이다. 배변을 통한 섭취의 상징적 역전보다 더 강한 모욕은 상상할 수 없다. 이는 단지 복잡한 인사 의례와 반의례적 선물교환을 통해 확립된 상징체계 전체를 파괴하는 것을 가리키는 은유적 속기이다.[85]

술잔에 변을 보는 것은 확실히 축배의 잔을 뒤엎는 방법이다. 아킨-아마르가 같은 메시지를 보내기 위해 화려한 머리장식을 더럽혔을 수도 있지만, 정말로 메시지를 강력하게 전달하는 것은 공동 음주를 통해 만든 유대감을 표적으로 삼았다는 것이다.

대부분은 아니지만 많은 사회에서 술에 취하는 것은 잠재적으로 적대적인 사람들 사이에서 유대감을 조성할 뿐만 아니라, 개인의 인격에 대한 시험인 집단적 통과의례로도 여겨진다. 술을 마셔도 취하지 않는 능력은 일반적인 신뢰나 심지어 도덕적 덕의 표시이다. 공자가 먹고 마시는 모든 것에 얼마나 까다롭게 굴었는지에 대한 긴 이야기가 끝날 무렵에 나오는, 내가 가장 좋아하는 공자에 대한 말은 "술에 관한 한 그는 한계를 두지 않았다"[86]는 것이다. 공자가 마음껏 술을 마셔도 마구 날뛰지 않는다는 것은 그가 성인(聖人)이라는 표시이다. 소크라테스도 어떤 아테네 사람처럼 장시간에 걸친 술자리에도 불구하고 침착하고 조심스럽게 행동할 수 있는 능력 때문에 비슷하게 칭송받았다. 플라톤은 "그는 원하는 만큼 마셔도 결코 취하지 않는다"[87]고 썼다. 실제로 그리스인에게는 저녁에 포도주를 마시는 주연(酒宴)이 있으며, 이 주연에서 '연회의 사회자'는 마시는 속도를 통제했다. 이런 주연은 "사람을 시험하는 수단으로 작용했다. 즉, 도덕적 실패가 심각한 해를 초래할 수 있는 상황에서 사람을 시험하는 것에 비해 저렴하고 해롭지 않은 영혼의 시금석으로 작용했다."[88]

중국학자 사라 마티스(Sarah Mattice)는 고대 중국과 고대 그리스 모두 성인(적어도 성인 남성)에게 함께 취하라는 요구와 이것이 어려운 조건에서도 자제력과 미덕을 발휘할 수 있는 기회가 될 것이라는 기대를 결합했다고 말한다. 고대 중국에서는 "취하지 않는 것은 흔히 모욕으로 간주되지만, 다른 한편으로 고주망태가 될 정도로 취하지 않아야 하는데, 이는 공경 관계의 유지에 영향을 미치기 때문이다." 그리스의 주연에 대해서는 다음과 같다.

> 맑은 정신의 연회 사회자가 관련자들의 성격을 감시하는 지도적 입장에 있는 상황에서, 시민들은 자제력이 가장 낮은 바로 그 시점에서 쾌락에 굴복하려는 욕망에 맞서 스스로를 시험할 수 있는 기회를 얻는다. 술을 마시고 추잡스러움이 만연하는 상황에 있음으로써 시민들은 무절제한 행동에 대한 거부감을 키우고, 따라서 품성을 키울 수 있다. 또한 주연은 시민 행사이기 때문에 시민들의 미덕을 관찰하고 시험하는 기회를 제공한다.[89]

만약 공동의 술자리에 참여하면 거짓말 능력이 손상되고, 타인과의 유대감이 증가하며, 기본 품성이 시험된다고 하면, 왜 비음주자가 의심스럽게 보이는지 이해가 된다. '광천수를 마시는 사람(금주가)'은 고대 그리스에서 욕설로 사용되었다. 예로부터, 전통적인 중국 연회를 중도에 잠시 멈추게 하는 몇 차례 이루어지는 의식 축배에 참여하는 것을 거절하는 것은 거의 상상할 수 없는 무례한 행동으로서, 그런 사람은 문명사회 밖으로 즉시 쫓겨난다. 술과 친교 사이의 이런 연결고리는 오늘날 전 세계 문화에서 여전히 강력한 연결고리로 남아 있다. 인류학자 제럴드 마스(Gerald Mars)가 뉴펀들랜드의 항만노무자 집단의 사회적 역학에 대한 연구에서 주목하듯이, "내가 현지조사 초창기에 항만노무자 집단에게 직장동료의 인정받는 특성인 결혼도 하고 젊고 건강하며 열심히 일하는 사람임에도 불구하고 왜 그가 외톨이인지 질문했을 때, 그가 '주로 혼자 지내는 사람'이라는 대답이 나왔다. 이것이 무슨 말인지 물었을 때 '그는 술을 마시지 않습니다. 그것이 주로 혼자 지내는 사람이 의미하는 것입니다'라는 말을 나는 들었다."[90]

다른 취성물질이 술의 기능을 대신하는 문화에서도 비슷한 패턴이 발견된다. 피지에서 존 셰이버(John Shaver)와 리처드 소시스(Richard Sosis)가 관찰한 바에 따르면, 카바를 가장 많이 마시는 남성은 지역사회에서 위신을 얻고, 자주 마시는 사람은 단체 원예 일에서 가장 긴밀히 협조한다. 과도한 카바 섭취로 인한 불쾌한 피부상태인 카니카니(kanikani)를 드러내는 남성은 존경심을 받고, 진정한 '마을의 남자'로 평가되며, 마을의 가치를 지지하고 사회적 기대에 부응할 것으로 믿어진다. 이 두 인류학자는 카바에 기초한 위신의 결과로 이런 남성에게 주어지는 사회적·생식적 이득은 상당한 생리적 비용을 확실히 능가한다고 제안한다.[91] 반대로, 음주를 절제하거나, 카바 의식을 완전히 피하는 남성은 의심스럽게 보이고, 많은 공동 활동에서 배척된다.

취함의 사회적 기능은 고전주의자 로빈 오스본(Robin Osborne)의 고대 그리스 주연(酒宴)에 대한 생각에 잘 요약되어 있다.

> 취함은 자아에게 주는 즐거움 때문에 타인에게서 용인되는 것이 아니었다. 취함은 또한 진정한 개인을 드러냈고, 집단을 결속시켰다. 술 취한 사람은 어떻게 세상을 명령하고 어디에 속하게 되는지를 직시했다. 싸우면서 죽고자 하는 사람은 자신이 누구이고 무엇을

소중하게 여기는지를 음주를 통해 드러냄으로써 서로에 대한 신뢰를 함께 굳혔다.[92]

이것은 또한 초기 미국 사회에서 변변찮은 사과가 하는 역할에 대한 랠프 왈도 에머슨(Ralph Waldo Emerson)의 의견을 이해할 수 있는 맥락이다. "만약 이 땅이 유용한 옥수수와 감자만 생산하고 장식적이고 사회적인 이 과일을 보류한다면 인간은 고독하고 친구와 자기편이 적을 것이다."[93] 사과 꽃은 아름다움을 제공했고, 사과주와 애플잭도 제공했다. 따라서 에머슨은 고루한 옥수수와 감자의 명백한 유용성 외에도, 우리 사회 유인원들에게는 빵과 감자만큼 똑같이 중요한 아름다움과 취함에 대한 보다 미묘한 기능을 알아냈다.

액체 황홀과 군체 마음

금주 상태에서는 사람이 위축되고 따지면서 구분을 하며 '아니오'라고 말한다. 그러나 술에 취한 상태에서는 위풍당당하고 연합하며 '예'라고 말한다. 사실 술은 인간에 내재되어 있는 긍정 기능에 대단한 자극제이다. 술은 그 신봉자를 사물의 차가운 외면으로부터 찬란한 중심으로 데리고 간다. 술은 한순간 그를 진리와 함께하는 존재로 만든다.

— 윌리엄 제임스(William James)[94]

'ecstasy'는 글자 그대로 '자기 바깥에 서 있기'를 뜻하는 그리스어 ek-stasis에서 유래한다. 극도의 취함은 잠재적으로 적대적인 사람들이 서로 신뢰하고 좋아하게 하는 것 외에도, 특히 음악이나 춤과 결합되었을 때는 자아와 타자 사이의 차이를 효과적으로 지우는 도구가 된다. 따라서 취함으로써 자신을 버리는 것은 종종 어떤 사람이 집단과 완전히 동일시되거나 집단에 흡수되었다는 문화적 신호로 작용한다. 가이 듀크(Guy Duke)는 안데스산맥의 전통문화에서 행해지는 치차 마시기에 대해 다음과 같이 말한다.

> 안데스산맥에서 공공연한 술 취함은 종교와 사회생활에 중심적인 면이었다. 취함은 영적 영역과 깊은 관계를 맺기 위한 수단으로 여겨졌고, 참가자들 사이에 취함을 유인하지 않고서는 어떠한 의례도 개최되지 않았다. 가능한 한 술에 취해, 자신의 취함을 의식에 몰입해 있다는 표시로서 공개적으로 보여주는 것이 목적이었다. 의례의 공공연한 술 취함을 추구했을 뿐만 아니라 많은 경우에 그런 술 취함은 의무적이었다.[95]

관련된 인류학적 설명이 존재하는 488개 소규모 사회의 표본에서, 에리카 부르기뇽(Erika Bourguignon)은 89%가 일반적으로 집단 춤, 노래, 화학적 취함을 통해 의식분열 또는 황홀한 무아지경의 상태를 만들기 위해 고안된 의식을 실시했다는 것을 발견했다.[96]

인류학 문헌에서는 황홀한 결합을 만드는 춤과 노래라는 첫 번째 두 가지의 광범위한 역할을 오랫동안 인식했다.[97] 알프레드 래드클리프-브라운(Alfred Radcliffe-Brown)은 안다만 섬의 한 문화에 대한 권위 있는 설명에서 "춤을 추는 사람은 춤에 너무 몰입하여 자신을 잃어버릴 때, 자신의 일상적 상태를 넘어서는 에너지로 충만된다고 느끼는 환희 상태에 도달하고, 동시에 공동체의 모든 동료와 완벽하고 황홀한 화합 속에 있는 것을 발견한다"고 썼다.[98] 일반적으로, 리듬, 동기성(synchrony), 반복을 통해 창조되는 심리적·생리적 효과에 초점이 맞추어졌다. 종교의 현대 인류학의 대부 에밀 뒤르켐(Émile Durkheim)은 전통문화들을 결속했던 '집단적 활기(collective effervescence)'를 창출하기 위해 채택된 핵심 문화적 기술로 음악, 의례, 춤 등을 꼽았다. 영향력 있는 이론가 로이 라파포트(Roy Rappaport)도 마찬가지로 "의례에서 커뮤니타스의 생성은 상당 부분 의례적으로 부과된 박자에 근거한다. 특히 박자의 반복성과 더 근본적으로 박자의 리듬성에 상당히 근거한다"고 주장했다.[99]

인지과학에서 의례에 대한 보다 최근 연구는 연구자들이 물리적 동기성과 같은 의례 성분에 초점을 맞추면서 이 선례를 따랐다. 예를 들어, 한 연구에서는 낯선 사람들에게 부분적으로나 완전히 비동기적으로 춤을 추게 하는 조건과는 달리, 서로 맞추어서 춤을 추게 하면 통증 한계치(엔도르핀 활성화의 좋은 대용물)가 증가하고 사회적 친밀감

> **커뮤니타스(communitas)**
> 사회적 관계에는 두 가지 양식이 있는데 하나는 정치적·법적·경제적 지위가 구조화되고 분화된 계급적 체계로서의 양식이고, 다른 하나는 평등한 개인으로 구성된 구조화되지 않고 분화되지 않은 집단으로서의 양식이다. 이 후자를 커뮤니타스라고 한다. 서로가 협력하여 함께 짐을 나누는 상보성이 커뮤니타스의 개념으로서, 커뮤니타스는 공역(共役)이라 부른다.

이 생긴다는 것을 발견했다. 다른 연구에서는 서로 맞춰 가볍게 두드리면 좋아하는 감정, 대인적 신뢰감, 도우려는 의지, 다른 사람과 비슷하다는 느낌이 증가하고,[100] 이러한 친사회성의 감정에는 확장성이 있어서 합을 맞추고 있는 파트너를 넘어 활동에 참여하지 않은 다른 사람들을 포함하도록 확장될 수 있다는 것을 발견했다.[101]

이는 모두 중요한 발견이다. 그러나 종교 이론가나 의례에 대한 인지과학 연구자들이 (대부분은 아닐지라도) 많은 전통 의례에서 춤추고 노래하며 동시에 맞추어 동작하는 사람들이 또한 완전히 취했다는 것을 인정하는 것은 놀랄 만큼 드문 일이다. 예를 들어, 초기 잉카 문화와 마야 문화의 의례 생활은 공동체를 결합하고 신을 기리기 위해 춤과 음악을 사용하는 공공 의례에 초점을 맞추었다. 이런 의례 생활에는 초기 선교사들에게 충격을 주었던 난잡한 술 취함도 어느 정도 포함되었다.[102]

고대 이집트에서 만취의 축제(Festival of Drunkenness)는 사나운 여신 하토르(Hathor)를 속여 인간의 피가 아닌 붉은색 맥주에 취하게 한 인류의 구원을 기념하는 축제일이었다. 몇몇 의식 준비 이후에, 이 축제일은 몇 가지 의식적 예비 행위 다음에 주로 모든 사람이 만취의 전당(Hall of Drunkenness)에서 고주망태가 되고, 의례상 허가되는 성행위에 참여하고, 그다음에 결국 잠드는 것으로 진행되었다. 마크 포사이스가 언급한 것처럼, "이번에도 목표는 오로지 신성하게 만취하는 것뿐이었다. 그러려면 완전히 취한 상태가 되어야 한다."[103] 아침에 거대한 여신의 모습이 홀 안으로 몰래 숨어 들어갔고, 이후에 모든 사람은 여전히 술에 취한 채 고막을 찢는 듯한 북소리와 탬버린 소리를 듣고 갑자기 깨어나 위대한 여신이 그들 위에 어렴풋이 나타나는 것을 발견했다. 이것이 완전히 즐거웠을 수는 없지만, 경외심을 불러일으켰음에 틀림없다. 포사이스가 주목하듯이, 목표는 평범하고 맑은 정신의 자아를 철저히 파괴함으로써 여신과의 '완전한 교감', 그렇게 하여 공동체와의 '완전한 교감'의 순간을 만들어내는 것이다.

술과 여타 취성물질이 자아를 중심에서 효율적으로 분산시킨다는 것은 취성물질로 인한 황홀감이 인간의 의례 자체만큼이나 오래되었다는 이유가 된다. 황하 계곡의 가호(賈湖) 무덤(기원전 7000~6000)에서 나온 꿀술, 쌀맥주, 과일주 등으로 만든 '신석기 시대의 술(Neolithic grog)'이라는, 가장 초기인 것으로 입증된 술이 담긴 항아리는 "이후 쉽게 마실 수 있게 고인의 입가에 조심스럽게 놓여져 있었고", 또한 그 내용물은 틀림없이 장례식에 참석한 사람들이 마셨다.[104] 중국 청동기 시대의 가장 극적인 고고학적 유물은 술을 차려내고 마시기 위해 만들어진 거대하고 정교한 의례용 그릇이다. 후기 신석기 시대와 초기 청동기 시대의 무덤은 술과 관련된 용구, 악기, 음식 잔존물로 가득 차 있어, 이는 중국 역사가 기록될 때부터, 완전히 취한 참석자들이 무덤에 컵을 던지면서 절정에 이른 난잡한 바카날리아를 통해 고인을 보냈음을 암시한다.[105]

기원전 4000년으로 거슬러 올라가는 아르메니아의 한 동굴 단지에서 나온, 서양의 포도주 생산을 뒷받침하는 가장 초기 증거는 재배된 첫 포도가 정교한 포도주 양조장 겸 영안실 시설에서 생산되었다는 것을 암시한다. 널찍한 묘지 옆에서 묵직한 물통과 발효통, 마시는 그릇 등이 발견되었으며, 술잔은 무덤 내부와 무덤들 사이에 흩어져 있었다.[106] 화학적 취함, 의례, 황홀 간의 오래된 연관성에 대한 간접적인 증거는 신석기 시대 초기(기원전 9000)로 거슬러 올라가고 괴베클리 테페에서 멀지 않은 현대 튀르키예의 한 유적지에서 발견된, 눈에 띄는 질그릇 조각에서 나온다. 이 질그릇 조각은 즐거워하는 두 사람이 거북이와 함께 춤을 추는 모습을 보여준다. 학자들은 춤추는 동물의 존재를 '의식의 변한 상태'의 신호로 해석한다(그림 3.2).

이 지역의 다른 고고학 발견물에서 우리가 알고 있는 것을 감안하면, 이 춤 명상은 엄청난 양의 맥주로 부추겨졌을 것이다.

맥주로 인한 환각에 대해 말하자면, 식물에서 유래한 다양한 종류의 환각제가 일반적으로 황홀한 집단 경험을 위한 촉매제로 사용된다는 것에 주목할 수 있다. 소규모의 아마존 문화는 무역을 하고 배우자

그림 3.2. 기원전 9000년 네발리 초리(Nevali Çori)에서 나온 질그릇 조각(딕 오스만(Dick Osseman)의 사진; https://pbase.com/dosseman)

제3장 취함, 황홀함, 문명의 기원 • 205

를 찾기 위해 경쟁 관계에 있는 여러 집단을 한데 모을 때, 전통적으로 노래와 춤을 동반하는, 여러 날 동안의 집단적 황홀을 유도하기 위해 하나 이상의 환각제를 함유한 액체인 yajé(아야와스카)에 의존했다. 로버트 풀러가 주목하듯이, "총체적 경험의 기본 목표는 사회적 관계를 규제하는 규칙의 신성한 기원을 보여주는 것이다."[107] 집단적 의미는 공동의 환각 증상을 통해 확립된다.

최근 음악에 초점을 맞춘 세계 민족지학적 기록을 조사한 결과, 음악 공연에 대한 언급과 술에 대한 언급 사이에 강한 상관성이 있는 것으로 나타났다.[108] 이는 음악 중심의 집단 동기성과 화합이 일반적으로 대량의 술로 촉진된다는 것을 암시한다. 이 연구는 인간관계 분야 파일(Human Relations Area File; HRAF) 프로젝트에서 만들고 유지하는 전 세계의 민족지학적 설명에 대한 중앙 데이터베이스를 활용했다. 이 데이터베이스에서 민족지학은 '결혼' 또는 '카니발리즘(식인행위)'과 같은 특정 주제 키워드로 태그가 붙어 있다. 내 연구 조교 에밀리 파이텍(Emily Pitek)이 HRAF를 빠르게 조사한 결과, '황홀한 종교의식'이 언급된 140개 문화권 중 100개(71%) 문화권이 '알코올 음료', '음주(사회적)', '취함(널리 보급)', '기분전환의 비치료적 약물' 및/또는 '환각제'가 존재한다는 것에 주목한다는 것을 발견했다.[109]

어떤 문화권에서, 순수한 자극제는 황홀한 집단 경험을 촉진한다. 예를 들어, 가봉의 팽 문화에서 토착 자극제 에보카(eboka)는 사용자들이 밤새도록 활기차게 춤을 출 수 있게 하며, '쾌감적 불면증' 상태를 만들어낸다.[110] 화학적 취성물질을 완전히 피하는 문화적 황홀 의식이 있다는 점도 주목해야 한다. 예를 들어, 펜테코스트 예배는 황홀 상태에서 성령이 말하는 것과 성령에 홀린 다른 표현으로 이어지는 강렬하고 긴 노래와 춤을 포함한다. 제2장에서 논의했듯이, 전전두엽피질(PFC)을 해치우는 방법은 두 가지 이상이다. 격렬한 신체 활동은 한두 잔의 위스키와 효과가 비슷할 수 있다.

하지만 동서고금을 통틀어, 어색하게 춤추는 사람들과 주저하면서 노래하는 사람들이 항상 알고 있듯이, 몇 잔의 술로 술기운이 생기면 자제력을 내려놓고 음악을 느끼기가 훨씬 더 쉬워진다. 따라서 의례와 집단 황홀에 관한 인류학적·과학적 문헌이 향정신성 약물의 역할에 거의 관심을 두지 않는다는 것은 놀라운 일이다. 이처럼 화학적 취함을 적절히 인식하지 않는 것은 학문적 담론의 배경에 쾌락에 대한 청교도적 불편함이 잠복해 있다는 사실을 반영한다. 현대 과학적 맥락에서, 이런 인식을 하지 않는 것에는 인간 연구 참가자에게 술을 진탕 마시게 하는 것에 대해 제도적 승인을 얻기 어렵다는 현실적 인식도 한몫한다. (물론, 이러한 방해 자체는 심사원단의 청교도적 태도를 반영한다.) 어쨌든 '집단적 활기'나 '군체 마음'에 대한 대부분의 현재 학술적 연구는 근본적으로 불완전하여, 노래와 춤 사이에서 홀짝홀짝 마시는 술의 본질과 기능에 대한 관심이 묘하게 부족하다. 그럼에도 불구하고 실제로 전 세계의 문화권에서는 리듬과 반복의 독립적인 심리적 효과가 강력한 약물과 결합될 때 최고의 시너지 효과가 발생한다는 것을 깨달았다.

영국의 인류학자 로빈 던바(Robin Dunbar)는 취함을 간과하지 않는다는 점에서 예외적이다. 던바와 동료들은 특히 술의 생리적 효과를 사회 의례에서 중요한 성분으로 본다. 특히 음주와 음악, 춤, 의례를 결합할 때 술로 유발되는 엔도르핀 방출이 우리의 원숭이 또는 유인원 친척들이 얻을 수 없는 정도로 인간들이 협력할 수 있게 하는 중요한 요인이라고 지적한다. 엔도르핀과 여타 오피오이드(아편류의 마취제)는 대부분의 포유류에서 성관계, 임신, 출산, 모유 수유를 통해 자연적으로 자극되며, 모두 암수 쌍 결합과 엄마-유아 유대에서 강한 역할을 한다. 그러나 인간이 알아낸 것은 이 '신경화학적 접착제'의 범위를 넓히기 위해 맛있는 액체를 섭취할 수 있다는 것이다.[111] 술과 여타 취성물질의 또 다른 효과인 세로토닌의 증가가 유대 혼합에 추가될 것으로 예상된다. 세로토닌의 증가는 개인의 기분을 좋게 하는 것 외에도 죄수의 딜레마 게임에서 이기적인 행동을 줄이지만, 트립토판(동물의 생육에 필요한 아미노산의 일종) 같은 차단제를 통해 세로토닌을 고갈시키면 반대 효과가 발생한다는 것이 밝혀졌다.[112] 이러한 시너지는 현대 떠들썩한 파티 문화에서 완벽한 형태가 발견된다. 이런 파티 문화에서 MDMA 취함으로 인한 세로토닌의 강력한 상승은 추진, 반복적 박동, 집단 동시성과 결합된다.[113]

환각제 등의 다른 취성물질은 술보다 훨씬 더 강하게 자아감을 불안정하게 만들어, 사람들을 서로 결속시키고 집단 정체성을 진척시키는 방식으로 자아와 타자의 구분을 완전히 흐리게 한다.[114] 단점은 그런 환각제가 사람을 너무 오랫동안 혼란스러운 정신 상태에 있게 한다는 것이다. 그래서 환각제 사용은 샤먼과 같은 전문 계층에 국한되거나, 중요하지만 상대적으로 드문 의식에 국한되는 경향이 있다. 예를 들어, 멕시코의 시에라 마드레 옥시덴탈(Sierra Madre Occidental) 산맥에서 페요테를 의례에서 주기적으로 사용하는 것은 그 뿌리가 오래되었으며, 페요테의 사회적 기능은 분명히 자아가 조화로운 전체로 융합될 수 있게 자아를 철저히 파괴하는 것을 목표로 한다. 이 지역에 대한 16세기 중반의 한 이야기에서는 이러한 공공의 페요테 의례 중 하나를 묘사하고 있다. "그들은 사막 어딘가에 모여서 밤새도록 노래를 불렀다. 그리고 이튿날 다시 한 번 모였다. 그들은 울고, 몹시 울었다. [따라서] 그들은 눈을 씻었다고 말했다. 그들은 눈을 청소했던 것이다."[115] 페요테의 환각적 성분인 메스칼린이 화학적으로 쇄도하면서, 지나치게 발달한 PFC를 가진 유인원이 집단에게 굴복하지 못하게 하는 이기적인 욕망과 사소한 불만이 씻겨진다.

같은 산악 사막 지역에서도 이런 의식이 수행된다. 인류학자 피터 퍼스트(Peter Furst)가 묘사했듯이, 한 의식이 절정에 이르자 모든 참가자에게 마지막 고백 이후 저질렀을지도 모르는 성범죄를 공개적으로 인정하게 한다. 이것은 흥미로운 사실을 보여준다. 즉, 성적 질투와 배우자 상대를 둘러싼 갈등은 집단을 쪼개거나 분열시키는 가장 강력한 구심력일 수 있다. 각자 배우자나 현재의 애인 앞에서 과거 애인의 이름을 말할 때 "질투, 상처, 원망, 분노를 표출하는 것이 허용되지 않는다. 그보다 더 어떤 사람도 그런 느낌을 '마음속에' 품어서는 안 된다." 참가자는 가톨릭 고해를 연상시키는 방식으로 의례상 정화되어 죄가 '맑게 씻겨져' 나온다.[116] 이것은 충돌이 일어나기 전에 충돌을 피하는 대단히 효과적인 방법이다.

이런 종류의 의례 맥락에서 사용되는 환각제는 개인 방어망을 무장 해제하고 집단을 단결시키는 매우 강력한 도구이기 때문에, 페요테 의식은 문화적 정체성 상실에 대한 대비책이 필요한 다른 미국 원주민

집단으로 확산되었다. 로버트 풀러가 말한 것처럼, 1890년 이전에는 페요테 의식은 리오그란데 강 북쪽에서는 보기 드물었다. 1890년 이후, 전통적인 부족 문화는 점점 더 많은 압력을 받게 되어 정체성이 제거되고 인디언 보호 거주지로 모이게 되면서, 새로운 집단 정체성을 형성하기 위한 도구로서 교령춤(Ghost Dance)이라고 알려진 페요테 의례의 형태로 관심을 돌렸다.[117] 이 '미국화된' 페요테교(敎)는 청교도 연방정부에 대항하여 화학적 취성물질의 의례적인 사용에 대한 권리를 주장해야만 했던 남서부의 활기찬 종교적 전통으로 남아 있다.

고대 베다어 소마(神酒)가 무스카리아버섯, 즉 '광대버섯'에서 유래했다는 주장을 옹호한 사람으로 잘 알려진 아마추어 버섯 애호가 고든 와슨(Gordon Wasson)이 말했듯이, "황홀! 일반적인 말로는 황홀은 재미있다. 하지만 황홀은 재미있는 것이 아니다. 네 영혼은 사로잡혀서 얼얼해질 때까지 흔들린다. 결국, 누가 희석되지 않은 경외심을 느끼려고 할 것인가? 잘 모르는 저속한 사람은 그 말을 오용한다. 우리는 그 말의 완전하고 놀라운 의미를 되찾아야 한다."[118]

진정한 황홀은 자아의 경계를 무너뜨리기 때문에 개인에게 두려운 것이다. 진정한 황홀은 유인원에게는 무섭고 혼란스럽게 하는 것이지

교령(交靈)춤
아메리카 원주민들이 죽은 사람의 혼과 통하기 위하여 추는 종교적 춤.

페요테교
토착 종교에 기독교의 요소를 가미한 북아메리카 원주민의 종교이다. 종교 행위에 페요테 선인장을 사용한다.

만 꿀벌이나 개미에게는 일상적인 일이다. 화학적 취함과 함께 오는 황홀은 육체적·정신적 즐거움뿐만 아니라 집단 응집력을 달성하는 데 중요한 변화를 가져온다. 예를 들어, 우리가 술이 협력에 대한 부정적인 장벽(거짓말, 의심, 부정행위)을 무력화시킨다고 생각한다면, 엔도르핀과 세로토닌의 자극을 통해 집단 구성원들 간의 친화적인 쌍 결합 같은 정서적 연결을 형성하는 술의 긍정적인 역할도 보아야 한다. 화학적 황홀 상태는 자아를 무장 해제시키는 메스이며, 동시에 의심스럽고 이기적인 유인원을 문화적 군체 마음으로 묶어주는 접착제이다.

정치적 힘과 사회적 연대

우리는 괴베클리 테페에 세워진 석축과 정체 모를 거대한 기둥이 있는, 세계에서 가장 오래되고 웅장한 의례 현장에 대해 여러 번 언급했다(그림 3.3).

괴베클리 테페는 농업의 출현보다 앞서기 때문에 확실히 11,000년 이상 전에 수렵채집인이 만들었을 것이다. 따라서 몇십 년 전에 발견된 괴베클리 테페는 인류가 농업혁명으로 인한 안정성과 자원 접근성에 도달한 후에야, 웅장한 건축물, 공들인 예식에 기초한 종교, 술 양조 같은 문명의 핵심적인 장식구가 발전할 수 있었다는 전통적인 견해에 반하는 중요한 증거였다. '빵보다 맥주가 먼저' 가설을 지지하는 학자들은 40갤런(약 151리터)의 액체를 담을 수 있는 돌 웅덩이, 흩어진 술잔의 잔재, 야생동물을 마음껏 먹는 성대한 잔치의 증거와 함께 이 유적지

그림 3.3. 괴베클리 테페의 이미지(Klaus Schmidt/DAI; Irmgard Wagner/DAI)

를 고대 인류가 어떻게 처음으로 취함과 의식을 통해 대규모 집단으로 모이게 동기부여 되었고 그다음에 농업이 출현했는지를 보여주는 실례로 간주한다. 괴베클리 테페에 곡물 저장고나 다른 식품 저장 시설이 없다는 것은 흥미롭다. 고고학자 올리버 디트리히(Oliver Dietrich)와 동료들은 "생산은 저장용이 아니라 즉시 사용하기 위한 것이었다"고 말한다.[119] 다시 말해, 사람들이 이 자리에 대거 모여 일시적이고 웅장하고 성대한 잔치를 벌이고 극적인 의례를 치렀는데,[120] 이 모든 것에는 푸짐한 술이 공급되었을 것이다.[121]

술은 여러 가지 기능을 했다. 술과 음식의 매력으로 인해 흩어져 있던 수렵채집인이 멀리에서 한데 모였고, 거대한 16톤의 돌기둥을 옮기고 조각하고 세울 수 있는 노동력이 만들어졌다. 이 거대한 건축물은 결국 조직자에게 엄청난 권위와 힘을 제공했을 것이고, 반면에 이 기둥들 사이에서 행해진 취성물질이 공급된 의례는 종교적·이데올로기적 결속력을 만들어내었을 것이다. 따라서 주기적인 술잔치는 농업과 문명이 탄생한 괴베클리 테페를 비롯한 이른바 '황금삼각지'의 다른 유적지를 탄생시킨 문화를 하나로 묶는 일종의 '접착제' 역할을 했다. 이런 술잔치가 끝나면 참가자는 다음 의례 때까지 다시 뿔뿔이 흩어졌다.

대규모의 집중적인 술 생산과 위대한 문명이 독립적으로 생겨난 세계 여러 지역에서 정치적·이데올로기적 통합의 발단 사이에 유사한 연관성이 보인다. 우리는 중국의 황하 계곡에 있는 얼리터우 문화(二里頭 文化; Erlitou culture)와 상(商)왕조 문화의 통치자들이 다양한 맥주와 과일주로 강화된 제의에서 힘을 얻은 것으로 보이고, 치차의 표준화와 대규모 생산이 남미 안데스 잉카인이 제국을 공고히 하기 위해 사용하는 중요한 도구라는 것을 보았다. 가이 듀크는 다음과 같이 말한다.

> 치차를 만들 때 사용하는 발효제의 이름인 아카 마마(Akha mama)는 잉카의 수도 쿠스코(Cuzco)의 또 다른 이름이었다. 매우 상징적인 이 다른 이름은 많은 차원에서 잉카인에게 치차의 중요성을 보여준다. 한 가지 차원에서 이 이름은 잉카인이 통치의 과정에까지 치차에 중요성을 부과한다는 것을 보여준다. 즉, 쿠스코가 없다면 잉카도 없고, 치차가 없다면 쿠스코도 없다는 것이다. 또한, 치차가 쿠스코에서 비롯되었다는 암시를 통해 잉카 제국은 치차와 그것의 사회적 힘을 안데스산맥 전체에 걸쳐 합법성을 확립하는 수단으로 활용했다. 치차를 통제하는 자가 안데스산맥을 통제한다는 것이다.[122]

술의 정치적 기능은 상징적일 뿐만 아니라 실용적이기도 하다. 괴베클리 테페에서 맥주 생산을 관장하는 사람은 누구든 그 노동력을 통제했고, 술에 취하는 종교적 축제에서 만들어지고 강화되고 확산되는 이데올로기적 체계에서 실질적인 이익을 얻었다는 것은 의심의 여지가 없다. 잉카 황제들도 비슷하게 옥수수 밭을 가꾸고 거대한 건축물을 짓는 데 필요한 엄청난 수의 노동자를 모으기 위해 식량과 치차에 대한 희망을 사용했다. 고대 중국 통치자들이 술로 보상받는 집단 노동에 의존했다는 것은 다음과 같은 《시경》의 오래된 시에서 반영된다.

南有嘉魚	남쪽에는 곤들매기
烝然罩罩	유유히 떼를 지어 헤엄치네.
君子有酒	그대가 술 내오니
嘉賓式燕以樂	잔치하며 즐거워하네.[123]

오늘날까지, 전 세계에서, 건물을 건설하거나 운하나 관개 수로를 보수하는 것과 같이 무급 노동에 의존하는 대규모 공동 프로젝트는 일반적으로 중앙 당국이나 현지 후원자들이 자금을 대는 거대하고 대량의 술이 나오는 연회나 잔치로 노동자를 보상한다.[124] 폴 도우티(Paul Doughty)는 자원봉사 일행들이 엄청난 양의 술과 음악으로 대접받는 현대 페루에서 '축제 노동'의 풍습이, 잘 다듬어진 정식 임금 노동 체계가 없는 상황에서 대형 프로젝트를 완수할 수 있는 유일한 길이라고 말한다. 노동조합과 정해진 임금 및 건강관리가 포함된 9시 출근 5시 퇴근의 정규 근무일 제도가 있는 산업사회에서는 직장 내 음주가 억제된다. 산업화 이전의 사회에서는, 직장에서 음주를 촉진하는 것이 일을 끝낼 수 있는 유일한 방법이다.

술뿐만 아니라 종종 술과 같이 나오는 음식과 연회를 많은 사람에게 제공할 수 있는 능력은 일반적으로 지역 지배계층에게 국한된다. 따라서 술잔치는 사회적 지위를 알리고 상징하며 강화하는 한 가지 방법이 되기도 한다. 특히 이는 술이 빵이나 밥과 같은 세속적인 음식과는 달리 본질적으로 사치품이기 때문이다. 곡물과 과일을 맥주와 포도주로 발효시키는 것은 부의 집중에 기여한다. 이는 발효 음료가 칼로리와 비타민을 확대하는 동시에 부피가 크고 흩어진 생물학적 자원을 소형이고 휴대 가능하며 보통 저장 가능한 패키지로 압축한다는 점에서이다.[125] 오늘날에도 대학교의 남학생 사교 파티에서 나무통에 든 생맥주를 제공하는 사람에게 어느 정도의 위신과 권위가 주어진다. 이것은 11,000년 전 괴베클리 테페에서 열린 잔치 주최자 또는 중국 신석기 말기와 청동기 시대 초기의 얼리터우 문화와 상왕조 통치자들이 술로 인한 성대한 제의를 주관하면서 누렸던 힘을 희미하게 반영한다.

철기시대 유럽의 일부 지역에서 남성 무덤이 아닌 지배계층의 여성 무덤에 꿀술과 포도주를 차려낼 수 있는 크고 귀한 그릇이 들어 있었다는 점에 주목할 필요가 있다. 예를 들어, 기원전 500년경에 프랑스 빅스(Vix)에 묻힌 지배계층 여성의 호화로운 무덤에는 전차와 금 장신구, 그리스에서 수입한 술과 관련된 다양한 그릇이 들어 있었다. 그러나 가장 화려한 것은 5피트 이상의 높이와 300갤런(약 1,135리터)의 술을 담을 수 있는 거대한 크라테르(krater; 청동 포도주 통)였는데, 이것은 기원전 600년경 그리스의 코린토스에서 제작되어 빅스로 조각조각 운반된 것이었다. 엄청난 비용을 들여 먼 거리에서 가져온 이렇게 거대하고 귀한 이국적인 고대 유물은 강력한 권력의 상징으로 작용하고 어쩌면 공식 의례에서 두드러진 역할을 했을 것이다. 마이클 엔라이트(Michael Enright)는 이러한 매장물이 어떤 종교 제도를 반영하고 있다고 주장한다. 이 제도에서는 여성이 지역 남성들을 응집력 있는 전사 집단으로 결속시키는 일을 담당하는 여성 사제(샤먼)로서 역할을 맡아 술에 대한 접근을 통제했을 것이다.[126]

전통 사회에서, 술을 의례에서 사용하는 것은 계급과 사회적 위계를 강조하는 정교한 의식과 화려한 구경거리도 포함한다.[127] 고대 수메르에서 고대 중국에 이르기까지, 음주 의식은 매우 의례화되어 통치자와 종교 전문가가 조심스럽게 통제했고, 지위와 계급을 강조하는 것에 중점을 두었다. 대부분의 아프리카 사회에서, 술에 대한 접근은 전통적으로 지배계층의 통제를 받고 종종 그들이 사용하는 것으로 제한되었다. 이따금씩 행해지는 공공 의례의 예외도 있었는데, 이때는 술을 평민과 나누었다. 하지만 통치자의 계급과 명성의 차이를 돋보이게 하면서 술을 나눈다.[128] 예를 들어, 지배계층이 먼저 가장 품질이 좋은 맥주나 포도주를 마신 다음, 일반 대중의 대표자를 시켜 독한 술을 일반 대중에게 조금씩 나누어주게 한다. 평등주의 사회에서도 야자주 같은 술의 생산은 야자주를 만들거나 구입하는 사람에게 지위를 선사한다. 야자주가 공동 축하 행사에서 널리 공유되지만, 주인이 술을 제공하는 사람들에게 연줄과 감사의 마음을 알릴 수 있고, 또한 주인에게 특별한 명예를 가져다주고 현지의 지위 차별을 강화하는 방식으로 공유된다.[129] 카바 등의 다른 취성물질도 비슷한 방법으로 사용된다. 예를 들어, 피지의 전통적인 카바 의례에서, 남성들(그리고 남성들만 참여한다)은 계급으로 엄격하게 정해진 원형으로 앉아, 모두 적절한 순서대로 술을 마시고, 마신 컵을 의례 공간의 '높은' 윗자리에 앉는 촌장에게 향하게 한다.[130] 취성물질 소비를 의례 맥락에 포함시킴으로써, 문화는 사람들을 한데 모이게 할 뿐만 아니라, 전체적으로 봤을 때 이런 사람들이 어디에 위치하는지를 분명히 한다.

문화적 집단선택

술에 관한 인류학 문헌의 상당 부분은 술의 생산과 유통에 대한 통제에 수반되는 상징적·정치적 힘뿐만 아니라 술을 마시는 고도의 의례 방식도 강조한다. 술이 향정신성 화학물질일 뿐만 아니라 문화적 의미를 전달하는 역할도 한다는 것을 인식하는 것은 확실히 중요하다. 그러나 취성물질과 관련된 문화적 의미의 근원은 분명히 취성물질의 생리적 효과에 근거한다. 우리는 김치나 요구르트 기반의 슈퍼 배양균의 뚜렷한 부재를 반드시 알아채야 한다. 빅스의 샤먼(무당)과 함께 묻힌 300갤런(약 1,135.6리터)의 청동 그릇은 죽이 아닌 술을 담는 그릇이었으며, 괴베클리 테페의 발효통과 저장고는 사워도우 빵(발효 빵)을 위한 것이 아니었다. 황홀해 하는 상(商)나라 지배계층은 기장 그릇이 아닌 술잔을 죽은 조상의 무덤 안에 넣었다. 취성물질은 우리를 취하게 하

> **문화적 집단선택(group selection)**
> 종 내의 어떤 집단은 서로에게 이타적이고 어떤 집단은 그렇지 않을 경우 이타적인 집단이 살아남고 비협동적인 집단은 살아남지 못한다는 개념.

기 때문에 엄청난 상징적 의미가 생겨났다. 술이 대규모 문명의 발생을 촉진하게 한 것은 정확히 술의 정신약리적 효력이다. 이러한 점을 고려하면, 전 세계의 문화가 빠르게 문명의 위대한 촉진자인 술에 상징적 중요성을 불어넣게 된 것은 놀라운 일이 아니다. 문명 이전에 취함이 있었던 것이다.

술과 여타 취성물질의 이런 중요한 기능적 역할은 인류학계에서 서서히 받아들여지고 있다.[131] '빵보다 맥주가 먼저' 가설을 옹호하는 학자는 취성물질을 사용하는 문화의 응집력과 규모가 증가하여 다른 집단과의 경쟁에서 뚜렷한 이점을 얻어서 어떻게 노동, 식량 생산, 그리고 전쟁에서 더 효과적으로 협력할 수 있는지를 제대로 강조한다.[132] 문화적 집단선택의 거침없는 압박은 이렇게 하여 우리가 역사적 기록에서 실제로 관찰하는 방식과 취함에 대한 납치 또는 숙취 이론과도 전혀 일치하지 않는 방식으로 취성물질의 문화적 사용을 장려하고 전파할 것이다.

우리가 역사상 술에 취한 데는 그만한 이유가 있다. 문명이 출현한 문화 집단의 잔인한 경쟁 속에서 승리를 거두었던 사람이 음주자, 흡연자, 그리고 환각제 사용자였다는 것은 우연이 아니다. 앞에서 설명한 모든 방법에서, 취성물질, 특히 술은 인간에게 우리의 유인원 본성이 부과한 한계를 벗어나 사회적 곤충과 같은 수준의 협력을 만들게 한 화학적 도구였던 것으로 보인다. 우리는 음주의 기능적 이점에 대한 전통적인 견해가 현대 과학으로 증명된다는 것을 보았다. 창의성 강화, 스트레스 해소, 사회적 접촉 촉진, 신뢰와 유대 강화, 집단 정체성 형성, 사회적 역할 및 계층 강화 등을 통해 취성물질은 사냥과 채집하는 인간이 농업 촌락, 마을, 도시의 군체 생활 속으로 들어갈 수 있도록 하는 데 결정적인 역할을 했다. 이 과정은 점차 인간 협력의 범위를 넓혀갔고, 결국 지금과 같은 현대 문명을 창조해냈다.

그러나 누군가는 이것이 역사적 관심사일 뿐이라고 주장할 수도 있다. 확실히 이 모든 일을 계속하는 데 더 이상 취성물질이 필요하지 않을 수 있다. 예를 들어, 이제는 스트레스를 줄이고 기분을 좋게 하는 다른 방법이 우리 주변에 있다. TV와 인터넷, 또는 항우울제는 그런 면에서 맥주 몇 파인트만큼 효과가 있다. 어쩌면 훨씬 더 나을지도 모른다. 현대의 은행 제도와 강력한 법치주의로 인해 악수에 크게 의존하지 않아도 되고, 누군가의 인품을 신뢰하는 것에 크게 의존하지 않아도 된다. 대규모 공공 프로젝트는 이제 납세자 돈으로 자금을 조달받을 수 있으며, 급여와 복지지원을 받는 맑은 정신의 숙련된 전문가들이 그 프로젝트를 완료할 수 있다. 그리고 어쩌면 세계화된 세계에서, 민족주의 지배계층의 권력 통합과 독점은 우리가 멀리하고 싶은 것일지도 모른다.

이것들은 모두 합리적인 견해이다. 새로운 기술, 덜 해로운 표적 약물, 그리고 현대 기관이 역사적으로 제공된 추성물질의 많은 기능적 이점을 공급할 수 있는 방법이 있다. 불쾌한 독성 부분 없이 말이다. 하지만 나는 우리가 화학적 황홀에 대한 욕구에서 완전히 벗어난 것은 아니라고 주장한다. 술과 여타 취성물질은 우리의 현대 세계에서 계속해서 역할을 할 수 있고, 또 해야 한다. 사실, 어떤 면에서 우리는 그 어느 때보다도 술을 필요로 한다. 화학적 취함이 기능적 역할이 다 된 것이 아니라는 강력한 주장이 있고, 우리가 계속해서 술에 취해야만 하는 이유가 아직 많이 있다.

제4장
현대 세계에서의 취함

술 취함에 대한 납치 이론이나 숙취 이론의 경계 안에 갇혀서는 우리 인간이 계속해서 술에 취해야 한다는 주장을 펴기는 어렵다. 그렇다고 해서 사람들이 노력하는 것을 그만둔 것은 아니었다. 쾌락 자체는 공적으로 옹호할 수 있는 근거로 거의 받아들여지지 않기 때문에, 음주 행위를 옹호하는 사람은 일반적으로 술의 예상되는 건강상의 이점에 초점을 맞추었다. 즉, "와인은 콜레스트롤을 낮춘다! 심장에 좋다!"라는 것이다.

음주가 건강에 이롭다는 과학 문헌은 사실 잡다하고 혼란스럽다. 이는 전면적인 술 규탄과 적당한 음주의 권고 사이에서 갈팡질팡하는 현대 정부 정책에서 반영된다. 예를 들어, 1991년, 미국 연방정부는 공식 식이요법 지침에서, 술이 '건강에 백해무익하며', 어떤 양으로든 음주를 권고하지 않는다고 선언했다. 1996년에 이르러서 미국 연방보건위원회가 처음으로 적당한 음주가 건강에 이로울 수 있다는 것을 공식적으로 인정하면서 상황이 달라졌다.

많은 사람은 와인 업계의 선전으로 널리 알려진 이른바 '프렌치 패러독스(프랑스인의 역설)'를 익히 알고 있다. 버터, 우유, 푸아그라 등이 주를 이루는 전통 프랑스 요리가 일으킬 심장 참사에도 불구하고, 프랑스인의 심장질환 발생률은 놀라울 정도로 낮다. 적어도 그 비밀은 프랑스인이 마시는 포도주, 특히 적포도주로서, 포도주가 포화지방의 수치를 떨어뜨린다는 주장이었다. 프렌치 패러독스의 세부 내용은 논쟁의 여지가 있지만, 연구를 통해 적당한 음주가 관상동맥 심장질환의 위험을 줄인다는 것이 시사된다.[1] 적당한 음주는 분명히 '좋은' HDL(고밀도지방단백질; high density lipoprotein)의 수치를 높여서 그런 위험을 줄인다는 것이다. 또한 기억력 또는 의미 유창성(의미 전달력) 테스트와 같은 과제에서 기능 향상과 우울증의 위험 감소를 포함하여 적당한 음주 행위의 장기적인 인지적 이점을 입증하는 몇 가지 증거가 있다.[2]

2018년 서론에서 언급한 권위 있는 의학저널 《란셋》에 연구가 발표되면서 의사들이 저녁 식사에 곁들인 포도주 두 잔을 처방한다는 행복한 생각은 깨졌다. 이 연구는 적당한 음주가 건강상의 이점을 어느 정도 제공할 수 있다는 것을 인정하면서도, 사고, 간 손상, 그리고 조기 사망의 다른 원인 등의 측면에서 드는 엄청난 비용에 비하면 이런 이점이 너무 극미하다는 것에 주목했다. 이 연구는 가장 안전한 음주량은 0이라는 결론을 내렸다. 2020년 7월, 미국 연방정부가 발표한 '미국인을 위한 식생활 지침'(Dietary Guidelines for Americans)의 최신 정보는 금주 쪽으로 정책을 강하게 바꾸어, 사람들에게 하루에 한 잔으로 제한해야 한다고 권고했다. 여기서 말하는 '한 잔'은 맥주 355밀리리터, 와인 148밀리리터 또는 증류주 44밀리리터로 얼마 안 되는 양이다.³ 이런 권고는 정부가 음주에 대한 권고를 더 엄격하게 하는 세계적인 추세와 일치한다.

이런 지침이 채택되면서 일반적으로 금주운동가들은 환호하고, 술꾼들은 격노하고 이를 갈게 된다. 전자에는 언론인 올가 카잔(Olga Khazan)과 같은 신(新)금주론자가 있다. 그녀는 술을 다른 (대부분 불법) 약물과 같은 기준으로 다루어야 한다고 주장한다. 그녀는 "맛과 느낌 외에, 술이 건강에 미치는 영향에 대해 말할 수 있는 좋은 말은 거의 없다"고 분명히 말한다. "술은 일상적으로 사람을 죽이는, 친목 모임에서 거의 보편적으로 받아들여지는 한 가지 약물이다."⁴ 술 옹호자들은 《란셋》 연구에 사용된 통계에 이의를 제기하거나, 당국이 관상동맥 건강을 비롯해 술이 소화에 유익한 영향을 미친다는 중요한 사실을 과소평가한다고 주장한다.

우리의 목적상, 유념해야 할 가장 중요한 것은 이 모든 공연한 소동이 술의 기능적·사회적 이점을 고려하지 않으면 이 주제에 대한 대중의 논쟁이 심각하게 왜곡될 수 있다는 것을 보여주는 완벽한 예라는 것이다. HDL 수치 주변의 변두리에 대해 옥신각신할 필요가 없다. 신(新)금주론자와 보건당국 모두가 절대 금주 편에 가담할 때 고려하지 못하는 가장 중요한 사실은 창의성, 만족감, 사회적 결속력의 보조물로서 술의 유서 깊은 역할을 배경으로 하여 술의 명백한 생리적·심리적 비용을 비교 검토해야 한다는 것이다. 일단 취함의 기능적 이점, 즉 인간이 극단적인 생태적 지위에 적응하게 돕는 취함의 역할을 인식하게 되면, 술이 없는 세상을 얻고자 노력해야 한다는 주장은 유지하기 어렵다.

우리는 제3장에서 술과 여타 화학적 취성물질이 어떻게 문명의 발생에 촉매작용을 하고 문명을 지원했는지 보았다. 제5장에서는 특히 증류주가 넘쳐나고 전통적인 사회적 통제가 없는 세계에서 술과 술로 인한 행동이 개인과 사회 모두에 제기하는 위험성에 대해 탐구할 것이다. 하지만 이 장에서는 술과 여타 취성물질이 그 유용성을 다하지 않았다는 주장을 펼칠 것이다. 창의적·문화적·공공적 유인원이 되는 것에 수반되는 어려움은 단순히 TED 강연, 줌(Zoom), 그리고 (적어도 캐나다에서) 보편적 의료보장(universal health care; UHC; 시민과 지역 사회가 재정적 제약을 받지 않고 필요한 필수 건강 서비스를 받거나 제공할 수 있는 제도)에 접할 수 있다고 해서 사라진 것은 아니었다. 인간이 되는 것은 여전히 어렵다. 이는 필연적으로 디오니소스의 여파로 인한 두통거리가 있음에도 불구하고, 여전히 우리 삶에서 역할을 할 디오니소스가 필요하다는 것을 의미한다.

위스키 룸, 살롱, 발머 피크

앞서 보았듯이, 현대의 인지과학과 심리학에서는 취함과 창의성의 연관성이 근거 없는 믿음이 아니라고 제안한다. 어린이를 포함하여 인지 제어가 감소한 사람은 다른 식으로는 뜻이 통하지 않는 목표 단어(PEACH, ARM, TAR)를 결합하는 네 번째 단어(가령, PIT)를 생각해 내야 하는 원격 연상단어 검사(RAT) 같은 수평적 사고 과제를 더 잘 수행한다. 경두개 자기로 PFC의 기능을 정지시켜 인지 제어 능력이 일시적으로 손상된 사람도 향상된 수행 능력을 보인다. 인지 제어의 감소와 창의적 사고 사이의 관계를 고려하면, 적은 용량과 적당한 용량으로 인한 화학적 취함이 개인의 창의성을 증가시킬 것으로 예상된다.

사실 이것이 우리가 발견한 바로 그것이다. 2012년 앤드류 자로스(Andrew Jarosz)와 동료들은 술이 창의적 사고에 미치는 영향을 직접 측정하기 위한 첫 번째 연구인 〈뮤즈의 코르크 뽑기: 술 취함은 창의적 문제해결을 촉진한다〉를 발표했다.[5] 실험대상자에게 실험실로 들어와 체중을 재고 위(胃)를 보호할 베이글을 몇 개 준 다음 집행 기능(executive function; 자신의 행동을 스스로 조절하고 제어하는 능력)을 측정하는 데 흔히 사용되는 작동기억 능력 과제를 수행하게 했다. 여기에는 실험대상자의 인지 제어 능력에 대한 취하기 전의 기준이 제공되었다. 그다음에 술이 나왔다. 10분 동안 보드카와 크랜베리 칵테일이 연속적으로 제공되었고, 그동안 실험대상자는 애니메이션 영화 《라따뚜이》를 보는 것에 정신이 팔렸다. 알코올 복용량은 최종에는 혈중알코올농도(BAC) 0.07~0.08%가 되도록 체중에 맞게 조정되었다. 이 농도는 충분히 취한 것이긴 하지만 완전히 취한 것은 아닌데, 이는 대부분의 사법당국이 음주운전으로 처벌하는 수치이다. 실험대상자는 취한 쾌감이 나오는 동안 주의집중을 방해하는 과제를 몇 차례 수행했다. 일단 취기

> **작동기억(working memory)**
> 머릿속에 입력된 정보를 지속적으로 기억하면서 필요 시에 적절히 조합하고 조작해 문제를 해결하는 데 관여하는 기억. 작동기억에 관여하는 영역은 이마 바로 위 전두엽의 바로 앞부분인 전전두엽에 있다.

가 최고조에 달할 것으로 예상되면 실험대상자에게 두 번째 인지 제어 과제를 주고 혈중알코올농도를 측정했으며 마무리할 RAT를 제시했다. 실험대상자는 또한 RAT의 정답을 신중하고 단계적인 추론을 통해 생각해 냈는지, 아니면 번쩍하며 발휘된 통찰력으로 생각해 냈는지에 대해 보고해야 했다. 맑은 정신의 통제집단에게는 베이글과 술을 제공하지 않고서 애니메이션 쥐 영화를 보고 같은 과제를 수행하게 했다.

취한 참여자와 맑은 정신의 참여자 모두 술을 마시기 전에 작동기억 과제를 수행했기 때문에, 취한 실험대상자와 집행 기능이 비슷한 수준의 맑은 정신의 실험대상자를 비교할 수 있었다. 예상대로, 음주 집단이 일단 취하면, 두 번째 집행 기능 과제에 대해 통제집단만큼은 기량을 발휘하지 못했다. 즉, 술이 PFC의 기능을 일시적으로 정지시키는 역할을 했던 것이다. 그러나 술 취한 사람은 RAT 과제에서는 맑은 정신의 통제집단을 이기면서 그 과제를 더 많이 해결하고 더 빨리 해결했다. 또한 단지 머릿속에 답이 떠오르면서 영감의 순간에 그 과제를 해결했다고 보고했다.

이것은 참가자 수가 상당히 적은 단 하나의 연구이다. 그러나 인지 제어의 감소와 창의적 사고의 향상을 연관시키는 훨씬 더 많은 연구와 함께, 이 연구는 술과 창의성에 대한 오래된 범문화적 관점을 뒷받침한다. 여기에 〈술에 취하다〉[6]라는 제목의 또 다른 연구가 있다(최소한 술은 연구 제목의 창의성을 증가시킨다). 이 연구는 뮤즈로서 술의 역할에 대해 설득력 있는 간접적인 증거를 제공한다. 마이클 세예트(Michael Sayette)와 동료들은 실험대상자에게 알코올 칵테일이나 버진 칵테일(무알코올 칵테일)을 마시게 한 뒤 《전쟁과 평화》의 구절을 읽고 멍해지고 마음이 방랑할 때마다 'ZO'라고 적혀 있는 버튼을 눌러야 하는 과제를 수행하게 했다. 게다가, 몇 분마다 그들의 마음 방랑을 실험자가 조사했다. 가청음이 울리고, "당신은 멍하니 있었습니까?"라는 질문이 화면에 나타나곤 했다. 약간 취한 실험대상자는 더 자주 헤매었고, 또한 자신의 마음이 방랑하고 있다는 것을 잘 알아차리지 못했다. 앞서 논의한 것처럼, 마음 방랑과 창의성이 맞물려 있다는 확실한 증거가 있기 때문에, 마음 방랑의 수위를 높이면 창의성이 증가할 수 있다. 마음이 방랑하고 있다는 것조차 알지 못한 채 당면한 과제에서 벗어나 자유롭게 배회하는 마음은 창의적인 통찰력을 만들어 낼 준비가 되어 있는 마음이다.

몇 년 전 구글 캠퍼스의 강연에서 이런 연구를 발표하고 난 뒤, 흥분한 주최자는 곧바로 나를 인상적인 위스키 룸으로 데려갔다. 이곳은 코더들의 창의성이 한계의 벽에 부딪힐 때 액체가 주는 영감을 한 잔하기 위해 칩거하는 곳이었다. 나는 이 방문에서 '발머 피크(Ballmer Peak)'(그림 4.1)의 개념을 소개받았다. 아마 출처가 분명하진 않지만, 전 마이크로소프트 CEO인 스티브 발머(Steve Ballmer)의 것으로 생각되는 이 개념은 그래프를 통해 알 수 있다. 이 그래프에서 곡선은 아주 높지만 좁은 정점을 지니는데, 이 곡선은 코딩 기술의 수준이 혈중알코올농도에 달려 있는 것으로 묘사한다.

코더들이 혈중알코올농도의 스위트스폿 주변을 맴돌기 위해 적절히 공학적으로 알코올성 링거액에 연결되어 있다는 이야기가 전해 오고 있다. xkcd 만화의 창시자 랜들 먼로(Randall Munroe)가 위스키로 가득 찬 방에 한 팀을 이루는 코더들을 집어넣는 것이 권할 만한 일이

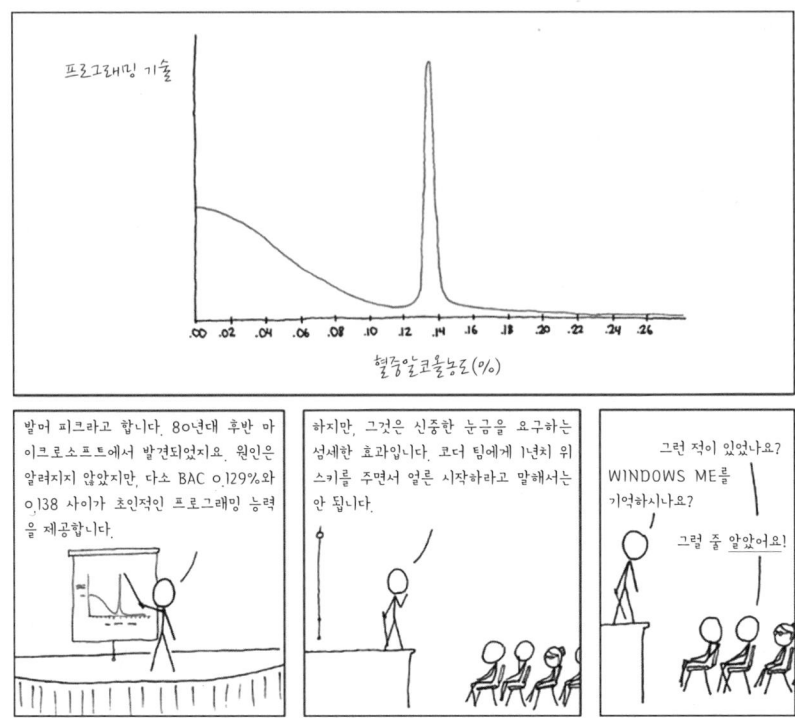

그림 4.1. xkcd on the Ballmer Peak(xkcd.com)

못 된다고 농담하지만, 사실 구글은 정기적으로 이렇게 한다. 이것은 술과 창의성에 대한 두 번째 요점으로 이어진다. 즉, 술이 개인의 창의성에 제공하는 자극은 사람들이 집단으로 취할 때 확대되고 강화된다는 것이다. 구글 위스키 룸은 결정적으로 혼자 취하는 공간이 아닌 비공식적인 단체 좌석 배치로 가득 찬 공동 공간이다. 나와 이야기를 나눈 코더들은 이곳을 주로 팀 단위로 컴퓨터 모니터에서 벗어나 마음을 편안하게 하고 어려운 문제에 직면할 때 새로운 해결책을 얻기 위한 장소로 사용한다고 말했다. 함께 이야기를 나누고 술에 쉽게 접근하게 하는 공간은 집단적 창의성을 위한 강력한 인큐베이터 역할을 할 수 있다.

빈백 의자와 풋볼 테이블(테이블 축구 게임기)이 있는 위스키 룸이 그런 공간이다. 모든 전통적인 살롱, 연회석, 술집, 바도 마찬가지이다. 사람들이 다양한 크기의 집단을 이루어 편안하게 먹고 마실 수 있도록 좌석을 갖춘 전형적인 현대식 음주 시설의 배치는 집단적 창의성을 자극하기 위해 완벽하게 설계되었다. 우리의 인지 제어를 하향 조절하고 우리의 기분과 에너지 수준을 향상시키는 데 있어서, 술은 창의적 통찰에 대한 마음을 열 뿐만 아니라 다른 사람에게 이러한 통찰을 전달하는 장벽을 낮추기도 한다. '멍청한' 아이디어는 두 번째 잔을 마신 뒤에는 덜 바보처럼 보이고, 세 번째 잔을 마실 때쯤에는 선배 동료가 그렇게 위협적으로 보이지 않는다. 술은 또한 일반적인 위험 감수를 증가시킨다. 제5장에서는 술이 어떻게 성욕과 자동차 운전에서는 상당한 부정적인 결과를 가져오기도 하지만, 위험을 감수해야 하는 아이디어의 세계에서는 긍정적인지를 논의할 것이다. 어쨌든, 개인의 마음을 자유롭게 하고, 개인에서 개인으로 이어지는 아이디어의 흐름에 윤활유를 바르며, 자의식과 억제를 줄임으로써, 공동 음주가 문화 혁신의 핵심적인 추진 요인이라는 일화적 증거가 꽤 많이 있다.

이언 게이틀리는 고대 페르시아에서는 술을 마시면서 논의하지 않고서는 중요한 결정을 내리지 않았다고 언급한다. 물론 다음날 맑은 정신으로 검토하고 나서야 실제로 시행되긴 했지만 말이다. 역으로, 맑은 정신으로 내린 결정은 술에 취한 상태에서 집단이 고려하고 나서야 실행에 옮겨질 것이다.[7] 고대 중국과 고대 그리스에서 오늘날의 실리콘 밸리에 이르기까지, 공동의 사고와 집단 음주는 항상 손을 맞잡고 갔다. 게이틀리는 또한 더 최근에 일본 샐러리맨(그리고 그들은 거의 모두 남성이다)이 견뎌 내야 하는 악명스러울 정도로 술에 흠뻑 젖는, 근무시간 이후의 의무적인 술자리인 '물장사'가 1970년대와 1980년대의 일본 산업 혁신에서 핵심적인 추진 요인이었다고 주장했다. 이런 술자리의 기능 중 하나는 하급 직원에게서 나온 혁신적 아이디어가 고참 직원에게 흘러가도록 사회적 위계 규범을 일시 중단하는 것이었다. 게이틀리는 "술은 일본 사업 기계가 원활하게 돌아가게 하는 윤활유이다"라고 언급한다. "고령자 지배체제는 책상에 앉아 있던 수년 동안은 존중을 요구하고 존중을 받았지만, 일을 마치고 건물 밖에서 술을 마시면서는 혁신을 외치는 젊은이들에게 말하도록 두었다."[8] 인류학자 필립 라랜더(Philip Lalander)는 1990년대 스웨덴의 젊은 관료들 사이에서 유사한 역학을 상세히 기록한다. 즉, 일과 후 과음하는 정기적인 술자리에서 젊은 관료들은 직장 규범에서 벗어나 사회 위계에 아랑곳하지 않고 체제 전복적인 의견이나 억압된 욕망을 말로 표현할 수 있었다. 모든 사람이 똑같이 무방비 상태인 모두 안전한 상황에서, PFC는 보드카에 빠져 죽었다.[9]

사람들은 술에 취하면 바보 같은 말을 많이 한다. 그러나 모든 사람이 긴장을 풀고 행복하면서 방어물을 내려놓고 통찰력에 개방되어 있으면, 참신하거나 혁신적인 아이디어는 집단에서 앞뒤로 흐르는 아이디어 급류의 수면 위로 올라오는 경향이 있다. 현대의 가장 중요한 정치적 이데올로기 중 하나인 공산주의는 1844년 파리에서 프리드리히 엥겔스와 칼 마르크스가 '맥주에 흠뻑 젖은 10일'[10] 동안에 만들어낸 것이었다. 술이 충분히 공급되는 파리의 살롱이 지적·예술적 혁신의 온상이었음은 놀랄 일이 아니다. 살롱은 금주법 이전 미국에서 비슷한 기능을 했다. 소설가 잭 런던(Jack London)이 쓴 것처럼, "남성은 항상 아이디어를 교환하고, 웃고 자랑하고 대담해지며, 긴장을 풀고, 피곤한 밤과 낮의 지루한 노동을 잊기 위해 함께 모여 술을 마셨다. 살롱은 모임을 위한 장소였다. 원시인이 불 주위에 모여들 듯이 살롱에 모여들었다."[11] 그리고 학술 교류와 지적 혁신을 위한 본질적인 포럼인 '심포지엄'이라는 단어가 원래 고대 그리스 사회성의 정점인 주연(酒宴)을 가리켰다는 것을 절대 잊어서는 안 된다.

술과 문화 혁신에 대한 체계적인 자료를 구하기는 어렵지만 경제학자 마이클 앤드류스(Michael Andrews)의 최근 연구논문 〈술집 토크: 비공식적 사회적 상호작용, 술 금지법, 발명〉은 이를 위한 하나의 흥미로운 시도를 대변한다. 앤드류스는 비공식적이고 우연한 사회적 상호작용이 혁신과 성장을 이끄는 방식을 증명하는, '집단적 발명(collective invention)'[12]에 관한 경제학 문헌을 검토하는 것으로 시작한다. 분명히, 산업과 학술 기관이 뒤섞여 있는 밀집된 도시 지역에서 새로운 아이디어가 나오는 경향이 있기 때문이다.[13] 앤드류스는 존경받는 경제학자 알프레드 마샬(Alfred Marshall)이 1890년에 한 말을 인용한다. 마샬은 사람과 회사가 밀집된 도시 중심지에 모일 때 다음과 같은 일이 일어난다고 언급했다.

> 무역의 신비는 신비가 되는 것이 아니라 사실상 공중에 떠 있고, 아이는 이런 많은 신비로부터 무의식적으로 배운다. 좋은 일은 당연

히 인정되고, 기계, 과정 및 사업의 일반적인 조직에서의 발명과 개선에는 즉시 논의할 장점이 있다. 즉, 한 사람이 새로운 아이디어를 시작하면, 다른 사람이 그 새로운 아이디어를 받아들이고 그들 자신의 제안과 결합한다. 따라서 새로운 아이디어는 더 많은 새로운 아이디어의 원천이 된다.[14]

"하지만 어떻게 아이디어가 공중에 떠서 한 사람에게서 또 다른 사람에게로 퍼질 수 있는가?"라고 앤드류스는 묻는다. "19세기 공작기계 제조업자이자 발명가인 리처드 로버츠(Richard Roberts)는 아이디어가 공기를 통해 이동하기보다는 술통 꼭지에서 따른 술을 통해 전달된다고 제안한다. '어떤 거래도 오랫동안 비밀에 부쳐질 수 없다. 1쿼트의 에일 맥주는 그런 식으로 놀라운 일을 할 것이다.'"[15] 앤드류스는 창의적 개인을 위한 집합 장소로서 술집의 중요성에 대한 문헌이 증가하고 있으며, 살롱, (술이 나오는) 카페나 술집에서 발명품과 신기술이 부화되는 예가 많다고 지적한다.[16]

앤드류스는 이런 일화적 증거에 만족하지 않고, 술을 함께 공동으로 마시는 것이 혁신의 원동력이라는 생각을 실제로 시험하기 위해 유용한 자연 실험으로 눈을 돌리기로 했다. 그것은 미국 금주법이다. 비록 우리가 지금 금주법을 1920년 미국 연방정부에서 부과한 하나의 사건으로 생각하는 경향이 있지만, 금주운동은 미국에서 훨씬 더 긴 역사

> **자연 실험(natural experiment)**
> 시간 경과에 따른 환경의 변화 추이를 수십 년 이상 장기간에 걸쳐 추적 연구하는 실험.

를 가지고 있으며, 지방자치단체 차원의 주류 생산 및 소비 금지 조치는 1800년대 초반까지 거슬러 올라간다. 금주법 이전의 술 사재기, 가정에서의 증류, 기성을 부리는 암거래는 법적 금지가 결코 음주를 제거하지 못했음을 의미했다. 그러나 금주법이 제정된 곳마다, 금주법은 살롱을 없애고 술을 마시는 사람을 집이나 소규모의 사적인 모임으로 몰아넣으면서 사회적 음주를 실질적으로 중단시켰다.

앤드류스는 금주법이 혁신의 훌륭한 대용물인 신규 특허 등록 비율에 미치는 효과를 보기 위해 미국의 카운티(county; 행정구역 군(郡) 단위)가 알코올 규제를 채택했던 시기가 서로 달랐던 상황을 이용했다. 또한 카운티 차원에서 이런 특허 등록 비율에 대한 데이터를 얻을 수 있었다. 앤드류스는 국가 차원의 금주법 시행을 출발점으로 삼아 장기간 지속적으로 술을 마시지 않아 건조했던 카운티와 '술로 축축했지만' 갑자기 살롱 등 공공 술집 문을 강제로 닫아야 했던 카운티를 비교했다. 앤드류스는 금주법으로 인해 처음부터 술을 마시지 않은 카운티에 비해 이전에 술을 마셨던 카운티의 신규 특허 건수가 매년 15%씩 감소한다는 것을 발견했다. 그러나 3년간의 금지령 이후, 그 격차는 점차 좁혀졌다. 앤드류스는 살롱을 대체하기 위해 생겨난 무허가 술집과 여타 불법적인 사회적 술집이 점차 출현하게 되면 혁신이 마침내 상승할 것으로 추측한다.

나는 발명가나 예술가, 사업가가 아니라 교수이지만, 술로 촉진되는 사회성이 학술적 혁신에서도 중요한 역할을 한다고 강력히 주장한다. 1990년대 나의 대학원 세미나는 종종 학생과 교수가 캠퍼스 술집에 들어가는 것으로 끝났으며, 바로 여기서 세미나실에서 시작된 토론은 맥주 피처와 바 스낵을 두고 계속되었고, 종종 1 내지 2파인트(대략 500~1,000cc)의 맥주를 마시고 난 뒤에 예상치 못한 창의적인 방향으로 진행되었다. 그러던 어느 날, 나는 현대식 살롱이나 술집이 혁신을 주도하는 데 역할을 한다는 강력한 증거를 직접 목격했다. 내가 기이하게도 평범한 술집이 없던 브리티시컬럼비아대학(UBC)에서 근무한 지 몇 년이 지나고 나서 마침내 크고 편안한 술집이 문을 열었다. 그곳은 하루가 끝날 때쯤 집으로 향하기 전 모이기에 이상적인 버스 정류장 옆에 위치해 있었고, 우리들 몇 명은 금요일 오후에 매주 모임을 결성하기로 했다. 우리는 지적으로 다양한 그룹이었고, 술 몇 잔과 애피타이저를 먹으며 수다를 떠는 것 외에는 별다른 의제가 없었다. 그러나 다음 2년 동안 이러한 술집 수다에서 생성된 아이디어와 협력 관계는 UBC에 새로운 센터 설립, 3백만 달러의 연방 보조금, 수상 경력이 있는 저널 논문, 영향력이 큰 연구 및 대규모 새 데이터베이스 프로젝트로 이어졌다. 이러한 대화가 스타벅스나 버블티 시설에서 촉진되었을 리는 없다. 우리는 술집이 필요했다. 이것이 바로 옥스퍼드대학에서 논의와 토론의 저녁이 라틴어 선언인 nunc est bidendum(지금은 술을 마실 시간)으로 시작하는 정확한 이유이다.[17]

 제5장에서는 술을 기반으로 한 사회성의 어두운 측면에 대해 논의할 것이다. 일과 술을 섞을 때 나오는 부정적이고 때로는 죄가 되는 비극적인 결과에 대한 한참 전에 했어야 할 논의가 최근 몇 년간 대중 의식의 전면에 부상했다. 이것은 확실히 좋은 것이다. 관련된 장단점을 폭넓고 신중하게 고려한 후에, 대학원생이 교수와 함께 술집에서 뒤섞이지 말아야 한다거나, 전문 회의에 술을 내지 않아야 한다고 결론지

어야 할지도 모른다. 그러나 이러한 논의는 일과 술을 섞는 데 드는 보다 분명한 비용뿐만 아니라 우리가 잃게 될 미묘한 이점도 고려해야 한다. 학생들은 완만하게 하향 조절된 PFC를 통해 자유롭게 목소리를 내고, 서로 지적인 관계를 맺으며, 지도교수가 부분적이고 일시적으로 학술적 위계의 구속으로부터 자유로운 상태에서 즉흥적으로 일을 해결해 내는 것을 목격하게 된다. 동료들은 다른 식으로는 결코 의식으로 콸콸 솟지 않을 아이디어를 쏟아내고, 지적 안전지대를 무모하게 벗어나서 종종 필사적으로 넘어야 하는 학문적 경계를 가로질러 나아갈 수 있다.

 이 책은 코로나바이러스감염증-19라는 전 세계적인 유행병이 한창일 때 집필되었다. 이 위기가 혁신에 부정적인 영향을 미쳤을 수 있는 다양한 방법을 이해하는 데는 수년이 걸릴 것이다. 아픈 연인이나 홈스쿨링을 하는 자녀를 돌보는 스트레스와 같은, 보다 분명하고 극적인 요인은 확실히 생산력을 떨어뜨리고 집중력을 흐릿하게 한다. 대면 모임에서 줌과 구글 행아웃으로 진행된 광범위하고 갑작스러운 변화가 사람들이 대화하고 생각하는 방식을 변화시킨 방식은 눈에 잘 띄지 않는다. 한두 시간 동안 맥주 몇 잔을 마시면서 나누는 폭넓은 대화는 특정한 의제에 초점을 맞춘 짧은 화상회의로 대체되었다. 이 인공 매체에서 사람들은 이야기하는 중에 자연스럽게 잠시 끼어들거나 주제나 발표자의 변화를 부드럽게 추적하는 데 어려움을 겪는다. 이것은 미국의 금주법과 마찬가지로 코로나바이러스감염증-19 위기가 종종 술을 한잔하면서 직접 만나는 것이 어떻게 개인과 집단의 창의성을 향상시키는지 보여주는 훌륭한 자연 실험을 제공하는 한 가지 방법이다.

진리는 파란색이다: 현대 샤먼과 마이크로도징

술이 우리의 이야기를 지배한 데는 그만한 이유가 있다. 술은 인류에게 알려진 것 중에서 가장 널리 퍼져 있고 대중적이며, 사용하기 쉽고 유연하며, 다목적의 취성물질이다. 그러나 미래를 생각하면서 환각제나 환각물질에 잠시 집중할 필요가 있다. 전통적으로 사용되는 환각제는 일상생활에 통합하기가 매우 어렵다. 환각제가 만들어내는 현실과의 엄청난 단절로 인해 환각제의 사회적 유용성이 제한될 뿐만 아니라 그것이 만들어내는 통찰력의 타당성도 의심을 받는다. 그러나 환각제 섭취에 대한 현대적 미세(微細)조정으로 환각제는 사용하기 더 쉽고 더 유용할 수 있다.

지금에서야 고백하지만 청소년 시절 나는 보통 샌프란시스코 만 지역의 유별나게 아름다운, 우리 집 근처에 있는 포인트 레이스 국립공원의 타말파이스 산과 리마투르 해변의 서쪽 지형에서 환각제에 손댄 적이 있다. 종종 내 생각과 '통찰력'을 기록하기 위해 노트를 들고 갔다. 나는 한 가지 특히 웅장한 경험을 하는 동안, 삶의 모든 질문에 대한 대답, 즉 모든 실재를 이해하는 열쇠가 "진리는 파란색이다"라는 깨달음이었다는 확신에 사로잡혔다. 20쪽이 넘는 노트에서 나는 몇 개의

마이크로도징(microdosing)
안전한 극소량의 환각제를 사람에게 투여해 환각효과를 얻는 것. 환각경험으로 뇌에 창의력이나 행복한 능력이 증폭되는 효과를 준다. 신약개발 후보물질을 사람에게 투여해 몸속에서 동태를 관찰하는 임상시험 방법으로도 사용한다.

도표와 몇몇 수학 방정식으로 뒷받침하면서 이 주장을 신중하고 확실하게 증명했다. 나는 이 논문이 발표되자마자 바로 박사학위를 받고, 바로 정교수가 되겠다고 생각했던 것을 기억한다.

중심 논의에서 예상되듯이, 그 에세이는 다음 날 아침 세상을 뒤흔들 것처럼 보이지 않았다. 그로부터 불과 몇 년 후, 나는 위대한 심리학 선구자 윌리엄 제임스가 경험했던 이산화질소 환각경험에 얽힌 이야기를 우연히 접하게 되었다. 윌리엄 제임스는 나와 비슷하게 그것을 경험하는 동안 자신이 우주의 비밀을 발견했다고 확신했지만, 다음 날 아침 자신의 노트를 읽자마자 다음과 같이 적혀 있는 것을 발견했다.

히가무스, 호가무스,
여성은 일부일처제이고,
하가무스, 히가무스,
남성은 일부다처제이다.[18]

사실 제임스의 오행속요(五行俗謠, Limerick)는 일상생활의 커튼을 젖혀서 진정한 실재의 윤곽을 드러내는 데 다소 미치지 못했다. 밝혀진 것처럼, "진리는 파란색이다"도 나에게 즉각적인 명성과 직업적인 성공을 안겨주지 못했으며, 아직까지도 발표되지 않았다.

그러나 이러한 환각경험에서 내가 가져왔던 것은 나의 개인적 삶, 과거, 혹은 내가 미래에 갈 곳에 대한 새롭고 중요한 통찰이었다. 이러한 일관된 통찰은 단지 산산조각 난 유리 조각이 알아볼 수 있는 모자이크 패턴으로 맞추어지는 것처럼 일반적으로 환각경험의 마지막 날이나 심지어 다음날에 천천히 구체화된다. 제임스도 마찬가지로 환각경험의 장기적 가치를 재평가했으며, "이런 환각경험은 비록 형식을 갖추고 있지는 않지만 태도를 결정할 수는 있고, 지도(地圖)를 제공하는 데 실패할지라도 한 지역을 개방하는 역할을 할 수는 있다. 여하튼 이런 환각경험은 실재에 대한 우리의 설명이 성급하게 종결되지 못하게 막는다"[19]고 언급했다. 올더스 헉슬리는 메스칼린 환각경험에서 본 특이한 꽃꽂이를 떠올리며 "아담이 자신이 창조한 그 아침에 보았던 그것, 매 순간마다의 적나라한 존재의 기적"을 언뜻 보았다고 느꼈다.

> 일상적인 지각의 관습으로부터 탈피해서 시간을 가늠할 수 없는 몇 시간 동안, 생존 문제에 사로잡힌 동물이나 말과 관념에 집착하는 인간으로서가 아니라, 전체적 정신이 이해하는 바대로 직접적이고 무조건적으로 자신의 외부와 내면의 세계를 보는 것, 이것은 누구에게나 특별히 지식인에게는 측량할 바 없는 가치를 지닌 경험이다.[20]

철저히 "일상적인 지각의 관습으로부터 탈피한다"라는 생각, 즉 우리를 새로운 생각의 우주에 접근할 수 있게 하는 것이 바로 강력한 환각제의 특별한 선물이다. 샤먼은 영혼 영역에서 해답과 통찰력을 갖고 돌아오기 위해 수천 년 동안 이런 환각제를 사용했다. '영혼 세계'는 인지 제어에서 근본적으로 벗어난 인간 뇌의 매우 다양하고, 단편적이며, 테크니컬러(천연색)이고, 비(非)선형적인 풍경으로 간주될 수 있다. 환각제는 탈패턴적이거나 엔트로피를 유도하는 강력한 약품으로서, PFC가 지시하는 정상적인 신경 흐름을 심각하게 방해한다. 운동장 감시장치를 제거하면 신중하게 규제되는 채널을 통해 정상적으로 통신하는 뇌 영역 간에 혼란스럽고 뒤죽박죽인 혼선이 일어나게 된다.[21] 그 결과는 대개 공간적 방향감각 상실, 분명치 않은 지각, 그리고 개념적 난센스이다. 그러나 완전히 흔들린 뇌는 때때로 유용하게 다른 형태로 다시 자리를 잡는다.

전문가들은 현대 세계를 완전히 변형시킨 아이디어와 발명품이 부화한 실리콘밸리의 부흥을 설명하려 할 때 일반적으로 스탠포드대학의 존재나 전 세계에서 총명한 사람들을 끌어들이는 온화한 기후를 꼽는다. 실리콘밸리가 미국의 사이키델릭의 진원지인 샌프란시스코와 가깝다는 사실은 잘 언급되지는 않지만 스탠포드대학의 존재나 온화한 기후 못지않게 중요하다. 작가 존 마르코프(John Markoff)와 마이클 폴란(Michael Pollan)이 입증한 것처럼, 주로 앨 허버드(Al Hubbard)라는 불가사의하고 흥미진진한 인물이 제공하는 의약품 등급인 LSD라는 환각제는 실리콘밸리의 부상 초창기부터 중요한 역할을 했다.[22] 혁신적이지만 지금은 대개 잊혀진 저장장치 제조업체 암펙스(Ampex)는 1960년대 LSD 사용을 중심으로 조직된 주간 워크숍과 휴식 때문에 '세계 최초의 사이키델릭 기업'으로 불렸다. LSD는 회로 칩을 탄생시킨 창의적인 디자인 과정에서 중요한 역할을 했고, 애플의 창업자 스티브 잡스는 LSD의 실험을 가장 중요한 인생 경험으로 꼽았다.[23] 샌프란시스코의 마약 중심의 히피 문화와 실리콘밸리 혁신 사이의 시너지 효과는 베를린에서 베이징에 이르기까지 세계 여러 곳에서 재현되었다. 이런 곳에서 취성물질 중심의 지하 문화나 보헤미안 문화는 제조력이 아닌 창의적 통찰에 의존하는 새로운 산업과 교류했다.[24]

환각제 사용의 예기치 않은 현대적 변화는 '마이크로도징'을 통해 환각제를 일상생활에 더 쉽게 통합하는 것이다.[25] 이는 예상되듯이 실리콘밸리에서 선도한 방향이다. 마이크로도징은 순하지만 지속 가능한 황홀감을 유도하기 위해 정상 복용량의 약 10분의 1에 해당하는 정제된 LSD나 실로시빈을 자주 소량으로 복용하는 것이다. 언론인 엠마 호건(Emma Hogan)은 샌프란시스코 만의 지식근로자들 사이에 널리 퍼진 마이크로도징을 상세히 전했다.[26] 한 인터뷰 대상자인 '네이선(Nathan)'은 미세 투여된 LSD가 생산성을 높이고, 창의적 우위를 제공하며, 투자자를 설득하는 미팅에서 자신의 영향력을 증대시킨다고 믿는다. 그는 호건에게 "나는 그것을 나를 위한 작은 특별한 선물로 생각합니다. 나의 비밀스러운 비타민이죠. 그것은 시금치를 먹어서 뽀빠이가 되는 듯한 느낌입니다"고 말했다. 호건은 엔젤투자자이자 작가인 팀 페리스(Tim Ferriss)가 한 말인 "내가 아는 억만장자는 거의 예외 없이 정기적으로 환각제를 사용합니다"[27]를 인용한다.

창의성을 향상시키는 마이크로도징에 대한 이러한 일화는 예비조사

지식근로자(knowledge worker)
끊임없는 학습과 지식습득을 통해 자신의 일하는 방식을 개선·개발·혁신하고 이를 다른 사람들과 공유·활용함으로써 부가가치를 높여가는 사람으로서, 정보를 나름대로 해석하고 이를 활용해 부가가치를 창출해 낼 수 있는 근로자를 가리킨다. 기본적으로 자신의 부가가치를 높이기 위해 끊임없이 지식을 쌓고 개선하며 개발하고 혁신하는 인간으로, 1968년 미국의 경영학자 드러커(Drucker)가 저술한 《단절의 시대》에서 지식사회를 다루며 처음으로 사용한 말이다. 이에 따르면 풍부한 지적 재산, 투철한 기업가 정신, 평생학습 정신, 강한 창의성, 비관료적인 유연성 등을 갖추고 있는 사람이며, 평생직장인보다는 평생직업인이라는 신념을 지닌다는 특징을 갖고 있다.

증거로 뒷받침된다. 온라인 응답자를 대상으로 한 최근 연구[28]는 비정상적 사용 시험(Unusual Uses Test; UUT)에서 자가 보고된 미세한 양의 마약 섭취자와 한 번도 미세한 양의 마약을 섭취한 적이 없는 개인의 성과를 대조했다. 이 연구에서 미세한 양의 마약을 섭취한 사람이 마약을 섭취하지 않은 동료보다 훨씬 더 비범하고 예상 밖이며 훨씬 더 재기 넘치는 것으로 평가되는 응답을 했다는 것이 밝혀졌다. 자연스러운 환경에서 미세한 양의 마약을 섭취한 네덜란드인을 대상으로 한 또 다른 연구[29]에서 환각 버섯을 미세 투여했을 때 창의성의 두 가지 척도에서 성과가 향상되었다는 것이 밝혀졌다. 이 두 연구의 연구자들은 각각의 한계를 인정했다. 첫 번째 연구는 자발적인 온라인 실험대상자에게서 나온 상관관계와 자가 보고에 의존했고, 두 번째 연구는 미세 마약 투여를 하지 않은 통제집단이나 위약 통제집단이 없었다. 그러나 두 연구 모두 개인적 경험이나 의견에 집중하는 단순한 일화적 증거를 넘어서는 훌륭한 연구이다. 우리는 무작위 위약 통제 실험실 연구에서 더 많은 것을 배울 것인데, 이 중 몇 가지는 현재 계획 중이거나 진행 중이다.

현대 과학의 도움으로 전통적인 환각제의 활성 성분을 정화하고 정확한 용량으로 복용할 수 있게 되었다. 결국, 이렇게 해서 이런 약이 일상에서 사용하는 데 적합하게 되면 술보다 상당한 이점을 제공할 것이다. LSD로 인한 광기 혹은 환각을 경험하는 10대들이 지붕에서 뛰어내린다는 1960년대의 끔찍한 보도에도 불구하고, 환각제는 대개 술이나 대마초보다 훨씬 더 안전하다. 환각제는 중독성이 없고, 뇌-몸 체계 전체를 엉망으로 만들기보다는 뇌의 특정 부위만 선택적으로 겨냥하고,

부작용도 없다. 2009년의 한 브리핑에서[30] 영국의 최고 마약 자문가 데이비드 너트(David Nutt) 박사는 (대마초 및 MDMA와 함께) LSD를 술과 담배보다 덜 위험하다고 평가했다. 하지만 데이비드 너트는 그 결과로 논란이 일자 나중에 사임해야 했다.

우리는 창의적·문화적 종(種)이므로, 얻을 수 있는 모든 혁신이 필요하다. 환각제가 개인의 뇌에서 유도하는 신경 개편은 집단적 창의성에 중요한 영향을 미칠 수 있다. 마이클 폴란은 "뇌의 엔트로피는 진화에서 변이와 약간 비슷하다. 즉, 엔트로피는 원자재를 다양하게 제공해주는데, 이런 원자재에서 선택을 하여 문제를 해결하고 세상에 참신함을 가져다 줄 수 있다"고 말했다.[31] 환각제에 대한 폴란의 대중적인 설명은 부분적으로 조르지오 사모리니(Giorgio Samorini)의 연구에서 영감을 받았다. 조르지오 사모리니는 화학적 취성물질이 특히 급격한 변화의 시기에 인간을 포함한 많은 동물 개체군에게 인지적·행동적 다양성을 증가시키는 '탈패턴화 요인'으로서 중요한 역할을 한다고 주장했다.[32]

1960년대 LSD 정신과 의사 티모시 리어리(Timothy Leary)는 일반적으로 좀 더 화려한 문체로 다음과 같이 분명히 말했다.

> 'turn on(흥분하다)'은 당신의 신경계에 내장된 오래된 에너지와 지혜에 접촉하는 것을 의미한다. 이런 에너지와 지혜는 말할 수 없는 즐거움과 계시를 제공한다. 'tune in(어울리다)'은 외부 세계와 조화로운 춤으로 이런 새로운 관점을 활용하고 전달하는 것을 의미한다. 'drop out(이탈하다)'은 부족 게임에서 당신 자신을 분리하는 것을 의미한다. 인류 역사의 모든 세대에 걸쳐, 생각이 깊은 인간은

흥분해서 부족 게임에서 탈퇴했으며, 따라서 더 큰 사회가 비틀거리며 앞으로 걸어가도록 자극했다.[33]

'부족 게임'은 협소하게 목표 중심적이고 이기적인 영장류 본성의 규범을 가리키는 약칭(略稱)이다. 따라서 리어리의 악명 높은 좌우명 "흥분하라, 어울려라, 그리고 이탈하라(Turn on, tune in, drop out)"는 침팬지처럼 되지 말고 창의적이고 문화적이며 공공적인 영장류가 될 수 있는 우리의 능력을 활용하라는 권고이다. '고대의 에너지와 지혜'에 대한 성차별주의와 초자연적인 뉴에이지 언어를 제외하고는, 강력한 뇌 탈패턴물이 문화적 진화의 속도를 가속화하는 데 역사적으로 해왔던 역할을 더 잘 표현할 수 있는 말은 없다. 특히 현대 과학에서 가능해진 효과와 사용 편의성 향상을 감안하면, 강력한 뇌 탈패턴물은 오늘날의 세계에서도 비슷한 역할을 계속해야 한다.

스카이프가 있음에도 왜 출장은 사라지지 않았는가

1889년 쥘 베른(Jules Verne)은 2889년(!)쯤에 보편화될 것이라고 생각했던 전용 화상회의 장치인 '영상전화' 때문에 출장이 쓸모없게 될 것으로 예측했다.[34] 우리는 천 년을 기다릴 필요가 없었다. 화상회의는 1968년 AT&T의 '텔레비전전화'로 현실화된 기술이 되었다. 2000년대 중반 스카이프와 여타 화상회의 기술의 등장으로 모든 가정에 인터넷 접속이 가능한 영상전화가 들어왔다. 원격 화상회의 능력이 매번 새롭게 발전하면서 출장이 사라질 거라는 새로운 예측이 있었다. 그러나 사실 적어도 2020년, 전 세계적인 코로나바이러스감염증-19가 닥치기 전까지 출장은 꾸준히 증가했다. 특히 매우 다른 시간대 사이의 여행에서 발생하는 비용, 번거로움, 생리적 희생을 고려하면, 이것은 정말 곤혹스러운 일이다. 전화나 줌을 할 수 있는데 왜 뉴욕에서 상하이까지 비행기를 타고 날아가서 잠재적 사업 파트너를 만나는가?

나는 출장이라는 퍼즐과 근본적으로 왜 우리는 술 취하기를 좋아하는가라는 퍼즐이 관련 있다고 주장한다. 협력 문제를 인식하지 않는다면, 두 퍼즐 모두 사실상 뜻이 통하지 않는다. 책이나 스웨터를 온라인으로 구매하는 것과 같은 간단하고 위험 부담이 적은 장거리 거래의 경우, 한쪽 당사자가 신뢰할 수 없는 것으로 판명되면 이베이나 아마존의 시정 기구에 기꺼이 의존할 수 있다. 다른 한편, 만약 일을 망치거나 부실 작업이나 뒤통수를 얻어맞거나 단순 사기에 따른 영향이 천 배로 증가하는, 상하이에 있는 회사와 장기적이고 복잡한 벤처 사업에 뛰어들게 된다면, 내가 상대하는 사람들이 기본적으로 신뢰할 수 있다는 것을 알아야 한다. 그래야 우리 둘 다 계약을 할 것이다. 그러나 가장 포괄적인 명시적 계약서의 느슨한 격자는 여전히 다중의 자유도를 허용한다. 단추나 지퍼를 일회성으로 구입하는 것보다 더 복잡한 일이 있다면, 우리는 누구와 관계를 맺을지 알고 싶을 것이다.

새로운 잠재적 협력자의 신뢰도를 평가하기 위해 인간이 고안한 가장 효과적인 방법은 술에 취하는 긴 연회이다. 앞서 보아온 것처럼, 고대 중국에서 고대 그리스와 오세아니아에 이르기까지, 엄청난 양의 화학적 취성물질 없이는 어떠한 협상도 타결되지 않았고, 어떤 조약도 체결되지 않았다. 모든 원격 통신 기술을 마음대로 사용할 수 있는 현대 세계에서, 계약서에 편안하게 서명하기 전에 정이 오가는 시대에 뒤진 대면 술자리가 자주 필요하다는 것은 진정으로 놀라운 일이다.

이것은 미련한 욕망이 아니다. 앞서 보아온 것처럼, PFC가 술로 손상된 사람은 신뢰할 수 있는 사람이다. PFC 기능을 약화시키면 거짓말하기가 더 어렵게 된다. 놀랍게도, PFC 기능은 거짓말 탐지에 역효과를 갖는다.[35] 우리가 진술의 진실성을 정확히 평가하는 것에만 집중할 때는 그 진실성을 실제로 정확히 평가하는 것은 어렵다. 바텐더의 관심을 끌려고 하거나 애피타이저의 맛을 보는 것처럼 다른 자극으로 주의를 옮겼다가 함께 대화하고 있는 사람이 정직했는가라는 질문을 나중에 받게 되면 거짓말을 더 잘 탐지해 낸다. 우리의 무의식적 자아는 '우리'보다 더 나은 거짓말 탐지기이며, 우리의 의식적 마음이 일시적으로 자기 방으로 들어갈 때 무의식적 자아는 최상의 상태가 된다. 술이 '진정한 자아'를 드러낸다는 오래된 직관 역시 단순한 통속적 지혜 그 이상이다. 인지 제어의 감소는 탈(脫)억제를 유발하는데, 탈억제란 PFC가 억제할 수 있는 지배적인 경향이 느슨하게 되는 상태를 말한다. 예를 들어, 강한 상황적 자극이 없을 때, 사람들은 일반적인 공격성의 경향이 있어야만 취할 때 더 공격적이게 된다.[36] 상대가 전화상으로 보면 좋은 사람 같지만, 그런 판단을 신뢰하기 전에 샤블리(Chablis)를 한잔 더 마시고 나서 그를 직접 재평가하는 것이 현명할 것이다.

마주보며 취성물질을 섭취하는 것의 유용성은 비즈니스 세계에만 국한되는 것은 아니다. 1970년대 말에 시작되어 여전히 활발히 진행되고 있는 유럽 첩보기관들 간의 비공식 첩보동맹은 막시마토르

(Maximator)로 불리게 되었다. 이것은 뮌헨 교외의 술집에서 파는 현지의 독한 도펠보크(독일 바이에른 지역 양조장 중심의 라거 맥주) 맥주의 브랜드이다. 그리고 이 술집에서 맥주를 몇 잔 마시면서 그 계획이 서서히 나왔던 것이다.[37] 덴마크와 독일, 네덜란드 출신 스파이들이 커피와 케이크 조각을 먹으면서 상호 의혹을 극복하고 기밀 정보를 털어놓는다고 상상하기란 어렵다. 어쩌면 유럽 정부와 기관들이 술을 정상적인 인간 사회성의 필수 부분으로 보는 경향이 있기 때문에, 이런 스파이는 정부의 돈으로 술을 마시고 있다.

앞에서 언급했던 UBC에서 시작된 국제 학술 협력을 만들어내는 데 많은 도전이 있었다. 술에 관한 한 캐나다인은 미국인만큼 거의 청교도적이고, 캐나다 연방 규정은 술에 보조금 기금을 사용하는 것을 금지한다. 내가 보기에, 이것은 과학 발전에 심각한 장벽이 된다.[38] 여러 나라와 분야에 걸친 연구 제휴를 구축하는 일에 직면했을 때 동료들과 나는 단지 한 가지 답을 알고 있었다. 그것은 특정한 목적을 위한 술 기금을 마련하기 위해 사비를 털어야 한다는 것이다. 지난 10여 년 동안 이와 같은 대규모의 국제 프로젝트를 운영해 온 사람으로서, 나는 대면 친목활동, 좋은 음식, 그리고 적당량의 액체 신경독 없이는 잠재적으로 서로 경쟁하는 연구 단체들이 협력하는 것이 거의 불가능에 가깝다고 어느 정도 확신한다.

술 매개의 대면 친목활동의 긍정적인 기능을 이해하면 또한 직업상 출장과 그것이 탄소 배출에 미치는 영향에 대한 현재의 뜨거운 논쟁에 활기가 더해질 것이다. 일부 기후 운동가는 최근에 대면 회의가 온실가스 배출의 엄청난 원인이라고 (정확히) 주장하고, 대면 대화가 단순히 가상 대화로 대체되어야 한다고 (덜 설득력 있게) 주장하면서, 대면 회의의 중단을 추진하기 시작했다. 번개처럼 빠르고 비교적 아주 흔한 인터넷 연결로 인해 원격 회의가 학자들과 다른 전문가들에게 실행 가능한 선택인 시대에, 강의를 듣기 위해 또는 테이블에서 회의를 하기 위해 수천 마일을 비행하는 것은 낭비처럼 보인다. 만약 회의가 주로 추상적인 정보 교환에 관한 것이라면, 이것을 실현하는 더 효율적인 방법이 있는 것 같다. 그런데 사람들이 회의에 참석해야 하는 전반적인 이유를 제대로 이해하는 것이 이 논의에서 빠져 있다.

그렇다, 공식 강연에서 전달되는 최첨단 연구는 중요하다. 비록 이러한 많은 발표의 요지를 다른 청중이 트위터를 통해 실시간으로 해설하지만 말이다. 그러나 똑같이 중요한 것은 친목이며, 친목을 촉진하는 것이 단순히 납세자가 내는 세금의 경솔한 낭비나 영락없는 지구의 비극은 아닐 것이다. 대면식 학술회의나 전문회의가 제공하는 독특한 지적 혜택은 식사와 휴식 시간과 더불어 진행되고, 그리고 무엇보다도 날이 저물고 취성물질이 나오는 호텔 바와 리셉션 같은 비공식적인 장소에서 이루어지는 관계망 형성, 브레인스토밍, 아이디어 연마이다. 혁신은 현대 경제의 생명줄이며 학문적 진보의 중심에 있다. 화상회의는 내가 한창 집필 중에 일어난 코로나바이러스감염증-19 위기 동안 생명을 구하는 것임은 말할 것도 없이 합리적이고 저렴하며 환경 친화적이지만, 참가자들이 긴 줌 세션 동안 술에 취해 칵테일 냅킨에 새로운 연구 계획을 메모하는 일은 없을 것이다.

화상회의의 해피아워(비공식적 모임 시간)는 현실의 에너지와 역동성을 되찾으려는 시도로 인기를 끌고 있다. 그러나 다른 대륙과 다양한 시간대에서 1인용 마티니를 섞는 물리적으로 고립되어 홀로인 개인은 비디오 결함과 음질이 좋지 않은 오디오를 견뎌야 하고, 또한 최상의 인터넷 연결에도 불구하고 미묘하지만 갉아먹는 응답 시간의 지연을 견뎌야 한다. 이런 지연으로 개입이나 주제 변경의 타이밍을 적절하게 잡는 것이 어렵다. 심지어 최고의 화상회의도 바, 술집, 카페에서 대면으로 친목활동을 하는 것에서 비롯되고 화학적 취성물질로 촉진되는 대인적 화학작용의 내장적 쾌감을 제대로 대체하지 못한다. 음악, 행복한 수다, 힘들이지 않게 동시에 진행되는 대화, 엔도르핀의 증가, 그리고 억제의 감소를 서로 공유하는 경험은 현재의 어떤 기술로도 대체할 수 없다. 괴베클리 테페를 제작한 문화는 만약 그곳에서 행해진 장엄한 의례가 웹캐스트(인터넷 생방송)로만 이루어진다면 결코 순조롭게 진행되지 못했을 것이다. 컴퓨터 화면의 매체를 통해서만 인간의 상호작용이 점점 더 많이 일어나는 세상에서 무엇을 잃어버리고 무엇을 얻는지를 고려할 때 이런 사실을 참작해야 한다.

 2020년 초에 발행된 한 신문 사설[39]에서는 코로나바이러스감염증-19 유행병으로 인해 정부가 공공 생활의 여러 부문을 폐쇄하면서 코로나바이러스 이후의 경제가 축소되고 생산성이 떨어질 것으로 보았다. 이 사설에서는 "사무실은 열려 있지만 술집은 열려 있지 않은 세상에서 삶을 느끼는 방식의 질적인 차이는 적어도 생산량의 감소만큼이나 중요할 것이다"고 지적한다. 이것은 확실히 사실이었지만, 술집의 부재가 삶의 질적인 느낌과 실제 생산성 모두에 직접적인 영향을 끼쳤다는 것에 주목하는 것도 똑같이 중요하다. 예를 들어, 나는 다른 요인을 통제하면서 대면하는 연례 회의가 취소된 지 1, 2년 후에 특정 분야에서 혁신이나 신규 특허가 평균보다 떨어질 것이고, 그다음에 대면하는 친목 활동과 음주가 재건된 후에 다시 상승할 것이라고 과감하게 예측한다. 만약 술집과 호텔 바가 혁신의 결정적 도가니라면, 무미건조한 화상회의로 교체하면서 20세기 초 미국에서 금주령을 실시했을 때처럼 집단적 창의성의 침체가 야기되는 것이 목격될 것이다.[40]

화상 채팅과 이메일, 텍스트만으로 동료들과 교류하면서 재택근무를 하는 사람은 소외감과 단절감을 많이 느꼈을 뿐만 아니라, 두서없고 예측 불가능하며 잠재적으로 혁신적인 토론의 자극이 부족하여 창의적 통찰력을 많이 경험하지 못했을 것이다. 화상회의는 효율적이긴 하지만, 아폴로의 중심 가치인 효율성은 와해성(瓦解性) 혁신의 적이다. 술집은 우리의 기분만 좋게 하는 것이 아니라, 적절히 사용하면 장기적으로 일을 더 잘 하게 한다.

목표지향, 자기통제, 사리사욕과 같이 우리에게 빠듯하게 일을 계속하게 하고 서로를 떼어 놓게 하는 침팬지나 늑대 본성의 이런 측면은 사람들을 직접 함께 모으고, 다감각적 산만함으로 둘러싸며, 취성물질로 PFC를 점차적이지만 지속적으로 하향 조절함으로써 가장 효과적이고 철저하게 폐기된다. 줌이 당신의 조명 및 음악과 미래 사업체나 연구 파트너의 재택근무 사무실의 조명 및 음악을 동시에 작동시키고,

---

와해성 혁신
성능이 개선된 제품을 원하는 고객의 요구를 충족시키는 것이 아니라 전통적 기대와 전혀 다른 기능이나 내용으로 새로운 시장에 진출하거나 기존 시장에서 우위를 점하는 혁신.

강력한 경두개 자기로 당신들 둘 다를 동시에 습격하는 기능을 만든다면 정말 좋을 것이다. 그러나 우리는 줌 개발팀이 이 업그레이드를 구현하기를 기다리지만 편안한 대면 환경에서 마시는, 시대에 뒤진 효험 있는 술은 여전히 우리의 가장 간단하고 효과적인 문화 기술이다.

오피스 파티: 찬성이며, 꼭 반대는 아님

취함의 오래된 사회적 기능에 집중하면 직업 생활의 다른 측면에 대해 더 명확하게 생각하는 데 도움이 될 수도 있다. 기업에서 특히 크리스마스 이브에 개최하는 오피스 파티를 둘러싼 논쟁을 예로 들어보자. 술에 취하는 기업 모임에서 비도덕적 행위나 심지어 범죄 행위가 뒤따르면서, 많은 회사는 그러한 모임에서 술을 내지 않거나 이를 고려 중이다. 맥주 통, 무료 와인, 칵테일 바는 탄산수와 스피룰리나 스무디로 대체되고 있다. 또한 사회적 친목회는 완전히 금지되고 있으며, 방탈출이나 레이저태그와 같이 단체 의식 구축을 위한 체계적인 (그리고 술 취하지 않은 맑은 정신으로 하는) 활동이 지지를 받고 있다.

이러한 선택을 추진시키는 비용-편익 추론에서는 직원을 취하게 할 뿐만 아니라 적극적으로 취할 수 있게 하는 데 수반되는 적지 않은 재정적·개인적·잠재적인 법적 비용을 한쪽에서 본다. 그리고 나서 이런 비용을 비교한다. 뭐? 그냥 재미로? '재미 대 구체적이고 측정 가능한 비용'처럼 계산의 틀이 잡히면, 재미는 항상 진다.

취함에 대한 진화적 분석으로 무장한 상태에서, 더 정확한 진행 방법은 명백하고 분명한 음주의 비용과 인식하기 어려운 편익을 비교 검토하는 것이다. 구글과 같은 매우 성공적인 기업이 시설 생활에 술의 구조적 역할을 허용하는 것에는 이유가 있다. 앞서 본 것과 같이, 술은 개인과 집단 모두에게서 창의성을 강화하고 신뢰 문제를 극복하며 아이디어를 자유롭게 교환하는 데 도움이 된다. 오피스 파티가 기업 정신과 집단 유대를 구축하거나 최소한 구축할 수 있다는 것도 사실이다. 다소 웃기는 영화 《오피스 크리스마스 파티》(2016)의 줄거리는 한 고위급 투자자가 화합 문화가 없다는 이유로 한 기술 회사에 투자하기를 꺼린다는 개념에서 동기를 받은 것인데, 화합 문화의 결핍에 대해 앞서 말한 파티가 해결책으로 제안된다. (스포일러 경계: 그것은 효과가 있다.) 살아 있는 순록, 냉수기 안의 독한 술, 인공 강설기 속의 코카인이 불필요하게 지나친 것일 수도 있지만, 이는 취함의 이점을 진지하게 받아들이면 어떻게 저울이 재미 쪽으로 기울게 되고, 오피스 파티를 열지 않음으로써 생기는 진짜 비용이 밝혀지는지를 보여주는 예이다.

영화 《오피스 크리스마스 파티》(역주)

임상심리학자 신시아 바움-바이카(Cynthia Baum-Baicker)는 적당한 음주의 긍정적인 효과를 초창기에 영향력 있게 개관하면서, 앞 장에서 살펴본 것과 비슷하게 주요 이점이 생리학적 스트레스 수준과 자가 보고된 스트레스 수준 모두가 감소할 뿐만 아니라 기분이 향상되는 것이라고 결론지었다.[41] 이러한 결론은 실험실에서 취한 실험대상자가 행복, 황홀감, 유쾌함, 통쾌함은 증가하고 긴장, 우울증, 자의식은 감소한다는 보고에서 반영된다.[42] 여론조사에서 성인과 대학생은 사회적 불안을 극복하기 위해 또는 '유사성, 포용성, 소속감의 지름길'[43]로 술을 자주 사용한다고 전한다. 이는 사회적 상황에서 스트레스를 줄이기 위해 전 세계적으로 술을 사용한다는 것을 증명하는 권위 있는 인류학 연구와 일치한다.[44]

기분이 좋아지고 스트레스가 줄어드는 것이 두 번째 무료 와인 잔에 푹 빠지는 사람에게는 좋은 일이지만, 이것이 실제로 집단 유대로 이어질까? 사람들은 0.08%의 혈중알코올농도에서 떠들썩하고 수다스럽지만, 실제로 다른 사람들과 연결되고 있는가, 아니면 그들 자신의 목소리만 즐기고 있는가? 술 취함이 사회적 유대에 미치는 영향을 직접 조사하는 실험 연구는 희박하지만,[45] 예비 자료는 술이 기분과 불안감에 미치는 영향이 관련 개인은 물론 집단에도 유익하다는 생각을 뒷받침한다. 예를 들어, 심리학자 마이클 세예트와 동료들의 2012년 연구에서는 서로 모르는 사교적 음주가(사회적인 일이 있을 때만 술을 마시는 사람)인 수백 명의 실험대상자를 세 사람씩 조를 묶고서, 몇 가지 과제를 수행하기 전에 30분 동안 술을 마시면서 가벼운 대화를 나누도록 했다.[46] 그 과제는 연구의 표면적인 목적이었고, 연구자는 실제로 비디오로 촬영하고 분석한 초기 대화에 관심이 있었다. 알코올 조건에 있는 실험대상자에게는 보드카-크랜베리 칵테일을 주고, 위약 조건 집단에게는 술을 마시고 있다는 것을 확신시키기 위해 보드카를 약간 묻힌 잔에 무알코올의 버진 칵테일을 주었다. 세 번째 집단에게는 그냥 크랜베리 주스를 마시게 했다.

가설과 조건을 모르는 코더에게 비공식 대화 중에 개인의 표정뿐만 아니라 집단 음성 패턴을 평가하도록 했다. (그림 4.2에서처럼) 세 명의 참가자 모두가 의식적인 억지 미소와 구별되는 뒤셴(Duchenne) 미소(정말로 행복해서 웃는 웃음), 즉 진짜 미소를 동시에 보여준 경우에 유대가 발생한 것으로 간주되었다. 대화에서 고르게 분포되고 순차적인 대화 순번도 유사하게 긍정적인 집단 역학의 신호로 받아들여졌다.

그림 4.2. 동시에 뒤셴 미소, 즉 진짜 미소를 보여주는 실험대상자들[47]

실험이 끝난 뒤 실험대상자에게 "나는 이 그룹이 마음에 듭니다" 또는 "이 그룹의 구성원들이 내 말에 관심을 기울입니다"와 같은 진술에 동의하거나 동의하지 않는 정도를 보고함으로써 자신의 그룹 내 유대 정도를 평가하게 했다. 이전 연구에서는 지각된 그룹 강화 척도 (Perceived Group Reinforcement Scale; PGRS)[48]에 대한 반응이 사회적 유대의 비언어적 측정과 상관성이 있다는 것을 밝혀냈다.

그 결과는 분명했다. 연구자들은 "음주는 긍정적 정서와 관련된 개인 및 그룹 차원의 행동을 개선하고, 부정적 정서와 관련된 개인 차원의 행동을 감소시키며, 자가 보고된 유대를 향상시켰다"고 결론지었다. 나중에 비디오에 반영된 사회적 역학을 분석한 결과, 취함이 미소와 긍정적 정서의 '전염'을 증가시킨다는 것이 밝혀졌다. 즉, 음주 집단에서 나타난 진정한 미소는 단순히 무시되기보다는 모든 사람에게 퍼질 가능성이 더 높았다. 이러한 전염 효과는 위약과 통제 조건에서 미소가 교환되지 않은 경향이 있는 남성 중심의 집단에서 특히 인상적이었다.[49] 결정적으로, 집단 유대에 대한 이런 긍정적인 영향은 술의 약리적 효능 때문이다. 즉, 위약 집단은 대조 집단과 유사했으며, 두 집단 모두 술 집단과 모든 측면에서 크게 달랐다. 술이 사회적 응집력과 친밀도에 미치는 영향에 대한 최근 연구에서는 "술이 자기 개방을 증가시키고 사회적 불안을 줄이며 사교성 국면 하위척도를 포함해 외향성을 지속적으로 증가시킨다고 결론짓는다. 게다가, 연구에서는 술이 행동, 관대함, 사회적 유대를 도우면서 행복과 사교성을 증가시키고, 사회적 스트레스 요인에 대한 부정적인 정서적 반응을 감소시킨다는 것을 발견했다."[50]

이는 모두 연례 오피스 파티에서 알코올 칵테일을 버진 칵테일로 대체하면 애당초 이러한 행사를 열려는 많은 목적이 헛되게 된다는 것을 시사한다. 세 명의 대학생이 동그란 실험실 테이블을 가로질러 서로 웃고 있는 것이 배우 T. J. 밀러가 산타 복장을 한 채 코카인으로 가득한 슬라이드로 내려오는 것만큼 극적이거나 재미있는 일화적 증거는 아니지만, 이 연구는 알코올이 나오는 오피스 파티가 보다 분명한 비용 외에도 긍정적인 사회적 기능을 한다는 실증적 증거를 제시한다. 결정적으로, 이 연구가 보여주듯이, 환경이나 문화적 기대뿐만 아니라 에탄올 자체가 그 일을 하고 있다는 것에 주목하는 것이 중요하다.

단골 술집이 영원하길

우리는 정치, 기업 및 학계 등의 맥락에서 집단적 창의성을 향상시키거나 잠재적으로 적대적인 사람을 인지적으로 무장 해제하는 술의 기능에 주목했다. 물론 술은 모든 종류의 절제된 일상의 비공식적 친목 모임에서도 똑같이 만연한 역할을 한다. 고대의 중국 문헌에는 "모든 행복한 행사의 모임은 술 없이는 할 수 없다"[51]라는 많이 인용되는 표현이 나오고, 물론 술 중심의 향연은 고대 그리스 사회성의 모델이었다. 미드 홀(mead hall)은 중세 앵글로색슨 문화권에서 공동체의 중심지였고, 오늘날까지도 에일 맥주집이나 술집의 형태로 계속 그러하다.[52] 식민지 시대 미국의 모든 마을에는 선술집이 있었으며, 선술집은 일반적으로 교회나 예배당 바로 옆에 지어진 첫 건물이었다.[53] 프랑스의 살롱(salon)에서 초기 현대 러시아의 카박(kabak),⁵⁴ 미국 국경의 술집에 이르기까지 술로 인한 현실과의 가벼운 괴리감과 격식을 차리지 않은 편안한 친목활동은 떼어 놓을 수 없는 것이었다.⁵⁵

영국 독자는 사회적 음주가 술집이나 '단골 술집(local)'의 형태로 문화적 진화의 정점에 도달했다고 주장할 것이다. 1943년부터 인류학자들과 사회학자들로 이루어진 집단이 출판한 《술집과 사람들》(*The Pub and the People*)은 영국 북부의 모직물 제조의 중심지인 ('Worktown'으로 알려진) 볼튼(Bolton)이라는 도시에 있는 300여 개의 술집에서 관찰한 다양한 활동에 대한 놀랍도록 재미있고 황당한, 보르헤스(Borges)에 걸맞은 가치 있는 이야기를 제공한다.

다음은 사람들이 술집에서 하는 일이다.

앉고 서다

술 마시다

도박, 스포츠, 일, 사람들, 술, 날씨, 정치, 먼지에 대해 이야기하다

담배 피다

토하다

많은 사람은 다음과 같은 게임을 한다.

카드

도미노

다트

고리던지기

많은 사람은 내기를 한다.

    받고

    진 것과 이긴 것을 지불한다

사람들은 노래를 부르고 노래를 듣는다: 피아노를 치고 피아노 연주를 듣는다

이러한 것들은 종종 술집과 연결되어 있다 …

    … 결혼식과 장례식.

    말싸움과 싸움.

    사발, 낚시와 소풍.

    노동조합.

    비밀 결사. 비밀 공제 조합의 회원. 애호가.

    종교 행렬

    섹스.

    취직.

    범죄와 매춘.

    애완견 대회.

    비둘기 날리기.

사람들은 다음을 팔고 산다.

    신발 끈, 뜨거운 파이, 블랙 푸딩, 도포제 …

이 모든 것은 같은 날 저녁에 일어나거나 같은 술집에서 일어나는 것은 아니다. 그러나 평범한 술집에서 일어나는 평범한 저녁에는 많은 것이 포함될 것이다.[56]

그리피스 에드워즈가 주목하듯이, 이 연구는 "술집이 단순히 술을 팔고 마시는 공간이 아니라 여러 가지 기능과 상징의 측면에서 이해해야 할 기관임을 보여주었다." 프랑스 카페와 마찬가지로 술집은 넓은 주택으로서, 가족과 노인, 술친구, 외로운 작가, 그리고 데이트 중인 커플을 환영한다. 대화와 먹기, 다트 놀이, 비둘기 날리기 등이 모두 온화하지만 꾸준하게 술로 매끄러워진다는 사실은 격식을 차리지 않은 비공식적이고 자발적인 사회적 상호작용의 중심 역할을 할 수 있는 술집의 능력에서 핵심이다. 말다툼이나 싸움이 일어날 수도 있지만, 비밀 결사에 참여하거나 멋진 신발 끈을 고를 수도 있다. 토하지 않도록 조심하라.

인류학자 로빈 던바는 현대 영국 문화에서 술집의 역할을 다루는 연구 계획을 총괄하고 있으며, 그는 인간 사회성에 술이 어떤 기여를 하는지에 대해 탐구하는 가장 활발한 현대 학자이다. 영국의 술집 용도에 대한 조사 데이터에서 그 팀이 발견한 것은 정기적으로 근처 술집에 자주 가는 사람은 다음과 같다는 것이다.

그런 사람은 친한 친구가 많고 다복하다고 느끼며 삶에 만족하고, 지역사회에 깊이 관여하며, 주변 사람을 신뢰한다. 술을 전혀 마시지 않은 사람은 이 모든 기준에서 지속적으로 더 나쁜 결과를 보인 반면, 단골 술집에 자주 가는 사람은 정기적으로 갈 단골 술집이 없는 일반 음주자보다 더 나은 결과를 얻었다. 좀 더 상세한 분석 결과, 술집에 가는 빈도가 핵심이다. 같은 술집에 자주 가는 사람은 지역사회에 관심을 더 많이 갖고 더 많이 신뢰하며 결과적으로 친구가 더 많은 것 같았다.[57]

2,000명의 성인을 표본으로 하고[58] 공동의 식습관에 초점을 맞춘 영국의 또 다른 조사에서는 4가지 변수가 저녁 식사 친구와의 친밀감에 상당한 영향을 미친다는 것을 발견했다. 식사하는 사람의 수(응답자를 포함해 약 4명이 적당한 것으로 보였다), 웃음의 존재, 추억의 존재, 음주가 그 4가지 변수이다.

제3장에서 언급했듯이, 던바는 이러한 유대 효과가 술과 웃음으로 인해 독립적으로 증가하는 엔도르핀 때문으로 본다. 여기서 일종의 선순환을 볼 수 있으며, 술 자체는 엔도르핀 방출을 촉발시킬 뿐만 아니라 웃음과 노래, 춤, 어쩌면 더 외설스러운 행동에 대한 장벽을 낮춤으로써 엔도르핀 수치를 더욱 증가시키는 행동을 촉진한다. 술은 이상적인 사회적 개선제이다. 던바와 킴벌리 호킹(Kimberley Hocking)은 대마초나 환각제 같은 약물과 비교해 술의 독특한 사회적 본질에 대해 생각하면서, "술이 차별화되는 것은 준(準)종교적 경험이나 순수하고 고독한 쾌락보다는 사회적 맥락에서 사용되기 때문이다. 술은 사회적 기공(氣孔)을 열어주어 보다 편안한 사회적 상호작용을 가능하게 하고, 신경을 진정시키며, 공동체 의식을 만들어낸다"라고 결론을 내린다.[59]

이러한 '사회적 기공'의 개방에는 개인적 이완과 집단 유대를 넘어 사회적으로 유용한 연쇄 효과가 많이 있다. 술을 기반으로 한 친목활동을 위한 장소가 사라지거나 시들하게 되면 사회는 공공의 유대감과 좋은 활기의 중심지는 물론 솔직한 교류와 소통의 통로도 잃게 된다. 2018년 6월, 정치인, 언론인, 노조 간부들이 뒤섞이곤 했던 런던의 소호 가(Soho 街)에 있는 유서 깊고 소문난 식당이자 술집인 게이 허자르(Gay Hussar)의 폐업이 임박하자, 저널리스트 애드리언 올드릿지(Adrian Wooldridge)는 영국 정치에서 유동식 점심(낮술; 술을 곁들인 점심)의 광범위한 종말을 애도하는 기사를 냈다.[60] 이 기사는 술의 영향이 점차 대중 생활에서 빠져나가면서 무엇이 상실될지를 훌륭하게 부각한다.

가장 슬픈 이유는 전문 정치계급의 부상이다. 술은 정치와 사회 사이의 연결고리를 제공했다. 노동당은 노동자들에게 값싼 술을 제공하기 위해 상당 부분 존재했던 노동자 클럽(노동자 사교장)에서 국회의원과 운동가를 모집했다. 장관은 주(酒) 내각을 관료와 고문들로 쓰러트렸을 때 빈틈을 보였다. 오늘날 노동당과 토리당 모두 싱크탱크에서 국회의원을 영입하고 장관은 항상 경계를 늦추지 않는다. 정치적 음주의 감소로 정치 지배계층과 그들이 봉사해야 할 국민들 사이의 또 다른 연결고리가 끊어졌다.

우리는 나중에 술에 푹 젖은 관계망 형성이 올드 보이즈 클럽(Old Boys' Club; 학연이나 학벌에 기초한 동창 모임)을 강화하고 외부인을 배제하는 유해한 역할로 시선을 돌릴 것이다. 그러나 사람들이 모이고 섞이며 마실 수 있는 비공식적인 장소가 소멸되면서 공동체·정직성 그리고 관계 형성이 상실되고, 이런 상실이 그 후에 사실 부정적인 정치적·사회적 효과를 초래한다는 것에 주목해야 한다.

중독 연구자 스탠튼 펠(Stanton Peele)과 아치 브로드스키(Archie Brodsky)는 적당한 음주 행위의 심리적 이점에 대한 실증적 문헌을 개관하면서 다음과 같이 결론짓는다.

> 적당한 음주자는 금주자나 과음자보다 심리적·신체적·사회적 안녕감, 좋은 기분, (특정 상황 하에서) 스트레스 감소, 특히 우울증 같은 정신병 감소, 사회성과 사회 참여 향상, 소득 증가 및 결근 또는 무능 감소를 훨씬 더 많이 경험한다는 것이 밝혀졌다. 종종 나이가 지긋한 사람은 적당한 음주와 관련하여 더 높은 수준의 참여와 활동을 보이면서도 종종 장기간의 적당한 음주 이후에 평균 이상의 인지적 기능을 보이는 경우가 있다.[61]

다시 말해, 술집에 가서 1, 2파인트 정도 마셔라. 간 손상, 칼로리 등 모든 것을 고려해 볼 때 소량의 사회적 음주는 유익하며, 이것은 프렌치 패러독스나 협소한 건강 이점과는 전혀 관계가 없다. 적당한 사회적 음주는 사람들을 하나로 모으고, 지역사회와 연결되도록 하며, 정보 교환과 관계망 구축을 촉진한다. 우리 사회적 유인원은 개인으로든 공동체로든 술 없이 지내는 것이 매우 어렵다는 것을 안다.

아름다움은 맥주를 들고 있는 사람의 눈 안에 있다: 성욕, 우정, 친밀감

아담 로저스(Adam Rogers)는 취한 쾌감이 온화하지만 강렬하게 출현하는 것을 다음과 같이 멋지게 묘사한다. "취한 쾌감은 따뜻한 흥분이 퍼져나가는 것으로, 눈이 떠나간 후에도 뇌가 여전히 무언가를 보고 있다는 가벼운 느낌이다. 어쩌면 당신은 더 자신 있고, 더 행복할지도 모른다. 당신은 긴장했었고, 이제 그 긴장이 풀렸다. 당신 친구가 잘 생겨 보인다. 한 잔 더 하는 것이 좋은 생각인 것 같다."[62] 앞에서 논의한 것처럼, 술은 모든 종류의 사회적 상호작용을 증진시키고 완화시킬 수 있다. 이제 사회생활의 개인적 측면인 성욕과 친밀감을 조장하는 술의 역할로 시선을 돌리고자 한다.

수세기 동안 인류학계에서 입에 오르내리고 있던 음주 행위에 대한 다양한 이론 중에서 가장 특이한 것은 하트(H. H. Hart)의 이론이다. 그는 1930년 논문에서[63] 술 취함이 리비도(성본능의 에너지)의 감소를 유발하므로 성적 쾌락을 대신한다고 제안했다. 하트 씨, 이 말을 변호해 보세요. 술과 성욕의 결합은 술 자체만큼이나 오래된 것이다. 서론에서 고대 수메르 신화에서 어떻게 맥주와 성욕의 쌍이 야만스런 남자 엔키두를 길들이기 위한 촉매제였는지 언급했다. 기원전 3천 년 초까지 거슬러 올라가는 메소포타미아의 원통 모양의 인장은 종종 성행위가 맥주 마시기를 동반하는 것으로 묘사한다. 피오트르 미칼로스키가 말했듯이, 성경의 《아가(雅歌)서》에서 사랑이 포도주보다 더 달콤하다고 선언하는 것처럼, 고대 수메르 시에서는 여신의 성적 즐거움을 "맥주만큼 달콤하다"고 찬양한다. 고대 그리스 연극 《바커스 숭배자들》(The Bacchae)에서, 한 목동은 디오니소스 의례의 목적을 무수한 즐거움의 촉진이라는 관점에서, 그중에서도 가장 중요한 사랑의 촉진이라는 관점에서 설명한다.

> 디오니소스의 힘은 다양하다.
> 하지만 내가 들은 것처럼, 그는 주로 사람들에게
> 그들의 슬픔을 고치려고 포도나무를 주었다.
> 포도주가 없으면 사랑도
> 어떤 다른 즐거움도 우리에게 남지 않을 것이다.[64]

플라톤의 《향연》에서, 소크라테스는 성관계를 위해 포도주를 처방한다. 소크라테스는 "포도주는 영혼을 적시고 근심을 잠재우며 다정한 느낌을 깨우지만", "즐기는 마음에 도달하기" 위해서는 적당히 마셔야 한다고 말한다.[65]

술과 사랑, 포도주와 들뜬 즐기는 마음 사이의 이 연결고리는 오늘날에도 여전히 매우 두드러진다. 술과 성욕에 관한 명시적이고 암묵적인 태도를 다루는 방대한 문헌이 있으며, 술이 탈억제 효과를 통해 성적 행동을 촉진하고 성적 경험을 향상시킨다는 것이 공통된 범문화적 견해이다.[66] 기대감은 분명히 어떤 역할을 한다. 즉, 광고와 미디어에서 술과 성욕의 연관성은 사람들의 마음에서 활발한 문화적 연관성을 만들어내며, 이런 문화적 연관성은 에탄올 자체가 미칠 수 있는 그 어떤 심리적 영향과는 구별된다. 그러나 균형 잡힌 위약 설계의 등장으로 연구자는 기대감과 약리적 효능을 분리할 수 있게 되었고, 약리적 효능이 또한 매우 강력하다는 것을 보여준다. 실제로, 몇몇 연구에서 실험대상자가 술을 마시지 않는다고 잘못 믿게 되었을 때 가장 강력한 효과가 기록되었다.[67]

술이 정력제라고 하는 아주 오래된 널리 퍼진 생각은 술의 기본적인 향정신성 효과 몇 가지에 근거를 두고 있다. 술의 자극 기능은 일반적인 기분에 국한되지 않는다. 술로 인한 도파민 증가는 초파리에서 사람에 이르기까지 남성과 여성 모두의 성욕을 즉시 증가시킨다.[68] 아이러니하게도, 술의 신체기능 저하 효과는 동시에 그리고 악명 높게도 실제 성 기능을 손상시키고, 생식기 흥분을 감소시키며, 남성과 여성 모두에게서 오르가슴에 이르는 시간이 길어진다. (연구자들이 물리적 흥분을 어떻게 측정하는지 궁금하다면, 'penile plethysmograph(음경혈량측정)' 또는 'vaginal photoplethysmography(질광혈류측정)'를 구글에서 검색을 해보라.) 따라서 술이 "욕정을 불러일으키나, 그 기능을 빼앗아 간다"[69]는 셰익스피어의 유명한 격언은 그 이면에 몇 가지 진지한 실증적 증거가 있다.

취하면 타인에 대한 지각적 매력이 높아진다는 생각 또한 오래된 것이다. 이 생각은 아리스토텔레스까지 거슬러 올라간다. 그는 "술에 취한 남자는 외모나 나이로 인해 맑은 정신일 때는 아무도 키스하지 않을 여자에게 키스할 수도 있다"고 언급했다.[70] 이 생각은 실험 문헌에서도 뒷받침된다. 술집이나 캠퍼스 파티와 같은 실험실 환경과 자연스러운 환경 모두에서, 적당한 취한 상태(약 0.08%의 혈중알코올농도)의 실험대상자는 맑은 정신의 통제집단보다 이성을 더 매력적이라고 평가하고, 그 효과는 남성과 여성 모두에게 나타난다.⁷¹ 위약이 아닌 술을 받은 실험대상자는 성적 내용을 담은 사진을 더 매력적인 것으로 보고 더 오래 보고자 한다.⁷² 흥미롭게도, 그 효과는 여성에게 더욱 두드러진다. 이는 술이 하향 조절하게 돕는 문화적 규범에서 만들어진 더 큰 억제를 반영한 것이다.⁷³ 음악가이자 풍자가인 킨키 프리드먼(Kinky Friedman)이 요약하듯이, "아름다움은 맥주를 들고 있는 사람의 눈 안에 있다."⁷⁴

알코올 효과가 다른 사람을 더 매력적으로 보이게 할 뿐만 아니라 성에 더 개방적이게 하는 경향이, 약간의 취기가 사람을 매력적으로 만든다는 사실에 의해 증대된다는 것은 많이 알려져 있지 않다. 술에 취한 사람은 다른 사람들 눈에 육체적으로 더 매력적이게 보인다. 적당히 취한 사람의 사진은 맑은 정신의 같은 사람의 사진보다 더 매력적인 것으로 평가된다.⁷⁵ 이것은 아래 그림 4.3에서 볼 수 있다. 이 사진은 브라질 사진작가 마르코스 알베르티(Marcos Alberti)의 멋진 프로젝트에서 가져온 것이다. 그는 이렇게 설명한다.

> 첫 번째 사진은 하루 종일 일한 후이고, 또한 여기에 오기 위해 러시아워 교통체증에 직면하면서 더해진 스트레스와 피로를 포착하기 위해 손님들이 스튜디오에 막 도착했을 때 바로 찍은 것이다. 그러고 나서 재미있는 시간과 내 프로젝트를 시작할 수 있었다. 와인을 한 잔씩 마신 뒤에 화려하지 않은 스냅사진을 찍었다. 사진에 얼굴과 벽 이외에는 아무것도 없다. 그렇게 세 번을 찍었다. 음악, 예술, 패션, 댄스, 건축, 광고 등 각계각층의 사람들이 며칠 밤 동안 모

였고 세 번째 잔이 끝날 무렵에는 여러 가지 미소가 떠올랐고 많은 이야기가 들려왔다.

그림 4.3. 와인을 1, 2, 3잔 마신 뒤의 사진 실험대상자들(마르코스 알베르티의 허가 득함, 와인 프로젝트: (https://www.masmorrastudio.com/wine-project)[76]

이런 사진은 술에 있는 매력 증진 효과의 한 측면을 보여준다. 즉, 긴장된 업무 자아는 무한히 더 여유롭고 자신감 있으며 자기를 의식하지 않는 행복한 사람으로 점점 대체된다.

술의 매력 증진 효과는 당신이 즐길 수 있는 그 어떤 외적인 매력 증가에 더하여 취할 때 내적으로 더 매력적이라고 느낀다는 사실에 의해 증대된다. 이는 때때로 이른바 '자기 과잉(self-inflation)' 효과의 결과이다. 술 취한 실험대상자는 외부 관찰자보다 자신을 더 매력적이라고 평가하며, 술을 많이 마실수록 더 매력적이라고 느낀다.[77] 이것은 기분 변화와 인지 장애 둘 다 때문이다. 도파민은 단순히 우리를 기분 좋게 만든다. 즉, 우리를 대범하고 자신감 있으며 친근하게 한다. 술로 인한 인지적 근시는 동시에 자아 인식(self-awareness; 주변의 사람이나 물체, 환경으로부터 자신의 존재를 구별하고 이해할 수 있는 능력)을 감소시킨다.[78] 예를 들어, 이러한 술의 원투펀치 공격으로 인해 당신은 다른 점에서 부족하다고 느끼는 자질에 관한 성격 설문지에서 자기 평가를 부풀릴 가능성이 높다. 만약 당신이 또래 친구만큼 총명하거나 재치 있지 않다고 걱정한다면, 술 몇 잔은 적어도 당신이 보기에는 당신을 천재 코미디언으로 만들 것이다.[79] 이것은 고대 그리스의 철학자 필로스트라투스(Philostratus)의 발언에서 멋지게 풍자된다. "다량의 술은 사람을 부유하고, 모임에서 힘이 있으며, 친구들에게 도움이 되고, 아름답고, 키도 크게 만든다. 한 남자가 술을 잔뜩 마셨을 때, 그는 이 모든 자질을 모아서 자기 생각에 자신의 것으로 만들 수 있다."[80]

다음 장에서 논의하겠지만, 강해진 성욕, 왜곡된 사회적 인식, 인지적 근시는 유독한 칵테일로 쉽게 엉겨서, 어설픈 성적 결정에서부터 성희롱과 성학대에 이르기까지 심각하게 나쁜 행동으로 이어질 수 있다. 혈중알코올농도의 증가가 (진화적 관점에서) 비교적 새로운 증류주로 과잉 보급되거나, 사회적으로 규제되지 않거나, 부분적으로 발달한

PFC가 실제로 더 이상 하향 조절을 필요로 하지 않는 젊은이에게서 발생할 때 특히 그러하다. 여기서 중요한 것은, 성숙한 동의(同意) 성인(법적으로 성관계 동의 결정을 할 수 있다고 보는 연령이 된 사람)이 적당히 사용할 때, 술은 마음을 교묘히 변경하듯이 마음을 해킹하기 위한 귀중한 도구이며 친밀감을 돕는 도구라는 것이다.

막 맺어져 긴장한 로맨틱한 커플이 처음의 어색함이나 불안을 극복하는 데 식사와 곁들인 와인 한두 잔보다 더 나은 문화적 해법을 상상하기란 어렵다. 중독 연구자 크리스찬 뮐러(Christian Müller)와 군터 슈만(Gunter Schumann)이 "전문적 미세환경에서 개인적 미세환경으로의 '예정된' 시간 의존적 전환"[81]으로 건조하게 특징짓는, 하루가 끝날 무렵이나 또는 주말이 시작될 무렵에 마시는 술은 커플이 없는 사람이 잠재적인 배우자를 만나고, 기존 커플이 업무 지향적인 늑대 모드의 친밀감에서 느긋하고 래브라도 같은 친밀감으로 완전히 전환하게 돕는다. 그래서 샴페인이나 와인은 결혼식이나 발렌타인데이와 같은 로맨틱한 행사와 관련이 있다. 어떤 이유에서인지, 사우스 저지(South Jersey)에서 어릴 때부터 내가 꽂힌 한 텔레비전 이미지는 펜실베니아 포코노산맥에 있는 로맨틱한 도시의 오글거리는 광고에서 나온 것이다. 이 광고는 확실히 심장 모양의 뜨거운 욕조, 샴페인이 든 아이스 버킷, 그리고 두 개의 잔을 두드러지게 묘사했다. 그것은 진부하지만 효과적인 문화적 기술을 정확히 묘사한 것이다.

그림 4.3으로 돌아가면, 알베르티의 실험대상자들이 소개팅을 위해 스튜디오에 온 것이 아니라 친구이자 동료라는 점도 주목할 필요가 있다. 이는 좋아진 기분과 인지적 근시가 성적 커플 또는 잠재적인 성적

커플 간의 친밀감뿐만 아니라 모든 종류의 친밀감을 증진시키는 도구가 될 수 있다는 사실을 강조한다. 내가 가장 좋아하는 중국 시인 도연명은 오랜만에 만난 소중한 친구와의 재회를 묘사하는 멋진 시구를 지었다. "한마디 말도 없이 우리 마음은 술에 취했네. 술을 나눠서 취한 것은 아니네." 마이클 잉(Michael Ing)이 말하듯이, "도연명에게 있어서 우정은 취하는 것이고, 진정한 친구는 말 한마디 하지 않아도 서로를 이해한다. 술처럼 우정은 자기와 시간의 한계를 파기시킨다. 우정은 다른 사람에게서 자기 상실을 촉진하고, 다른 공공적인 자아에 대한 인식을 높인다."[82] 비록 도연명 자신도 자신의 취함을 술이 아닌 우정의 탓으로 돌리고 있지만, 이렇게 명확히 부인하는 것이 실제로 이와 같은 마음의 만남을 촉진시킨 물질로 우리의 관심을 돌리는 시적 재주라는 것을 인식하는 것이 중요하다.

전 세계적으로, 술을 마시는 동기에 대한 질문을 받은 설문 응답자는 '친목 증진'을 가장 먼저 언급한다.[83] 도파민 활성화와 인지적 근시의 결합을 통해 술은 억제와 사회적 불안을 완화시킨다. 술은 대화력 증가뿐만 아니라 사적인 주제나 친밀한 주제로 전환하는 경향도 유발한다.[84] 사진 1번에서, 알베르티의 사진 실험대상자는 교통체증에 대해 불평하거나 출근 당일에 대해 이야기하고 있다. 사진 4번에서는 깊은 희망과 포부를 나누고 실패한 관계에 대해 위로를 하거나 서로 시시덕거리고 있다.

어떤 연구는 내성적인 사람이나 대인공포증이 있는 사람에게 있어서 술을 도구로 사용하는 것이 특히 중요할 수 있음을 암시한다. 이런 사람은 '스스로 유도한 시간 제한적 성격 변화를 가져오기 위해 술을 전략적으로 사용한다.[85] 즉, 이들은 술을 사용해 칵테일 리셉션이나 디너파티를 이겨낼 수 있을 만큼 일시적으로 자신을 외향적인 사람으로 탈바꿈시킬 수 있다.[86] (내성적인 독자라면 이 특정한 마음 해킹을 잘 알고 있을 것이다.) 술은 또한 얼굴에서 긍정적 정서에 대한 인식을 촉진하고 공감 능력을 강화하며, 그 효과는 감정이입이 억제되거나 낮은 사람에게 더 강하다.[87] 대규모 역학 연구는 완전한 금욕 및 폭음과는 달리 적당한 음주가 더 긴밀한 우정 및 더 나은 가족부양과 관련이 있다는 것을 보여준다.[88] 따라서 술이 제공하는 사회적 윤활은 이기적인 영장류가 협력 딜레마를 해결하고 효과적으로 혁신하도록 도울 뿐만 아니라 친밀한 개인적 유대를 형성하고 유지하는 데도 중요하다.

집단적 활기: 테킬라 샷과 버닝맨

지금까지 우리는 0.08%에 맴도는 혈중알코올농도의 사회적 효과를 보았다. 그리고 이런 효과는 맥주나 와인 몇 잔을 느긋하고 조금씩 마실 때 나온다. 그런데 테킬라 병이 나오면 어떻게 될까? 혈중알코올농도가 0.08% 또는 0.10%를 초과하면서 사회적 지형이 더 흔들리지만, 경우에 따라서는 적어도 적절한 타이밍에서 가끔 초과하는 것이 사회적으로 유용할 수 있다는 증거가 있다.

예를 들어, 미국 네이비 실만큼 성과 중심의 조직은 없을 것이다. 따라서 네이비 실 지휘관이 부대 내에서 팀 정신을 함양하기 위해 훈련 과정에 많은 양의 술을 아주 가끔 도입하는 것이 유용하다고 생각한다는 점에 주목할 필요가 있다. 제이미 월과 스티븐 코틀러(Jamie Wheal & Steven Kotler)가 자신들의 책 《불을 훔친 사람들》(*Stealing Fire*)에서 보고하듯이, 실팀 식스(SEAL Team Six)의 설립자 리처드 마친코(Richard Marcinko)는 '세월이 일러주는 유대감 기법인 술 취함'으로 신병 훈련소의 고된 경험을 끝마친다. 그들이 언급하듯이, "그는 배치 전에 한 번의 마지막 술잔치를 위해 버지니아 비치에 있는 바로 팀을 데려갔다. 부대원들 사이에 긴장감이 끓고 있을 때 술을 몇 잔 마시면 언제나 긴장이 해소될 것이다. 아침이 되면, 대원들은 두통 해소에 애쓸 수도 있지만, 서로에게 솔직하고 아주 매끄러운 부대로 작동할 준비를 갖출 것이다."[89] 이따금씩 하는 '폭음'의 힘에 대한 이러한 믿음은 대학생을 대상으로 한 여론조사에서 나온 데이터와 일치한다. 이 데이터는 가끔 필름이 끊기는 술자리를 경험한 사람이 항상 적당히 술을 마시는 사람이나 자주 법석대는 술잔치를 벌이는 사람보다 친구나 로맨틱한 커플과의 더 큰 친밀감 및 솔직한 대화의 면에서 평가되는 사회적 유대감이 더 깊다는 것을 보여준다. 이 저자들이 언급하듯이, "'과잉에도 절제가 있다'는 디즈레일리(Disraeli)의 말은 현재의 결과에 적절한 맥락을 제공한다."[90]

우리가 상상할 수 있는 가장 웅장한 술잔치는 서부 네바다의 블랙록(Black Rock) 사막에서 매년 일주일간 개최되는 '버닝맨(Burning Man)'이다. 버닝맨은 어쩌면 고대의 디오니소스적 환락에 가장 가까운 현대인의 경험으로서, 놀라울 정도로 많은 양의 술, 환각제, 각성제가 보급되고 심각한 수면 부족으로 고조되는, 열과 먼지, 예술과 성욕, 음악과 춤, 개조한 차량과 야생 장비, 사회적 실천주의와 집단생활 실험의 유쾌하고 와글거리는 혼란 상태이다. 사회학자 프레드 터너(Fred Turner)가 언급하듯이, 버닝맨에 참가하는 것은 실리콘 밸리의 기술 및 정보 산업 종사자들 사이에서 일종의 통과의례가 되었다. 1999년 구글 창업자 래리 페이지(Larry Page)와 세르게이 브린(Sergey Brin)은 구글 홈페이지에 버닝맨 로고를 달아 자신들이 (많은 직원들과 함께) 그 축제에 참가했음을 전 세계에 알렸고, 에릭 슈미트(Eric Schmidt) CEO 자신도 '버닝맨 참가자(Burner)'라는 이유로 채용된 것으로 알려졌다. 버닝맨의 강렬함과 육체적 불편함에 대한 집단적 경험은 실리콘 밸리에서 내적 응집력과 문화를 형성하는 방법으로 보여진다. 터너는 다음과 같이 말한다.

> 래리 하비(Larry Harvey)(샌프란시스코에서 첫 버닝맨 행사의 창시자 중 한 명)는 블랙록 시티 밖의 세계가 '마케팅을 위해 사람들을 떼어 놓는 것에 '기반'을 두고 있다'고 설명했다. 그는 버닝맨의 참가자들이 예술의 '즉각성'과 그것을 통한 공동체의 황홀한 감정에 직면할 것이라고 주장했다. 그런 의미에서 그는 버닝맨이 오래전 뒤르켐이 주장했듯이 종교적 느낌의 기초를 형성한 '활기'의 느낌을 참가자에게 제공한다고 암시했다. 그 사막에 모인 축제 참가자는 개인적·집단적 변혁의 자극적인 감각을 느낄 수 있다.[91]

일부 기업은 심지어 버닝맨과 같은 '집단 흐름'의 느낌을 포착하는 것을 목표로 자신들의 직장 휴양지에서 작은 버닝맨 형태를 만들려고 시도했다. 엠마 호건이 전하듯이, "작은 기술 스타트업의 한 CEO는 자신의 회사와 함께 하는 여행에서 모든 사람이 마법의 버섯을 복용했으며, 이런 버섯은 그들에게 '일반적으로 사무실에 있는 장벽을 떨치고', '마음을 터놓을 수 있게' 해 주었으며, 회사의 '문화'를 형성하는 데 도움을 주었다."[92]

물론, 황홀한 경험과 집단 유대의 필요성은 비즈니스 세계를 훨씬 넘어선다. 현대 사회가 '마케팅을 위해 사람들을 떼어 놓는 것'에 초점을 맞추고 있다는 래리 하비의 발언은 작가 바버라 에런라이크(Barbara Ehrenreich)의 날선 의견을 상기시킨다. 즉, 그녀가 풍자적으로 말하듯이, 남아프리카에 파견된 선교사는 '건강한 개인주의적 경쟁의 신선하고 자극적인 숨결을 불어넣는 것'을 목표로, '한 부족 구성원들 간의 공산주의적 관계를 약화시키기' 위한 수단으로 전통춤을 의도적으로 억압하는 데 집중했다.[93] 우리가 언급한 것처럼, 의례와 종교를 연구하는 많은 학자는 개인들을 하나로 묶는 '황홀의 기술'(미르치아 엘리아데(Mircea Eliade))의 역할을 강조하거나, 여럿이 함께 어우러져 추는 집단 춤을 '집단 형성의 생명공학'(로빈 던바)으로 특징지었다. 에런라이크가 언급하듯이, 집단 춤은 세계 각국의 선사시대 미술에서 볼 수 있는 가장 초기 인간 중심의 장면으로서, 이는 춤 명상이 사냥, 채집, 요리, 옷 만들기 등 실용적이고 본질적인 활동에 비해 '불필요한 에너지 낭비'처럼 보인다는 사실을 고려하면 영문 모를 일이다.[94] 집단 춤은 그렇게 오랫동안 보편적이고 기본적인 인간 의식으로 남아 있기 위해서 사실상 진화적 면에서 지불한 만큼 본전을 뽑았음에 틀림없다.

어떤 이득은 개인의 정신 건강, 즉 다음 절에서 논의하는 '자아 휴가'에 대한 필요성과 관련이 있다. 하지만 분명히, '길거리 춤'의 중요한 기능은 초사회적이고 취약한 우리 종에게 물과 음식만큼이나 필수적인 집단 정체성을 창조하는 것이다. 심리학자 조너선 하이트(Jonathan Haidt)와 동료들이 언급했듯이, 집단 동시성이나 리듬은 이상한 우리 영장류가 갈망하게 된 '군체 마음'의 일부가 되는 느낌을 기르는 데 도움이 된다. 황홀한 경험에 대한 열망은 진화했고 살아남았는데, 이는 이런 열망이 인간에게 적응했기 때문이다. 즉, 함께 춤을 추는 사람은 함께 일하고 싸우며, 신뢰하고 신뢰받는 법을 배웠다.[95] 산업화된 세계에서 사실상 현대 제도와 법치는 협력을 보장하기 위한 문화적 기술로서 대개 종교의식과 황홀한 유대를 대체했다. 그러나 비교적 최근의 이러한 발달은 동기 체계에서 깊은 기본 욕구를 즉시 제거하지는 못한다. 사람들은 투표를 하고 세금을 내지만 여전히 춤을 추고 싶어 한다.

춤을 추려면 술을 마셔야 하는가? 의식과 종교의 인류학에 관한 권위 있는 연구에서는 화학적 취함을 대수롭지 않게 여기는 경향이 있다. 예를 들어, 집단적 활기에 대한 유명한 묘사에서 에밀 뒤르켐은 황홀한 경험을 이끌어내는 행동 목록을 '울음, 노래, 음악, 폭력적인 동작, 춤'으로 시작한다. 그리고 마지막에서야 '활력 수준을 높이는 흥분제 찾기'를 덧붙인다.[96] 이것은 술과 다른 약물에 대한 이상하리만큼 부끄러워하고 두리뭉실한 지칭이다. 로이 라파포트는 획기적인 (그리고 거대한) 연구인 《인류를 만든 의례와 종교》(*Ritual and Religion in the Making of Humanity*)에서 지나가는 말로, 그리고 일반적으로 '길이 ··· 템포, 제창, 상징적·도상적·지표적 재현의 밀도, 감각 경험, 기묘함 ··· 또는 고통' 같은 의례의 다른 중요한 자질의 긴 목록 끝에서 '약물 복용'을 몇 번 언급했을 뿐이다.[97] 인류학자들과 종교 역사가들이 화학적 취성물질 사용에 초점을 맞추는 것을 이상하게 꺼림으로써 그런 취성물질 사용이 집단 황홀에서 얼마나 중요한지를 평가하는 것이 어렵게 된다. 바로 여기에서 현대 모임을 조사하면 다양한 각 기술들이 상대적으로 어떤 기여를 하는지 명확히 하는 데 유용할 수 있다. 이는 특히 실험실의 인간 실험대상자를 술에 취하게 하거나 LSD에 심각하게 취하게 하는 허가를 얻는 것이 거의 불가능하기 때문이다.

황홀한 유대를 달성하기 위한 뒤르켐이나 라파포트의 기술 목록을 살펴보면, 그들이 버닝맨뿐만 아니라 음악 축제, 현대 샤머니즘 모임, 광란의 파티 등 전 세계에서 주기적으로 열리는 수많은 집단 행사도 꽤 잘 묘사하는 것 같다. 화학적 취성물질 사용이 이러한 행사에서 추정되는 성분이지만, 그런 취성물질 자체가 뒤르켐의 활기와 집단 유대를 만들어내는 데 어느 정도 책임이 있는지는 여전히 미해결의 문제로 남아 있다. 미국과 영국의 며칠간 계속되는 대규모 집회 행사, 특히 음악, 춤, 동시성, 그리고 많은 약물이 뒤섞인 야외 축제와 콘서트에 대한 최근 연구는 이러한 요인이 어떤 것인지 명확히 하기 위한 첫걸음을 내디뎠다. 연구자들은 현장에 가서 1,200명 이상 참가자들 경험의 본질과 특성, 그리고 최근의 향정신성 약물 사용에 대해 인터뷰를 했다. 이들은 약물 사용, 특히 발륨과 같은 환각제와 정신 안정제의 사용이 이런 행사가 긍정적인 분위기를 동반하고 사회적 연결을 포함하며 변형적 경험이라고 보고할 높은 가능성과 관련이 있다는 것을 발견했다.[98] 춤을 추고 음악을 듣는 것도 훌륭했지만, 약물은 변화와 유대의 촉매제 역할을 하는 것으로 보였다. 따라서 이 연구는 화학적 취성물질이 황홀에 대한 기본적인 인간 욕구를 충족시키는 데 결정적이고 자주 언급되지 않는 역할을 한다는 예비 증거를 제공한다.

앞에서 언급한 음주 행위에 대한 국제적인 조사에서 친목 증진은 음주의 가장 자주 인용되는 동기로 제시된다. 그러나 가까운 두 번째 순위에는 연구자들이 '자기 고양(내적인 긍정적 정서)'이라고 다소 무미 건조하게 지칭하는 것, 즉 재미있음이 있다.⁹⁹ 그에 비추어 볼 때, 우리는 청교도적인 학문적·공적 담론에서 소외되는 황홀과 쾌락이라는 두 가지 기본적인 미덕을 다루어서 취함이 현대 생활에 어떤 기여를 하는지에 대한 논의를 끝내고자 한다.

황홀: 자아 휴가

"인간은 이성적이기 때문에 술에 취해야 한다."

— 바이런 경(Lord Byron)¹⁰⁰

이 책의 대부분은 적당한 취함의 개인적·사회적 기능에 집중했다. 그러나 스튜어트 월턴(Stuart Walton)이 언급하듯이, "절제는 사실 취함의 영역 내에서 함께 공존하는 이상(理想)이 아니다. 실제로, 취함은 그 자체로 나머지 삶을 필연적으로 저당 잡은 절제로부터 일시적으로 벗어날 수 있는 기회이다." 이것은 아폴로의 지배에 대항하는 디오니소스의 위대한 옹호자 프리드리히 니체의 정서를 반영한다.¹⁰¹ 니체는 'orgy(酒神祭)'라는 말을 제공한, 술과 춤이 수반된 밤새 진탕 마시는 술잔치인 디오니소스의 orgia(酒宴)가 '개인 존재의 공포'로부터 해방을 제공하여 '신비한 일체감'의 '더없이 행복한 황홀'로 들어가도록 의도되었다고 언급했다.

디오니소스적인 것의 주술로 인간과 인간의 계약만 다시 체결되는 것은 아니다. 적대적이었거나 소외되었거나 멍에가 씌워졌던 자연이, 잃어버린 아들인 인간과 다시 화해의 제전을 벌인다. 이제 노예는 자유민이 되며, 궁여지책으로 혹은 임의로, 혹은 무도한 세태가 인간들 사이에 고착시켰던 견고하고 적대적인 온갖 한정들은 부서진다. 이제 세계조화의 복음으로, 모두 이웃과의 일치·화해·융화를 느낄 뿐만 아니라 하나임을 느낀다, 마치 마야의 너울이 갈래갈래 찢겨 비밀한 원초일자(原初一者) 앞에서 산산이 나풀거리기라도 하듯이.[102]

삶을 긍정하는 디오니소스의 제자에게 세속적 쾌락은 '자유로운 마음을 지닌 자들에게는 자유로운 것이며, 지상 낙원에서 누리는 행복이자, 넘칠 듯한 고마움'이고, '대단한 강심제요 정성스레 저장해온 최상의 포도주'이다.[103]

우주와의 술 취한 황홀한 통합을 유창하게 옹호하는 또 다른 사람은 중국 시인 유령(劉伶)이었다. 유령은 그 어떤 절제 이야기에도 침을 뱉을 정도로 악명 높은 술꾼이었다. 전해지는 바에 따르면 유령은 술잔치 중에 사람들이 자유롭게 드나들 수 있는 자기 집 방에서 벌거벗고 앉아 행인들의 질책을 받았다고 한다. 유령은 그들에게 "나에게 있어서 하늘과 땅은 내 집의 서까래와 지붕이다. 이 방은 내 옷의 바지에 불과하다. 당신들은 내 바지 안에서 뭘하고 있는가?"[104]라고 고함을 친 것으로 전해진다. 유령은 유명한 〈주덕송〉(酒德頌)에서 이 주제에 대해 상세히 설명한다.

대인 선생이란 사람이 있었으니,

천지개벽 이해의 시간을 하루아침으로 보고

만년을 찰나로 삼았다.

해와 달을 문과 창문으로 삼고

…

그 즐거움은 도도하였다.

멍청히 취해 있는가 하면,

황홀하게 깨어 있기도 하다.

조용히 들어도 우렛소리를 듣지 못하고,

자세히 보아도 태산의 형체를 보지 못한다.

살을 에는 추위와 더위도,

즐기고자 하는 감정도 깨닫지 못한다.

그는 만물을, 장강과 한수에 떠다니는 부평초를 보듯, 내려다본다.[105]

마이클 잉이 말하듯이, 초기 중국 시인과 작가들에게 이처럼 극단적으로 받아들여지는 술은 "그것을 마시는 사람을 불멸하고 신성하게 하는 신성한 음료이다." 즉, 술은 개인 자아의 족쇄를 제거하여 우주 전체와 친하게 이야기할 수 있게 해 줌으로써 술 마시는 사람을 불멸하고 신성하게 한다.[106]

황홀한 취함에 끌리는 현상을 이해하기 위해 이 세련된 형이상학적 야망을 공유하지 않아도 된다. 놀이에 대한 욕망처럼 황홀에 대한 욕구도 인간에게 기본이며 다른 종들도 공유한다. 많은 동물들이 놀고, 상당수의 동물들은 마약에 완전히 정신이 팔려 있는 것이 관찰되었다.

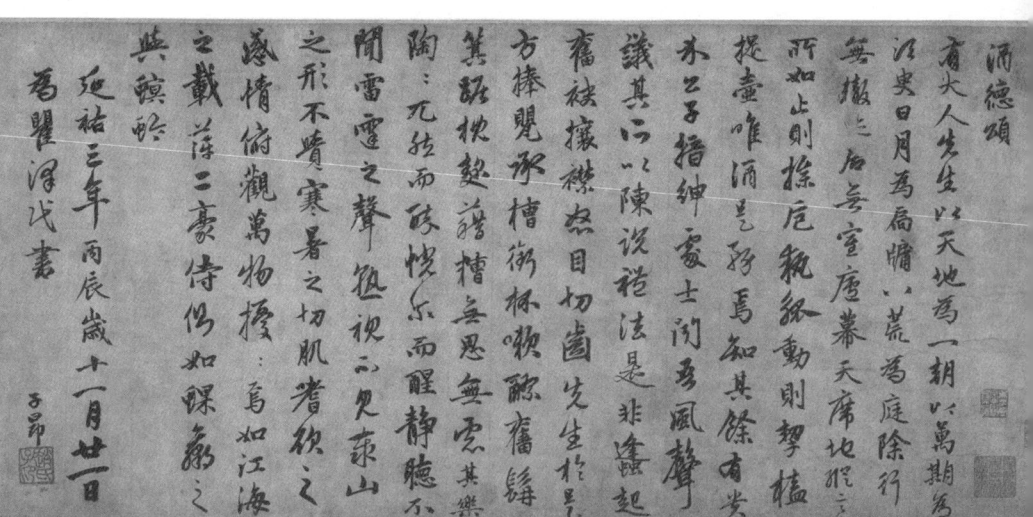

趙孟頫 書, 〈酒德頌〉 卷, 元, 紙本, 行書, 28.5×65.2cm, 중국 북경 고궁박물원.(역주)

　복어류 독소에서 황홀을 획득하는 매력적인 돌고래에서부터 독성 지네로 환각에 빠지는 여우원숭이에 이르기까지,[107] 동물계 전반에 걸쳐 화학적 취성물질 사용이 널리 퍼져 있다는 사실로 인해 심리학자 로널드 시걸(Ronald Siegel)은 음식, 성욕, 잠에 이어 "취함이 네 번째 욕구이다"라고 선언하게 되었다.[108]

　그러나 인간은 대부분의 종들보다 황홀을 훨씬 더 필요로 한다. 인간은 우리가 알고 있는 한 다른 종과 공유되지 않는 병으로 고통받고 있다. 그것은 의식적인 자아 인식의 병이다. 알베르 카뮈(Albert Camus)가 인간 존재의 시시포스적(완수할 수 없는 헛 수고의, 끝 없는) 본성에 대한 성찰에서 한때 말한 것처럼, "만약 내가 뭇 짐승들 중 한 마리의 고양이라면, 이 삶에 어떤 의미가 있을지도 모른다. 아니, 차라리 이런 문제 자체가 제기되지 않았을 것이다. 왜냐하면 나는 이 세계의 일부이기 때문이다. 나는 지금 내 모든 의식과 친숙함에의 요구를 통해 내가 맞서는 이 세계 자체가 되어 버릴 테니 말이다."[109] 술과 여타 화학적 취성물질의 주요 기능은 사회심리학자 마크 리어리(Mark Leary)가 말하는 '자아의 저주(curse of the self)'를 적어도 일시적으로 완전히 파괴하는 것이다. 자아의 저주란 단순히 세계일 수 있고 세계를 즐길 수 있는 우리의 능력을 항상 방해하는, 우리의 목표 지향적이고 불안하기 쉬운 내적 해설위원이다. 리어리가 말하듯이, "만약 인간 자아에게 음소거 버튼이나 오프 스위치가 설치되어 있었다면, 자아는 종종 행복에 대한 저주이지 않을 것이다."[110] 사실, 인간 자아는 음소거 버튼이 미리 설치되어 있지 않다. 이것이 바로 정확히 우리가 술병이나 마리화나로 손을 뻗는 이유이다. 올더스 헉슬리가 말하듯이, "우리는 지금 교육보다도 술과 담배에 훨씬 더 많이 지출한다." 왜냐하면 "자아와 환경으로부터 탈출하려는 충동은 항상 거의 모든 이들에게 있기" 때문이다.[111] 이런 충동은 기도, 명상, 요가 같은 영적 의식과 술을 마시고 취하려는 우리의 욕구에서도 배출된다.

바버라 에런라이크는 《거리에서 춤추기》(Dancing in the Streets)에서 집단적인 황홀한 의식이 전통적으로 중요한 디오니소스적 성분의 표준 복용량을 사람들의 일상생활에 주입하는 역할을 했다고 주장한다. 고대 그리스의 디오니소스 축제에서부터 중세 유럽 카니발, 초기 미국 종교 부흥 회합에 이르기까지, 이런 의식은 사람들이 술집이나 주연(酒宴)의 단조로운 사회성을 훨씬 뛰어넘는, 일상과 양립할 수 없는 황홀의 경지를 얻을 수 있는 역(閾)공간을 제공했다. 앞서 본 것처럼 그러한 공간은 버닝맨과 같은 축제의 형태, 그리고 뉴올리언스의 마디 그라(Mardi Gras; 참회 화요일)처럼 현대 세계의 드문드문 지속되는 카니발에서 여전히 존재한다. 덜 형식적으로는, 또한 야외의 외진 곳에서 열리고 긴 격렬한 춤, 무아지경을 유도하는 음악, 그리고 대량의 알코올, LSD, MDMA를 포함하는, 현대 호주 '도프(doof)'와 같은 다양한 형태의 광란의 파티로 존속되고 있다.

종종 이런 모임에서 선택되는 약물인 환각제는 놀랍도록 강력한 행복과 환희의 경험을 만들어 낸다. 사실 다른 사람의 환각경험 이야기를 듣는 것은 그들의 어젯밤 꿈 이야기를 듣는 것(또는 어떻게 진리는 파란색인가에 대한 20쪽짜리 논문을 읽는 것)만큼 지루하고 도움이 되지 않는다. 하지만 단어의 어슴푸레한 매체가 관리할 수 있는 만큼 많이 환각적 경험의 마법 같은 것을 그럭저럭 전달할 수 있는 1인칭 이야기가 있다. 합성 향정신성 약품 연구의 선구자 알렉산더 슐긴(Alexander Shulgin)은 순수 MDMA 120밀리그램에 대한 자신의 경험을 이렇게 이야기한다.

나는 돌아가고 싶다는 생각이 들었지만 돌아갈 수 없다는 것을 알았다. 그러자 두려움이 사라지기 시작했고, 나는 다시 태어난 후 첫 걸음을 내딛는 것과 같은 작은 아기 걸음걸이를 시도할 수 있었다. 장작더미는 너무 아름답다. 그것은 내가 견딜 수 있는 모든 기쁨과 아름다움을 보여준다. 나는 산들이 나를 제압할까 두려워 돌아서서 산을 마주 보는 것이 두렵다. 하지만 나는 보았고, 놀랐다. 누구나 이와 같은 심오한 상태를 경험해야 한다. 나는 완전히 평화롭다

고 느낀다. 여기 오기 위해 평생을 살았는데, 집에 돌아온 것 같은 느낌이다. 나는 완벽하다.[112]

특히 현대 서양 철학의 지적 지형에 혁명을 일으키는 데 실패한 파란색에 대한 나의 불운한 에세이와는 달리, 화학적으로 도움을 받는, 황홀한 경험에서 비롯되는 통찰력은 일상생활에 지속적인 영향을 미친다. 예를 들어, 환각적 경험과 장기적인 긍정적 정신건강 결과에 대한 유익한 실증적 데이터가 있다. 반듯한 신학교 학생들에게 정제된 실로시빈 30mg을 먹여 환각에 빠지게 한 유명한 성(聖)금요일 실험으로 시작되었고, 그 뒤 25년간 추적해 이루어진 후속 실험에서 나온 증거는 화학적 황홀에 대한 한 번의 강렬한 경험이 오래 지속되는 이점을 제공하여 우울증을 완화하고, 경험·기분·세계에 대한 미적 감상·동정심 그리고 이타적인 행동에 대한 개방성을 강화한다는 것을 암시한다.[113]

> **성(聖)금요일 실험(Good Friday Experiment)**
> 천연 환각물질이 종교의 발생에 지대한 영향을 미쳤다는 이론이 특히 20세기 중반 이후 광범위하게 논의되어 왔다. 이런 이론을 엔테오젠 이론(entheogen theory)이라고 한다. 엔테오젠은 '개인의 마음속에 신적 영감이 생겨나게 하는 물질'을 말한다. 현대 과학의 관점에서 엔테오젠 이론을 입증하려는 마시채플 실험(Marsh Chapel Experiment)이 있다. 이 실험은 1960년대 초 티모시 리어리와 리처드 앨퍼트가 주도한 하버드 실로시빈 프로젝트(Harvard Psilocybin Project)라는 연구의 일환으로 실시됐다. 리어리는 1960년 멕시코를 여행한 적이 있는데, 그곳에서 실로시빈을 함유한 버섯의 환각효과를 접하고는, 실로시빈이 심리학 연구에서 시사하는 것을 탐구하기로 마음먹었다. 1962년의 성(聖)금요일, 보스턴대학의 마시채플에서 예배가 시작되기 전, 두 그룹의 학생은 이중맹검 대조군 실험을 위해 실로시빈과 니아신(환각 효과가 없는 위약)을 각각 복용했다. 예배가 끝난 후 두 그룹의 학생들에게 물어본 결과, 실로시빈 투여 집단은 대부분 심오한 영적 체험을 했노라고 응답했고, 니아신 투여 집단 중에서는 몇 명만이 그런 대답을 했다.

한 연구에 따르면, 정제된 실로시빈을 복용한 실험대상자의 67%는 그것을 자신의 생애에서 가장 중요한 경험 또는 상위 다섯 번째 안에 드는 것으로 생각했으며, 많은 사람은 이를 첫 아이의 출생이나 부모의 죽음과 비교한다.[114]

이런 종류의 연구와 장엄한 샤머니즘적 의식에서 자극을 받아, 아야와스카, 실로시빈, 메스칼린과 같은 전통적인 환각제는 중독, 강박장애, 심각한 우울증, 그리고 삶의 종말 불안의 치료제로 현재 사용되고 있다.[115] 전통적인 치료 기술에 대한 새로운 관심은 짜증날 정도로 유행을 타거나 피상적인 것으로 보일 수 있다. 아마존 열대우림에 나타나 샤먼에게 아야와스카를 구해달라고 요구하여 현지인을 귀찮게 하는 영적 추구자들이 널리고 널렸으며, 이제는 '사이키델릭 관광'을 제공하는 기업까지 생겨나고 있다.[116] 이런 치료제의 효과에 대한 특히 장기적인 대규모 데이터를 여전히 수집하고 있지만, 적어도 중독 치료에서 아야와스카 사용에 대한 한 연구에서는 중요한 긍정적인 효과를 발견했다. 그러나 이 연구는 치료의 완전한 효험이 전통적인 의식과 상징적 틀에 약물 사용을 포함시키는 것에서 온다는 점에 주목했다.[117] 이는 실증적 문헌과 경험이 풍부한 사용자의 통속적 지혜에 비추어 타당하며, 이는 개념적 틀(세트)과 직접적인 환경(세팅)이 환각경험의 내용과 정서가(emotional valence; 情緖價)를 형성하는 데 매우 중요하다는 것을 시사한다.

> **세트(set), 세팅(setting)**
> 약물 체험이 일어나는 내적 환경을 세트라 하고, 그 일이 벌어지는 외적인 상황을 세팅이라고 한다.

1960년대에 인류학자 더글러스 샤론(Douglas Sharon)은 페루에서 메스칼린 지원의 의식을 현지 쿠란데로(curandero), 즉 '주술사'의 지도 아래에서 탐구했다. 그 주술사는 우리에게 친숙한 용어로 환각제의 힘을 샤론에게 설명했다.

> 잠재의식은 (인간의) 우월한 부분이며, 개인이 모든 기억과 가치를 담아 둔 가방의 일종이다. 누군가는 개인이 의식적 마음에서 '뛰어나오게' 만들려고 노력해야 한다. 그것은 쿠란데리시모(curanderismo; 민간 치료 의술)의 주요 과제이다. 마법의 식물과 영창(글귀를 단조롭게 읊는 일), 문제의 뿌리 탐색을 통해 개인의 잠재의식은 꽃처럼 열리고, 막힌 부분을 풀어준다. 그것은 저절로 말한다. 그것은 [페루의] 고대인에게 알려진 매우 실용적인 방법이다.[118]

고통받는 사람이 의식적 마음에서 '뛰어나오게' 하는 것은 PFC를 완화시키는 효과를 묘사하는 한 가지 방법이다. 초만원인 우리 안의 쥐처럼, 문명 속의 인간은 우리의 침팬지 본성에 근본적으로 어긋나는 방식으로 낯선 사람과 끊임없이 어깨를 비비며 함께 틀어박힌 채 살아간다. 우리는 만족을 지연시키고, 복잡한 차선책의 타협을 받아들이며, 지루한 직장에서 긴 하루를 보내고, 지루한 회의를 견딘다. 우리는 특히 무의식을 '꽃처럼 열리게' 할 필요가 있다. 적어도 가끔은 말이다.

적어도 자아의 일시적 붕괴가 일어날 수 있는 공간이 전혀 주어지지 않는 세상에서는 무언가를 놓치게 된다. 환각제를 사용하는 전통적인 치료 의식은 자아의 일시적 붕괴를 촉진하는 한 가지 방법이었다. 에런라이크의 주장처럼, 주기적인 축제와 카니발은 또 다른 방법이었다. 에런라이크가 자신의 책에서 표현하고 있는 한 가지 걱정은, 아폴로의 치명적인 영향 아래에서 개인과 집단 모두의 황홀한 기쁨을 위한 이러한 기회들이 효율성, 건강 또는 도덕성의 이름으로 우리의 삶에서 갈취되고 있다는 것이다. 무자비한 늑대는 래브라도를 일렬로 모는 일을 효과적으로 해냈다. 지난 몇 세기 동안 종교적 삶에서 집단적 유대가 수동적이고 고립된 개인주의로 점차 대체되어온 것을 관찰한 사람은 이러한 견해에 공감한다. 스튜어트 월턴은 절제 이후 기독교의 많은 형태에 대해 다음과 같이 말한다.

> 저녁에 앉아서 성경 말씀을 명상하고, 나무토막을 조금씩 깎거나 뜨개질용 실을 잣는 것은 술을 무리지어 먹는 것보다 바람직했다. 금주운동은 개인들을 세분화하는 데 성공했으며, 이는 20세기의 많은 대중의 여가 활동이 영화관, 콘서트홀, 축구장, 가상현실 등에서 구경거리를 질서정연한 수동성으로 응시하기 위해서만 개인들에게 모이도록 장려함으로써 강화시키는 조치이다. 하지만 취함은 개인들을 상호작용하는 역동적인 모임에서 함께 묶었다.[119]

우리가 한때는 주기적으로 대규모의 황홀한 축제에 참여하거나, 적어도 약간의 느슨한 대화와 비공식적인 놀이를 위해 술집에서 정기적으로 만났던 반면에, 현대 생활의 규율은 매우 가끔 우리의 제한된 여가시간을 TV 시청이나 비디오 게임과 같이 집에 틀어박혀서 하는 고립된 활동으로 방향을 돌려놓았다. 인터넷의 출현으로 이는 더욱 악화되었고, 소셜미디어 중독과 끊임없이 쏟아지는 이메일과 문자로 인해 우리는 개별 화면에 달라붙은 채 소파에 앉거나 침대에 납작 엎드리게 된다.

거칠고 신성한 것의 매력, 즉 황홀과 힘의 쇄도는 콜리지(Coleridge)의 〈쿠블라 칸〉에서 가장 잘 포착되는 것으로 생각된다.

> 또한 소리치리라. 보라, 조심하라!
> 그의 번쩍이는 눈과, 나부끼는 머리칼을!
> 그의 주위를 세 번 돌고,
> 성스러운 공포를 느끼며 눈을 감으라.
> 그는 감로를 마시고,
> 낙원의 우유를 들이켰다네.[120]

황홀의 화신은 TV 불빛이 계속 빛나거나 작은 스마트폰 화면이 깜박거리는 교외의 막다른 길이나 거실과는 거리가 먼 것 같다. 성스러운 공포나 낙원의 우유를 마실 공간은 많지 않다. 이것은 유감스러운 일이다. 낙원의 우유가 우리의 HDL 수치를 끌어올리거나 우리가 마시는 물을 정화시킬 수 있기 때문만은 아니다. 우리는 창의적(Creative)일 뿐만 아니라 문화적(Cultural)이고 공공적(Communal)인 유인원이다. 네 번째 C를 추가할 수 있다. 인간은 또한 의식적(Conscious) 유인원이다. 자아 인식적이고 자아의 저주로 인해 경험의 미분화(未分化)된 동물 흐름으로부터 단절된 존재는 해방이 필요하다. 이것은 쾌락 자체의 방어라는 이 장의 마지막 주제로 우리를 데리고 간다.

그건 로큰롤일 뿐이야: 쾌락주의적 몸 지키기

근대 초기부터 20세기까지 모든 악[萬惡]의 '유독한 원뿌리'로 악마화된[121] 술은 하루에 한두 잔 정도의 적당한 음주로 심장병, 당뇨병, 뇌졸중의 위험을 줄일 수 있다는 연구 결과를 통해 어느 정도 실리적인 체면을 되찾았다. 하지만 앞서 언급했듯이, 오늘날 내과 의사들은 이런 연구에 대단한 감명을 받은 적이 전혀 없으며, 규칙적인 운동을 권하듯이 가벼운 음주를 권하는 것에 적극적으로 저항해 왔다. 건강에 기반한 술 방어는 마침내 우리의 논의에 늘 붙어 다녔던 2018년 《란셋》 논문으로 인해 엄청난 타격을 입었다. 이 논문은 유일하게 안전한 음주 수준이 0이라는 결정적인 결론을 내린 끔찍한 문서였다.

앞에서 언급했듯이, 《란셋》 연구에 대한 반응은 절대 금주하는 집단에게서 나온 예측 가능한 "그러게 내가 뭐랬어"라는 반응에서부터 그 방법론에 도전하고 술에 대한 건강상의 이점을 지키려는 반응에 이르기까지 다양했다. 대안이 되는 방침은 이 장에서 취하는 입장이다. 즉, 술이 중요한 개인적·사회적 기능을 계속 수행하는 다양한 방법을 발견하거나 그런 기능으로 주의를 돌리는 것이며, 그런 기능의 가치를 더 명백한 건강 위험과 비교 검토해야 한다. 지속적인 음주 행위를 옹호하는 사람은 비용과 편익에 대해 토론하거나 그 둘을 비교해서 따져 보는 데 관심이 없다. 그들의 반응은 "그건 로큰롤일 뿐이야(하지만 난 그게 좋다)(It's Only Rock-n-Roll (But I Like It)"(74년 발매된 롤링 스톤즈의 싱글곡) 입장으로 불릴 수 있다. 술은 몸에 나쁘고 사회에 해로울지도 모르지만, 난 술이 좋다. 술은 나를 기분 좋게 한다. 게다가, 이처럼 술을 옹호하는 사람은 일반적으로 많은 것이 좋지 않지만 어쨌든 즐겁기 때문에 술을 옹호한다고 덧붙인다.

나는 철학적 쾌락주의자이므로 로큰롤 옹호자의 입장에 전적으로 동의한다. 사실 신(新)금주법과 위험에 대한 일반적인 불안감의 현시대에 우리는 기분이 좋다는 단순한 기쁨에 대해 분명히 말할 필요가 있다. 취성물질 사용의 기능을 방어할 때, 취성물질이 인간의 삶에 가장 크게 기여한 것을 시야에서 놓쳐서는 안 된다. 그것은 바로 순전한 쾌락적 즐거움이다. 스튜어트 월턴이 훌륭하고 심술궂을 정도로 재미있는 취함의 문화사인 《술에 취해 정신이 없는》(*Out of It*)에서 말하듯이,[122] "취성물질인 술에 대한 모든 이야기의 밑바닥에는 옹호론의 침전층, 즉 수줍어하고 소리죽여 웃는 완곡어법의 침전층이 있으며, 이는 19세기에 쌓여 있었지만 1960년대의 진보적인 혁명조차도 제대로 걷어내지 못했던 침전층이었다." 술에 대한 어떤 논의에도 항상 수반되는 것처럼 보이는 빅토리아 시대의 위선의 냄새에 대한 월턴의 통렬한 비판을 길게 인용할 필요가 있다.

> 간경변증(肝硬變症) 환자의 의료비를 지불하기 위해 주류 회사를 만들 것을 요구하는 타블로이드판 신문의 아주 우스꽝스러운 사설은 단순히 새로운 억압의 효과 음악이라고 불릴 수도 있지만, 가장 우아한 연대기 편자인 휴 존슨(Hugh Johnson)이 한 포도주 양조법의 기념비적인 역사 속에 있는 이 머리말에 어떻게 반응할 것인가? "우리 선조들의 관심을 처음 끈 것은 은은한 포도주 꽃다발이나 제비꽃과 산딸기의 오래 남는 여운이 아니라, 유감이지만 그 효과였다." 과

연 그렇다면, 왜 변명하는 듯한 중얼거림일까? 포도주의 혈통이 술 속에 있고, 취함의 첫 경험이 현상계의 다른 어떤 것과도 같지 않았기 때문에 우리 조상들이 술에 매혹되었다는 것을 인정한다면, '두려워'할 것이 무엇이 있겠는가? 그리고 현상계에서 다른 무엇이 애당초 내일의 포도주 애호가를 매혹시키는가? 포도주 애호가가 그 다른 무언가가 오늘 술에 취하는 기분 좋은 방법이라는 것을 발견했다는 사실이 아니라면 말이다. 마치 이미 감각 경험으로 가득 찬 삶을 가진 어른인 것처럼 우리가 이런 것을 솔직하게 말하지 못할 수 있을까?

월턴은 우리가 솔직하게 말할 수 없다고 결론짓는다. "오늘은 우리가 사용하는 취성물질에 대해 이야기하는 것보다 성적인 버릇에 대해 솔직한 것이 많은 면에서 더 쉬워서 우리 모두는 부끄러워서 이 주제에 대해 의견을 말하지 못하게 된다."[123] 우리 생각을 분명히 다시 말할 때이다. 고급 와인, 수제 맥주 또는 유명 브랜드의 대마초에 관한 우리의 관심을 순수한 미적 용어로 이야기하는 것은 사회적으로 용인될 수 있지만, 훌륭하고 추상적인 감식안(鑑識眼)의 부작용으로 이야기하기보다는 구체화된 쾌락 자체에 대한 우리의 욕구에 대해 이야기하는 것은 여전히 불편하다. 이건 우리가 극복해야 할 콤플렉스이다.

사람은 자위를 하고, 술에 취하기를 원한다. 우리는 자위만큼 술에 대해 말하는 것에 명석해야 하고 까다롭지 않아야 한다. 인류학자 드와이트 히스(Dwight Heath)가 지적하듯이, "특히 과학자들, 건강 전문가들, 그리고 다른 연구자들이 쓴 대부분의 술 이야기에서 기본적으로 신기한 점은, 술을 마시는 많은 사람들이 술을 마시면 즐겁고 기분이 좋다는 것을 알기 때문에 술을 마신다는 것을 거의 인정하지 않는다는 것이다."[124] 마티 로스(Marty Roth)는 음주의 문학사에서 우리가 의례의 인류학과 인지과학에서도 말한 이 이상한 공백을 19세기 중반까지 거슬러 올라갈 수 있는, 술에 대한 관점의 변화 탓으로 돌린다. 한때 단순히 좋은 삶의 추정되는 성분, 즉 '고양시키고 해방시키는' 물질이었던 술은 중독과 공중 보건 영향의 의학적 렌즈를 통해서만 보게 되었다. 로스는 스페인 철학자 호세 오르테가 이 가세트(José Ortega y Gasset)가 티치아노(Titian)와 벨라스케스(Velázquez)의 왁자지껄한 술잔치 그림에 대해 쓴 에세이를 인용한다.

> 한때, 포도주가 행정적인 문제가 되기 훨씬 전에, 바커스는 신이었고 포도주는 신성했다. 그러나 우리의 해결책은 우리 시대의 둔감함, 행정 비대, 그리고 오늘의 사소한 일과 내일의 문제에 대한 병적으로 신중한 집착, 영웅적 정신의 완전한 결여를 나타낸다. 그 영웅적 정신은 통계로 가득한 산더미 같은 인쇄된 종이인 알코올 중독을 넘어서, 태양의 황금 화살에 뚫린 쌍점을 이루는 포도나무 덩굴과 넓은 포도송이의 단순한 이미지까지 꿰뚫어 볼 수 있는 눈을 가지고 있다.[125]

이 책이 주로 디오니소스의 힘을 옹호하지만 '행정 비대'의 둔한 신 아폴로에게 고개를 숙이는 방식으로 옹호했다는 것은 물론 아이러니하다. 우리는 술과 여타 취성물질의 실제적인 이점과 사용에 집중하

티치아노, 〈안드로스인들의 주신제〉, 1523~1526, 캔버스에 유화, 175×193cm, 스페인 마드리드 프라도미술관.(역주)

면서 대부분의 시간을 보냈다. 티치아노의 〈안드로스인들의 주신제〉(Bacchanal of the Andrians)의 한 장면처럼 단순하지만 강력한 이미지의 더 깊은 의미를 잊지 않는 것이 중요하다. 스튜어트 월턴은 포도주의 건강상의 이점과 같은 주제에 대해 오락가락한 결론 없는 논쟁을 벌이는 것에 대해 한탄한다.

이 모든 것은 취함이 그 자체의 정당화라는 것을 무시하고 있다. 우리는 음주가 우리의 간에 누적해서 미치는 해로운 효과를 눈감아

준다. 이는 음주가 저밀도 콜레스테롤을 제거한다는 말을 들어서 그 이상은 아니지만 좋게 안심을 시켜준다고 생각할 수 있는 것과 동일한 정도이다. 우리가 술을 마시는 동안 어떤 다른 생리학적 과정이 진행되든 간에, 우리의 뇌는 취함 증세를 경험하고, 그런 취함이 주는 즐거움, 만족감, 안도감은 우리가 애초에 서랍을 뒤지며 와인 병따개를 찾는 이유였다.[126]

하지만 병적인 조심성과 쾌락에 대한 알레르기는 우리의 현대 시대에만 한정되는 고통거리는 아니다. 아폴로는 처음부터 우리와 함께 있었다. 과도한 아폴로 기능주의를 통해 디오니소스에 대한 느낌을 잃는 위험은 철학자 얀 자이프(Jan Szaif)의 기원후 초기 세기[127]까지 거슬러 올라가는 그리스어 문헌의 한 구절을 분석한 데서 잘 드러난다. 그 구절은 '고상한 행동과 훌륭한/고귀한 사물의 연구에 관여하기'를 좋아하는 덕망 있는 사람의 행동을 묘사한다. 또한, 그의 사회적 본성 때문에, 덕망 있는 사람은 "또한 결혼하고, 아이를 낳으며, 시민 문제에 참여하고, 온화한 사랑(에로스)의 방식으로 사랑에 빠지며, 원시적인 방식으로는 아닐지라도 친목 모임에서 술에 취할 것이다." 이것은 이상한 어법이다. 술에 취하되 '원시적인 방식으로'가 아닌 것은 어떤 의미인가? 자이프는 다음과 같이 설명한다.

이 구절에서 사용되고 있는 이 용어는 해당 활동이 덕망 있는 사람이 바람직하다고 생각하기 때문에 선택된 것이 아니라, 상황이나 특정한 가상의 필요성 때문에 선택된 것임을 암시한다. 이 특정한 경우, 덕망 있는 사람은 술을 마시지만, 취함에 끌려서가 아니라, 폭음을 수반하는 바람직한 사회적 활동같이 그가 아끼는 어떤 다른 것을 취함이 동반하기 때문이다. 덕망 있는 사람은 취하기 위해서가 아니라 자신의 사회적 본성을 충족시키는 일환으로 공동의 삶에 참여하기 위해 폭음을 수반하는 바람직한 사회적 활동에 참여할 것이다.[128]

우리는 이런 태도에 박수를 보낼 수 있다. 이 책의 대부분은 인간의 문화생활에서 술의 기능적 역할을 이해하기 쉽도록 분석하는 프로젝트에 정확하게 초점을 맞추고 있다. 우리는 이상하고 슬픈 유인원 종으로서, 유전적으로 협상하도록 갖추어지지 않은 규모로 조직된 사회에서 생존하려고 노력한다. 우리가 좀 더 창의적이고 문화적으로 연결되며, 공동으로 신뢰할 수 있게 돕는 액체 취성물질의 발견은 우리의 진화에서 결정적인 단계였고, 취성물질이 오늘날의 우리에게 어떻게 계속 작용하는지를 더 잘 이해할 필요가 있다. 하지만 음주나 흡연, 가끔 버섯 환각경험을 하는 것이 원초적이고 격세유전(隔世遺傳)적으로 즐겁다는 사실을 절대 놓치지 말자. 눈을 번뜩이며 낙원의 우유를 마시자. '원시적인 방식으로' 취하는 것을 두려워하지 말자. 왜냐하면 취하는 것은 다른 동물들이 단순히 당연하게 여기는 경험의 흐름과 우리를 다시 연결시켜 주기 때문이다.

취할 때이다

케임브리지대학의 '위험에 대한 대중의 이해(Public Understanding of Risk)' 교수인 데이비드 스피겔할터(David Spiegelhalter) 경은 《란셋》 논문의 저자들이 내놓은 결론에 이의를 제기하며, 이 데이터가 적당한 음주를 하는 사람들에게 단지 매우 낮은 수준의 위험을 보여준다고 언급했다. 그는 "적당한 음주에서 나올 것 같은 즐거움을 고려하면 '안전한' 수준이 없다고 주장하는 것은 절제에 대한 찬성 주장으로 보이지 않는다"고 말했다. "운전에 안전한 수준이 없지만, 정부는 사람들에게 운전하지 말라고 권하지 않는다. 그러고 보니 삶의 안전한 수준은 없지만 삶에 참여하지 말라고 권하는 사람은 없다."[129]

이것은 기껏해야 천연덕스러운 영국식 위트이다. 하지만 정부가 사람들에게 운전하지 말라고 권하지 않는다는 것을 지적해야 하는데, 운전에도 똑같이 명백한 비용에 견줄 수 있는 분명하고 주목할 만한 이점이 있기 때문이다. 살아가는 것은 피할 수 없다. 구르는 돌(롤링 스톤스)은 설명할 수 없는 일이지만 계속된다. 반면에 술은 관료, 의사, 그리고 정부 정책 입안자들에게 상당 부분 무방비 상태에 있다. 왜냐하면 우리는 취성물질의 왕으로서 술의 역할에 대한 진화적 근거를 밝혀내지 못했고, 개인과 사회에 대한 지속적인 이익을 이해하기 쉽게 분석하지 못했기 때문이다. 유감이지만, 즐거움 하나만은 좀처럼 취함에 대한 넓은 엄호물이 되지 못한다.

심리학자 크리스찬 뮐러와 군터 슈만은 구체적이고 바람직한 결과를 얻기 위해 화학적 취성물질을 합리적이고 전략적으로 사용하는 것을 뜻하는 '약물 도구화'에 대한 리뷰 논문에서 두 가지 중요한 논점을 제시한다.[130] 첫 번째는 알코올 중독과 약물 중독에 대한 정당한 우려에도 불구하고 전 세계와 모든 연령대를 통틀어 대다수의 향정신성 약물 사용자는 중독자가 아니며, 중독자가 될 위험이 매우 낮다는 것이다.[131] 정신을 차리고 집중을 위해 커피를 마시거나 힘든 직장 생활에서 긴장을 풀기 위해 저녁에 바보 같은 TV를 시청하는 것과 동일한 방식으로, 대부분의 사람은 취성물질을 단지 원하는 단기적인 심리적 변화를 일으키기 위한 도구로 사용한다. 이 두 심리학자는 더 나아가 현대 산업사회가 전통적인 농업이나 농업 이전의 사회보다 사람들이 끊임없이 적응해야 하는 훨씬 더 높은 밀도와 다양한 사회적 '미세환경'을 포함한다고 주장한다. 우리는 재택근무하고, 온라인으로 협력하며, 식사와 리셉션을 하면서 서로 연락을 취하고, 화상전화와 팀 브레인스토밍 세션 사이에 중간 중간 운동을 하거나 아이들과 지내려고 살짝살짝 시간을 낸다. 따라서 커피나 니코틴과 같은 순수한 자극제뿐만 아니라 술이나 대마초와 같은 취성물질 등 향정신성 물질은 과거보다 훨씬 더 중요할 수 있다. 화학적 취성물질이 초기 수렵채집인을 농경 생활 속으로 끌어들인 다음, 그들이 농경 생활에 적응할 수 있도록 하는 중요한 도구 역할을 했을지도 모른다. 오늘날 다른 도구를 마음대로 사용할 수 있음에도 불구하고, 최초의 길들여진 유인원의 후손은 그 어느 때보다도 지금 화학적 지원을 필요로 할지도 모른다.

나는 화학적 취성물질로부터 얻을 수 있는 이점을 제대로 평가하는 데 어려움을 겪는 한 가지 이유가 우리의 판단에 영향을 미치는, 거짓된 것이지만 그러나 깊이 자리 잡은 심신이원론 때문이라고 말하고 싶다. 우리는 사람들이 시시한 TV를 보거나 조깅을 하는 것으로 기분을 전환하는 것에는 문제가 없지만, 사람들의 향정신성 해킹이 와인 병따개와 시원한 샤르도네(Chardonnay) 한 병과 관련된 것일 때는 불편해진다. 한 시간 동안 명상하여 x%의 스트레스 감소를 달성하며 기분이 y% 상승하는 것을 경험하는 사람은 맥주 몇 파인트를 마셔서 정확히 같은 결과를 얻는 데 같은 양의 시간을 보낸 사람보다 훨씬 긍정적인 시각으로 비춰진다. 여기서 몇 가지 변이는 중독의 잠재력, 엄청 높은 칼로리, 간 손상 등 음주에 수반되는 잠재적인 부정적 측면에 의해 설명될 수 있지만, 이는 이야기의 일부에 불과하다.

화학적 취함에 대한 편견은 우리의 대중 의식뿐만 아니라 종교와 제의에 대한 학문적인 논의에도 깊이 자리 잡고 있다. 우리는 제의적 유대와 집단적 활기에 관한 대다수의 문헌이 어떻게 건전한 춤과 노래에만 초점을 맞추고, 이상하게도 그리고 청교도적이라고 말할 수도 있지만 똑같이 널리 만연해 있는, 홀짝홀짝 마시고 흡연하며 약물을 섭취하는 것에는 침묵하고 있는지 이미 언급했다. 샤머니즘에 대한 획기적인 비교 연구에서 미르치아 엘리아데는 약물로 유도된 샤머니즘적 경험을 "'황홀'을 재현하는 기계적이고 타락한 방법"으로, 즉 "'순수한' 무

> **심신이원론(마음-몸 이원론)**은 마음과 몸을 구별되어 분리된 것으로 간주한다. 이성과 정신으로 대표되는 마음은 몸 밖에 실재하고, 감각 기관의 작용과 감정으로 대표되는 몸은 마음과 같이 생각하거나 사유할 수 없다. 마음은 몸에서 자유로운 것으로 몸을 통제하는 도덕적 지성의 중심지이고, 몸을 매개하지 않고도 세계와 소통 가능하므로 몸에 대한 마음의 가치적 우월성이 인정된다. 따라서 이원론에서 감정과 욕망에 종속된 행위인 음주행위는 합리적이거나 도덕적인 행위가 아닌 것으로 간주되기 쉽다.

아지경의 세속적 대체물"로 일축했다.¹³² 마찬가지로, 시와 문학에서 화학적 취함에 대한 언급은 종종 단순한 은유로 얼버무려진다. 마티 로스가 신랄하게 말하듯이, "페르시아 시에 대한 논평에서 취함은 알레고리로 증발되어, 취함이 입술을 적시기도 전에 종교적 황홀로 바뀐다."¹³³

올더스 헉슬리가 화학적으로 유발된 영적 경험을 옹호하는 것은 이러한 맥락에서 적절하며, 이 주제에 대해 더 명확하게 생각할 수 있도록 돕는다.

> 알약을 삼키는 것이 진정한 종교적 체험에 도움이 된다는 이야기가 께름칙하게 들리는 사람은 모든 종교의 고행자가 공덕을 쌓으려는 목적으로 스스로에게 가하는 모든 표준적인 고행 방식들, 곧 금식과 자발적 불면과 자기고문 또한 정신변화 약물들과 마찬가지로 신체 전반, 특별히 신경계의 화학작용을 변경하는 강력한 도구임을 명심해야 한다.¹³⁴
>
> 신은 영혼이므로 영혼으로 예배해야 한다. 따라서 화학적으로 조절한 체험은 신성의 체험일 수 없다. 그러나 우리의 모든 체험은 이런저런 방식으로 화학적으로 조절된다. 그리고 만약 우리가 이들 중 어떤 것들이 순수하게 '영적'이고 순수하게 '지적'이며 순수하게 '미적'이라고 상상한다면, 그것은 단지 우리가 애써 그 발생 시점의 신체 내의 화학적 환경을 조사해 본 적이 없기 때문이다.¹³⁵

사실, 우리의 모든 경험이 화학적으로 조건화되어 있다는 것을 인식하면, 친구들과 함께 정원의 즐거움에 둘러싸여 술을 마시기보다는 명상이나 기도를 하면서 오후 시간을 보내는 것에 조금 덜 거만해지는 데 도움이 될 수 있다. 체계적이면서도 부당하게도, 좋은 삶의 어떤 환영에서도 화학적 취함의 역할을 폄하하게 하는 것은 다름 아닌 깊이 자리 잡아서 일반적으로 보이지 않는 심신이원론이다.

도연명은 자연의 아름다움, 시골 생활의 즐거움, 그리고 우연이 아니지만 술의 힘에 대한 그리움을 자아내는 시를 지었다. '귀향'을 주제로 한 그의 시 〈귀거래사〉(歸去來辭)에는 다음과 같은 구절이 있다.

携幼入室　　어린놈 손잡고 방에 들어오니,
有酒盈樽　　언제 빚었는지 항아리엔 향기로운 술이 가득.
引壺觴以自酌　술 단지 끌어당겨 나 스스로 따라 마시며,
眄庭柯以怡顔　뜰의 나뭇가지 바라보니 미소가 절로 떠오르네.[136]

문학자 찰스 광(Charles Kwong)이 언급한 것처럼, 도연명의 이 시를 비롯한 다른 시에서 술은 좋은 삶의 광경과 뗄 수 없게 엮어진 것으로 묘사되고 있다.

가족과 자연의 보상적인 기쁨을 만끽하면서 때때로 동료 농부들과 함께 집에서 즐기는 술은 땀에 젖은 노동, 당연한 보답으로 받은 여가, 가정의 기쁨, 그리고 이웃 간의 애정과 함께 음미된다. 해 질 무렵 원시적인 빛과 계몽[자연스러움의 느낌]에 반짝이는 술은 물질적 특성을 훨씬 뛰어넘어, 자기 발견과 자립의 보람 있는 삶으로 혼성되고,

沈度, 〈歸去來辭〉 軸, 明, 紙本, 隷書, 50.5×23.4cm, 대만 국립고궁박물원. (역주)

제4장 현대 세계에서의 취함

실존적 평화 속에서 사는 소박한 단순함의 정신으로 혼성된다.[137]

보람 있는 영적인 생활양식이 되기 위해 술이 '물리적 특성을 훨씬 뛰어넘는다'고 말하는 것은 고대 중국과 현대 세계 모두에서 직관적으로 이해가 된다. 그러나 우리의 직관적인 이원론을 잠시 접어두고, 에탄올의 첫 분자가 뇌에서 신경전달물질에 대한 일을 시작할 때 시인의 신경계를 뒤덮는 따뜻한 홍조, 오랫동안 바라던 술 한 모금에서 나오는 위안에 대한 문화적 기대, 가족과 이웃, 그리고 정원과의 재결합에서 비롯되는 즐거움이 어떻게 모두 하나의 물리적 현실의 다른 면인지 보는 것은 도움이 된다. 도연명처럼, 그 모두를 똑같이 찬양하는 법을 배우자.

이 장의 제목을 고려할 때, 샤를 보들레르(Charles Baudelaire)의 취함에 대한 유명한 송시 〈취하라〉(Be Drunk)를 인용하면서 마무리하는 것이 적절할 것이다.

항상 취해 있어야 한다.
그게 전부다.
그게 바로 유일한 문제다.

당신의 어깨를 무너지게 하는
가증스런 시간의 무게를 견뎌 내려면,
당신은 쉴 새 없이 취해 있어야 한다.

그런데, 무엇에 취하려는가?
술이든, 시든, 덕이든
그 무엇이든 당신 마음대로
그러나 어찌하든 취하라.

때로는 궁궐의 계단에서,
도랑 가의 푸른 풀밭 위에서,
혹은 당신 방구석의 음울한 고독 한가운데서
당신이 깨어나게 되고,
취기가 가시거나, 사라져 버리거든
물어보아라.

바람이든,
물결이든,
별이든,
새든,
시계든,

지나가는 모든 것,
슬퍼하는 모든 것,
달려가는 모든 것,
노래하는 모든 것,
말하는 모든 것에게

지금 어떤 시간인가를

그러면 바람도 물결도 별도 새도 시계도
당신에게 대답할 것이다.

이제 취할 시간이라고

시간에 학대받는 노예가 되지 않으려면
쉬지 말고 취하라.

술이든, 시든, 덕이든,
그 무엇이든
당신 마음 내키는 대로.[138]

   우리는 취할 필요가 있지만, 무엇에 취할 필요가 있는가? 물리적 현실의 어떤 측면 때문에 우리는 우리 자신에게서 벗어나서 취해야 하는가? 우리 인간이 역할을 다하고 번성하기 위해 우리 삶에 어느 정도의 취함이 필요하다는 것을 부인하기란 어렵다.
   그러나 명상, 시, 또는 덕이 포도주, 맥주, 스카치위스키보다 더 나은 선택일 수 있는 때가 있다. 뇌-몸 장벽을 때리는 에탄올의 물리적 쇄도라는 화학적 취함을 어떻게든 방어할지라도 바커스적 과잉에 혼란스럽고 위험한 측면이 있음을 인정할 필요가 있다. 따라서 이제 우리가 마시거나 섭취하거나 또는 피우는 화학물질이 PFC를 하향 조절할 때 나오는 몇 가지 심각한 우려에 대해 생각해 보자. 그런 우려 중 어떤 것은 예전 것이고, 또 어떤 것은 새로운 것이다. 디오니소스는 그의 피리에 맞춰 춤을 추면서 우리를 문명으로 이끌었을지도 모른다. 하지만 조심하지 않으면 디오니소스는 우리를 동물로 바꾸어버릴 수도 있다.

제5장
디오니소스의 어두운 면

술은 고대 중국의 외교와 종교에 중심이었고, 이 세상 사람들 사이에서 그리고 현세와 내세 사이에서 공동체를 위한 기본 토대였다. 그러나 이와 동시에 술은 이런 완벽한 질서를 흔히 위협하는 것으로 여겨지기도 했다.[1] 몰락한 정권의 마지막 흉악한 통치자는 대개 국사와 백성의 복지를 등한시하면서 주지육림에 빠져 후궁과 방탕한 생활을 즐겼던 주정뱅이와 바람둥이로 묘사되었다. 이런 이야기의 현대판은 부패한 중국 공산당 관료에게서 찾을 수 있다. 이런 관료는 일반적으로 첩이 몇 명씩이나 되고 최고급 보르도 와인에 빠져 있다.

사람들이 술을 마시는 곳이 어디든 술에 대한 이와 비슷한 이중적 태도를 볼 수 있다. 디오니소스는 고대 그리스 신화에 등장하는 술의 신이지만 혼돈과 무질서의 신이기도 했다. 디오니소스의 추종자들은 신과 숭고한 결합 상태를 이루었지만, 숲속에서 우연히 마주치면 사람을 공격하여 팔다리를 찢어버릴지도 모른다. 고대 중국에서부터 고대 이집트, 메소포타미아, 히브리 성경과 신약에 이르기까지 전 세계의 고대 문헌에서, 지나친 음주에 따르는 위험에 대한 경고를 발견할 수 있다. 홍수가 지나간 뒤에 가족과 짐승을 거느리고 방주에서 나온 후 노아가 가장 먼저 한 일은 제단을 쌓아 감사하는 마음으로 하느님께 산 제물을 바치는 것이었다. 노아는 종교적 의무를 끝내고 나서 바로 다음에 밭에 포도 농사를 짓고 포도주를 만들어 마셨다(아마 그는 매우 빨리 숙성하는 품종을 심었을 것이다). 세 번째로 노아는 너무 취하여 벌거벗은 채로 잠이 들었다. 이에 그의 아들은 매우 당황하여 이 상황을 수습하지 못했으며, 마침내 깨어난 노아는 이 사실을 알고 이 아들에게 분노에 찬 저주를 내렸다. 이런 저주로 이 아들의 모든 후손은 영원히 불운하게 되었다.[2]

미켈란젤로, 〈술에 취한 노아〉, 1508~1512, 프레스코, 바티칸 시스티나 성당.(역주)

포도주를 획득하는 것이 긴급한 우선 사항이지만, 포도주를 마시면 재앙이 몰려올 수 있다. 아즈텍의 한 황제는 왕위에 오르자마자 공표한 선언문에서 풀케(용설란의 수액을 추출하여 제조하는 멕시코 전통 발효주)에 대해 이와 비슷한 경고를 했다. "내가 가장 중요하게 명하는 것은 술에 취하지 말며, 풀케를 마시지 말라는 것이다. 풀케는 사리풀의 독과 같아서 사람에게서 이성을 앗아간다. 풀케와 만취는 모든 불협화음과 의견 충돌의 원인일 뿐만 아니라 도시와 왕국에 반란과 불안을 일으킨다. 풀케는 만사를 어지럽히고 뒤흔드는 회오리바람과 같다. 온갖 해악을 몰고 오는 지옥의 폭풍과 같다."[3]

드와이트 히스(Dwight Heath)는 전 세계 문화에서 음주 행위가 필연적으로 불안 및 술 소비를 규제하거나 통제하려는 부수적인 바람과 결부된다는 것에 주목한다. 술은 보편적으로 특별한 규칙과 규제의 대상일 뿐만 아니라 강력한 감정을 불어넣는다. "[술]에 대한 눈에 띄는 느낌이 긍정적인지 부정적인지, 아니면 애증이 엇갈리는지는 문화마다 다르지만, 무관심은 드물고, 다른 것보다 술과 관련될 때 느낌은 일반적으로 훨씬 더 강하다."[4] 히스가 2000년에 출간한 술과 문화에 관한 기념비적인 책은 다음과 같은 헌정의 말로 시작한다. 이 헌정은 에탄올 분자가 인간의 뇌에 미치는 영향의 이중인격적 본질을 훌륭하게 포착한다.

ETOH, 별칭 에탄올, 알코올, C_2H_5OH

음식, 보약, 그리고 독,
식욕을 자극하고 소화를 돕는다.

강장제, 약, 그리고 해로운 약,

불로장생의 약, 마시는 약, 또는 "악마의 도구,"

활력제 또는 수면제,

성찬이나 혐오,

최음제나 흥미를 잃게 하는 것,

도취약이나 억제제,

사교성의 부속물이나 퇴각 수단,

흥분제나 이완제,

맛있는 과즙이나 지독한 것,

변명의, 악화하는, 비난과 관련,

신의 선물 또는 저주,

진통제 및 마취제, 탈억제제 또는 녹아웃,

등등.[5]

취함을 두 얼굴의 신으로 보는 데는 그만한 이유가 있다. 우리는 취성물질의 왕인 술이 '이중 단계적(biphasal)' 효과를 가지고 있다고 언급했다. 즉, 술은 처음에 자극제로서 기능하여 긍정적이고 기운을 북돋아 주는 상태를 만들지만, 그런 다음에는 억제제로 변한다. 이 약리적 수류탄이 터트린 신경 파편은 또한 행복하고 외향적인 아첨꾼에서 화를 잘 내는 호전적인 반사회인에 이르기까지 모든 인간 유형을 만들어 낼 수 있다. 앞에서 술의 긍정적인 개인적·사회적 기능에 대해 자세히 논의했지만, 사망 위험에 알코올 섭취가 주된 요인이란 사실에는 침묵했다. 세계보건기구(World Health Organization; WHO)는 2016년 3백만 명 이상이 알코올 남용으로 사망했다고 보고했다.⁶ 미국 국립보건원(National Institute of Health)은 알코올이 흡연과 운동 부족 다음으로 예방 가능한 사망 원인 중 세 번째로 높은 것으로 추정한다.⁷ 수상쩍은 유인원을 창의적·문화적·공공적 문명으로 한데 모으는 술의 역할에 대한 설명은 디오니소스의 어두운 면을 고려하지 않고는 완전하지 않을 것이다.

알코올 중독의 퍼즐

알코올 중독은 인간에게 아주 오래된 고민거리였으며, 알코올 중독자 자신과 주변 사람들 그리고 사회 전반에 끼치는 엄청난 피해의 측면에서 아마 술의 가장 치명적인 단점이다. 다음은 이집트의 한 선생님이 자신의 전 제자에게 쓴 아주 오래된 편지의 내용이다.

> 선생님은 전 제자가 학업을 내팽개치고 선술집을 돌아다닌다는 소식을 들었다. 그 제자는 맥주 냄새가 너무 심해서 사람들이 흠칫 놀라 가까이 하지 않고, 일정한 항로를 잡지 못하는 고장난 배와 비슷하며 신이 없는 성전 같고 빵이 없는 집과 같다. 선생님은 자기 제자가 술이 혐오스러운 것임을 이해하고 술을 포기하기를 바란다.⁸

이 이집트 학생은 알코올 중독의 표준 의학 용어로 알코올 사용 장애(alcohol use disorder; AUD) 환자처럼 들린다. 이 선생님이 느꼈던 고통과 무력감은 이 질병과의 싸움에서 패배하는 친구나 사랑하는 사람을 감당해야 하는 사람에게는 익숙할 것이다. 오늘날 알코올 중독률에 대한 전 세계 추정치는 일반 대중의 1.5%에서 5% 이상이며, 국가별로 큰 차이가 있다(그림 5.1).

미국에서는 성인 1,510만 명이 다양한 수준의 알코올 중독으로 고통받고 있고, 이로 인해 연간 88,000명의 알코올 관련 사망자가 발생하며, 경제적으로 2,490억 달러의 비용 손실을 일으키는 것으로 추산된다. 부모 중 적어도 한 명이 알코올 남용에 문제가 있는 가정에서 자란 아이는 무려 10%에 이른다. 심각한 알코올 중독으로 인한 분명한 비용과 고통 외에, 극적이지는 않지만 널리 퍼진 알코올 중독의 형태는 우

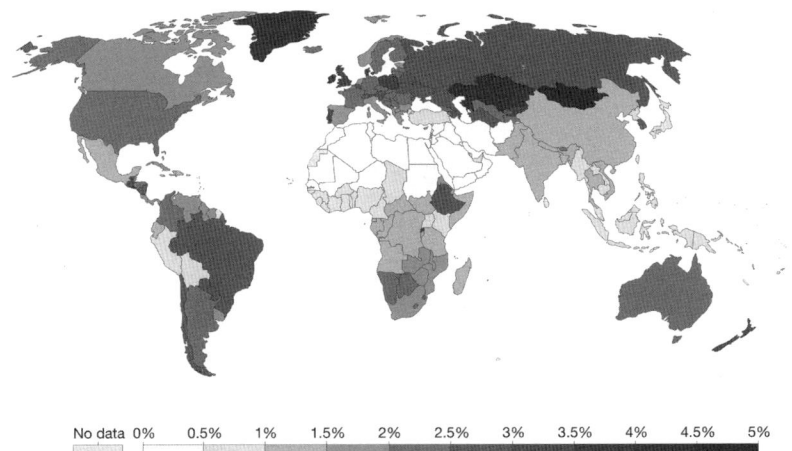

알코올 사용 장애를 가진 인구의 비율, 2019
알코올 의존성은 국제질병분류(International Classification of Diseases)에 의해 전년도 내에 적어도 한 달 동안 3개 이상의 의존지표가 존재하는 것으로 정의된다. 이것은 성별, 국가 및 시간에 의한 비교를 허용하는 일정한 연령 구조를 가정하는 연령 표준화 유병률로 주어진다.

그림 5.1. 세계 알코올 중독률(Our World in Data; ourworldindata.org/alcohol-consumption)

리의 웰빙에 부정적인 영향을 끼칠 수 있다. 미국 성인을 대상으로 한 조사에서 응답자의 거의 30%(그리고 남성의 36%)가 의도보다 음주를 더 자주 하거나, 바람과는 달리 음주량을 줄이지 못하는 등 '가벼운' 알코올 사용 장애를 경험한다고 보고했다.[9] 더욱 미묘한 위험은 술을 마시는 사람들이 변한 상태로 들어가기 위한 수단이 아니라 단지 행복의 기본 상태를 유지하기 위한 수단으로 술에 의존한다는 것이다. 중독 연구자는 일반 알코올 사용자가 술에 신경학적으로 적응하여 단지 '정상'이라고 느끼기 위해 지속적으로 술을 마신다고 주장한다. 습관적인 약물 사용으로 기분이나 정서의 생리적 안정성을 유지하는 능력인 항상성(恒常性; homeostasis)이 병적인 지점이나 해로운 지점에서 재설정되는 상황이 만들어질 수 있다.[10]

진화론적 관점에서, 알코올 의존과 남용에 대한 취약성은 곤혹스럽다. 술은 수천 년 동안 인간 문화에서 공통된 특징이었고, 대부분의 사람이 술을 적당히 마실 수 있다는 것을 고려하면, 알코올 중독은 왜 존재하는가? 알코올 중독은 유전성이 강하며, 어떤 학자는 개인이 장애를 일으킬 가능성에 대한 유전적 기여도가 60%에 이른다고 추정한다.[11] 관련된 특정 유전자는 아직 명확하게 밝혀지지 않았지만, 도파민 수용체를 코드화하는 유전자가 해당 유전자일 가능성이 높다. 이는 특히 알코올 중독에 걸린 사람이 종종 다른 종류의 중독에도 취약성을 보이기 때문이다. 알코올 남용의 경향이 있는 사람은 알코올이 주는 초기의 도취감은 강하게 느끼는 한편 혈중알코올농도의 하향 곡선에서 처벌 효과에는 둔감한 듯하다.[12] 중독 연구자 마르쿠스 헤이릭(Markus Heilig)이 진행하는 또 다른 알코올 중독 연구는 정서적 각성과 공포 처리의 중심지인 편도체에서 신경전달물질 가바(GABA; gamma-aminobutyric acid)의 기능과 관련된 유전자에 초점을 맞추었다. 알코올에 의존하는 쥐와 인간의 경우 편도체에서 가바 활동은 비정상적으로 낮으며, 이는 음성적 각성이나 스트레스를 다루는 유전적으로 손상된 능력이 알코올 중독의 원인임을 시사한다.[13]

근본적인 원인이 무엇이든 간에, 인구의 최대 15%가 알코올 중독에 취약하다는 것은 여전히 사실이다. 물론 이들 모두가 실제로 알코올 중독자가 되는 것은 아니다. 인간과 술이 얼마나 오랫동안 공존해왔는지를 생각하면, 이것은 정말 당혹스러운 일이다. 알코올 중독은 심각한 피해를 주고 비적응적이다. 왜 알코올 중독을 낳는 유전자는 인간의 유전자 풀에서 쫓겨나지 않았을까? 사람들은 술에 접근할 수 있는 세계 어느 지역에서도 술에 저항하는 강한 선택압이 있다고 생각한다. 이 퍼즐의 또 다른 부분은 그림 5.1에 묘사한 알코올 중독 비율의 문화적 차이가 크다는 것이다. 러시아는 상위에 있지만, 왜 이탈리아는 엄청나게 맛있는 알코올 음료의 광범위한 소비(인간과 여우원숭이의 소비)에도 불구하고 세계적으로 거의 아래에 있는 것일까?

이런 문화적 변이 질문에 대한 답은 사실 알코올 중독의 광범위한 미스터리를 푸는 열쇠가 된다. 유럽 내 문화적 변이의 측면에서, 이탈리아는 때때로 '남유럽' 음주 문화권의 전형적인 예이다.[14] 남유럽에서는 주로 와인이지만 맥주도 포함하는 술이 일상생활의 일부이기 때문에, 술이 없으면 식사 시간도 생각할 수 없을 정도로 술은 요리에 통합되어 있다. 아이는 일찍부터 절제하는 건강한 음주 습관을 갖게 된다. 예를 들어, 이탈리아에서는 어린아이에게 물을 많이 탄 와인 잔을 주는데, 이런 혼합 음료는 나이가 들면서 점차 덜 희석된다. 사람들은 일반적으로 점심이나 저녁 식사 때를 제외하고는 술을 마시지 않으며, 만취가 될 정도로 술을 마시는 것은 눈살을 찌푸리게 한다. 증류주는 알려지지 않은 것은 아니지만, 일반적으로 소화를 돕는 아페리티프(식전주)로서 메인 식사 전이나 후에 매우 소량으로 마신다. 이들 나라에서는 1인당 전체 알코올 소비량이 상당히 높은 편이지만 알코올 중독과 알코올 중독 장애율은 낮다.

비록 위치상 유럽의 동쪽에 있지만, 러시아는 다른 동유럽 국가인 독일, 네덜란드, 스칸디나비아 국가들과 마찬가지로 전형적인 '북유럽' 음주 문화권이다. 역사적으로 말해, 이런 문화권은 집에서 식사를 하면서는 술을 많이 마시지 않는다. 술은 아이에게 엄격하게 금지되는 경향이 있어서, 아이는 술을 다소 금기시하여 성인만을 위한 물질이라고 생각하게 된다. 음주는 일반적으로 식사 시간과는 분리된 주요 활동이다. 증류주는 맥주나 와인과 자주 섞거나 완전히 대체하기도 한다. 북유럽의 음주 문화는 자주 마시지는 않지만 폭음의 경향이 강하다. 공개적인 만취는 드문 일이 아니며, 어떤 경우에는 명예나 남성다움의 상징으로 여겨지기도 한다. 식사 중에 마시지 않고 사교적 맥락에서 벗어나 혼자 술을 마시는 것 또한 남유럽과는 달리 비난을 받지 않는다.

제1장에서, 납치와 숙취 이론이 적어도 우리 인간이 농업을 생각해 내고 문명을 정착시키며 맥주와 포도주를 거의 끝없이 비축하는 방법을 알아낸 이후로, 음주 행위를 순전한 해악으로 본다고 언급했다. 따라서 술에 대한 취향, 특히 알코올 중독자에게서 발견되는 과도하고 매우 해로운 술에 대한 갈망은 지난 수천 년 동안 강한 부정적인 선택압

을 받았어야 했다. 그러나 '아시안 플러싱' 유전자 조합과 같은 알코올의 '문제'에 대한 유전적 '해결책'이 동남아시아와 중동의 제한된 지역을 넘어 광범위하게 확산되지 못하는 이상한 현상에 대해서도 언급했다. 이것은 적어도 지난 몇 천 년 동안 음주와 때로는 과음이 가져다주는 이점이 역사적으로 그 비용보다 더 가치가 있다는 것을 암시한다.

그러나 이 계산법이 아주 최근에 바뀌었을 가능성이 매우 높다. 진화적 시간 척도에서는 눈 깜짝할 사이지만, 지난 몇 세기 동안 사람들이 술을 생산하고 소비하는 방식에 두 가지 주요 혁신이 있었다. 첫 번째는 증류주의 출현이다. 두 번째는 적어도 사회적·의례적 통제의 범위를 완전히 벗어난 음주인 혼술을 많은 사람들 사이에서 실제적으로 가능하게 만든 생활양식과 경제의 변화이다. 적절한 대책이 없는 경우, 증류와 고립(혼술)이라는 이 두 가지 획기적인 사건은 음주 행위에 대한 비용-편익 계산법을 바꾸어 놓을 수 있다.

그러나 새로운 위험 수준은 문화적 요인에 의해 크게 경감된다. 문화적 규범은 술의 위험을 경감시키는 기능을 항상 해왔고, 역사를 통틀어 술을 절제하고 규제하기 위한 효과적인 문화적 규범을 개발한 사회는 비용을 최소화하면서 음주의 혜택을 누릴 수 있었다. 그러므로 현대 유럽에서 이탈리아와 스페인의 알코올 중독 비율이 가장 낮고 북유럽과 동유럽이 가장 높은 것은 우연이 아니다. (이민자는 또한 자신들의 음주 문화를 가지고 온다. 예를 들어, 이탈리아계 미국인은 알코올 중독률이 전국 평균보다 낮다.)[15] 남유럽의 음주 문화는 알코올 중독의 유전적 경향이 있는 개인에게 이런 새로운 문제에 대한 효과적인 보호 장치를 제공하고, 지난 수천 년 동안 알코올 중독의 유전자가 어떻게 생존할 수 있었는지를 인식시켜 준다. 북유럽과 동유럽의 문화는 잠재적인 알코올 중독자를 증류와 고립의 완전한 힘에 노출시켜 알코올 중독의 유전자를 역사적으로 그랬던 것보다 훨씬 더 해롭게 만든다. 디오니소스를 어떻게 다스리거나 길들일 것인가 하는 문제에 관해 중요한 교훈이 있다. 이는 특히 상대적으로 무방비인 북유럽의 음주 태도가 미국에서 절정에 달하고, 미국 문화는 다시 20세기 중반 이후 세계의 많은 사람들에게 기준을 설정해 왔기 때문이다.

증류와 고립이라는 두 가지 해악, 그리고 인간에게 있어서 술의 위험성을 이 두 가지 해악이 어떻게 근본적으로 증대시키는지에 대해 알아보자.

증류주의 문제: 진화적 불일치

오랫동안 술은 맥주나 와인 형태였다. 맥주와 와인은 일반적으로 알코올 도수(Alcohol by volume; ABV)가 약 2%에서 4% 사이였다. 초효율적이고 특히 알코올에 강한 효소에 의존하는 현대 발효 기술로 더욱 강력한 맥주와 와인을 생산할 수 있어서, 현대 맥주는 평균 알코올 도수가 4.5%이고 와인은 11.6%가 되었다.[16] 그러나 자연 발효의 모든 과정은 본래 효모의 알코올 내성에 의해 한도가 정해진다. 어떤 때는 아무리 강한 효모 변종이라도 그 자체의 부산물에 의해 절멸되어 발효를 효과적으로 중단시킨다. 인간이 이 과정을 확장할 수 있는 가장 높은 정도는 약 16%의 알코올 도수까지이다. 이것은 머리가 빠개질 듯한 호주 쉬라즈(Shiraz)의 강도이다. 이 술은 설탕이 풍부하고 잘 익은 포도(이는 호주의 더운 기후 덕분이다)와 에탄올에 가장 잘 견디는 효모로 만든 와인이다. 이 폭탄을 열어본 사람이라면 누구나 코르크를 세게 뽑은 병에서 터져 나오는 알코올 독기에 익숙할 것이다. 호주와 뉴질랜드 와인 경쟁에서 나는 뉴질랜드 편에 단호히 서면서 뉴질랜드에서 생산되는 더 우아하고 세련된 시원한 기후의 와인을 선호하지만, 호주 와인은 와인 포도를 절대 알코올 한계까지 잔인하게 몰아붙인다는 인정을 받을 자격이 있다.

나약한 효모가 알코올 도수 16%에서 패배를 인정하는 곤란한 문제를 알코올을 탐하는 매우 영리한 유인원이 마침내 해결했다는 사실에 놀라지 말아야 한다. 효모의 자연적 한계를 피하는 한 가지 방법은 '분별 동결(fractional freezing)'이다. 분별 동결은 순수한 물이 섭씨 0도(화씨 32도)에서 얼지만, 순수한 에탄올은 섭씨 영하 114도(화씨 영하 173.2도)에서 상당히 차가워진다는 사실에 의존한다. 알코올과 물의 혼합물은 이 두 지점 사이의 어딘가에서 얼 것이고, 그래서 엔진 냉각수 부동액은 처음에 에탄올의 가까운 화학 상대인 메탄올을 사용한다. 만약 맥주를 가져와서 아주 추운 날씨에 밖에 내놓는다면, 혼합물이 식으면서 얼음덩어리가 결국 형성될 것이다. 물-에탄올 혼합물의 특성 때문에, 어는 조각은 순수한 물이 아니라 에탄올-물 조합이다. 이는 분별 동결로는 에탄올이 용해된 물에서 에탄올을 완전히 분리할 수 없다는 것을 의미한다. 하지만 남겨진 슬러리(slurry; 고체와 액체의 혼합물 또는 미세한 고체입자가 물속에 있는 현탁된 현탁액)는 뽑아낸 얼음덩어리보다 약간 더 풍부한 알코올을 함유하기 때문에, 만약 이 과정을 여러 번 반복한다면 더 강력한 알코올 음료를 생산할 수 있다. 이런 방식으로 생산되는 '아이스복(Eisbock)' 맥주는 12%의 알코올 도수에 이를 수 있다. 미국의 국경에서는, 조니 애플시드의 나무 열매가 종종 애플잭으로 바뀌었는데, 그것은 사과즙을 분별 동결해서 만든, 일반적으로 알코올 도수가 약 20%인 독한 증류주였다.

물론 현대 이전에는 이 과정이 세계에서 매우 추운 겨울 지역으로 제한되었다. 예를 들어, 알코올 도수가 20%인 애플잭을 얻으려면, 이미 상당히 강력한 사과즙으로 시작한 다음 섭씨 영하 10도/화씨 영하 23.3도까지 온도를 낮춰야 한다. 게다가, 분별 동결은 본래 조잡한 과정이다. 물과 에탄올이 항상 뒤섞여 있기 때문에 뽑아낸 얼음덩어리는 에탄올의 비율이 점점 더 커져서, 최종 산물의 위력에 한계가 있다. 또 다른 중요한 문제는 얼음덩어리가 제거된 후에 남은 혼합물은 에탄올이 풍부할 뿐만 아니라 독성이 있거나 맛이 나쁜 다양한 형태의 알코올과 유기 분자를 포함하여 더 많은 해로운 물질도 풍부하다는 것이다. 필사적인 미국 개척자는 종종 해로운 이런 혼합물을 기꺼이 참아 내려고 했지만, 현대식 레스토랑의 음료 목록에서 동결 분별된 증류주를 더 이상 볼 수 없는 데는 그만한 이유가 있다.

전체적으로 분별 동결은 알코올 도수를 높이기 위한 지리적 제약이 있고, 비효율적이며 조잡한 과정이다. 급하게 완전히 취하고 싶다면, 진짜 킬러앱은 증류이다. 증류는 적어도 개념적으로는 우아하고 간단하다. 물과 에탄올의 혼합물을 가져와서 데우면 된다. 물과 에탄올은 둘 다 비교적 휘발성이 강하기 때문에 맥주나 와인의 다른 화학 성분보다 훨씬 먼저 끓는다. (이 때문에 물을 증류하는 것은 마시기 위해 맥주나 와인을 정화시키는 좋은 방법이다. 더러운 물을 끓이면, H_2O는 세균과 원치 않는 유기 분자를 남겨둔 채 수집할 수 있는 증기로 나온다.) 농축된 알코올 주사를 찾는 사람들에게 편리하게도, 에탄올은 물보다 훨씬 더 휘발성이 강하며, 물의 끓는점인 섭씨 100도(화씨 212도)보다 섭씨 78.3도(화씨 173도)에서 끓는다. 맥주나 와인을 데우면 에탄올이 먼저 끓어오르는 셈이다. 만약 알코올 증기를 잡아내서 술로 다시 식힐 수 있는 방법을 알아낸다면, 어느 정도 순수한 알코올을 섭취할 수 있다. 양주잔을 꺼내라.

문제는 실제로 증류를 성공적으로 해내기란 대단히 어렵다는 것이다. 아담 로저스가 지적한 것처럼, 증류는 "액체를 끓이고 그 결과 발생하는 증기를 안정적으로 수집할 수 있는 능력을 필요로 한다. 이는 간단해 보이지만 먼저 다양한 기술을 배워야 한다. 불을 통제하고, 금속을 조작하며, 가열하고 냉각시키고, 밀폐되고 가압된 그릇을 만들 수 있어야 한다."[17] 다양한 액체와 증기의 온도를 정확히 제어할 수 있어야 하고, 가열 과정에서 생성된 증기가 언제 원하지 않는 다른 어떤 것이 아니라 에탄올인지를 알 수 있어야 한다. 증류는 기술적으로 다소 어려울 뿐만 아니라 또한 위험하다. 금주법 시대의 미국에서 가정용 증류기의 폭발과 델 정도로 뜨거운 액체는 현대 필로폰 공장 재앙에 맞먹는 것이었다.

하지만 우리는 단호하고 지략이 풍부한 유인원이다. 아리스토텔레스는 정수법으로서 증류법뿐만 아니라 알코올 증류 원리도 기술했으며, 고대 중국, 인도, 이집트, 메소포타미아, 그리스에는 실험적인 규모로 증류가 행해졌다는 암시가 있다.[18] 중세 시대 무렵, 우리는 페르시아와 중국 당나라의 알코올 증류기에 대해 읽어서 알고 있다. 페르시아에서는 증류된 에탄올을 뜻하는 페르시아어 표현 al'kohl'l, 즉 포도주의 '눈썹 화장용 숯가루'에서 영어 단어 'alcohol'이 나왔다.[19] 당 왕조에서 燒酒(소주), 즉 '요리한/증류한 술'에 대해 기술한 문헌이 나왔고, 이 시대의 잔치용 컵은 크기가 줄어들기 시작했다. 이는 아마 지배계층이 맥주나 포도주로부터 증류주로 전환했음을 반영한다.[20] 하지만 중국은 13세기, 유럽은 16세기에서 18세기 정도로 비교적 최근에서야 증류주가 실제로 널리 퍼졌다.

이 사실은 우리가 앞에서 말한 이야기에 매우 중요하다. 술이 문명, 창의성, 인간 협력을 촉진하는 결정적인 역할을 했다면, 9천 년이 넘는 기간 동안 술은 상대적으로 약한 맥주와 포도주의 형태로 존재했다. 포도주가 포도나무에서 떨어진 너무 익은 포도(알코올 도수 3%)와 관련하여 알코올 함량(알코올 도수 11%)의 증가를 나타낸다면, 그 포도주를 증류하여 만든 브랜디(알코올 도수 40~60%)는 비약적인 도약이다. 초기 그리스인은 원액 포도주를 마시는 위험에 대해 깊이 우려했다. 이는 필연적으로 폭력과 혼란으로 이어지는 미개한 풍습으로 여겨졌다. 초기 그리스인은 브랜디 한 병에 담긴 혼돈의 잠재력에 완전히 겁을 먹었을 것이다.

증류주는 자연 발효 음료보다 훨씬 더 독할 뿐만 아니라 보존 상태가 매우 양호하며 포장 및 배송도 용이하다. 역사학자 대니얼 스마일(Daniel Smail)은 우리가 생각하는 '근대성'의 시작을 보여주는 결정적인 지표가 아프리카의 카페인, 아메리카의 니코틴, 중앙아시아의 아편 등 이전에 세계의 여러 지역에 국한되었던 화학적 취성물질이 '새로운 [글로벌] 체제로 함께 빠져들어 간 순간이라고 주장한다.[21] 이 새로운 글로벌 네트워크의 한 가지 두드러진 특징은 수십 년 동안 독하고 마실 수 있으며, 세계 곳곳으로 쉽게 배송될 수 있는 럼주, 진, 그리고 여타 증류주의 거래였다. 따라서 증류의 출현으로 음주의 영역과 범위가 근본적으로 바뀌었다. 증류로 인해 산업화된 세계 어느 곳에서나 거의 모든 사람들이 구멍가게에 들어가, 몇 분 후에 몇 달러만으로 정말 미친 듯이 많은 양의 알코올을 작은 갈색 종이 봉투에 담아서 가지고 나오는 것이 가능하게 되었다. 보드카 몇 병에는 전근대 맥주 마차 한 대분에 해당하는 많은 에탄올이 들어 있다. 그러한 농축된 취성물질의 가용성은 우리의 진화 역사에서 전혀 전례가 없는 것이며, 잠재적인 알코올 중독자에게는 좋은 발전이 아니다.

증류주는 매우 빨리 취하게 하므로 사회적 음주를 심각하게 일그러뜨린다. 독일인이 Schwips(조금 취함; 슈빕스)라고 부르는 유쾌한 사회적 취기는 술을 처음 몇 모금 마시는 것부터 약 0.08%의 혈중알코올농도까지 사람의 정신 상태를 특징으로 한다. 이것은 대부분의 사법당국이 법률상 취한 것으로 간주하는 도수이다. 특히 식사 상황에서 친목상 맥주나 포도주를 마시는 사람은 0.08%를 거의 넘지 않는다. 이것은 좋다. 왜냐하면 그 이후에는 상황이 급속도로 악화되기 때문이다. 혈중알코올농도가 0.10%쯤에서 꽤 취하는 사람이 있고, 0.30%는 대체로 대부분의 사람들이 취해서 야단법석인 광란의 밤을 보내는 도수이다. 이는 알코올의 억제 효과가 다른 모든 것을 늪으로 몰아넣기 시작하는 도수이고, 정말이지 이제는 그만 마시고 귀가해야 할 사람에게서 나타나는 어눌한 말투와 걷기조차 힘들어 보이는 것이 특징이다. 대부분의 사람은 0.40%의 혈중알코올농도에서 의식을 잃는데, 사실 그 정도는 다행스러운 것이다. 왜냐하면 그 수준을 넘으면 호흡과 심장 기능이 정지될 정도로 심한 생리적인 우울증이 유발되기 때문이다.

맥주나 포도주를 마셔서 의식을 잃기란 매우 어렵다. 자살하는 일은 거의 일어나지 않는다. 그러나 증류주가 혼합되면 앞으로 어떻게 될지 아무도 모른다. 진이나 보드카를 마셔 위험하게 취할 수 있는 속도는 무섭다. 맥주나 포도주와는 달리, 그런 술이 우리의 신경계에 부딪히는 속도와 힘으로 인해 증류주를 사교모임이나 식사에 조화롭게 통합시키는 것이 어렵다. 보드카 샷을 하는 사람은 취하지 않은 맑은 정신에서부터 어눌한 말투와 엉뚱한 방향감각까지 급행열차를 타고 혈중알코올농도가 0.08%인 사회적 슈빕스(Schwips)의 가장 좋은 지점을 바로 지나친다. 알코올 중독 성향이 있는 사람에게 증류주는 알코올 의존증으로 가는 가장 빠르고 확실한 길을 제공한다.

만취와 질환의 위험성에 대한 아주 오래된 경고에도 불구하고, 술과 관련된 우리의 유일한 진짜 대규모 유행병은 증류주로 부추겨졌기 때문에 상대적으로 최근에 발생했다. 예를 들어, 18세기 영국에서는 많은 양의 값싼 술이 갑자기 이용 가능하게 되면서 런던을 공포로 몰아넣고, 범죄, 매춘, 빈곤, 아동 학대, 조기 사망에 이르게 했던 '진 광풍'이 일어났다.[22] 1991년 소련이 붕괴된 후 러시아에서는 기대수명이 크게 줄었다. 전면적인 시장 개혁이 닥치고 국가의 주류 독점이 폐지되자 보드카의 가격은 다른 상품에 비해 폭락했다. 1992년과 1994년 사이에 러시아의 기대수명은 여성의 경우 3.3년, 남성의 경우는 놀랍게도 6.1년이 줄어들었고, 이후 연구에서 보드카 소비의 엄청난 증가로 인해 사

진 광풍(gin craze)

역사적으로 영국 사람들이 즐겨 마시던 술은 맥주였다. 맥주보다 알코올 농도가 높은 증류주는 16세기경부터 보급되었으나, 수입품으로 가격이 매우 비쌌던 까닭에 귀족이나 부유층이 주로 마셨고 서민들은 접하기 힘들었다. 그러나 18세기 초반에 진(gin)이라 불리는 값싼 증류주가 대량으로 공급되면서 영국에서는 소위 '진 광풍'이라 일컬어지는 알코올 과잉 섭취 열풍이 유행처럼 번져 심각한 사회문제로 떠올랐다. 이 현상은 1720년대 초에 본격적으로 시작되어 약 30년간 지속되었으며, 도시 빈민층, 특히 런던 빈민가를 중심으로 크게 확산되었다.(문희경, 『18세기의 맛』, 문학동네, 2014.)(역주)

윌리엄 호가스(William Hogarth), 〈진 거리〉(Gin Lane), 1751, 영국 박물관.

망률 증가가 촉진되었다는 것이 밝혀졌다.[23]

술의 많은 기능적 이점에도 불구하고 증류는 개인과 사회 모두에게 위험을 급진적으로 증가시킨다. 그리고 증류는 새로운 위협이다. 사람들은 때때로 진화적 시간 척도에서 생각하는 데 어려움을 겪었으며, 서기 1500년은 아주 오래전처럼 보일 수도 있다. 그래서 증류가 얼마나 최근에 발달한 현상인지를 시각적으로 인식시키기 위해, 그림 5.2는 우리의 영장류 혈통이 알코올에 적응한 오랜 역사에서 증류가 언제 나타났는지를 보여준다.

16세기가 아주 오래된 역사처럼 보일지 모르지만, 진화적 측면에서는 기본적으로 아주 최근이다.

증류는 새로운 위험일 뿐만 아니라 사회적 맥락 밖의 음주라는 또

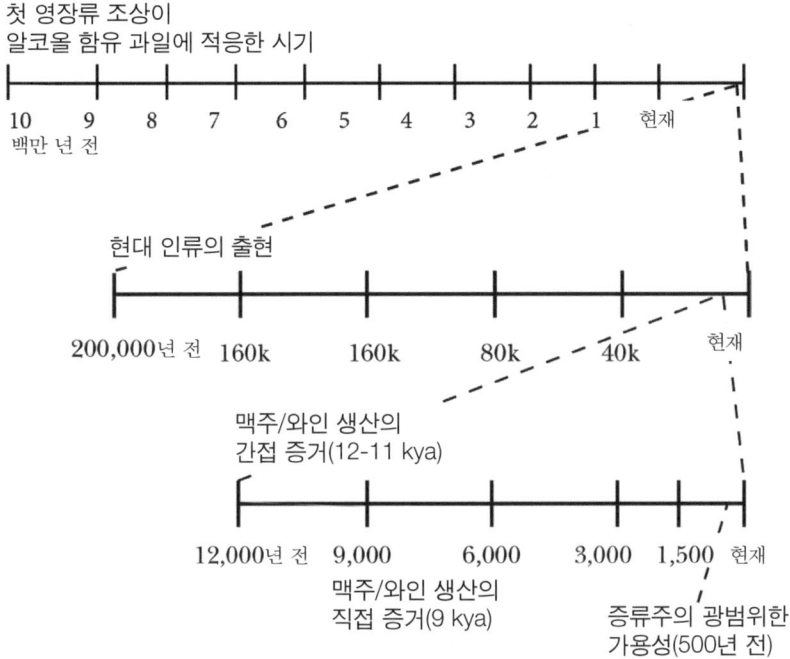

그림 5.2. 우리의 첫 영장류 조상이 알코올 함유 과일에 적응한 시기(1천만 년 전), 현대 인류의 출현(20만 년 전), 맥주와 포도주 생산의 간접 증거(1만 2천 년 전), 맥주와 와인 생산의 직접 증거(9천 년 전), 증류주의 광범위한 가용성(500년 전)을 나타내는 타임라인.

다른 위험도 조장한다. 이제 구멍가게의 증류주 봉지에 들어 있는 순전한 과실주뿐만 아니라, 그것을 들고 그냥 집으로 걸어가는 것이 허용되는 것에 따른 위험도 고려해 보자.

고립: 혼술의 위험

금요일 저녁 붐비는 술집에서 퇴근 후 술 한잔하는 데 시간이 너무 오래 걸린다고 불평해 본 적이 있다면, 고대 중국에 살지 않는 것에 감사해야 한다. 중국의 고대 제의문에서는 전통적인 음주 제의의 시작을 다음과 같이 기술한다.

> 주인과 손님은 서로 세 번 인사를 한다. 계단에 다다르면 서로 세 번 양보한다. 그런 다음 주인이 오른다. 손님도 오른다. 주인은 상인방(문틀·창틀의 일부로 문·창문을 가로지르게 되어 있는 가로대) 아래에 서서 북쪽을 바라보고 두 번 인사를 한다. 손님은 계단의 서쪽에서 올라가 상인방 밑에 서서 북쪽을 바라보며 인사를 한다. 주인은 앉고 작은 상자에서 [술] 잔을 꺼내며 씻기 위해 내려간다. 손님은 주인을 따라간다. 주인이 다시 자리에 앉아 예의를 표하자 손님이 답한다.[24]

중국학자 푸무추는 "이 긴 절차가 끝나고 나서 실제 음주가 시작되기는 하지만, 의식 자체는 음주의 도움을 받아 참가자들의 우정을 기리기 위해 기획되었다"고 언급한다. 비록 이 인사와 공손함 그리고 제의적 잔 씻기의 예비 행사가 드디어 끝난 후에도, 고대 중국인은 여전히 마음대로 마실 수 없었다. 공식적인 건배를 하지 않으면 술을 마시지 않으며, 누가 축배를 할 권리나 책임을 가지고 있는지도 제의에서 전적으로 결정된다.

이는 전통적인 음주 연회의 주최자가 축배의 빈도를 조절함으로써 손님의 만취 수준을 효과적으로 통제한다는 것을 의미한다. 대화와 명랑한 기분이 점점 줄어들면 축배의 빈도가 높아지고, 일이 감당할 수 없게 되면 이제는 야채 요리에 집중해야 할 때이다. 고대 중국인에게 의례화된 술 연회는 일반적인 통치에 대한 기본적인 은유 역할을 했다. 이는 그런 술 연회가 음주 행위를 억제하고 규제하는 제의 순서를 통해 사회적 혼란의 잠재적인 근원인 술을 우아하게 다스렸기 때문이다.[25] 고대 중국 역사학자 사마천(司馬遷)은 다음과 같이 설명한다.

> 탐욕스러운 사람에게 음식을 주고 [연회를 위해] 술을 빚는 것 자체가 재앙으로 이어지는 것은 아니다. 그러나 고소는 점점 더 잦아지고 있고, 포도주를 따름으로써 재앙이 야기된다. 그래서 이전 왕들은 이 때문에 술 의식을 치렀다. 손님과 주인이 백 가지의 경의를 표하는 술 제의는 사람들이 하루 종일 술을 마실 수 있게 하지만 결코 취하게 하지는 않는다. 이것은 이전 왕들이 술로 인한 재난을 막기 위해 취한 조치였다. 술과 잔치는 공동의 행복을 창조하는 데 사용되고, 음악은 미덕을 보여주기 위해 사용되며, 의례는 과잉을 피하기 위해 사용된다.[26]

음주의 '과잉을 피하기' 위한 문화적 전략은 술 그 자체만큼이나 널리 퍼져 있다. 고대 수메르와 이집트에서 고대 그리스, 로마, 중국에 이르기까지, 음주의 문자 또는 그림 표현은 항상 음주를 사회적인 것으로 묘사하고 또한 사회적으로 규제되는 것으로 묘사한다. 예를 들어, 그리스 향연의 주최자는 축배의 타이밍과 순서를 통제할 뿐만 아니라,

물과 포도주 비율도 통제하여 필요시에 그 비율을 조절한다.

이러한 사회적 규제는 많은 현대 문화의 특징이기도 하다. 소노란(Sonoran) 사막에 사는 토호노 오오담(Tohono O'odham) 부족은 발효된 선인장 주스로 만든 알코올 음료를 집에서 양조하지만, "어떤 가족도 집을 태워 먹지 않도록 자신들이 만든 증류주를 자기 집에서는 마시지 못하고 다른 집에서는 마실 수 있다." 이것은 음주를 효과적으로 공공 행위로 만들고, 따라서 사회적 통제의 대상으로 만드는 금기 사항이다.[27] 조지아의 전통 가정에서, '테이블의 머리'(타마다; tamada)는 전통적인 중국 잔치 주인이나 그리스 향연의 주최자와 매우 흡사하게 음주를 조절하여, 현명하게 축배에 일정한 간격을 두고, 모든 사람이 충분히 마셨다는 것이 확실하면 그 진행을 끝내는 권한을 갖고 있다.[28] 일본에서 신도(神道)의 의례는 참가자에게 어느 정도 만취를 요구하지만, 집단은 만취의 정도를 주의 깊게 관찰하며, 의례 음주에 지나치게 열중한 사람은 집으로 돌아가도록 친절한 안내를 받는다.[29]

이 전략이 효과적인 것은 대부분의 사회와 인류 역사에서 화학적 취성물질의 섭취, 특히 술 마시기는 근본적으로 사회적 행위였기 때문이다. 대부분의 사회에서, 아무도 혼자 술을 마시지 않는다. 술을 마시는 것은 공공적이며, 보통 공식적·비공식적 의식에 의해 상당히 규제된다.

문제음주(問題飲酒; problem drinking)
알코올을 섭취하였을 때 자신이나 타인에게 해를 입히는 음주 형태로서, 음주운전, 낮술, 스트레스를 풀기 위한 폭음, 음주로 인한 폭력 혹은 상해사고, 일시적인 기억상실 등이 해당한다. 이 같은 음주자를 알코올 중독자라고 단정 짓기는 어렵지만 중독이 될 가능성이 크다.

드와이트 히스가 문화 간 음주 행위에 대한 조사에서 결론을 내렸듯이, "종종 문제음주의 중요한 증상으로 간주되는 혼술은 사실상 대부분의 사회에서 알려져 있지 않다."[30] 취성물질을 홀로 탐닉하는 일이 일어나는 한, 그것은 널리 비난받거나 의심스럽게 비춰진다. 인류학자 폴 도우티가 말하듯이, 페루의 고지대에 있는 메스티조(mestizo; 스페인인과 북미 원주민 혼혈의 라틴 아메리카 사람) 공동체들 사이에서 "음주는 사회적 행위이며 사실상 모든 친목 모임의 일부이다. 혼자 술을 마시는 사람은 일탈적인 것으로 여겨지고 잘해야 불행한 사람이나, 혹은 최악의 경우는 불친절하거나 '냉정한' 사람으로 여겨진다."[31] 오세아니아에서, "'혼자 카바를 마시는 것'은 사악한 목적을 가진 마법의 특질이다." 즉, 혼자 술에 탐닉하는 사람은 누구든 나쁜 일을 꾸미고 있음에 틀림없다.[32] 아마도 세계에서 매우 개인화되고 분열된 음주 문화가 자리 잡고 있는 미국에서도 혼자 술을 마시는 것은 오명을 띤다. 1985년 히트작인 〈I Drink Alone〉(나는 혼자 마신다)이 증류주를 폭음하는 통제 불능의 고독한 알코올 중독자를 묘사하고, 〈Bad to the Bone〉(뼛속까지 유해한)을 발표한 가수 조지 소로굿(George Thorogood)의 작품인 것은 우연이 아니다.

이런 점에서 전통적으로 카바를 사용한 문화의 사회생활에 순조롭게 통합되는 카바가 최근에 다른 지역으로 수출되면서 위험하고 심각하게 남용되는 약물이 되었다는 것은 흥미로운 사실이다. 예를 들어, 카바 사용 역사가 없는 호주 토착 원주민들은 카바를 처음에 재배한 태평양 섬 문화보다 50배 더 많이 소비한다. 이것은 엄청난 개인적·사회적 문제로 이어졌다. 연구자는 이런 불균형이 카바를 전통적인 의례와 사회적 맥락에서 분리시켜서 개인적 소비에 대한 중요한 제약을 제

거했기 때문인 것으로 본다.[33]

　공식적인 음주 의례나 의식이 개인의 취성물질 사용을 규제하는 방법은 명백하다. 그러나 완전히 비공식적인 모임이나 어떤 종류의 공적인 음주가 본질적으로 어느 정도의 사회적 감시와 통제를 포함하는 방법은 덜 명백하다. 20대 그룹을 연구한 노르웨이의 한 민족지학자는 노르웨이 젊은이들이 충격적으로 많은 양의 술을 마시는 상당히 혼란스러운 술자리에서도 "집단성의 생각과 개인 소비에 대한 집단 책임에 의해 뒷받침되는 건강한 음주를 적어도 암시적으로 강조한다"고 지적한다. 친구 집단에 속하는 한 사람이 파티가 시작되기 전에 집에서 혼자 술을 마시기 시작하면, 이것은 문제가 되는 징후이므로 개입해야 하는 것으로 여겨졌다.[34] 술자리에서는 빈 병을 버리거나 재사용하는 것이 나쁜 형태로 여겨졌으며, 대신 술 마시는 사람 앞에 쌓여 각자가 얼마나 마셨는지 모두에게 즉각적이고 정확하게 알 수 있게 한다. 너무 많은 빈 병을 너무 빨리 쌓은 친구는 무의식적으로 스스로를 규제하면서 그 무리의 술 마시는 속도를 맞추기 위해 마시는 속도를 늦추는 것이 관찰되었다.

　때때로 '맞춤 음주'라고 일컬어지는 이 현상은 전 세계의 문화적 맥락에서 널리 관찰되었고 실험실에서 반복될 수 있다.[35] 그러나 때때로 개인들이 '맞춘다는 것', 즉 동료들과 맞추기 위해 섭취량을 늘린다는 것을 고려하면, 이것은 더 적은 음주가 아니라 더 많은 음주로 이어질 수 있다. 그리고 남성 사교클럽의 신고식 의례와 같은 병적인 형태에서 사실 이것은 끔찍한 결과를 초래하기도 한다. 그러나 가족과 공동체로부터 떨어져 나온 뒤 돌아다니며 사는 청년들이 전적으로 설계한 문화는 대학이나 《파리대왕》(Lord of the Flies) 이외에는 상당히 드물다. 대부분의 문화는 음주에 합리적인 제한을 두고 있으며, 중요한 점은 개인들이 집단 또는 아주 비공식적인 집단에서 술을 마실 때 개인의 만취 수준이 사회적 통제를 받는다는 것이다.

실험실 연구에서는 또한 사회적 음주 조건에 있는 사람들이 '높은 수준의 긍정적인 기분, 의기양양, 친절'을 보고하는 반면, 격리되어 술을 마시는 실험대상자는 높은 수준의 우울, 슬픔, 그리고 부정적 정서를 보고한다는 것을 보여준다.[36] 집단 내 음주는 또한 아래에서 논의하는 술로 인한 위험한 행동을 예방하는 것으로 보인다. 즉, 집단적 단체 의견은 술로 인한 개인적인 인지적 근시로부터 발생하는 편견을 보충하는 것으로 보인다.[37] 한 연구팀이 언급했듯이, 사회적 음주에서 발생하는 집단 감시는 "술을 마시는 사람은 집단과 함께 있는 동안 상대적으로 보호받을 수 있다. 이들은 '서로의 뒤를 지켜봐 준다.' 이와 대조적으로, 혼자 술을 마시는 사람은 혼자 있을 때 상대적으로 더 예측하기 어렵고 취약한 상태에 있을 수 있다"는 것을 의미한다.[38] 그 밖에, 이 과정은 불건전한 남성 사교클럽이나 다른 신고식 문화에서 심각하게 잘못될 수 있지만, 일반적으로 음주를 줄이고 정규화하는 역할을 한다.

현대 세계에서, 음주는 사회와 단절된 상태에서 너무 자주 발생한다.[39] 특히 사람들이 집에서 직장까지 차를 타고 개인 상자에 갇힌 채 장거리 통근을 하는 교외 지역사회에서 더욱 그러하다. 교외 거주자는 일반적으로 낮에 있었던 대화를 계속하거나 일과 저녁 식사 사이에 신뢰할 수 있는 다른 사람들과 긴장을 풀 수 있는, 걸어서 쉽게 갈 수 있는 사회적 술자리가 부족하다. 음주는 점점 더 사회적 통제나 관찰의 범위를 넘어 있는 개인 가정에서만 발생한다. 가족이 함께 있어도 TV 앞에서 고알코올 맥주나 보드카와 토닉을 연속해서 꿀꺽꿀꺽 마시는 것은 공동의 식사와 의례에 따라 속도가 조절되는 축배를 중심으로 한 전통적인 음주 관습에서 대단히 벗어나는 것이다. 대신에 이와 같은 개별 음주는 술과 스트레스 실험에서 너무 붐비는 쥐들에게 제공되는 바닥없는 알코올 공급 튜브를 생각나게 한다. 독한 술을 개인의 요구에 따라 언제든지 공급하는 것은 쥐만큼이나 인간에게도 부자연스럽다.

증류와 고립: 근대성의 두 가지 해악

증류주의 광범위한 가용성과 혼술의 증가는 비교적 최근의 일이며, 그로 인해 유용성과 해로움 사이의 면도날 위에서 알코올의 균형이 근본적으로 바뀔 수도 있다. 알코올 남용의 대규모 유행병은 항상 근대화의 이런 두 가지 해악 중 하나 또는 두 가지 모두에 의해 추진되며, 술의 가용성으로 사회 질서나 의식 규제가 붕괴될 때 증류주는 특히 해롭다. 소련 붕괴 이후의 러시아에서 보드카의 급속한 확산에서 이 두 가지 힘이 작용하는 것을 볼 수 있고, 북미 원주민들의 알코올 중독 문제에 대해서도 마찬가지이다. 역사가 레베카 얼(Rebecca Earle)은 스페인 식민지 미국에서 '술 취한 인디언'의 편견에 대해 광범위하게 글을 썼다. 이는 선교사들과 식민지 개척자들이 원주민의 억압과 탈전유

(脫專有)를 정당화하기 위해 과장하고 활용하는 비유이다. 그럼에도 불구하고 얼이 언급하듯이, 술은 식민지 이후의 원주민 사회에 더 문제가 되었고, 우리의 두 가지 해악이 주요 원인처럼 보였다. 이 시대는 종교의식이 붕괴된 것이 특징이었다. 사실 이런 종교의식은 이전에는 다양한 남미 문화가 치차나 풀케 같은 알코올 음료를 일상생활에 안전하게 통합할 수 있도록 했던 사회 규제의 메커니즘이었다. 이 시대는 또한 토착 발효 음료보다 훨씬 더 강력한 알코올 독기를 채워놓은 증류주 도입도 특징이었다.[40]

이런 맥락에서 알코올 중독률에서 세계를 선도하는 러시아가 증류주에 대한 거의 독점적인 취향과 함께 다소 분열된 사회 질서로 특징지어진다는 것은 놀라운 일이 아니다. 그림 5.1을 보면 미국 역시 알코올 중독률이 매우 높다는 것을 알 수 있다. 이는 적어도 부분적으로 유럽 국가들과 비교했을 때, 미국의 특징인 극단적 개인주의와 분산적인 교외 생활양식 때문이다. 미국은 지역 술집이나 카페가 드물고, 드라이브 스루 매장을 통해 SUV에 편안하게 앉아서도 담배, 총기, 슬림 짐(Slim Jim; 육포), 그리고 코끼리를 마비시키기에 충분한 술을 구입할 수 있는 산업화된 세계에서 몇 안 되는 곳 중 하나이다. 이것은 역사적으로 유례가 없는 생활양식이며, 우리가 유전적으로나 문화적으로 진화상 잘 준비되지 않을 수도 있는 생활양식이다.

앞에서 나는 알코올 중독이 유전성이 강하다고 언급했고, 왜 알코올 중독의 원인이 되는 유전자가 인간의 유전자 풀에 남아 있는지에 대해 의문을 제기했다. 한 가지 가능성은 증류와 규제되지 않는 개인적 음주가 등장하기 전에 알코올 중독의 위험성보다 알코올 취향의 개인적·

사회적 이익이 더 중요했지만, 이 계산법이 그 이후로 변했다는 것이다. 강력한 증류주가 넘쳐나는 세상에서 그리고 점점 더 많은 음주가 자기 집에서 사적으로 일어나는 세상에서, 술은 정말로 도움이 된다기보다는 위험할 수 있다. 증류주는 유전적 진화가 도저히 따라잡을 시간이 없을 정도로 새로운 위협일 가능성이 매우 높다.

제1장에서 나는 술이 우리의 오래된 진화적 과거에는 적응될 수 있었지만, 인간이 농업을 발명하고 맥주와 포도주를 대량으로 생산할 수 있게 되면서 적응할 수 없게 되었다고 주장하는 '숙취' 이론을 묵살했다. 그러나 지금 나는 증류와 고립의 새로운 위험성을 식별하면서, 본질적으로 변형된 숙취 이론으로 나아가는 문을 열고 있다. 이런 변형된 숙취 이론은 지난 수백 년 동안 술이 제공한 적응적인 취한 쾌감이 훨씬 더 최근에 고통스러운 두통으로 바뀌었다는 이론이다. 만약 이것이 사실이라면, 우리는 '아시안 플러싱 증후군'에 기여하고 알코올 중독을 예방하는 유전자가 현재의 지리적으로 수축된 범위를 넘어 퍼지기 시작했다는 것을 예측한다. 이런 맥락에서 볼 때 동아시아는 이러한 유전자의 농도가 가장 높을 뿐만 아니라, 광범위한 증류에 관하여 나머지 세계보다 300년 내지 400년 앞서 출발했다는 점에 주목하는 것은 가치가 있다.

우리 적응적 환경의 빠르고 극적인 변화는 또한 문화적 진화가 즉시 동작을 취할 수 있는 상황이 될 것이다. 증류와 고립이 제시하는 과제는 우리에게 세계에서 가장 인기 있는 약물을 다루는 문화적 방법을 진지하게 손질하도록 요구할 수 있다. 이런 점에서, 이러한 두 가지 위협에 비교적 잘 대처한 것으로 보이는 남유럽의 음주 문화가 한 가지 모델을 제공할 수도 있다. 우리는 이 장 끝부분에서 이 음주 문화의 몇 가지 유용한 특징을 개략적으로 설명할 것이다.

그러나 그 전에, 취함이 잘 조절되지 않을 때 상황이 심각하게 정도를 벗어날 수 있는, 완전한 알코올 중독까지는 안 가는 몇 가지 다른 방법에 집중해 보자. 술이 개인과 사회에 부과하는 비용에 대한 주제는 앞서 납치나 숙취 이론에 반대하는 논쟁의 과정에서 나왔다. 지금까지 이러한 비용은 지나가는 말로만 언급했다. 현대 세계에서 술의 적응적 가치에 대해 우리가 어떻게 느껴야 하는지를 평가할 때, 제3, 4장에서 논의한 적응적 기능 중 몇 가지 어두운 약점에 대해 자세히 설명하는 것뿐만 아니라 그런 약점을 상세히 탐구하는 것이 중요하다.

음주운전, 술집 싸움, 성병

음주의 비용에 대해 논의할 때 '사망률의 원인 제공', '알코올 관련 사망', '알코올 관련 피해'라는 문구가 자주 등장한다. 놀랍도록 모호한 건강 정책 용어는 망가진 간을 훨씬 넘어서는 결과를 가리킨다. 술은 특히 과하게 마실 경우 몸에 해를 끼치지만, 술 관련 피해로는 '생산성 저하, 폭력, 부상, 학업 실패, 의도하지 않은 임신, 성병, 심혈관 질환, 암 등 광범위한 부정적 결과'가 있다.[41] 알코올 오용의 가장 명백한 부정적인 행동 결과는 음주운전이지만,[42] 세계보건기구(WHO)는 간 손상, 암, 자해, 산업재해, 중독, 익사, 낙상 그리고 다소 넓은 범주의 '기타 의도하지 않은 부상'으로 인한 죽음과 술을 연결시킨다(표 5.1).

표 5.1. 2016년 전 세계적으로 질병, 죽음, 부상의 주요 원인에서 '알코올 기여도'(alcohol-attributable fractions; AAF)[43]

원인	전 세계적 죽음	전 세계적 장애 보정생존년수
알코올 사용 장애	100%	100%
간경변	48%	49%
기타 인두	31%	31%
교통사고	27%	27%
입술 및 구강	26%	26%
췌장염	26%	28%
후두암	22%	22%
결핵	20%	21%
자해	18%	19%
대인 폭력	18%	18%
식도암	17%	17%
기계적 힘에 대한 노출	14%	15%
기타 의도하지 않은 부상	14%	13%
간질	13%	10%
중독	12%	10%
익사	12%	10%
낙상	11%	15%
결장암과 직장암	11%	11%
화재, 열 및 고온 물질	11%	11%
간암	10%	10%
출혈성 뇌졸중	9%	10%
고혈압성 심장질환	7%	8%
심근증, 심근염, 심내막염	7%	8%
유방암	5%	5%
하부호흡계감염	3%	2%
에이즈	3%	3%
허혈성 심장질환	3%	2%
허혈성 뇌졸중	-1%	-1%
당뇨병	-2%	-2%

비고: 허혈성 뇌졸중과 당뇨병의 경우, AAF는 음성이었는데, 이는 전반적으로 음주가 이러한 질병에 이로운 영향을 미친다는 것을 의미한다.

폭음으로 인한 잔혹한 건강상의 영향뿐만 아니라 음주 운전자들이 세상에 끼친 불행과 고통은 널리 논의되었으므로 여기서 자세한 설명은 생략한다.[44] 단지 이런 비극적 비용은 인간 사회에서 술의 역할을 평가할 때 그 척도의 부정적인 측면에 큰 압박을 준다. 술에 기인하는 다른 많은 부정적인 결과들 중에서, 공격성과 일반적인 위험 감수라는 특히 두드러진 두 가지 결과에 집중하는 것은 가치가 있다.

술은 메타암페타민 같은 순수한 흥분제 외에 육체적 공격성과 폭력성을 증가시키는 유일한 약물이다.[45] 대마초, 카바, MDMA, 그리고 환각제는 모두 감미롭거나 내향적 황홀감을 생산한다. 술의 자극 효과는 인지적 근시 및 집행 기능의 상실과 결합될 때 특히 인지 제어 수준이 낮은 사람에게 공격적이거나 폭력적인 행동을 유발할 수 있다.[46] 한 연구자가 언급하듯이, 문화는 특히 스포츠 경기와 같은 강한 정서를 이끌어낼 수 있는 상황에서 술과 군중을 섞는 것에 대해 항상 적절히 경계했다. 한 그리스 고전주의자는 기원전 5년으로 거슬러 올라가는, 관중들이 술을 경기장 안으로 갖고 오는 것을 금지하는 델포이(Delphi)의 경기장 비문을 묘사하면서, 하버드대학과 서던메소디스트대학의 축구 경기장 밖에도 이와 유사한 경고가 여전히 게시되어 있다고 덧붙였다.[47] 유럽 축구팬이라면 누구나 알고 있듯이, 많은 관중, 강한 감정, 치열한 팀 경쟁의 혼란에 술을 더하는 것은 만연한 폭력과 훌리거니즘을 초래하는 지름길이다.

술은 인지 제어를 약화시킴으로써 공격성의 장벽을 낮추는 것 외에도 일반적인 위험 감수를 증가시킨다. 한 연구에서,[48] 실험자는 1개의 위약 조건과 진저에일(ginger ale; 생강 향미를 낸 단맛의 탄산음료로서 때로는 위스키나 브랜디에 섞어 마신다)로 취함의 수준을 계속 증가시킨 3개의 집단으로 구성된 4개의 실험대상자 집단에게 게임을 하게 하면서, 안전하고 작은 보상을 돌려주는 이득 옵션과 화려하지만 위험하고 결국은 비용이 더 많이 드는 대안을 직관적으로 비교 검토할 수 있는 능력을 측정했다. 실험 초반에 실험대상자에게 우선 약간의 돈(6달러)을 주고서 'C'와 'A'라는 두 가지 이득 옵션 중 하나를 선택하도록 했다. C는 안전한 옵션이었다. 즉, C를 클릭하면 항상 0.01달러라는 확실하지만 적은 이득이 생긴다. 컴퓨터 앞에 앉아 'C'를 반복해서 클릭하는 것은 다소 따분한 일이지만, 실험대상자들이 집으로 가져갈 수 있는 실제 돈의 측면에서는 예측 가능하고 수익이 많이 나는 결과를 주었다. 위험한 옵션인 A는 더 큰 흥분을 안겨주었고, 0.25달러에서 1달러까지의 무작위 이득 또는 비용을 발생시키지만 전반적으로 비용이 더 많이 들도록 설계되었다. A를 선택하면 더 흥미로운 놀이기구가 제공되지만, 실험이 끝날 무렵에 실험대상자는 재정적으로 궁색하게 된다.

그림 5.3은 알코올 조건의 실험대상자가 최고 혈중알코올농도(BAC)에 도달한 투약 전 세션 1과 세션 2 사이의 위험한 반응 대 안전한 반응의 변화를 보여준다.

위약 조건의 실험대상자와 약한 복용양의 알코올(혈중알코올농도 0.02% 미만)을 받은 실험대상자는 위험한 옵션을 피하는 방법을 빠르게 학습하여, 그것을 선택하는 횟수를 줄였고 결국 혈중알코올농도 0.04% 또는 0.08%를 상회했던 실험대상자보다 훨씬 나은 이득을 얻게 되었다. 흥미진진하지만 비용이 많이 드는 옵션을 거부하지 못하는 것은 혈중알코올농도 수준에 따라 크게 증가했다. 이런 실험자들이 사

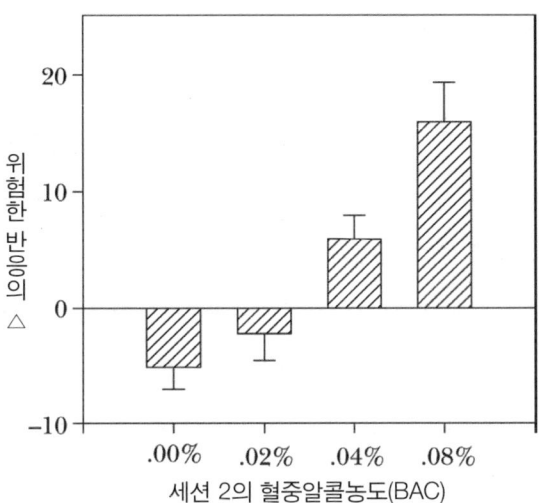

그림 5.3. 위약(0.00)에서 혈중알코올농도 0.08%까지의 4가지 조건에서 세션 1(투약 전)과 세션 2(최고 알코올 효과)에 이르기까지 위험한 반응 대 안전한 반응의 변화. 세션 2의 많은 위험한 선택의 수에서 세션 1의 동일한 수를 빼서 그 변화를 계산했다.[49]

용하는 위험 과제가 PFC 손상 환자를 연구하기 위해 사용되는 것의 변이형이며, 즉각적으로 매력적이지만 결국은 수익이 많이 나지 않는 옵션에 끌리는 동일한 패턴이 이 모집단에서 발견된다는 것은 놀라운 일이 아니다.

 술로 인한 부정적인 반응이나 장기적인 결과에 상대적으로 무감각한 것은 음주운전에서 안전하지 못한 성행위에 이르기까지 많은 위험한 행동을 초래할 수 있다. 안전하지 못한 성행위는 술의 최음적 성질의 어두운 측면에 대한 주제로 이어진다.

비어 고글과 여성폭력

《창세기》의 한 가지 충격적인 사건(그리고 그것은 무언가를 말하고 있다)에서 딸들은 임신하기 위해 롯을 유혹해서 인사불성이 되도록 술을 마셔 취하게 한다(창세기 19:33). 이것은 술이 데이트 강간 약물이라는 오래된 문학적 묘사 중에서 첫 번째 묘사이다.[50] 제4장에서는 친밀감을 증진시키고, 낯선 사람들이 서로 마음을 터놓을 수 있게 하며, 로맨틱한 커플이 어색함이나 도움이 되지 않는 억제를 넘어설 수 있게 하는 술의 역할에 대해 논의했다. 여기서 우리는 술, 특히 과도한 음주가 로맨틱·성적 행동을 위험하게 일그러뜨리고 손상시킬 수 있다는 점에 주목하면서 앞선 이야기에 균형을 맞춰야 한다. 술이 성적 행동에 미치는 효과에 대한 리뷰 논문의 저자들은 "성적 억제를 완화하거나 로맨틱하고 성적인 느낌을 강화하기 위한 음주 행위는 흔히 문제가 아니다. 그것은 기쁨이다"고 인정한다. "그럼에도 불구하고 술은 원치 않는 임신, 성 기능 장애, 성폭행, 성병(에이즈 포함) 등 문제가 있는 수많은 성적 결과에도 영향을 끼쳤음에 유념해야 한다."[51]

'비어 고글'이라는 용어는 간혹 술이 다른 사람의 지각적 매력을 높인다는 것을 가리키기 위해 적절히 유머러스하게 사용되는데, 이는 제4장에서 논의한 효과이다. 하지만 비어 고글은 잠재적으로 매우 해로운 행동으로 이어질 수도 있다. 비어 고글이 인간의 성적 구애에 미치는 영향을 직접 조사하는 것은 실험실에서 성공적으로 해내기가 윤리적으로 어려운 일이지만, 술의 인지적·행동적 영향에 관한 한 초파리가 인간에게 꽤 좋은 모델을 제공한다. 술에 취한 수컷 초파리가 성적 흥분이 증가하고 식별력은 줄어든 채로, 다른 수컷 초파리를 포함해 (이는 일반적인 행동은 아니다) 자신의 환경에 있는 모든 것에 성적으로 붙어 다닌다는 연구 결과가 나왔다.[52] 술에 취한 암컷 초파리도 마찬가지로 까다롭게 굴지 않고 짝 편애 성향을 줄인다.[53] 술에 취한 사람이 자신을 더 매력적이라고 느끼는 '비어 마스크(beer mask)' 현상에도 분명히 어두운 측면이 있다. 연구에 따르면, 술에 취한 남성이 여성의 행동을 성적 도발로 잘못 해석할 가능성이 높다.[54] 이러한 편견에 명확한 특이성이 있다는 것은 의미심장하다. 한 연구에 참여한 남성은 여성의 도발적인 의상과 같은 여러 관련 자극을 정확하게 처리할 수 있으면서도 일반적인 친절과 성적 관심을 구별하는 능력이 줄어들었다.[55]

한 최근 연구는 맑은 정신의 통제집단과 비교해 술이 남성을 흥분시켜 여성을 대상화하는 입장으로 변하게 하여 여성의 얼굴보다는 몸

비어 고글(beer goggle)
음주로 인해 상대방이 실제보다 더 매력적으로 보이는 상태.

여성폭력(女性暴力, Violence Against Women (VAW))
여성을 대상으로 행해지는 폭력을 일컫는다. 여성은 대표적인 '사회적 소수자' 집단에 속하기 때문에 여성폭력은 특정 '사회적 소수자' 집단을 타깃으로 삼는 증오범죄에 해당되기도 한다. 여성폭력은 성폭력(성희롱, 성추행, 강간), 가정폭력, 성매매 등이 대표적 형태이다. 1993년 12월 20일에 열린 제85회 유엔 총회에서 채택된 '여성에 대한 폭력 철폐 선언'은 여성폭력을 '남성과 여성 사이에 존재해 온 불평등한 권력 관계의 표지'이며 '여성에게 예속적 지위를 강요하는 주요한 사회적 기제 가운데 하나'라 규정했다.

데이트 강간
서로 잘 알고 있는 사이에 상대방이 원하지 않는 상황에서 동의를 구하지 않은 채 강요된 성관계.

에 더 집중하게 한다는 것을 보여주었다.[56] 노래 〈Blame It (On the Booze)〉의 가사를 경구로 인용하는 이 연구자들은 "여성에 대한 대상화 시선을 채택하면 보는 사람은 여성을 비인간화하게 되고, 성폭력과 직장 내 성차별 등 많은 부정적인 결과에 대한 토대가 잠재적으로 마련된다"고 말한다.[57] 아마도 관련이 있는 특히 충격적인 연구결과는 남성들에게 서로 합의한 섹스와 강간을 (허구적으로) 묘사한 포르노 영상을 보여주면서 생리적 흥분을 측정하는 연구에서 나온다. 맑은 정신의 남성 실험대상자는 서로 합의한 섹스의 묘사에서 더 흥분하지만, 술 취한 남성은 두 가지 묘사 모두에서 흥분했다. 남성들의 고백에 따르면, 강간하고 싶은 마음은 혈중알코올농도와 함께 증가한다. 그러므로 성폭행이 일어날 때 먹은 음식 중에서 술이 매우 흔하게 발견되는 것은 놀라운 일이 아니다. 유죄판결을 받은 강간범에 대한 연구에서는 40~63%가 범행 시 술에 취해 있었다는 것이 밝혀졌다.[58] 과도한 음주 행위는 또한 대학 캠퍼스의 성폭행에 집중적이고 끔찍한 역할을 하며, 넓은 세계에서 부부폭력의 전조가 된다.[59]

　이로부터 술, 남자, 여자는 절대 섞이면 안 된다는 결론을 쉽게 내릴 수 있다. 이미 전전두엽에 장애가 있는 많은 젊은 사람들을 음악, 춤, 불투명한 붉은 플라스틱 컵에 담겨 나오는 대량의 증류주가 있는 집 파티나 남성 사교클럽 파티에 내던지면 말썽이 일어나기 마련이라는 것은 거의 확실히 사실이다. 경찰 기록을 분석한 결과, 성폭력 사건의 최대 72%는 가해자, 피해자 또는 둘 다 술에 취해 있었으며, 술이 지인 주도의 성폭행에서 중요한 요인으로 나타났다.[60] 성욕을 증가시키고, 억제력을 감소시키며, 위험 평가를 손상시키고, 쇠약하게 하는 인지적 근시를 유도하는 것은 잠재적으로 독성이 있는 위험한 칵테일이다. 하지만 디오니소스의 이 어두운 면을 인정함으로써 얻을 수 있는 시사점은 복잡하다. 여기서 기록한 하이드 씨(악한 본성) 측면은 이전 장에서 기록한, 집단 유대를 촉진하고 신뢰를 강화하는 등과 같은 긍정적인 지킬 박사의 기능과 공존한다. 술과 여성폭력의 연결이 에탄올 분자 자체보다는 가부장적 또는 여성 혐오적 사회 규범으로 추진된다는 것도 거의 틀림없는 사실이다. 술은 탈억제하지만, 그 자체가 나중에 풀릴 행동적 경향을 만들어내지는 않는다. 어쨌든 술과 성에 관한 한 술의 야누스적 성격, 즉 히스가 말하는 "불로장생의 약, 묘약, 또는 '악마의 도구'"로서의 그 지위에 대해 이보다 더 좋은 예는 없다.

이제 사회성을 향상시키는 술의 또 다른 기능에서 직접적으로 파괴적이지는 않지만 그럼에도 불구하고 유해한 위험요소로 시선을 돌려보자. 유대와 연결이 파벌과 내부자 집단의 영구화로 이어진다는 것이 그것이다.

환영받지 못하는 외부자와 금주자: 올드 보이즈 클럽 강화하기

앞에서 본 것처럼, 학자들은 (거의 전적으로 남성인) 일본인 샐러리맨에게 어느 정도 의무적인 퇴근 후의 술자리가 위계의 긴장을 완화하고, 딱딱한 분위기의 일본 기업들이 1980년대와 1990년대에 계속 쇄신하는 데 중요한 역할을 했다고 주장했다. 한 관찰자는 이 주제에 대해 열정적으로 말한다. 주간의 사무실에서 메마른 세상과는 대조적으로, 퇴근 후의 장면은 다음과 같다.

> 네온사인과 매력적인 여주인의 화장한 미소로 빛나는 사사롭고 비밀스러운 어둠의 '해피아워' 세계이다. 여주인은 달콤한 말을 중얼거리고 고객의 잔을 채우며 노래방 대중가요를 부르는 손님을 칭찬한다. 이 세계는 다소 시적으로 '물장사(水商賣)'로 알려져 있으며, 공식 사업 협상이 타결될 수 있게 하는 비격식 마음을 제공한다고 한다.[61]

이 장밋빛 이야기는 아쉽게도 이러한 '매력적인 여주인'이 견디는 달갑지 않은 농담과 터치, 또는 이 전체 시스템이 어떻게 억압적인 성 규범, 성희롱 문화, 일본 노동력에서 최저로 낮은 여성 참여율을 강화하는 역할을 하는지는 빠져 있다.

중국식 직장 회식도 여성에게 비슷하게 끔찍한 경험이 될 수 있다. 작가 안가(顏歌)의 통찰력 있고 유머러스한 신문의 특집면은 자신의 고향인 청두의 술에 찌든 직업 세계에서 겪은 자신의 불운에 관한 것이다.[62] 가벼운 저녁 식사에 초대받았다고 생각했지만, 대신 극도의 딱딱한 술자리로 훌쩍 들어간 그녀는 남성 주최자로 보이는 사람 옆에 털썩 앉았고 자신이 전통적으로 '여자'에게 예약돼 있던 자리에 있다는 것을 공포에 휩싸인 채 깨달았다. 그녀의 설명대로, 이 여자는 '유력한 중년 남성을 즐겁게 하기 위해 지정된 젊은 여성'을 말한다. "이 자리에 앉는 사람은 터무니없이 많은 간접흡연, 테이블 주위의 남녀들로부터 받는 많은 편견적 시선, 고갈될 줄 모르는 바이주 리필, 그리고 때때로 어깨나 등에 손이 올라가는 일을 겪을 것으로 생각된다." 안가는 이러한 모임에서 주된 활동인 장시간에 걸친 음주로 인한 생리적 타격과 그런 음주가 어떻게 전통적인 성 역할을 강화하고, 남성인 직장 상사와 새롱거리고 그를 즐겁게 해 줄 것으로 예상되는 젊은 여성에게 특히 고통스러운 경향이 있는지를 묘사한다. 중국식 직장 회식의 요지에 대한 그녀의 결론은 정곡을 찌른다.

> 회식의 궁극적인 목적은 참석자들을 취하게 하는 것이다. 이렇게 해야만 서로 마음이 통하여 친구가 될 수 있고, 서로의 어깨를 쥐고 추한 농담을 할 수 있다. 취하는 것이 잘못되면 추해질 수 있다. 싸움이 일어날 수 있다. 여성은 희롱으로 혹사될 수 있다. 그러나 취함이 제대로 진행되면 실수는 용서된다. 즉, 참석한 사람들은 땀을 흘리고, 먹어치우고, 함께 술을 들이켜고 노래를 부른다. 그래야만 비즈니스가 성사된다.

이것은 제3, 4장에서 설명한 긍정적인 기능과 여기서 우리가 관심을 갖는 걱정거리를 모두 포괄한다. PFC를 심각하게 손상시키는 것은 신뢰와 용서, 관대함의 길을 열어줄 수 있고, 또한 적개심과 여성 혐오의 수문을 열 수도 있다.

대형 연구 협력단이 발족된 UBC 술집이 일본식 호스티스 바나 전형적인 중국식 회식보다 다소 건전한 환경을 제공했지만, 금요일 오후 '센터 모임'으로 알려지게 된 곳의 참석자들이 거의 전적으로 남성이었음에 주목할 필요가 있다. 우리는 PFC를 하향 조절할 수 있었고 맥주 몇 잔으로 창의적인 아이디어를 브레인스토밍할 수 있었다. 왜냐하면 금요일에는 아내들이 아이를 픽업하고, 우리가 저녁에 조금 늦거나 취해서 귀가하더라도 심하게 짜증을 내지 않겠다고 동의했기 때문이다. 여성 동료도 동참해도 좋고 사실 동참하도록 독려했고, 때때로 동참했다. 그러나 그 센터 모임은 보통 일본의 물장사만큼 남성 지배적이었다. 이는 다시 불공정한 성 규범으로 인해 여성보다 남성이 술집에서 시간을 보내므로 아이 픽업을 빼먹는 것이 의식적이든 아니든 더 용인되는 것처럼 보인다는 사실 때문인 것 같다. 우리의 시간과 장소 선택이 여성에게 불리한 분위기를 조성하기 위해 의도한 것은 아니었지만, 어쩌면 무심코 그랬을 수는 있었다.

이에 대해 생각하는 올바른 방식이 무엇인지 당장 명확하지는 않다. 이처럼 술에 취해서 하는 브레인스토밍의 입증 가능한 이득을 고려하면, 술에 취해 브레인스토밍을 해서는 안 된다고 선언하는 것은 역효과를 낳는 것처럼 보인다. 하지만 이런 형태의 친목활동이 여성에게 환영받지 못하는 장소에서 일어나거나 심지어 그렇게 인식된다면 배제와 불평등의 위험이 분명히 존재한다. 제4장에 기술한 금주법과 특허에 관한 연구에서 금주법으로 인해 여성이 아닌 남성의 특허 출원이 줄어든다는 사실이 밝혀졌다는 것은 흥미롭다. 이 연구의 저자는 이를 남성의 특허 출원 감소가 공동 음주의 결핍에서 비롯되었다는 것을 보여주는 추가 증거로 보고 있다. 왜냐하면, 1930년대 미국에서는 술을 마시고 아이디어를 교환하기 위해 주로 술집에 모인 사람들이 남성이었기 때문이다. 그러나 이는 또한 술집이나 위스키 룸의 사회적 기능에 대한 근본적인 한 가지 걱정거리를 암시한다. 이런 곳이 전통적으로 남성들이 지배하던 장소라는 것이다. 1950년대 이후 대부분의 산업사회에서 개선되었지만 여전히 50 대 50에 크게 못 미치는 남녀 간의 육아 의무 분담이 불평등하게 남아 있는 한, 이런 종류의 관계망 형성에 참여할 수 있는 능력, 그리고 얻을 수 있는 혜택은 여성을 불리한 처지에 놓이게 한다. 성비의 비대칭으로 인해 이러한 모임에서는 성희롱과 성폭행의 가능성이 높으며, 이는 다시 성별 비대칭을 더욱 강화시킬 수 있다.

바로 앞 장에서 정치인과 작가, 운동가들이 뒤섞인 소호가 술집인 게이 허자르 레스토랑의 종말을 애도하는 칼럼을 언급했다. 그 칼럼은 술의 영향력이 점차 대중 생활에서 사라지면서 무엇을 잃어버리게 되는지를 잘 부각한다. 그러나 그 칼럼이 "특정 연령의 정치 언론인은 게이 허자르의 임박한 폐업에 대해 향수에 젖는다"로 시작될 때, 전부는 아니더라도 이 '특정 연령의 정치 언론인' 대다수는 백인이라고 추측할 수밖에 없다. 취함은 관련이 없는 개인을 결합하는 기능을 하지만, 취함으로 인해 만들어진 유대는 철저하게 부족의 성격을 띤다. 탈억제는 정직과 수다로 이어진다. 그러나 편견이나 성차별적 견해를 가진 사람들이 비밀을 누설하지 않는 것에는 타당한 이유가 있다. 완전히 작동하는 PFC의 감시 하에서 친목활동을 하는 것은 다소 따분할 수 있지만, 그런 친목활동은 추상적인 추론 능력을 그대로 둬서, 잠재적으로 사람들에게 암묵적인 편견보다는 객관적인 특징 및 공유되는 추상적인 목표에 더 많이 의존할 수 있게 한다. 대체로, 본 저자의 불만에도 불구하고 '전문 정치 계급(전문 정치 엘리트)'에는 타당한 이유가 있을 수 있다.

술로 인한 친목활동에서는 또한 어떤 이유로든 술을 마시지 않는 사람은 불리한 입장에 놓이게 된다. 제3, 4장에서 제시한 모든 타당한 이유 때문에 함께 술에 취하는 사람은 서로를 신뢰한다. 술자리에 끼지 못하는 사람이 불신으로 비치는 이유가 여기에 있다. 아일랜드의 음주문화를 연구하는 중에 아일랜드의 여러 술집에서 '현지조사'를 했던 한 민족지학자는 사회적 수용이 음주와 폭음에 기초를 둔다고 언급한다.

> 박사학위 연구를 하던 중 어느 날 나는 '술'을 마시지 않는 것이 현명하다고 생각했고, 술집에서는 '소다수와 라임'을 주문했다. 내 현장 기록은 인상적으로 개선되었지만, 그에 따라 사회적 관계는 악화되었다. 술집에서 나와 정보를 공유하는 데 익숙해진 몇몇 주요 정보 제공자는 내가 왜 술이 싫어졌는지 그저 궁금해 했고, 내 동기를 의심했다. 나는 과학을 위해 3개월간의 공백이 있은 후 다시 맥주를 마시게 되었고, 그 이후 위태로웠던 관계가 빠르게 회복되는 것을 실감했다.[63]

한 무리의 사람들이 자신들의 PFC를 테이블 위에 내려놓으면서 정신적으로 무장 해제하는 가운데, 소다수와 라임을 홀짝홀짝 마시는 사람이 짐짓 무시당할지도 모른다는 것은 이해할 수 있는 일이다. 앞서 언급한 《왕좌의 게임》 예에서 볼튼 경은 매복하여 술에 취한 손님들의 잔혹한 살육을 지휘하기 위해 자신의 PFC를 최상의 상태로 유지하고 있기 때문에 음주를 자제하고 있다. 하지만 만약 그가 명확한 현지조사 기록을 작성하고 논문을 끝내기 위해 술에 취하지 않고 맑은 정신으로 있고 싶어 한다면 어떨까? 만약 그가 회복 중인 알코올 중독자, 이슬람교도나 모르몬교도, 지명 운전자, 또는 아이를 학교에 데려다 주기 위해 일찍 일어나고 머리를 맑게 유지해야 하는 배우자 없이 혼자 아이를 키우는 부모라면 어떨까?

오리건주 포틀랜드의 한 기술 회사의 커뮤니티 매니저인 카라 소울즈(Kara Sowles)는 기술 산업에서 술이 차지하는 역할에 대한 유용한 글에서 직장 문화가 술로 스며들 때 발생하는 포용성 우려를 상세히 설명한다. 이는 길게 인용할 가치가 있다.

> 기술 산업에서 술은 화폐이다. 술은 행사 참석률을 높이고, 참가자들에게 뇌물을 주고, 직원과 지역사회 구성원들에게 보상을 주는 데 사용된다. 술집에서 비공식적인 면접을 진행한다. 이는 잠재 직원이 사회적 환경에 호감을 가지는지, 고객과 폭음을 해도 버틸 수 있는지를 알아보기 위함이다. 직장 동료들은 술집에 모여 유대감을 나누고 하루의 고뇌를 털어낸다. 좋은 실적은 위스키를 나눠 마시고, 테킬라 파티를 열며, 사무실 회식을 하는 것으로 보상을 받는다. 고맙다는 말을 하고, 거래를 성사시키며, 작별을 고하고, 새로운 친구를 사귀며, 큰 소리로 불평하기 위해 술을 마신다.
>
> … 모두가 술을 마시는 것은 아니다. …
>
> 술을 마시지 않는 사람은 거의 없고 극히 드물다는 속설이 있다. 왜냐하면 오직 절대 금주하는 사람만이 술을 거부하고, 이들은 보기 드문 무리이기 때문이다(우리는 아니다). 이 속설은 사람들이 술을 피하는 많은 이유를 무시한다. 임신을 했기 때문에 술을 마시지

않을 수도 있다. 그리고 음주 문화는 많은 사람들에게 직업적인 차별을 초래할 수 있는 상황에서 임신 사실을 노출시킬 위험에 처하게 한다. 젊음에 대한 업계의 집착과 인턴에 대한 과격한 이용과 학대를 감안할 때 미성년인 기술직 직원이 늘고 있다. 그들은 술을 마시면 안 되는 약을 복용 중일 수 있으므로, 술을 마시지 않는 이유를 묻게 되면 병력(病歷)을 공개하게 된다. 그들은 알코올 중독에서 회복 중일 수 있고, 알코올 중독을 역점을 두어 다루거나 적절한 지원을 제공하지 않으면서 모든 곳에 술을 두는 업체에서 술을 피하려고 할 것이다. 지명 운전자나 그저 운전해서 집에 가려고 하는 사람은 어떨까? "모두가 술을 마신다"는 착각은 출퇴근의 안전에 대한 여지를 가지지 못한다.

사람들은 안전하지 않다고 느끼기 때문에 술을 마시지 않을 수도 있다. 다른 사람들이 점점 더 많이 술에 취해 있고, 괴롭힘이 흔하며, 술이 성폭행을 촉진하는 데 자주 사용되는 공간에서는 이것이 이해가 된다. 종교적인 이유로 술을 마시지 않을 수도 있으므로, 왜 술을 마시지 않느냐고 묻게 되면 그들에게 종교를 밝히라고 요구하는 것이 된다. 아마 사람들은 다음날 아침 일찍 일할 수도 있고, 아니면 글루텐에 과민증이 있을 수도 있는데, 당신은 맥주만 제공하는 것일 수도 있다. 그들은 정말로 술을 마시지 않는 절대 금주하는 사람일 수도 있다. 또는, 그날 저녁은 전혀 마시고 싶지 않을지도 모른다.[64]

기술 산업 같은 창의적 문화는 술과 여타 취성물질에 의존한다. 술은 개인 및 집단 혁신을 촉진하고 유대를 강화하는 데 유용하다. 그러나 소울즈가 말한 것처럼, 술에는 비용도 따른다. 그녀가 기술 산업에서 면접을 본 많은 사람은 그런 산업에서 술이 중심적인 역할을 하므로 불편한 방식으로 자신들의 음주 패턴을 바꾸도록 압력을 받는다고 느끼게 되거나, 배척과 사회적 배제에 직면하게 된다고 보고했다. 당연히 집단 유대는 즉시 이방인을 만들어낸다.

즐겁고 술 취한 유대는 강력한 힘이지만, 틀림없이 현대 기관에서 올드 보이즈 클럽(Old Boys' Club)이 계속 장악하게 하는 원인이다. 심야 술자리에서 술과 담배로 거래가 중개되면, 이런 모임에 참석하기 어렵게 만드는 육아와 가사노동이라는 불균형의 부담을 짊어진 여성과 젊은 남성은 집단에서 배제되어 정보 공유가 되지 않게 된다. 컨벤션센터 바에서 심야에 술을 마시며 학문의 전문지식이 교환되고 협업이 이루어질 때도 마찬가지인데, 여성은 이를 역병처럼 피하고 싶어할 수도 있다. 술 자체보다는 중독성의 문화적 태도가 술김에 한 성희롱에 더 큰 책임이 있지만, 이는 위험 지역 밖에 있고 싶어 하는 술의 잠재적 피해자들에게는 해당되지 않는다. 이는 음주가 직업적인 환경에 통합될 때마다 술을 마시지 못하거나 술을 마시지 않기로 하거나, 술에 취한 동료나 윗사람 주변에서 불안감을 느끼는 사람들이 소외된다는 의미이다. 이것은 명백히 불공평하며, 기존의 위계를 영구화하는 데 일조한다. 사회 전체와 개별 조직 모두 술에 대한 그들의 견해에 영향을 미치는 방식으로 유대와 포용성, 또는 충성심과 공정성 사이의 긴장감을 균형 있게 유지할 필요가 있다.

사람들이 섞이고 모일 수 있는, 술로 흠뻑 젖은 비공식적인 장소를 없애는 것은 공동체의 상실과 정직한 의사소통을 위한 통로의 상실을 나타낸다. 또한, 틀림없이 이처럼 술집이 사라지는 것은 건강한 간, 비만율 저하, 그리고 여성, 비음주자, 소수 집단에게 안락해 보이는 환경으로 이어진다. 이런 긴장에 대한 간단한 해결책은 없다. 가장 안전한 전략은 단순한 금주법으로서, 이는 적어도 이론적으로는 현재 대부분의 회사와 조직에서 채택하고 있는 접근 방식이다. 하지만 금주법은 또한 비용을 수반한다. 창의성과 집단 응집력의 이점을 포기해야 한다는 것이다. 균형을 맞추려면 방정식의 양쪽 모두를 분명하게 보아야 한다.

위안인가 쐐기인가? 나쁜 관계의 강화

인류학자 드와이트 히스는 술과 문화에 대한 초창기 현지조사에서 수십 년 동안 교류했던 볼리비아 동부의 아마존 해역 근처에 사는 고립된 집단인 캄바(Camba)족에 초점을 맞추었다. 비록 캄바족에 대한 히스의 경험이 인간 사회성에서 술이 중요하다는 견해에 영감을 주었지만, 히스의 이런 경험은 술 유대가 어떻게 더 깊거나 더 건강한 사회적 관계를 방해할 수 있는지에 대한 조심스러운 이야기도 제공한다. 히스가 1950년대에 캄바족을 처음 만났을 때, 그들은 경제적으로 미미한 생활을 근근이 해 나가면서 전에 없이 고립된 삶을 살았고, 가족 단위는 외딴 오두막에 거주했다. 캄바족은 주말과 휴일에만 모여서 거의 기괴할 정도로 격렬한 술자리를 가지곤 했는데, 동그랗게 조용히 둘러앉아 현지 설탕 산업의 부산물로 생산되고, 보통 난로 연료로 팔리는 몹시 강한(알코올 도수 89%) 가성(苛性) 알코올을 들이킨다. 기절할 때까지 이 불쾌한 물질을 마셨고, 만약 음주가 계속 진행되는 동안 깨어난다면 그 술자리에 다시 참여한다. 당시 히스는 이 강렬한 음주 수준을 다른 점에서 비응집적인 원자론적(많은 구성요소로 이루어진) 사회에서 집단 응집력을 형성하려는 특히 극적인 시도로 해석했다.

1960년대와 1970년대에, 캄바 땅은 포장된 고속도로와 철도를 통해 인구밀도가 높은 지역과 연결되었고, 동시에 토지 개혁으로 이전에 이 지역을 지배했던 큰 사탕수수 농지는 해체되기 시작했다. 이 혁명적인 해방 운동에 고무된 캄바족은 현지 농민 조합, 즉 신디케이트를 결성하여 훨씬 더 빈번하고 친밀하게 서로 협력하기 시작했다. 히스는 이러한 사회적 연대와 집단적 대의에 대한 신념으로 폭음이 현저하게 줄어드는 것을 발견했다. 그러나 뒤이어 일어난 발전으로 인해 캄바족은 예전 방식으로 되돌아가게 되었다. 외부 세계와의 연결성이 높아지면서 경제활동을 지배하는 새로운 이주민들이 들어왔고, 열대 우림 생태계를 파괴하고 지역 수로에 독을 넣는, 소떼 몰이와 마약 밀매업자들의 코카인 생산과 같은 새로운 농업과 산업 관행이 생겨났다. 군사 쿠데타로 농민 지도자들이 살해되거나 추방되고, 신디케이트가 폐지되는 결과가 생겨났다. 히스가 말했듯이, "신디케이트에서 이전에 즐겼던 사회적 상호 관련성이 결여되고, 그런 뒤에 일상의 모든 면에서 어리둥절하고 해로운 변화에 에워싸이게 되자, 나머지 캄바족은 이전의 일시적 폭음 패턴으로 다시 돌아갔다."[65] 폭음으로 돌아오면서 심리적 고통과 아노미(사회적 무질서)가 완화되었을지 모르지만, 폭음은 틀림없이 해방 운동 동안 순간적으로 누렸던 건강하고 생산적인 공동체 의식을 되찾는 것을 방해하는 장벽으로 작용했다.

술은 산업사회에서 개인 관계에 관해서도 유사하게 양날의 역할을 할 수 있다. 조사 자료에 따르면 비슷한 양으로 술을 함께 마시는 부부가 결혼생활 만족도가 높고 이혼율이 낮은 것으로 나타났다.[66] 연구에서는 또한 술을 따로 마시는 것이 아니라 함께 마시는 것이 다음 날 부부의 상호작용에 긍정적인 영향을 미친다는 것이 밝혀졌다.[67] 적당량의 술을 마신 부부가 서로 정직하고, 지금 순간에 집중하며, 고양된 기분으로 어려운 정서나 깊은 우려를 쉽게 제기하고 처리하는 것과 더불어, 마찰이나 긴장을 해소한다는 점에서, 적당량의 술이 그들에게 도움이 될 것으로 예상된다.

그러나 잠재적인 우려는 부부가 술을 도구적 보조물이 아닌 의지물로 사용한다는 것이다. 캐서린 페어번과 마리아 테스타(Catherine Fairbair & Maria Testa)의 연구에서 이러한 우려는 커진다. 이 연구는 혈중알코올 농도가 약 0.08%인 로맨틱한 커플이 더 나은 경험을 하고, 갈등 해결 과제에서 서로를 더 관대하고 공감하며 대한다는 것을 발견했다. 그러나 이는 술 취하지 않아 정신이 맑을 때 관계의 질이 낮다고 보고한 부부에게만 적용되었다. 관계의 질이 높다고 보고한 부부는 취함의 여부에 상관없이 비슷하게 긍정적인 상호작용을 했다. 이 주제를 다루는 이전 문헌에 대한 개관과 더불어, 이런 결과로 인해 저자들은 "만족하지 않는 부부는 술이 제공하는 더 많은 강화를 경험하기 때문에, 간단히 말해 술을 마셔 더 많은 것을 얻기 때문에 더 많이 마실 수도 있다"고 결론 짓게 되었다.[68] 이런 역학으로 불만인 부부는 알코올 의존증의 위험에 처할 수 있게 된다. 이 저자들은 음주 문제가 있다고 고백한 부부를 치료할 때, 성공적인 중재가 관계의 질과 친밀감을 모두 높이는 것을 목표로 하며, 이것이 알코올 의존도를 낮추는 데 효과적일 것으로 보인다고 언급한다.[69] 술이 제공하는 일시적인 화학적 연결은 만족감을 주지 않는 관계에 있는 부부를 둔감하게 하거나 무감각하게 만드는 것임과 동시에, 그들이 더 깊고 더 진실한 관계를 형성하는 데 필요한 일을 하지 못하게 할 수도 있다.

하늘에 취하기: 술을 넘어서다?

개인적·사회적 음주 행위에 대한 이와 같은 심각한 우려가 있다고 하면, 다른 의식이 술의 기능을 하게 하면서 음주를 완전히 넘어설 수 있는 방법을 고려해 보는 것은 가치가 있다. 우리는 인간의 삶을 가능하게 하는, 즉 우리 종이 창의적이고 문화적이며 공공적인 유인원이 되는 것과 관련된 문제를 해결하게 하는 취함의 흥분이 본질상 비(非)화학적일 수도 있다는 것을 기억해야 한다. 즉, 적어도 섭취하는 화학물질의 형태로 나오지 않을 수도 있다는 것이다. 제2장에서는 향상된 기분, 자아감 상실, 인지 제어 저하 등 술과 여타 취성물질의 많은 영향이 약물 섭취를 수반하지 않는 방식으로도 가능하다고 언급했다.

신약성서에서는 구경꾼들이 성령에 씌어 황홀 상태에서 성령이 말하는 것처럼 말하는 기독교인에게 놀라서, 그들이 술에 취했음에 틀림없다고 말한다. 사도 베드로가 그들을 바로 세운다. "이 사람들은 여러분이 생각하듯이 술에 취한 것이 아닙니다. 지금은 아침 아홉 시입니다."[70] 실제로 사도 바울은 어느 순간 겉으로 보기에는 술을 많이 마신 듯한 에베소 사람들에게 "술 취하지 말라, 이는 방탕한 것이니 오직 성령으로 충만함을 받으라"고 꾸짖는다.[71] 이와 비슷한 이야기는 《장자》에도 있다. 장자는 "취객은 매우 빠른 수레에서 떨어져도 비록 아프기는 하지만 죽지는 않는다"고 말한다.

> 뼈마디와 힘줄은 다른 사람들과 같지만 그들만큼 다치지는 않는다. 그는 수레를 타는 것도 몰랐고 떨어지는 것도 몰랐으며, 죽는다는 생각이나 산다는 생각, 놀라거나 두려운 생각이 마음속에 들어오지 못했다. 이 때문에 수레에서 떨어지는 사건을 당해도 두려워하지 않았던 것이다. 이것은 그의 정신이 온전한 상태에 있기 때문이다.[72]

종교를 가르치는 사람으로서 장자의 목표는 사람들이 의식적 마음의 통제에서 벗어나게 돕는 것이다. 만약 장자가 현대 인지신경과학의 혜택을 받았다면, 그는 그렇게 하지 못하게 막는 적을 더 구체적으로 PFC로 식별했을 것이다. 장자의 견해에서 마음의 지배력을 약화시키면 우리는 '힘들이지 않는 행동[無爲]'의 상태로 긴장을 풀 수 있게 된다. 이런 상태에서 정신은 '온전한' 채로 물리적·사회적 세계에 자발적이고 진정성 있게 대응할 수 있다.[73] 장자는 모임을 마치고 수레를 타고 집으로 가는 몹시 취한 사람에게서 적어도 바람직한 존재의 전체성을 목격한다. 자아감을 잃고 극심한 인지적 근시 상태에 빠진 술 취한 사람은 자기 감시가 없고, 땅과의 접촉을 예상하면서 몸이 뻣뻣하지 않으며, 따라서 맑은 정신의 사람을 죽일 만한 사고에서도 무사하다. 그럼에도 불구하고, 이 《장자》의 전체 요점은 에탄올 취함이 더 심오하고 영속적인 정신 상태의 은유에 불과하다는 것을 분명히 한다. 장자는 우리가 술이 아니라 하늘에 취하기를 원한다. "그 사람과 같이 술에 의해 온전해져도 이 정도일 수 있는데, 하늘에 의해 온전함을 얻는 것에 대해서야 말할 필요가 있겠는가! 성인은 자연에 몸을 맡겨두고 있고, 그래서 아무도 그를 해칠 수 없다."

우리는 동서고금을 통틀어 종교 전통이 화학적 취성물질을 광범위하게 사용한다는 것에 주목했다. 또한 이 시점에서 황홀한 정신 상태를 달성하기 위해 개발한 비(非)약리적 방법에 대한 논의로 되돌아가는 것도 가치가 있다. 이상적으로 최면 음악, 감각 박탈 또는 수면 박탈과 이상적으로 결합된 춤, 특히 길고 힘찬 춤을 수반하는 전혀 '술이 나오지 않는 건조한' 의식이 마약에 의한 황홀한 집단의식의 많은 심리적·사회적 이익을 제공할 수 있다는 것은 분명하다. 물론 이러한 의식은 에탄올을 함유한 와인 한 잔이나 LSD 캡슐만큼이나 인과성의 물리적 연쇄의 일부라는 점에서 비화학적인 것으로 보아서는 안 된다. 올더스 헉슬리는 '언제나 거기에 있는 모든 종류의 화학물질' 견해의 옹호자로서 다음과 같이 말한다.

> 쿠란데로와 의술사와 샤먼이 낭창하고, 기독교와 불교의 수도사는 끝없이 찬송을 부르고 경전을 음송하며, 부흥사들이 몇 시간이고 계속 외치며 울부짖는 이 모든 것이 아주 다양한 신학적 교리와 미학적 관습을 따르기는 하지만 그 심리화학적·생리적 의도는 일정하다. 폐와 혈액 안의 이산화탄소의 농도가 증가하여 뇌의 잠금 밸브

(우리의 생존에 꼭 필요한 쥐꼬리만한 의식의 흐름만 자각할 수 있도록 허용하는 정신적 필터)의 효율이 저하되면 전체적 정신으로부터 생물학적으로 불필요한 물질이 들어오게 되는데, 소리치고 노래하고 중얼대는 사람들은 알지 못하겠지만, 이것은 언제나 마법의 주문들, 즉 밀언과 연도와 시편과 경문의 실제 목적이고 요점이었다.[74]

헉슬리가 말하는 '뇌의 잠금 밸브'는 물론 인지 제어와 합리적 집중의 중심인 PFC이다. 그의 주장은, 이런 종교의식을 특징짓는 신학적 관점의 다양성에도 불구하고 이러한 모든 종교의식의 목표는 생리학적으로 동일하다는 것이다. 즉, PFC의 활동을 줄이고 엔도르핀과 다른 '기분 좋은' 호르몬을 증가시켜 좁은 개인적 자아가 '전체적 정신(Mind-at-Large)'에 개방되게 하는 것이다.

만약 헉슬리의 말이 맞다면, 비약리적인 종교의식이 술이나 여타 취성물질과 동일한 영향을 몸-뇌 체계에 미친다는 것을 발견할 수 있어야 한다. 이것은 실제로 이용할 수 있는 몇 안 되는 관련 연구에서 볼 수 있다. 아마 이 중에서 가장 흥미로운 것은 황홀 상태에서 성령이 말하는 것, 즉 '방언(glossolalia)' 현상에 대한 뇌영상 연구일 것이다.[75] 실험대상자는 몇 년 동안 방언에 대한 정기적인 일상의 에피소드를 경험했다고 보고한 펜테코스트파 여성들이었다. 실험실에서, 방언을 하거나 음악과 부드러운 동작을 가미하면서 비교적 감미로운 복음서 노래를 부르는 중에 이 여성들을 검사했다. 노래 조건과 비교했을 때, 실험대상자는 '방언 상태 동안 전전두엽피질의 활동이 감소하는' 것을 보여주었다. 다른 말로 하면, 이 펜테코스트파 여성은 샤르도네 백포도주 몇 잔을 마신 것만큼 효과적으로 기도로 유도되는 방언을 사용하여 PFC를 쓰러뜨릴 수 있는 것처럼 보였다. 우리는 여기서 이 여성들과 베드로가 옹호하는 초기 기독교인을 연결하는 직결선을 볼 수 있다. 그들은 술이 아니라 정신에 취했던 것이다.

또 다른 흥미로운 의례 연구는 단조로운 북소리에 의해 실험대상자, 특히 중간 정도로 체면에 걸렸거나 매우 최면에 걸린 사람에게서 '샤먼 유형의 경험(가령, 몸으로부터의 분열, 터널 경험)'을 환기시킬 수 있음을 보여주었다.[76] 1970년대에 정신과 의사이자 심령론의 권위자 스타니슬라프 그로프(Stanislav Grof)는 '홀로트로픽 호흡법(holotropic breathwork)'이라는 기술을 개발했다. 이 기술에서는 뇌에 산소를 끊고 LSD와 같은 경험을 유도하기 위해 강렬한 과호흡을 사용한다.[77] 심리학자 디터 바이틀(Dieter Vaitl)과 동료들[78]은 비화학적으로 유도되는 '최면 상태', 즉 깨어 있는 현실로부터 마치 꿈같은 분열의 에피소드를 개관하면서, 극한 온도, 기아와 단식, 성적 활동과 오르가슴, 호흡 운동, 감각 박탈 또는 과부하, 리듬으로 유도되는 황홀(북 치기와 춤추기), 긴장 완화와 명상, 최면과 바이오피드백 등 그런 상태를 유도할 수 있는 다양한 기법을 제시한다.

이 모든 것은 종교사와 비교종교를 공부하는 모든 학생들에게 매우 친숙하게 들릴 것이다. 예를 들어, 수피 전통에서 이른바 '탁발 수도승(托鉢修道僧)'은 황홀한 종교적 상태를 만들기 위해 극도로 지치는 춤과 최면 음악을 사용한다.[79] 18세기 후반과 19세기 초반의 부흥주의 미국 기독교는 황홀 의식과 집단적 활기를 크게 부각한, 알코올이 없는 대규모 행사를 특징으로 했다. 예를 들어, 문화해설가 해럴드 블룸(Harold

Bloom)이 '첫 번째 우드스톡(Woodstock)'이라고 부른, 1801년 8월 켄터키에서 열린 케인 릿지 부흥회(Cane Ridge Revival)는 일주일 동안 1만 내지 2만 명의 사람들이 모이는 거대한 캠프 모임이었다. 여기에는 여러 콘서트 무대와 설교자, 춤, 노래, 그리고 '낙상', '경련', '짖기', '달리기' 같은 종교적 '행사'를 특징으로 했는데, 이 모두는 화학적 취성물질을 섭취하지 않고 진행되었다.[80] 수렵채집을 하는 남아프리카의 !쿵족의 문화에는 난롯가 잡담과 술이나 다른 화학적 취성물질 없이 의식적 노래와 수면 부족을 통해 야기된 치료적 황홀을 격렬하게 결합하는 것이 포함되어 있다.[81]

그래서 동서고금을 통틀어 종교 전통은 독소 없는 화학물질에 취하는 것에서 나오는 많은 개인적·사회적 이점을 만들어내는 의식을 이용할 수 있었다. 술 등의 화학물질과 관련된 다양한 비용과 해악을 고려하면, 왜 취성물질이 무독성 대체물로 완전히 교체되지 않았는지 궁금

탁발 수도승
황홀 상태에서 빙글빙글 돌거나 격렬하게 춤을 추거나 노래를 부르는 등의 법열적(法悅的) 의식을 행하는 수도승.

!쿵족(!Kung people)
산(San)족에 포함되는 아프리카의 민족이다. 쿵족은 스스로를 "보통 사람"을 뜻하는 주호안시(Jul'hoansi)로 칭한다. 또한 반투족은 그들을 "발굽 없는 동물"이라는 뜻인 조시(zosi)라고 칭한다. 1950년대를 전후하여 !쿵족에 대한 인류학적 연구가 활발히 진행되기 시작하였고, 이들의 사회 구성과 문화가 보고되었다. 이들은 수렵과 채집을 통해 살아간다. 특히 몽공고 열매를 채집하여 주식으로 삼고, 평등사회를 지향하여 종족 내부에서 물자 배분을 똑같이 하였다. !쿵족은 아프리카 남부의 칼라하리 사막 일대 및 그 주변에 넓게 분포하고 있다. 나미비아의 북동부 일대와 보츠와나 서부, 앙골라의 오카방고 강 일대, 쿠안두쿠방구와 쿠네느에 주로 거주한다.

할 수 있다. 그러나 제2장에서 살펴본 것처럼, 이는 이러한 대체 의식이 육체적으로 지치고, 종종 어렵거나 고통스러우며, 시간이 엄청 많이 걸리기 때문이다. 예를 들어, 약간의 행복감을 느끼고 친구들에게 마음을 터놓으며 친구들과 가깝게 지내기 등의 사회적 목표와 이를 해내기 위한 기술 메뉴를 고려하면, 합리적인 선택은 하루 종일 격렬한 육체적 노력과 육체적 고통 또는 두 가지 모두가 수반되는 의식보다는 두세 시간의 술자리를 선택하는 것이 당연할 수도 있다. 다섯 시간의 버섯 환각경험을 통해 얻을 수 있는 통찰력은 3일간의 명상을 통해 무의식에서 끌어내는 통찰력만큼이나 가치가 있을지도 모른다. 게다가 밤을 새고 뺨에 날카로운 막대기를 꽂으며 농작물을 수확하는 대신, 하루 종일 춤을 추거나 명상을 하는 것은 개인과 문화 모두에 명백한 비용을 부과한다.

인간은 PFC를 하향 조절하고, 기분을 상향 조절하며, 사람들에게 창의적이고 개방적이게 돕는 아주 다양한 방법을 고안해 냈다. 이런 모든 방법에는 그 자체만의 특정한 비용과 편익이 있다. 특정 문화가 화학적 취성물질 섭취를 수반하지 않는 기술을 결정한 이유는 순전히 무작위 문화적 변동의 우연한 결과일 수도 있고, 다양한 방법들의 상대적 비용과 편익을 수반하는 특정한 국지적 거래에 의해 추진될 수도 있다.

그렇기는 하지만, 특정 기술의 비용이 증가하거나 비용이 덜 드는 방법으로 그 결과를 달성할 수 있다는 것이 발견되면, 그런 기술은 점차 교체될 것으로 예상된다. 예를 들어, 중국 종교 역사가 길 라즈(Gil Raz)는 중국 도교의 한 특정 종파에서, 황홀한 통찰력의 상태 및 신성과의 통일성을 성취하기 위해 환각적 약초를 사용하는 의식이 잠재적으로 위험한 부작용 없이 유사한 영적 결과를 낼 수 있는 가이드 명상과 복잡한 호흡 기법으로 점차 대체되었다고 말한다.[82] 마찬가지로, 증류와 고립이 최근에 음주의 잠재적 위험을 증가시켰다는 것이 사실이라면, 이는 술을 피하는 문화 집단에게 새로운 경쟁적 이점을 제공할 것이다. 최근 몇 세기 동안 이슬람교, 모르몬교, 그리고 알코올 거부 형태의 기독교가 거둔 상대적인 성공은 적어도 부분적으로 이러한 역학에 의해 추진되었을 가능성이 있다.

디오니소스 길들이기

우리는 종교적인 절대금주 형태가 전 세계적으로 장악하고, 홀로트로픽 호흡법 기도처가 호텔 바를 전면 대체하기를 기다리지만, 술과 관련 약물은 전전두엽피질을 완화하고, 창의성, 문화적 개방성, 공공의 느낌을 강화하기 위해 우리가 선택하는 방법으로 계속 남아 있을 것이다. 디오니소스는 틀림없이 위험하다. 디오니소스는 당신을 동물로 만들 수도 있고, 미다스의 손처럼 당신에게 결국 저주로 판명될 선물을 줄 수도 있다. 화학적 취함이 우리 삶에서 역할을 하는 데 수반되는 위험과 비용을 고려하면, 그 위험을 어떻게 경감시킬지 신중하게 생각해야 한다. 정확히 이를 주제로 하는 책 한 권을 통째로 쓸 수 있고 또 그런 책이 출판되기도 했다.[83] 여기서는 우리의 논의와 자연스럽게 연결되는 핵심 내용 몇 가지로 이 장을 마무리하고자 한다.

소버 바: 위약 효과의 활용

일과 관련된 정기적인 음주가 건강과 마음에 입히는 타격을 경각심을 갖고 지켜본 언론인 루비 워링턴(Ruby Warrington)은 행사와 수련을 주최하는 이른바 '소버 큐리어스(sober curious)'(일부러 술을 안 마시는) 운동을 조직했다. 그녀는 다음으로 묘사된 세대의 더 넓은 운동의 일원이다.

> 그것은 일종의 임시 절주 운동가의 새로운 세대로서, 술에 대한 이 세대의 태도는 캐리 네이션(Carrie Nation)(금주주의 페미니스트 운동가)의 태도와 캐리 브래드쇼(Carrie Bradshaw)의 태도 사이 어딘가에 있다. 그들에게 절주는 임상적으로 확정된 알코올 중독자에게만 관련된 관습보다 덜한(그리고 더한) 무언가이다. 이제 절주는 철저한 채식주의자가 되거나 아헹가(Iyengar) 요가 수업을 듣는 것과 같이 시도하기에 멋지고 건강에 좋은 무언가가 될 수 있다.[84]

이런 운동으로 브루클린에서 문을 연 겟웨이(Getway) 같은 '소버 바(sober bar)'(술을 팔지 않는 바)가 탄생했다. 여기는 맛있고 흥미로운 버진 칵테일을 마시면서 술집 같은 환경에서 다른 사람들과 어울릴 수 있는 곳이다. 소버 바는 독성이 없는 취한 쾌감을 활용하는 곳으로 이해할 수 있다.

음주를 둘러싼 기대 효과에 대해 앞서 언급한 바 있다. 만약 취할 것이라고 기대하면서 무언가를 마신다면, 그것이 탄산수일지라도 종종 약간 취하게 된다. 이것은 의학에서 잘 알려진 위약 효과와 관련이 있다. 효능이 좋은 약이라고 하면서 설탕 알약을 주면 환자는 종종 건강이 좋아지는 것이 목격된다. 소버 바 현상과 더 관련 있듯이, 술과 관련된 키워드로 점화되거나 술과 관련된 광고를 보여주면서 술에 대해 생각하는 것만으로도 약간 취한다고 느끼고 그렇게 행동할 수 있게 된다.[85] 그래서 소버 바의 손님은 버진 칵테일을 마시고 있다는 것을 알면서도, 알코올과 관련된 무의식적인 자극에 노출된다. 불빛이 흐릿하고 음악이 흘러나오는 술집 같은 곳에 앉아 알코올성 칵테일처럼 보이고 그런 맛이 나는 음료를 마시는 것은 만취에 따른 비용은 들게 하지 않으면서도 만취로 인한 많은 사회적 편익을 제공할 수 있다. 한 연구팀은 기대 효과를 이용하여, 위험한 환경에 있는 대학 음주자에게 실제 알코올 음료를 마실 때만큼 취하고 있다고 생각하는 환경에서 그만큼 많은 재미를 느낄 수 있음을 증명했고, 이는 다시 술을 마시지 않고도 친목활동을 할 수 있게 하는 데 도움이 되었다.[86]

이런 기대 효과의 힘을 통해 일부 논평가는 술의 심리적·행동적 효과가 모두 문화적 기대에서 나온다고 결론을 내렸다. 문화인류학 분야에서 특히 그러한데, 이런 분야에서는 지배적인 이론적 모형이 인간의 경험을 근본부터 완전히 사회적으로 구성된 것으로 본다.[87] 그러나 앞에서 언급했듯이, 술에 대한 문화적 기대는 에탄올의 실제 약리적 효능에 매우 많이 의존하며, 분명히 이에 의해 추진된다. 동서고금을 막론하고 비슷한 문화적 기대가 술에 붙어 다닌다는 것은 우연이 아니다. 취함은 고대 중국, 고대 이집트, 고대 그리스에서 매우 유사한 방식으로 개념화된다. 왜냐하면 취함은 동일한 화학물질이 같은 종류의 뇌-몸 체계에 타격을 가하는 산물이기 때문이다. 균형 잡힌 위약 설계의 등장 이후 기대 효과도 일부 초창기 연구가 시사하는 것처럼 그렇게 강력하지 않다는 것이 분명해졌다. 술을 마시지 않을 때 마시는 것으로 생각하는 결과와 술을 마실 때 마시지 않는 것으로 생각하는 결과를 분리하는 능력은 많은 심리적·행동적 결과가 실제로 술의 약리적 효능에 의해 추진된다는 것을 입증했다.[88]

이것은 휴식과 대화를 장려하는 환경에서 단순히 사람들을 물리적으로 한데 모으는 것을 넘어 진정으로 사회성을 향상시키는 소버 바의 능력에서 그 한계를 암시한다. 소버 바는 그 힘을 실제로 혈중알코올농도를 증가시키는 알코올성 칵테일을 제공하는 '진짜' 술집의 존재로부터 이끌어 내고 그런 존재에 의존한다. 맥주에 가까운 칵테일과 버진 칵테일밖에 없는 세상에서 술이라는 문화적 개념은 점차 그 힘을 잃게 될 것이다.

마음챙김의 음주

로자문트 딘(Rosamund Dean)은 유익하고 재미있는 책 《마음챙김의 음주》(Mindful Drinking)에서 우리의 음주 행위가 많은 부분 '아무 생각 없이(mindless)' 이루어진다는 중요한 견해를 밝혔다. 이는 우리가 정말로 술을 원하는지 숙고하지 않고서 하루가 끝나면 습관적으로 와인을 따르거나 리셉션에서 누군가가 따라주는 술을 마신다는 것이다. 잠시 멈추고 우리가 사실 술을 원하는지, 아니면 원하지 않는지에 대해 의식적인 결정을 내리는 것은 사실 음주를 적절하게 조절하는 데 큰 도움이 된다. 딘은 자신의 음주 습관을 잘 통제하고자 하는 사람에게 '더 플랜(The Plan)'이라는 유용한 원칙을 제시한다. 이 원칙은 음주를 의식적으로 감시하고, 음미하고 즐길 수 있을 때만 마신다는 것에 바탕을 둔다.

절제와 마음챙김의 일반적인 태도를 채택하는 것 외에도, 음주를 적당한 한도 내에서 유지하기 위해 사용할 수 있는 몇 가지 간단한 요령이 있다. 내가 가장 좋아하는 요령은 고대 그리스에서 온 것이다. 고전학자 제임스 데이비슨(James Davidson)이 지적한 것처럼, 포도주 잔은 의도적으로 얕게 제작했으므로 흘리지 않고 마시기 위해서는 상당한 운동 조절이 필요했다.[89] 이것은 다시 혈중알코올농도가 특정 지점 이상으로 상승하면 포도주 섭취를 간접적으로 제한하는 역할을 했다. 또한, 더 작은 접시에 음식을 내면 과식이 줄어드는 것과 같은 방식으로, 맥주와 와인 잔의 크기를 줄이면 음주를 조절하는 데 도움이 된다. 밖에서 마시거나 집에서 마실 때 소다수나 다른 무알코올 음료를 번갈아 마시는 것도 도움이 된다. 직장이나 직업적 맥락에서 마시는 경우에는 부과할 수 있는 분별 있는 명백한 제한이 있다. 술이 완전 무료인 술집은 안 되고, 술 소비를 제한할 의도로 만든 술 쿠폰을 사용하며, 지정 한도를 정해 놓고 마시라는 것이다. 대부분의 조직은 이미 그러한 지침을 마련해 놓고 있지만, 어떤 경우에 일과 관련된 음주가 완전히 통제 불능이 되고 난 이후에서야 시행되었다. 사무실 계단 통로에서 담배, 맥주잔, 사용한 콘돔이 발견되기 훨씬 전에 당신 회사에 문제가 있다는 것을 알아야 한다. 이는 기술 회사가 마침내 직장 지침을 수정하게 했던 일들이다.[90]

증류주를 조심하고 혼자 마시지 마라

우리는 술을 마시도록 되어 있는 유인원이지만, 50%짜리 보드카를 말하는 것은 아니다. 우리는 또한 사회적 도움이 없이는 음주를 통제할 능력이 없다. 증류주는 맥주나 와인보다 훨씬 더 독하고 위험하기 때문에 항상 일종의 약으로 취급되고 그에 따라 규제되어야 한다. 25세 미만은 증류주를 피해야 한다. 25세 이상도 증류주를 피해야 하지만, 적어도 그들의 PFC는 완전히 발달되어 있기 때문에 몸-뇌 체계를 어떻게 해야 할지에 대한 합리적인 결정을 빨리 내릴 수 있을 것이다. 어쨌든, 많은 기관에서 채택한 대학 캠퍼스에서 독주 금지는 꽤 현명한 정책처럼 보인다. 맥주나 와인보다 훨씬 더 높은 비율로 증류주에 세금을 부과하고 판매를 제한하는 것도 현명한 정책이다.

고대 그리스에서 건배 사회자나 연회 사회자의 역할은 중요하고 영광스러운 것이었다. 이런 사람은 참가자의 만취 상태를 평가하고, 음주 속도를 조절하며, 선을 넘은 사람은 집으로 돌려보내야 했다. 현대 세계에서 이런 역할은 바텐더나 칵테일 서버가 맡으며, 특히 술집이나 바에서 혼자 술을 마시는 사람의 경우에는 더욱 그러하다. 이러한 현대의 연회 사회자가 보다 효과적으로 업무를 수행하기 위한 몇 가지 구체적인 구조적 개혁이 있다. 예를 들어, 미국에서 알코올 서버는 유럽과 아시아에서처럼 실질적인 기본 급여를 받아야 한다. 이는 알코올 서버가 음주 속도를 조절하고 과도하게 취한 손님을 그만 마시게 하고 자동차 열쇠를 압수해야 하는 사회적 감시자로서의 역할과 손님의 모든 기분을 잘 맞추어주지 않으면 벌칙을 적용하는 현재의 팁 의존도 간의 긴장을 제거하는 데 도움이 될 것이다. 나는 대학과 대학원 시절을 샌프란시스코에 있는 식당, 술집, 나이트클럽에서 일하면서 보냈다. 서버로서 나는 식당과 술집에서 시간당 2달러 이하의 '대체 최저임금'을 받았으므로 버텨 내기 위해 팁에 전적으로 의존했다. 이로써 비뚤어진 유인(誘因) 체계가 만들어졌다. 어떤 테이블이나 손님이 이미 마실 만큼 마셨다는 나의 느낌이 만약 그들에게 그만 마시게 한다면 팁을 받지 못할지도 모른다는 두려움에 짓밟혔던 많은 저녁이 떠오른다. 술은 또한 외상을 달아 놓아서 팁을 더 받을 수 있는 매우 쉬운 방법이다. 바텐더와 서버의 급여 인상에 적당히 투자하면 음주운전 사망, 공공연한 싸움, 그리고 많은 다른 문제가 즉각 줄어들 것이다.

물론 집에서 술을 마시는 사람에게는 잘 훈련되고 사려 깊은 바텐더가 도움이 되지 않는다. 많은 가정에는 포도주, 맥주, 양주가 너무 넉넉하게 공급되므로 스트레스 연구의 쥐처럼 제한 없이 술을 마실 수 있다. 단, 어쩌면 두 번째 병의 코르크 마개를 뽑아야 하는 것에 대한 죄의식을 느끼게 하는 과속 방지턱을 제외하곤 말이다. 최면치료사 조지아 포스터(Georgia Foster)는 영국에서 주로 30, 40대 여성이 음주 습관을 관리하게 돕는 진료소를 운영하고 있다. 그녀는 자신을 위해 '솔로 파티'를 열면서 집에서 술을 마시는 것이 미혼 여성이나 전업주부에게 대단히 위험하다고 말한다. "자신의 환경에 있고 보는 사람도 없으며 다른 데로 운전해서 갈 필요가 없을 때, 마시던 와인 잔은 두 잔, 석 잔이 되고, 그리고 마시던 와인이 떨어져서 다른 병을 따는 경향이 있다. 그것은 점점 안 좋은 상황으로 이어지는 일이다."[91]

다시 말하지만, 우리는 의례와 사회적 통제의 전통적인 맥락 밖에서는 안전하게 술을 마실 수 있도록 진화적으로 잘 적응되어 있지 않다. 한 가지 가능한 해결책은 사람들이 있는 데서 함께 술을 마시는 것이다. 단골 술집의 감시 하에서 말이다. 또는, 만약 이탈리아나 스페인과 같은 남유럽의 음주 문화에서처럼 집에서 식사를 하고 가족과 함께 술을 마신다면 술을 저녁 식탁에 제한하는 것이 해결책이다. 혼자 사는 사람의 경우, 이제는 스마트폰을 소지한 누구나 술을 마시면서 소셜 피드백을 받을 수 있는 앱을 통해 가상적 소셜 음주가 가능하다. 혼자 술을 마시는 사람을 소셜 네트워크에 연결하는 앱을 활용하는 일부 초창기 연구는 음주를 절제하는 데 도움이 되는 측면에서 유망한 결과를 보여준다.[92]

알코올 정규화하기: 남유럽 모형 확산하기

유럽 지리학의 관점에서 말하자면, 우리는 이른바 남유럽의 음주 문화가 증류와 고립이라는 새로운 재앙을 예방한다고 언급했다. 이와 대조적으로, 북유럽의 음주 문화의 병적인 측면은 아마 미국에서 절정에 이르렀으며, 미국에서 이런 측면은 쾌락에 관해 특히 미국의 청교도적 양극주의에 의해 강화된다. 미국 문화에서의 음주는 북유럽보다 훨씬 더 상호 관계를 고려하지 않고 구획으로 나누어져 있다. 식사를 하면서 술을 마시는 경우는 거의 없으며, 술은 악마로 묘사되는 듯하다. 미국이 비이슬람 산업국가 중 술을 전면 금지하려는 유일한 국가라는 것은 우연이 아니다. 인류학자 자넷 크르잔(Janet Chrzan)이 언급한 것처럼, 오늘날에도 미국은 비이슬람 세계에서 자가 보고한 금주 비율이 33% 정도로 가장 높다. 이는 스웨덴(9%)이나 노르웨이(11%)와 같은 유서 깊은 북유럽 음주 문화보다 몇 배나 더 높다. 술에 대한 이상하게 상반된 미국인의 태도는 사회적이고 종교적으로 보수적인 '공화당 지지' 주(州)에서 가장 두드러진다. 크르잔은 사우스캐롤라이나 시골 지역에서 보냈던 시절의 이야기를 들려준다. 크르잔이 단골 술집에서 가끔 알아보던 사람과 마주치곤 했지만, 막상 인사를 하려고 하면 완전히 무시당했다. 이 일이 여러 번 일어나자 크르잔은 한 현지 친구에게 의견을 구했다. 그 친구는 웃으며 이렇게 말했다. "당신은 확실히 여기 출신이 아니군요! 술집에서 침례교도들과 절대 인사를 하지 않는다는 것을 모르시나요?" 당신이 사우스캐롤라이나에서 침례교 신자라면 술을 사서 마실 수 있지만, 그것을 비밀로 하고 개인적으로 마신다.

크르잔의 주장처럼, 이와 같은 술과의 난처한 관계는 미국이 '양자택일 음주 국가'가 되었고, 금주와 극도의 탐닉 사이에서 마구 흔들려서, 다른 점에서는 비난받을 폭력적·성적 과잉을 눈감아 주거나 너그럽게 봐주는 지경에까지 이르렀다.[93] 미국 대학에서, 이러한 극단적인 북유럽식 태도는 대학 생활의 자유와 음주를 멋지거나 영웅적인 것으로 축하하는 광고 산업과 결합되어 '청소년들 사이에서 남용을 조장하도록 거의 완벽하게 고안된 문화적 트라이펙터(내기에서 이기려면 경주에서 첫 번째로 들어오는 3명의 선수를 순서대로 정확히 골라야 하는 내기 방식)'를 만들어낸다.[94]

술에 대한 북유럽식 태도는 문제음주로 이어지는 경향이 있다. 드와이트 히스가 언급하는 것처럼, 술이 일상 사회생활에 잘 통합되지 않는 사회에서, 술은 '권력, 섹시함, 사회적 기술 또는 다른 특별한 성질을 부여한다는 암묵적인 약속을 지키는 신비한 매력'을 가질 수 있고, 그렇게 하여 사람들, 특히 청소년은 '너무 많이 마시거나, 너무 빨리 마시거나, 부적절하고 비현실적인 이유로 마시도록' 동기부여될 수 있다.[95] 까놓고 말해서, 취하기 위해 마시는 것은 항상 취함의 매력 중 일부였다. 바카날리아는 신중하게 규제된 저녁 파티가 아니며, 디오니소스의 최초 그리스 신봉자들은 술을 마시는 중간 중간 소다수를 잠깐 마시지 않았다. 하지만 건강한 문화에서, 취하기 위해 술을 마시는 것은 드물고, 일반적으로 카니발과 같은 허가된 특정 의식으로서만 술에 탐닉한다. 이러한 맥락 바깥에서 음주는 보통 수준이고 주로 와인과 맥주에 초점을 맞추며, 공공연한 만취는 심각하게 눈살을 찌푸리게 한다.

어디에 살든 남유럽의 음주 태도를 심어주는 한 가지 방법은 청소년에게 집에서 하는 식사에서 적당한 음주 습관을 기르게 하는 것이다. 이제 열세 살이 된 내 딸은 내가 마시는 와인의 향을 맡고 심지어 약간 맛을 볼 수 있게 허용했고, 이미 상당히 세련된 미각이 발달되어서 샤르도네에서 살구나 레몬 맛을 확실하게 골라낼 수 있을 정도가 되었다. 요점은 내 딸을 참을 수 없을 정도로 잘난 체하는 속물로 만드는 것이 아니라, 와인이 미적 쾌락의 원천이 될 수 있다는 생각을 심어주는 것이다. 이것은 와인을 어른만 취하기 위해 사용하는 금지 물질로 보는 것보다 훨씬 더 바람직하다. 내 딸은 또한 건강상의 위험에 대한 분명한 설명을 들었고, 와인을 원하는 대로 마시기에는 너무 어리다는 것을 이해했다. 이것은 와인이 이국적인 금기 특효약이기 때문이 아니라, 내 딸의 PFC가 필요한 만큼 발달하지 않았기 때문이고, 그런 PFC에 수류탄을 던지는 것은 발달 관점에서 보면 매우 어리석은 일이다. 내 딸의 가족 중 절반이 이탈리아인이고, 절주하는 남유럽의 음주 습관에 노출되어 어린 시절의 상당 부분을 이탈리아에서 보냈다는 것이 도움이 될 것이다. 이것으로 내 딸이 적절한 이유로 적절한 장소에서 술을 즐길 수 있고, 대학에서 접하게 될 폭음하는 하위문화를 피할 수 있는 책임감 있는 어른으로 성장하기를 희망한다.

이런 맥락에서 볼 때, 어쩌면 청소년이 부모와 함께 술을 마실 수 있는 특별한 상황에서는 와인이나 맥주의 법적 음주 연령을 낮추는 것이 타당해 보인다. 임시 운전면허증을 소지한 청소년이 책임감 있는 성인이 조수석에 앉아 있고서 낮에만 운전을 할 수 있는 것과 마찬가지로, 10대 후반이 가족 만찬 중에 레스토랑에서 소량의 와인을 합법적으로 마시는 것이 허용되는 것을 상상할 수 있다. 다른 한편, 앞에서 언급했듯이, 독한 술을 마실 수 있는 법적 연령은 현재 대부분의 사법권에서 정해 놓은 연령보다 상당히 더 높여야 한다.

음주자와 비음주자를 위한 공평한 경쟁의 장 만들기

이것은 어쩌면 이행하기 가장 어려운 권장 사항이다. 술이 사회적·개인적 맥락에서 결정적이고 기능적인 역할을 계속한다면, 비음주자를 어떻게 수용해야 할지 알기란 어렵다. 예를 들어, 만약 허름한 술집에서 테킬라에 흠뻑 젖는 마지막 술자리가 네이비 실 팀을 결속시키는 데 중요하고 그 무엇으로도 대체할 수 없는 기능을 한다면, 독실한 모르몬교도는 냉대받을 수도 있다. 컨벤션센터 바에서 아이디어를 가볍게 논의하면서 새로운 협업과 혁신이 촉진된다면 술집을 폐쇄하는 것은 역효과를 낳는 것으로 보인다. 물론 이는 술을 마시지 않는 사람이나 그런 환경을 의심스럽게 보는 사람이 불이익을 받는다는 것을 뜻한다.

앞에서 인용한 기술 회사 커뮤니티 매니저인 카라 소울즈는 음주 문화가 어떻게 포용성을 훼손할 수 있는지에 대한 글을 마무리하면서, 비음주자를 철저히 하찮은 존재 같은 기분이 들게 하지 않으면서 술을 직업상의 모임에 통합하는 방법에 대한 구체적인 제안을 몇 가지 한다. 소울즈의 다섯 가지 조언은 다음과 같다.

1. 알코올 음료와 비알코올 음료 선택의 수와 질을 같게 하라.
2. 알코올 음료와 비알코올 음료를 모임 장소에 함께 전시하라.
3. 행사 전에 알코올 음료와 비알코올 음료를 똑같이 홍보하라.
4. 목록에 있는 칵테일이 제공될 경우, 동일한 수의 비알코올 청량 음료의 목록을 만들라.
5. 물을 자유로이 이용할 수 있고, 잘 보이게 하며, 쉽게 얻을 수 있도록 하라.[96]

특히 마지막 권고는 매우 중요하고 유용하다. 물에 쉽고 분명하게 접근하지 못하는 사람은 일반적인 리셉션이나 소셜 모임에서 거의 확실히 과음한다. 이와 같은 간단한 단계는 조직이 술을 마시지 않는 사람에게 비용을 최소화하면서 술로 향상되는 친목활동의 이점을 누릴 수 있게 하는 데 큰 도움이 된다.

그렇게 하는 것이 점점 더 중요해질 수 있다. 소울즈와 같은 비음주자는 산업사회의 젊은이들 사이에서 점점 더 흔해지고 있다. 예를 들어, 영국 밀레니얼 세대를 대상으로 한 최근 여론조사에 따르면 16세에서 24세 사이의 절대 금주하는 사람이 차지하는 비율이 2005년 18%에서 2015년 29%로 증가하면서 금주가 '주류'가 되고 있다. 폭음은 또한 사회적으로 용인될 것 같지 않고, 다른 사람들이 술을 마시는 사회 환경에서 비음주자에게 오명이 붙을 가능성도 적다.[97] 보다 일반적으로, 전 세계적으로 밀레니얼 세대와 Z세대는 완전 금주나 '술이 없는 1월 운동(Dry January)'(1월에는 술을 삼가자는 공공 보건 운동)처럼 1년 중 알코올이 없는 기간을 설정하는 경향이 있는 것으로 보인다.[98] 따라서 공평한 경쟁의 장을 만드는 것은 점점 더 긴급한 문제가 될 것이다.

디오니소스와 함께 살기

우리는 항상 미쳐 날뛰는 마이나데스의 위험을 기억할 필요가 있다. 이들은 술에 잔뜩 취해서 우연히 그들 앞을 지나가는 불운한 사람을 사나운 이빨로 찢어버린다. 음주 행위를 찬성하는 계산법이 실행 가능하기 위해서는 잠재적인 비용은 경감되어야 하고 그런 위험에 대비해 조심해야 한다. 그렇게 하는 것은 증류와 고립의 새로운 위험에 직면한 현대 사회에서 특히 어려운 일이다.

책의 마지막 장에서 술이 우리에게 어떻게, 왜 나쁠 수 있는지에 초점을 맞추는 것이 아니라 술의 기능적 중요성을 찬양하려는 것은 이상하게 보일 수 있다. 그러나 화학적 취함의 단점과 위험을 인식하는 것은 황홀한 화학적 기쁨을 포괄적으로 방어하는 데 중요하다. 그리고 화학적 기쁨은 방어할 필요가 있다. 앞에서 인용한 대부분의 '새로운 절주(new sobriety)' 자습서는 술을 절제하거나 금주를 채택하기 위한 실용적인 제안의 측면에서 도움이 되기는 하지만 술을 영락없는 해악으로 묘사한다. 즉, 술을 영리한 마케팅 회사가 선동하고, 탐욕스러운 기업이 우리에게 강요하는 마음 납치범으로 묘사한다. 알코올 중독이나 문제음주에 관한 현대 문헌은 이러한 견해를 공유한다. 이런 견해는 온건한 금욕주의적 관점으로서, 술은 다른 점에서 건강하고 마음을 챙기는 생활양식에서 소소하게 허용될 수도 있지만, 쾌락에 대한 우리의 타고난 약점을 달래기 위한 작은 선물이나 어느 정도 할당된 시간의 새벽 요가 수업에 참석한 것에 대한 떳떳하지 못한 특별 보상으로 다소 인색하게 허용된다.

 이런 견해는 역사적으로 근시안적이고 과학적으로 건전하지 않다. 결국, 디오니소스가 지나가면서 잠재적인 혼란을 남김에도 불구하고, 디오니소스를 우리의 삶으로 맞이해야 한다. 한 종으로서 우리가 직면하는 도전과 인위적인 현대 군체에 사는 단지 편파적으로 문명화된 유인원인 우리에게 디오니소스가 계속해서 제공할 수 있는 기능적 이점을 부분적으로 인정하면서 디오니소스를 우리 삶으로 맞이해야 한다. 또한 쾌락 자체가 좋고 더 이상의 정당성을 필요로 하지 않는다는 사실을 받아들여야 한다. 우리는 술과 이와 유사한 취성물질이 불길한 광고주가 판매하는 자본주의적 현대성의 사악한 발명품으로서, 숙취, 소득 손실, 불룩해진 허리 굵기를 유발하는 것에 불과하다는 견해가 틀렸음을 밝힐 필요가 있다. 음주는 우리를 살찌게 하고, 간을 해치며, 암을 유발하고, 비용이 들며, 아침에 우리를 쓸모없는 바보로 만들 수 있다. 음주는 심지어 우리와 주변 사람들 모두에게 치명적일 수도 있다. 그럼에도 불구하고, 음주는 매우 타당한 진화적 이유 때문에 항상 인간의 사회성과 깊이 얽혀 있었다. 또한, 술의 중요한 기능은 다른 물질이나 의식으로 대체하기가 불가능한 것은 아니지만 그렇게 하기가 매우 어렵다. 그러므로 디오니소스를 적절히 조심하되, 마땅한 존경심을 가지고 그를 포용하자.

결론

예수에게 문제가 생긴다. 예수가 가나(Cana)라는 마을에서 제자들과 어머니 마리아와 함께 결혼식에 참석 중에 포도주가 바닥이 나려 한다. 사람들이 당황하고 있다. 어머니 마리아는 예수를 팔꿈치로 쿡쿡 찌르며 의미심장한 표정을 지었다. "야, 하느님의 아들아, 이것 좀 어떻게 좀 해봐라." 예수는 꺼린다. 아직 자신의 실체를 밝힐 계획은 아니었지만, 이건 비상사태이다. "포도주가 다 떨어졌다." 그래서 예수는 하인에게 큰 항아리에 물을 채우라고 한다. 그러자 예수는 물을 매우 극상의 맛이 나는 포도주로 바꾸었다. 그 맛이 너무 좋아서 그 포도주가 잔치 책임자에게 전달되자 그는 좋은 포도주를 먼저 내놓고 사람들이 취하면 그보다 못한 것을 내놓는 것이 일반적인데, 신랑이 좋은 포도주를 지금까지 남겨 두었다고 하면서 잔치 계획의 제1규칙이 위반되었다고 자랑스럽게 발표한다. 예수의 첫 기적을 목격한 제자들은 깜짝 놀란다. 다른 사람들은 포도주를 더

많이 마시게 되어 기뻐하고 결혼식은 즐겁게 진행된다.[1]

물론, 예수는 물 위를 걷고 나사로를 죽음에서 소생시키는 등 몇 가지 더 인상적인 기적을 계속 행한다. 그러나 물을 포도주로 바꾸는 것이 그의 첫 번째 기적이었다는 것은 주목할 가치가 있다. 술은 인간의 사회성과 근본적으로 뒤얽혀 있어서 하느님의 아들에게 첫 기적을 행하게 압박했다. 그리고 그리스도의 성체와 피에는 들어가지 않을 것이다. 제5장에서 디오니소스의 어두운 면을 필연적이고 중요하게 탐구했으니, 이제는 이 책의 주된 요점인 취함의 기쁨과 힘으로 돌아갈 때이다.

앞에서 본 것처럼, 술은 대부분의 문화에서 신성한 성질을 갖고 있다. 중세 중국의 문헌은 어떻게 '신성한 발효주'를 만들 물을 한 달 중 특정한 날에 해가 뜨기 전에 제의에서 정화된 소년만이 매우 특정한 방식으로 길어올 수 있고, 다른 사람이 손으로 만지면 안 되는지를 설명한다.[2] 술은 신성한 물질이므로 종종 마법의 힘을 가지고 있거나 술을 마시는 사람에게 그러한 힘을 전달하는 것으로도 여겨진다. 일본의 오래된 문헌인 《고사기》(古事記)에 따르면 일본에 사케를 전수한 백제인이 양조하여 바친 '대어주(大御酒)'에 대해 일왕은 광상시를 낭송한다.

> 일본 《고사기》에 따르면 응신천황(応神天皇) 때 백제에서 건너간 수수허리(須須許利)가 일본에 누룩으로 술 빚는 기법을 전수했다. 일본에선 쌀로 빚은 청주를 사케(酒)라고 부른다. 당시 일왕은 수수허리가 빚은 술을 마셨다. 그가 술에 취해 길을 가다가 앞을 가로막고 있는 돌을 내려치니 돌이 피했다는 이야기가 전한다. 돌은 가만히 있는데, 사람이 취했으므로 비틀거려 돌이 피한 것으로 여긴 것이다. 이에 일본에는 "단단한 바위조차 술 취한 사람은 피해 간다"라는 속담이 있다. 사케가 한반도에 역수입된 것은 일제시대 때 부산에서 일본 양조업자가 '마사무네(正宗)'라는 상표로 내놓으면서다. 이후 한국에선 한자 발음인 '정종'이 굳어졌다.

"수수허리(須須許理; 또는 수수보리(須須保利))가 빚은 향기롭고 맛 좋은 술에 취했다. 재액을 털어내는 술, 웃음을 자아내는 술에 내가 취해버렸다."[3] 일왕은 기분 좋게 취해 궁궐 밖으로 나가 어슬렁거리다 길을 막고 있는 돌을 지팡이로 친다. 돌은 재빨리 뛰어올라 달아난다. 멕시코에서 식민지 이전 시대에 성스러운 음료로 여겨지는 풀케는 죽은 자들의 날(Day of the Dead; 멕시코에서 세상을 떠난 가족, 친지를 기리며 그들의 명복을 비는 명절)에 영혼에게 제물로 바치고, 강도로부터 보호하기 위해 들판의 네 구석에 파묻힌 해골에 붓는, 기독교 시대에 '우리 어머니(성모 마리아)의 젖'으로 불렸다.[4] 아프리카 전역에서 맥주의 초자연적인 힘은 종교의식과 조상에게 바치는 제물의 필수 성분으로 여겨진다. 북부 나이지리아의 코피아르(Kofyar)족은 "신에게 가는 [사람들의] 길은 맥주를 손에 들고 있는 것이다"고 믿는다.[5] 한 탄자니아인이 말했듯이, "맥주가 없다면 예식이 아니다."[6] 문화는 종종 그 자체를 특정한 알코올 음료의 특별한 지위 때문에 그 알코올 음료에 비추어 정의한다. 프랑스와 와인, 바이에른과 맥주, 또는 러시아와 보드카를 생각해 보라. 인류학자 토마스 윌슨(Thomas Wilson)이 언급하듯이, "많은 사회에서, 아마 대다수의 사회에서 술을 마시는 것은 정체성을 표현하는 핵심 관행이고, 민족문화 및 다른 문화의 건설과 보급의 한 요소이다."[7]

신성하거나 문화를 정의하는 이런 음료는 생산 방법, 색상, 맛 및 농도가 크게 다르다. 이런 음료의 공통점은 에탄올을 활성 성분으로 함유하고 있다는 것이다. 왜 이 특별한 신경독은 그렇게 숭배되는가? 왜냐하면 인간이 이용하는 화학적 취성물질 중에서 출중한 술은 우리의 이상하고 극단적인 생태적 지위에서 살 수 있도록 도와주는, 유연하고 스펙트럼이 넓으며 강력한 기술이기 때문이다. 우리는 어떤 형태로든 취함이 없다면 지금과 같은 문명을 가질 수 없었을 것이고, 술은 문화가 이러한 욕구를 채워주기 위해 생각해 낸 것 중에서 단연코 가장 평범한 해결책이었다. 취함은 사회적 기능 외에도 자아 인식(쓸데없는 잡다한 생각)으로 고통받는 지구상의 유일한 동물에게 절실히 필요한 위안이다. '애프터라이프(Afterlife)'라는 사랑스러운 쇼의 리키 저베이스(Ricky Gervais)가 맡은 캐릭터인 토니(Tony)는 "우리는 행성 크기의 뇌를 가진 침팬지이다. 우리가 취하는 게 당연하지"라고 한탄한다.[8]

술과 여타 취성물질이 제공하는 기능적 유용성, 개인의 위안, 그리고 깊은 쾌락을 명시적으로 인정하고 증명하는 것은 술이라는 이 주제에 대한 오늘날의 사회적 통념을 교정하는 데 매우 필요한 것이다. 취성물질은 그저 제거하거나 마지못해 묵인해야 하는 뇌 납치범이나 해악이 아니라, 우리 영장류 본질의 제약일 뿐만 아니라 아폴로 통제의 바로 그 자리인 PFC의 제약적 측면에 맞서는 싸움에서 필수적인 도구이다. 취성물질이 문명을 가능하게 하는 데 역할을 했다는 것을 이해하지 않고서는 인간 사회생활의 역학을 제대로 파악할 수 없다. 디오니소스의 위대한 옹호자 프리드리히 니체는 그의 특징적인 애매모호한 격언에서 이렇게 선언했다. "누가 마약의 역사를 전부 이야기할 것인가? 그것은 거의 '문화'의 역사, 이른바 고등문화의 역사이다."[9]

이 책은 대부분 코로나바이러스감염증-19 위기 한창 중에 집필되었으며, 이 위기는 우리 삶에서 제거할 수 없는 술의 역할을 극적으로 확인시켜 주었다. 정부가 이동제한령을 내렸던 유행병 초기에 제기된 큰 논쟁 중 하나는 무엇을 예외인 '필수 서비스'로 간주할 것인가? 하는 것이었다. 미국에서 이 질문에 대한 답은 엉뚱하고 기이할 정도로 다양했다. 일부 주에서는 골프장을 면제로 선언했고, 다른 주에서는 총포점을 면제로 선언했다. 그러나 모든 관할권이 인정하고 논쟁의 대상이 되지 않은 것은 주류 판매점이 필수라는 것이었다. (주류 판매점을 폐쇄하려 했던 펜실베이니아 주는 대중의 분노에 응하여 빠르게 방향을 바꾸었다.)[10] 대마초가 합법인 캐나다와 미국 주에서는 필수 서비스 면제는 레크리에이션용 대마초 조제실까지 확대되었다. 또한 스리랑카처럼, 코로나바이러스감염증-19를 금주의 구실로 이용했던 몇몇 나라에서는 결국 가정 양조업자의 거대한 지하 네트워크가 형성되어, 비트에서 파인애플에 이르기까지 모든 것에서 입에 맞지는 않지만 결정적으로 취하게 하는 혼합물이 즉흥적으로 만들어지게 되었다는 사실에 주목하는 것은 가치가 있다.[11] 사람들은 술을 마시고 싶어 하고, 심지어 세계적인 유행병도 음주를 막지 못할 것이다.

왜 그런지 이해하는 것은 매우 중요하다. 술이 인류 문명에서 해왔던 기능을 이해하지 않고는 조리 있게 이런 질문을 하거나 답할 수 없다. 앞서 본 것처럼, 즉각적인 쾌락적 가치 외에도, 술 취함의 인지적·행동적 영향은 문화적인 진화적 관점에서 이기적이고 의심스럽고 좁은 목표 지향의 영장류가 긴장을 풀고 낯선 사람과 연결되도록 하는 도전에 대한 강력하고 우아한 반응을 나타낸다. 취함이 이렇게 오래 살아남아 인간 사회생활에 매우 중심적인 존재로 남아 있었다는 사실을 고려하면, 개인 수준에서 취함의 장점은 집단 차원의 사회적 이익과 결합되어 인간의 역사에서 분명히 취함에 동반되었을 비용보다 가치가 있었다. 취함에 대한 우리의 취향이 단지 진화의 실수였다면 기대

만큼 알코올 '문제'에 대한 유전적·문화적 '해결책'이 빠르게 확산되지 못한 것도 이 때문이다.

현대 세계에서 이것이 의미하는 것은, 우리가 넓은 역사적·심리적·진화적 관점을 취할 때만 제대로 평가할 수 있는 어떤 것이 엄청나게 복잡하고 전례 없는 속도로 변화하고 있다는 것이다. 그렇게 하는 것은 우리에게 특정 목표를 달성하기 위해 음주가 더 좋고 더 안전한 방법으로 대체되어야 한다는 결론을 내리게 할 수도 있다. 비알코올성 대안은 증류와 고립이라는 비교적 새로운 위험에 직면한 시대에 특히 매력적일 수 있다. 예를 들어, 집단 유대나 소속감을 강화하는 것이 목적이라면, 레이저태그나 방탈출 게임의 회사 야외 단합대회가 아무런 단점 없이 알코올에 흠뻑 젖는 휴일 파티와 동일한 결과를 제공한다는 것이 사실일 수도 있다. 환각제를 미세하게 투여하는 것에 관한 더 많은 데이터를 수집하면, 그런 환각제가 중독이나 간 손상의 위험 없이 알코올의 모든 창의성 추진력을 제공한다는 것이 발견될지도 모른다.

다른 사례는 논쟁의 여지가 많고 복잡하지만, 여기서조차 의사결정 풍경을 과학적으로 정확히 약술하는 것이 유용하다. 어쩌면 오피스 파티에 술을 없애거나 미모사(mimosa; 와인을 베이스로 사용한 조금 쓴 맛의 칵테일) 한 잔으로 제한하면서 아침에 열어야 할 것이다. 캐나다 연방보조금 기금, 심지어는 관계망 형성에 특별히 전념하는 기금도 알코올에 지출하지 않는 것이 바람직하고 옳은 것이다. 이러한 방식으로 알코올을 제한하거나 제거할 때 발생하는 비용과 이점은 무엇인가? 확실히, 적당히 마시는 것은 진짜 술에 취하는 것(혈중알코올농도 0.10% 이상)보다 덜 논란이 되는 것처럼 보이지만, 과다는 항상 나쁜 것인가? 이곳의 풍경은 더욱 뒤엉키고 혼란스러워진다. 과다는 분명히 위험하며 기하급수적으로 증가하는 비용을 유발하지만, 반드시 절대적으로 부적응적인 것은 아니다. 때를 잘 맞춘 과다는 때때로 특정 유형의 집단을 결합하거나 개인에게 관계에서 어려운 순간을 극복하게 도와주는 데 유용할 수 있다. 우리의 진화 역사 동안 화학적으로 무장 해제하는 것, 즉 정직하게 자신을 다른 사람에게 취약하게 만드는 능력이 명백한 비용보다 더 중요한 필수적인 사회적 이익을 제공했다는 것은 틀림없는 사실이다.

적어도 과학에 관해서는, 이제는 취함에 대한 진화적인 납치 이론이나 숙취 이론을 넘어설 때이고, 문화적 태도에 관해서는 구시대적인 통속 개념과 도덕적 불편함을 극복해야 할 때이다. 우리 삶에서 취성물질의 적절한 역할에 대한 논쟁은 현재 최고의 과학적·인류학적·역사적 학문에 의해 특징지을 필요가 있는데, 이것이 현재로서는 현실과 거리가 멀다. 올바른 관점을 갖게 되면 우리 삶에서 취성물질의 역할에 대해 정책을 수립하고 개인적인 결정을 내릴 때 어떤 구체적인 절충안에 직면하게 되는지를 더 명확하게 볼 수 있는 위치에 놓이게 될 것이다. 술에 대한 우리의 욕망은 진화의 실수가 아니다. 우리가 술에 취하는 데는 타당한 이유가 있다. 개인이나 사회 수준에서도 취함이 인간 사회성과 실제로 문명 그 자체를 창조하고 증진시키며 지속시키는 데 맡았던 역할을 더 잘 인식하지 않고서는 정보에 입각한 어떤 결정도 내릴 수 없다.

하지만 동시에 기술 관료적이고, 금욕적이며, 도덕적인 오늘날의 풍토에서 그렇게 하는 것은 특히 어려운 일이다. 역사적 음주 행위 및 미래의 음주 행위에 관한 최근 《란셋》의 한 논문에서는[12] 1990년과 2017년 사이에 전 세계 성인 1인당 알코올 소비량이 5.9리터에서 6.5리터로 증가했으며, 평생 금주율은 46%에서 43%로 감소했다고 지적한다. 저자들은 이러한 추세가 지속되어 금주율이 2030년까지 40%까지 떨어질 것으로 예측한다. 해석이 아니라 단순히 사실로 제시되는 이 논문의 결론은 이번 사태가 분명히 진행 중에 있는 공공의료 재앙이며, 모든 정책수단을 동원해 알코올 노출을 줄이고 이런 흐름을 반전시켜야 한다는 것이다. 이러한 태도는 개인의 수명을 직접적으로 증가시키거나 암 발생 위험을 낮추지 않는 어떤 것이든 절대적으로 나쁘다는 배경에서만 타당하다. 의학적 조언에 근거하든, 가차 없이 정신 차리고 있는 생활양식 권위자들의 가르침에 근거하든 간에, 현대적이고 세속적인 이런 금욕주의 형태는 음주 행위에 관한 현대 자습서에 많은 정보를 준다. 무엇이 인간을 생산적인 문명에서 함께 살고 창조할 수 있게 하는지, 또는 무엇이 삶에 질감을 주고 삶을 즐겁고 가치 있게 하는지에 대해 더 넓고 장기적으로 고려할 여지가 여기엔 거의 없다.

아마도 더 깊은 문제는 우리의 시대가 빅토리아 여왕 시대 이후 볼 수 없던 정도로 도덕주의적이라는 것이다. 부분적으로, 이런 도덕주의는 억압적인 성 규범과 인종적 편견을 손대지 않고 그대로 두었고, 1950년대식 《매드맨》(Mad Men)의 행동을 눈감아 주며, "사내애가 그렇지 뭐"라는 퇴보적인 태도를 받아들인 자유방임주의 태도에 대한 한참 전에 행해졌어야 할 중요한 개선책이다. 하지만 가장 숨 막힐 정도로 새로운 도덕주의에서는 인간 경험의 중심에 있는 특정한 주제를 명확하고 객관적으로 토론하는 것이 어렵다. 화학적 취함은 오직 성욕과 경쟁하듯이 금기시되는 주제이다. 인간 사회성을 연구하는 학자는 화학적 취함을 대개 간과하고, 공공 정책 결정에서 화학적 취함의 이익은 무시된다. 스튜어트 월턴은 다음과 같이 불평한다.

> 취함은 사실상 지금까지 살아온 모든 사람들의 삶에 역할을 했고 또한 역할을 하지만, 서구 기독교 역사 시대를 통틀어 계속 증가하는 종교적·법적·도덕적 비난의 대상이 되어 왔다. 요즘, 우리는 법에 저촉될까 두려워 그 이름을 속삭일 수가 없고, 흡연, 음주운전, 훌리거니즘, 자초한 병 또는 마약 관련 범죄의 형태로 우리 사회에 닥친 (아무리 주변적일지라도) 여러 가지 해악의 일부로서 우리 자신을 위태롭게 할까 봐 두려워 그 이름을 속삭이지 못한다.[13]

우리는 쾌활한 뉴에이지의 금욕주의자와 완고한 신(新)청교도로부터 술과 더 일반적으로는 화학적 취성물질을 구해낼 필요가 있다.

나를 항상 괴롭히는 걱정은 취함에 대한 나의 방어를 실용주의적·기능주의적 용어로 표현함으로써, 즉 비용과 편익에 대해 이야기하고 모든 것을 진화적 계산법에 의해 뼈대를 만듦으로써 겨우 절반밖에 달성하지 못했다는 것이다. 내 희망은 술과 취함에 대한 전체론적 방어를 실현했으면 하는 것이었다. 즉, 쾌락 자체를 공평하게 대하는 방어를 말한다. 이와 관련해, 도연명으로 되돌아가는 것이 도움이 될 것이다. 도연명은 내가 중국어 소장 학자였을 때 취함의 주제에 대한 나의 관심을 처음으로 전달했던 통로가 된 작가이다. 다음은 그의 멋진 〈술을 마시며〉(飮酒) 중 14번이다.

故人賞我趣	옛친구가 내 흥치를 알아
挈壺相與至	함께 마시려 술동이를 들고 왔네
班荊坐松下	자리를 펴고 소나무 아래 둘러앉아
數斟已復醉	몇 잔 돌리니 이미 취했네
父老雜亂言	촌로들과 어울려 이야기 나누다 보니
觴酌失行次	술 권하고 마시는 순서조차 잊었네
不覺知有我	내가 있음조차 깨닫지 못하고 있는데[14]
安知物爲貴	다른 이 귀한 것을 어찌 알겠는가
悠悠迷所留	머문 곳이 어디인지 가물가물하니
酒中有深味	술에 심오하고 깊은 맛이 들어 있네[15]

시의 마지막 '深味(심미)'는 글자 그대로 '깊은/심오한 맛/향미/의미'를 의미하며, 영적인 함축과 쾌락적 함축을 모두 포함한다. 술은 의미도 있고 기분도 좋게 한다.

기원전 7세기로 추정되는 호메로스의 찬가에 나오는, 디오니소스에 대한 우리의 가장 초기 신화를 자세히 이야기함으로써 이 책을 끝내는 것이 적절해 보인다.[16] 젊고 옷을 잘 차려입은 남자의 모습으로 나타난 디오니소스 신은 해적에게 붙잡힌다. 해적들은 그가 상당한 몸값을 요구할 수 있는 부유한 통치자의 아들이라고 추측한다. 오직 키잡이만이 이 계획을 걱정한다. 왜냐하면 그는 디오니소스를 신으로 인식하고, 그를 보고 적당히 위엄에 눌렸기 때문이다. 해적들이 바다로 떠나자, 온갖 종류의 마법 지옥이 속박에서 풀린다. 바다는 포도주로 변하고, 돛대는 포도가 가득 달린 거대한 덩굴로 변하며, 마지막으로 디오니소스는 겁에 질린 해적들이 물속으로 도망갈 때 사자로 변하고, 해적들은 물속에서 돌고래로 변한다. 디오니소스가 마침내 자신의 정체를 드러낸 키잡이만 살려둔다. 그 키잡이는 신에게서 사적인 축복을 받고 장수와 번영을 누린다.

이 이야기는 멋지고 무언가 흥미로운 것을 드러낸다. 고전주의자 로빈 오스본은 "이 찬가가 말해 주듯이 디오니소스를 신으로 인식하는 사람은 거의 없으며, 그를 알아보는 사람만이 자신의 인간성을 유지한다"고 말한다.[17] 이것은 또한 우리의 이야기를 끝내는 적절한 방법이다. 고대 그리스인은 '물 마시는 사람'을 경멸했다. 물 마시는 사람이 포도주를 거부하는 것은 냉정한 마음, 단조로운 마음, 심지어 도덕적 비열까지 반영했던 것이다. 오늘날 우리는 절주의 가치를 올바르게 더 잘 알고 있으며, 조만간 우리의 공식적인 종교 판테온에 디오니소스를 다시 세울 것 같지는 않다. 하지만 취함의 혜택과 위험 모두를 인식해야만 우리는 인간으로 남아 있을 수 있다. 우리 스스로 만든 이 위태로운 생태적 지위를 차지하도록 도울 수 있는 취함의 힘을 조심스럽게 이용하면서 인간으로 남아 있을 수 있다는 것이다. 디오니소스를 위한 찬가가 끝맺음에 이르기를, "안녕하세요, 아름다운 얼굴의 세멜레의 아이여! 당신을 잊은 사람은 더 이상 달콤한 노래를 만들 수 없습니다."[18] 디오니소스를 잊지 말고 그를 신과 위협 둘 다로 확실히 보면서 우리의 인간성을 유지하자. 이런 식으로만 우리 삶에 황홀을 위한 장소를 남겨두고, '달콤한 노래를 창조하는' 능력을 보존하며, 유인원 중에서 가장 낯설고 가장 성공한 인간으로 계속 번창할 수 있는 것이다.

감사의 글

모든 인간들처럼, 나도 햇빛이 비치는 개울에 던져진 장님물고기만큼 공공의 도움이 없다면 무력할 것이다. 너무 오랫동안 이 프로젝트에 몰두하고 다른 사람들과 이야기를 나누어서 이 주제에 관해 내 생각을 형성하거나 관련 자료로 나를 안내한 사람들을 확실히 모두 기억하지 못하게 될 것 같다. 그 점에 미리 사과드린다.

브리티시컬럼비아대학교의 우리 핵심 연구팀의 회원인 조지프 헨릭, 아라 노렌자얀, 스티브 하이네, 마크 콜라드는 모두 중요한 역할을 해 주었다. 특히 조셉은 섬 카약 캠핑 여행과 실제 및 가상 술자리 세션에서 더욱 그러했다. 마이클 무터크리슈나는 제2장에 대해 신중하고 사려 깊은 피드백을 주었고, 도움이 될 만한 참고자료를 처음부터 끝까지 제안했으며, 글 쓰는 동안 관련 대중 매체와 학술 출판물을 꾸준히 보내주었다. 하버드대학의 토미 플린트는 ADH/ADLH 문헌을 안내하고, 유전적·문화적인 진화적 역학에 대한 나의 논리에 의문을 제기하며, 멋진 '술집 토크' 경제학 논문 초안을 알려주고, 그리고 바쿠족 중에서 '야간 대화(night talk)'의 관련성을 포함한 많은 다른 제안을 하면서 연구의 초기 단계에 결정적인 도움을 주었다. 예일대학교의 에밀리 파이텍은 제3장에 보고한 HRAF 데이터베이스 조사를 수행했다. 이 프로젝트에 대한 그녀의 근면하고 사려 깊은 노력에 많은 감사를 드린다. 마이클 그리핀은 이 책의 끝부분에 등장하는 디오니소스를 위한 초기 호메로스의 찬가에 관해 자신이 이해한 바를 관대하게 설명해 주었다.

또한 특별한 순서 없이 다음 분들께도 감사한다. 힐러리 렌페스티(펜테코스트파 여성들과 방언), 크리스 캐버노(신도 의식과 동물의 취함), 윌 저베이스(켄터키 버번에 대한 폭넓은 논의), 랜돌프 네스(취성에 대한 훌륭한 저녁 식사 대화, 원고와 참고문헌의 오류 찾기), 로버트 풀러(종교와 와인에 대한 아주 유익한 자신의 책을 관대하게 보내줌), 샘 미어(음악과 취함), 존 셰이버(카바), 폴리 위스너(!쿵족과 비화학적 취함), 사라 페닝턴(홀로트로픽 호흡법), 길 라즈(도교 관행), 윌리스 먼로와 특히 케이트 켈리(메소포타미아 맥주에 대한 단서), 아만다 쿡과 피코 아이어(책 추천), 얀 자이프, 리앤 덴 브링크, 네이트 도미니(유익한 논문). 디미트리스 시갈라타스는 극단적 의식에 대해 도움이 되는 의견을 주었고 유용한 자료를 보내주었으며, 앨리슨 고프닉은 시간을 내어 아리조나에서 어린 시절과 창의성에 대한 자신의 연구를 자세히 설명해 주었다. 또한 네이션 넌, 루시 애플린, 사라 블레이퍼 허디의 인용을 추적하는 데 도움을 준 트위터 군체 마음(Twitter hive mind)으로부터 도움이 되는 피드백을 받았다.

또한 이 주제에 대한 자신의 획기적인 연구와 적절한 견본 인쇄 논문을 관대하게 공유해 준 로빈 던바, 도연명에 관해 진행 중인 자신의 논문과 고대 중국에서 음주와 취함에 대한 태도에 관한 매우 유익한 많은 참고문헌을 제공해 준 마이클 잉에게 매우 많은 은혜를 입었다. 마음 방랑에 대한 논의와 화학적 취함과 통찰력에 대해 폭넓은 이야기를 나눈 조너선 스쿨러와 일반적인 독려와 문헌과 구조적 제안에 대한 추천을 해 준 아짐 샤리프에게 감사한다.

재능 있는 시인이자 작가이자 나의 오랜 테니스 파트너인 이안 윌리엄스는 게임 중에 나눈 본질적인 대화와 정서적 지원, 글쓰기의 기교와 전반적인 삶에 대한 지혜의 말을 해 주었다. (또한 그의 서브는 멋지다.) 마이클 세예트는 글쓰기 초기에 몇 가지 유용한 참고자료를 제공하고, 그다음에 높은 수준의 이론적 고려사항에서 상세한 편집에 이르기까지 최종 초안에 대해 엄청난 양의 사려 깊고 건설적인 피드백을 해 주었다. 만약 마이클이 더 일찍 더 많이 참여했다면 훨씬 더 좋은 책을 만들었을 것이다. 어쨌든, 나는 내가 할 수 있는 곳에서 약한 부분을 보완하고 주장을 강화하기 위해 최선을 다했다.

많은 것에 대해, 하지만 대부분은 나에게 힘, 중요성, 가족의 행복을 보여준 스테파니아 버크와 소피아에게 항상 깊은 사랑과 감사를 표한다. 스테파니아는 또한 몇몇 초기 장들에 대해 의견을 주었고, 소피아는 평소와 마찬가지로 많은 유용한 실제 사례를 무의식중에 제공했다. 가끔 내가 소피아 자신을 무심결에 언급한 것을 찾아내게 되면 이는 자기 아버지의 책 중 한 권을 처음으로 읽을 수 있는 충분한 동기가 될 수도 있다.

마르코스 알베르티는 내게 멋진 '3 Glasses Later' 프로젝트의 사진을 사용하도록 관대하게 허락해 주었고, 딕 오스만은 네발리 초리에서 나온 이미지를 사용하게 해 주었으며, 랜달 먼로는 자신의 xkcd 만화를 재인쇄할 수 있게 허락해 주었고, 카라 소울즈는 음주자와 비음주자를 위한 공평한 경쟁의 장 만들기에 대한 에세이를 널리 인용할 수 있게 해 주었다. 괴베클리 테페의 이미지를 재사용할 수 있게 해 준 독일 고고학연구소(DAI)에도 감사한다.

브룩만사(Brockman Inc.)의 내 에이전트인 카틴카 맷슨과 편집자 이안 스트라우스에게 이 프로젝트를 믿어 준 것에 감사한다. 까칠한 중년이 되어서야 완전히 긴장을 푼 나는, 처음에는 내 나이의 절반으로 보였던 이안과 함께 일하는 것이 의심스러웠음을 고백한다. 하지만 결국 이것은 겸허하게 하는 경험이었다. 놀랍도록 날카로운 그의 지적 통찰력, 내가 놓쳤던 자료들 사이의 연관성을 볼 수 있는 능력, 그리고 내 주장의 모순과 산문 흐름의 오류를 지적할 수 있는 기민함으로, 이안은 이 원고를 크게 개선했고 내가 말하고 싶은 것을 더 명확하게 생각할 수 있게 도와주었다. 또한 이 책에 열정을 쏟아준 리틀, 브라운 스파크(Little, Brown Spark)의 발행인이자 편집장인 트레이시 베하르에게 감사를 표한다. 그리고 홍보 담당자 스테파니 레드웨이, 마케팅 부장 제스 천, 가장 마음에 드는 표지를 디자인해 준 미술 감독 로렌 해즈, 제작 편집자 벤 앨런, 그리고 내 산문을 주도면밀하게 손질하고 점검해 준 편집자 데리 리드에게 감사한다.

무엇보다도, 탈리아 휘틀리에게 감사하고 싶다. 그녀는 초기 초안의 원고를 통독하고 훌륭한 예를 제시했으며, 내 논리와 산문 모두에 심각한 문제를 지적해 주었다. 또한 일부 과학을 바로잡으려고 시도했고 상당부분 성공했다. 남은 실수는 오로지 내 탓이다. 무엇보다도 탈리아는 취함, 즐거움, 기쁨에 대해 더 깊이 생각하게끔 영감을 주었다. 그녀가 없었다면 이 책은 지금의 모습이 아니었을 것이다.

주석

서론

1 마이클 폴란은 이를 '투명한' 약물이라고 부른다. 이런 약물은 의식(意識)에 미치는 영향은 너무 미묘해서 하루를 이겨내고 의무를 다하는 우리의 능력을 방해하지 않는다. 우리 문화에서 커피, 차, 담배와 같은 약물이나 다른 문화의 코카(coca; 마취약이나 마약으로서 유명한 코카인을 함유하는 상록의 소저목)나 카트(khat; 씹어 먹거나 차로 만들어 마시면 약의 효용이 있는 아라비아나 아프리카산 식물의 잎) 잎은 사용자의 시공간 좌표는 손상시키지 않고 그대로 둔다(폴란 2018: 142). 스티븐 브라운도 이와 비슷하게 카페인이나 니코틴과 같은 '정상화' 약물과 '취성' 약물을 구별한다(브라운 1996: 164).

2 비록 그들이 '변한 상태(altered state)'를 내가 이 책에서 사용하는 것보다 훨씬 더 광범위한 의미로 연구하고 있지만(포르노, 도박, 몰입적 오락뿐만 아니라 담배나 카페인과 같은 자극제도 포함한다), 《불을 훔친 사람들》(윌과 코틀러 2017)의 저자들은 전 세계적으로 인간이 '머릿속에서 지우고자 하는' 데만 한 해 약 4조 달러(2016년 미국 달러 기준)를 쓰는 것으로 추정한다.

3 맥거번 2009.

4 취함의 역사에 대한 뛰어난 설명은 커리(2017), 포사이스(2017), 게이틀리(2008), 게라-도스(2014), 맥거번(2009, 2020), 쉐라트(2005), 발리에(1998), 월턴(2001)에서 찾아볼 수 있다.

5 고전적인 '빵보다 맥주가 먼저' 주장은 브레이드우드 外(1953)에서 찾아볼 수 있다. 카츠와 보이트(1986)와 디틀러(2006) 참조. 이 이론은 제3장에서 다시 다룰 것이다.

6 http://www2.latech.edu/~bmagee/103/gilgamesh.htm에서 가져온 번역; 또한 A. 조지(2003: 12-15) 참조.

7 환각 버섯인 광대버섯으로 소마를 만들었다는 이 이론은 고든 와슨이라는 아마추어 균류학자 겸 문헌학자가 가장 유명하고 열성적으로 제시한 것으로서(와슨 1971), 그는 초기 베다 문화의 많은 학자들을 설득할 수 있었다. 웬디 도니거(도니거 오플레어티 1968)는 소마의 정체성에 대한 다양한 이론을 포괄적으로 개관한다. 또한 스탈(2001)에 수록된 논의 참조.

8 《리그베다》 10.119, 프리츠 스탈(스탈 2001: 751-752)이 수정한 웬디 도니거의

번역.

9   앞서 언급한 책 중 가장 재미있고 읽기 쉬운 것은 포사이스(2017), 게이틀리(2008), 월턴(2001)이다. 게이틀리(2008)는 아마도 음주 행위의 역사에 가장 포괄적인 자료이고, 지금의 이 책 프로젝트의 초기 단계에서 큰 도움이 되었다. 게이틀리가 술의 잠재적인 개인 층위와 사회 층위의 기능 몇 가지를 지나가는 말로 언급하지만, 이 현상에 대한 엄격한 심리학적·신경생물학적·유전적 또는 문화 진화적 설명을 제공하려는 시도는 없다. 이 책을 쓰는 초기 단계에서 출간된 포사이스(2017)는 게이틀리의 종합적인 연구에 대한 짧고 의도적으로 유머러스한 버전으로 볼 수 있다. 포사이스는 취함 욕구에 대한 왜의 질문으로 시작한다. 그러나 그는 빠르고 다소 무비판적으로 로버트 더들리의 '술 취한 원숭이' 가설("우리 인간은 챔피언급으로 술을 많이 마시고, 술 취한 원숭이 가설은 그 까닭을 설명해준다")(2017: 15)을 받아들이는데, 이 가설은 내가 제1장에서 설명하듯이 그가 계속 이야기하는 술 취함의 역사와 잘 들어맞지 않는다.

아래에서 좀 더 논의하겠지만, 학계에는 취성물질 사용에 대한 기능적 설명을 제안한 일부 인류학자와 고고학자들이 있었다. 그중에서 특히 디틀러(2006), O. 디트리히 外(2012), 로빈 던바(2014), 로빈 던바 外(2016), 게라-도스(2014), 하겐과 터싱햄(2019), 히스(2000), 제닝스와 바우저(2009), 맥거번(2009), 웨들리와 헤이든(2015)이 대표적이다. 아마도 이 주제에 관한 가장 중요한 에세이 모음집(호킹스와 던바 2020)은 이 책의 집필 마지막 단계에 출간되었다. 히스 2000: 제6장("마음에는 그 이유가 있다: 사람들은 왜 술을 마실까?)도 적극 추천한다. 우리는 또한 아래의 로버트 더들리와 매튜 캐리건 같은 생물학자들의 진화론 가설을 탐구할 것이다. 그러한 이론에 대한 유용하고 간략한 개관을 위해서는 M. 캐리건(2020: 24-25) 또는 맥거번(2020: 86-87)을 참조하라. 그러나 더 일반적으로, 화학적 취성물질은 인류학계에서 무시되거나 인간 심리에 대한 근본적인 영향으로부터 분리된 문화적 '기표'로 취급된다. 예를 들어, 음주 자체가 인지적 탈억제 기능을 가지고 있지 않고, 단지 그 문화에서 의미로 구성되는 취함의 가시적인 사회적 상징의 역할을 하는 일부 운동 효과에 불과할 것 '같다'라는 맥앤드류와 에저튼의 의견을 참조하라(맥앤드류와 에저튼 1969). 디틀러(2006)는 비록 가장 최근의 문화구성주의 단계를 1970년대와 80년대의 기능주의보다 진보한 것으로 보지만 술에 대한 인류학적 접근법의 역사를 개관한다. 마지막으로, 1980년대부터 오늘날까지 인류학을 지배해 온 음주에 대한 보다 독점적인 문화적 견해를 대표하는 인류학적 에세이의 획기적인 수집물을 위해서는 더글러스(1987)를 참조하라.
10 다음에서 명확해지겠지만, 나는 유전자-문화 공진화(gene-culture coevolution) (리처슨과 보이드 2005) 또는 이중 계승 이론(dual inheritance theory)(헨릭과 맥엘리아스 2007) 등 다양하게 불려온 이론적 틀 안에서 연구할 것인데, 이런 이론은 인간 인지와 행동이 유전적 계승과 문화적 계승이라는 두 가지 다른 계승 방식으로 유도되는 것으로 본다. 그러므로 필요시 좀 더 구체적으로 설명하겠지만, 나는 일반적으로 '진화'라는 용어를 유전적 진화와 문화적 진화를 모두 가리키는 것으로 사용할 것이다. 술에 대한 문화적 태도에 대해 마이클 디틀러와 같은 학자들이 "유전적 또는 진화적 설명을 지나치게 손쉽게 직접 언급하는 것"(2020: 125)에 대해 표현한 우려는 술에 대한 문화적 태도에 관해 '진화'와 '유전'을 잘못 융합한다. 음주 행위에 대한 일부 이론가들이 협소하고 시대에 뒤떨어진 '유전자' 관점만으로 연구하고 있을 수 있지만, 유전자-문화 공진화 틀은 오늘날 인간 행동에 대한 진화적 접근법의 표준 모형이다(가령, 헨릭 2015, 노렌자얀 外 2016, 슬링거랜드와 콜라드 2012 참조).
11 예를 들어, 제르보 外(2011) 참조.
12 그리피스 에드워즈(2000: 56). 그는 그 성공을 더 강력한 취성 약물과는 달리 비교적 온건한 취성 효과와 문화적 규범에 의해 형성되고 조절되는 그 능력에 있다고 생각한다(56-57). 또한 알코올의 독특하게 예측 가능하고 용량 반응적인 효과에 대해서는 쉬어와 우드(2005)(이는 대마초와는 반대이다; 쿤과 스워츠웰더 1998: 181)와 그것이 다른 문화적 관행으로 쉽게 통합되는 경향에 관해서는 마켈라(1983) 참조.

제1장

1 디틀러(2020: 115).
2 인간 음주의 역사에 대한 개관은 포사이스(2017), 게이틀리(2008), 맥거번(2009) 참조.
3 아키텐 박물관 소장품(Collection Musée d'Aquitaine)의 로셀의 뿔을 가진 비너스(Vénus à la corne de Laussel), 맥거번(2009: 16-17)의 논의 참조.
4 맥거번 外(2004), 맥거번(2020). 고대 중국의 맥주 만들기는 약 5,000년 전으로 거슬러 올라간다는 증거도 있다. 기장, 보리, 괴경의 혼합은 현대 맥주 축제에서 상을 받을 것 같지 않지만, 이러한 초기 양조자는 이 지역에서 정착농

업이 널리 확립되기 전에 조리법에 손을 댔던 것으로 보인다(왕 外 2016).
5 게이틀리(2008: 3).
6 버나드 外(2011).
7 다인리(2004).
8 커비(2006: 212).
9 하겐과 터싱햄(2019); 쉐라트(2005).
10 러커, 일리프, 너트(2018).
11 '버섯 모양 화석'에 대해서는 캐로드-아르탈(2015)와 퍼스트(1972)를 참조하고, 차빈 문화(기원전 1200~600년)의 도자기 그릇 위의 '산 페드로' 선인장에 대해서는 샤론(1972: 115-116) 참조.
12 부포톡신이라고 통칭되는 관련 독소는 부포(Bufo) 속(屬)의 두꺼비에 의해 만들어진다. 캐로드-아르탈(2015) 참조.
13 조지프 헨릭(개인적 교신)는 알코올이 산호초 물고기에 영향을 미치는 독성 미생물인 시가아테라(ciguatera)로 인한 해산물 중독의 영향을 악화시킬 수 있다는 증거가 있기 때문에 시가아테라가 문제가 되는 문화가 카바로 시선을 돌렸을 수 있다고 추측했다. 태평양에서 카바가 지배하는 문화의 분포는 시가아테라 유행과 겹치는 것 같다.
14 르봇, 린스트롬, 멀린(1992: 13).
15 롱 外(2016).
16 하겐과 터싱햄(2019).
17 쉐라트(2005: 26-27). 대마초는 어쩌면 이 지역 전역에서 아편과 함께 사용되었을 것이다.
18 카모디 外(2018).
19 대부분의 토착 문화에서 재배되는 담배 품종인 니코티아나 루스티카(Nicotiana rustica)는 오늘날의 상업용 품종인 니코티아나 아테누아테(Nicotiana attenuate)보다 훨씬 강하다. 전통적으로 담배와 함께 피운 환각제로는 흰독말풀과 브루그만시아가 있었다(풀러 2000: 35, 캐로드-아르탈 2015, 슐처 1972: 46-47).
20 다인리(2004).
21 게라-도스 2014.
22 예를 들어, 게이틀리(2008), 포사이스(2017).
23 웨일(1972: 14).

24 쉐라트(2005: 33). 쉐라트가 언급하듯이 농업과 대규모 문명이 발원한 지구의 중심 지역에서 곡물이나 과일로 만드는 알코올은 일반적으로 고급 약이다. 아편, 대마초, 담배와 같은 마취제를 사용하는 경향이 더 많은 북부 민족이 있는 반면, 남부 민족은 코카인, 캇(qat; 씹어 먹거나 차로 만들어 마시면 약의 효용이 있는 아라비아나 아프리카산 식물의 잎), 커피, 차와 같은 자극제의 취향을 발전시켰다. 모든 곳에서 사람들은 또한 덩굴, 선인장, 버섯으로 만든 다양한 환각제로 취하고 있다(쉐라트 2005: 32).
25 인류학계에는 음주 행위를 기능적 용어로 설명하려는 오랜 시도가 있었다. 그중 대부분은 불안감이나 스트레스 해소에 초점을 맞추는 경향이 있었다는 것에 유념해야 한다. 패트릭(1952: 45-47)은 1920년대에서 1940년대까지의 고전 인류학 이론을 훌륭하게 요약한다. 우리는 스트레스 해소 이론과 더불어 우리의 알코올 취향을 설명하기 위한 최근의 인류학적 시도에 대해 아래에서 논의할 것이다.
26 R. 시걸(2005: 54).
27 블로커(2006: 228)에서 인용한 1814.
28 네스와 베리지(1997: 63-64).
29 핑커가 말하듯이, "사람들은 짝을 찾아야 할 시간에 포르노를 보고, 끼니 대신 마약을 사고, (인도에서) 영화표를 사기 위해 매혈을 하고, 승진을 위해 임신을 미루고, 과식으로 제 무덤을 판다. 인간의 악습은 생물학적 적응이 말 그대로 과거지사라는 사실을 보여주는 증거이다. 인간의 마음은 농업혁명과 산업혁명 이후에 벌어진 뒤죽박죽 사건들이 아니라 우리 가족들이 식량을 수집하면서 활동 시간의 90%를 바쳤던 소규모 집단생활에 맞춰져 있다"(핑커 1997: 207). 납치 가설에 대한 다른 표현에 대해서는 하이만(2005)과 와이즈(2000) 참조.
30 헤베르라인 外(2004).
31 데비니와 헤베르라인(2009).
32 쇼하트-오피르 外(2012).
33 그렇기는 하지만, 초파리를 알코올로 유인하는 것과 알코올을 처리하는 초파리의 능력에 있어서 분명히 적응력이 작용하고 있다. 에탄올의 추구는 초파리를 지나치게 익은 과일과 주된 음식 근원으로 이끌고, 아래에서 논의하겠지만 초파리는 때때로 기생 말벌과 같은 포식자에 대항하여 알코올을 처리하는 향상된 능력을 이용한다.

34　더들리(2014, 2020).
35　그는 "한때는 영양학적으로 유용했지만 지금은 과도한 섭취 이후에 잘못된 보상 신호를 내보내는 오래된 신경 경로를 활성화시키면서 일부 인간은 사실상 술에 의해 남용되고 있다"고 덧붙인다. 더들리(2014: xii-xiii).
36　스틴크라우스(1994); 배트콕과 아잠-알리(1998).
37　https://www.economist.com/middle-east-and-africa/2018/02/08/what-is-cheaper-than-beer-and-gives-you-energy.
38　옥수수를 맥주로 발효시키면 리보플라빈과 니코틴산이 거의 두 배, 비타민 B가 세 배, 네 배 정도가 증가한다. 밀을 맥주로 바꾸면 필수 아미노산이 생성되고, 비타민 B의 수치가 향상되며, 필수 미네랄의 흡수를 향상시키는 물질이 제공된다. 플랫(1955), 스틴크라우스(1994); 카츠와 보이트(1986).
39　커리(2017).
40　크르잔(2013: 53-55)에서 인용한 연구 참조.
41　디틀러(2020: 118)에서 인용한 연구 참조.
42　밀란, 카소, 슐렝케(2012).
43　로신저와 비탄코트(2020: 147). 또한 발리에(1998), 아서(2014) 참조.
44　예를 들어, 설리번, 하겐, 해머스타인(2008)은 식물 신경독이 구충제로 작용할 수 있다고 주장한다. 이는 현대 의학의 혜택을 받지 못하여 오래 살지 못하고 무거운 기생충 부하를 짊어진 우리 조상들에게 상당한 적응력을 제공했을지도 모른다.
45　예를 들어, 더들리의 UC 버클리대학 동료 캐서린 밀턴(밀턴 2004)의 의견을 참조해 보라. 그는 쥐와 시궁쥐 같은 과일을 먹지 않는 포유류도 인간과 유사한 에탄올 섭취 패턴을 보인다고 지적한다. 그러나 더들리가 방어하면서 언급하듯이(2020: 10), 더 최근의 일부 연구(페리스 外 2017)는 과일의 발효가 과일의 향기를 증가시키고, 과일을 포유류와 새들에게 더 매력적이게 만들 수 있음을 시사한다.
46　헨릭(2015)은 문화적 진화의 힘과 우리 종이 그 힘에 의존한다는 것을 가장 잘 소개하고 있다. 또한 아래 제2장에서 인간에게 있어서 축적된 문화의 중요성에 대한 논의를 참조하라.
47　디틀러(2006)는 조페(1998)에 대한 반응으로, 한 조사에서 범문화적으로 사람들이 자주 술과 물을 같이 마시거나 술과 물을 섞는다는 것이 드러난다고 지적한다. 그리스인은 포도주를 물로 희석한 것으로 유명하다.

48 어떤 다른 적응력이 작용하고 있는지에 관한 하나의 두드러진 이론에 대해서는 노렌자얀 外(2016) 및 그에 수반되는 논평 참조.
49 이언 게이틀리에 따르면, 초기 유럽의 세계 탐험에 관해, "포도주는 탐험 준비에 필요한 비용의 상당 부분을 차지했다. 마젤란(Magellan)은 장비보다 셰리(스페인산 백포두주)에 더 많은 돈을 썼다. 실제로 그의 포도주 배급은 기함 샌안토니오호(San Antonio)보다 거의 두 배의 비용이 들었다."(게이틀리 2008: 95)
50 만델바움(1965: 284)의 인용문 참조. 초기 뉴욕 식민지에서는 에드먼드 안드로스 주지사는 손상되어 먹을 수 없는 곡물을 제외한 증류를 금지하는 부분적 형태의 금주법을 시행했다. 이는 술 제조업자들이 현지 곡물 공급의 너무 많은 부분을 빨아들여서 사람들이 빵을 구할 수 없었기 때문이다(게이틀리 2008: 153).
51 듀크(2010).
52 푸무추(1999: 127).
53 과쉬-야네(2008).
54 포사이스(2017: 171)(최초의 수인(囚人) 선단(First Fleet)의 럼주 공급량을 저장하기 위해 지은 안전한 창고를 가리킴)과 173.
55 포사이스(2017: 37).
56 게이틀리(2008: 215)에서 인용됨.
57 게이틀리(2008: 216).
58 폴란(2001: 3-58).
59 제닝스와 바우저(2009).
60 사실, 디틀러(2006)는 "대부분의 전통적인 형태의 술은 즉각적인 소비를 위해 만들어진다. 술은 며칠간 보존하고 나면 상한다"(238)라고 지적한다. 예를 들어, 대부분의 곡물 맥주는 홉 열매를 추가하지 않으면 금방 상하는데, 이는 유럽에서 9세기가 되어서야 일어난 혁신이었다.
61 홀츠만(2001).
62 셰이버와 소시스(2014). 저자들이 언급했듯이, 카바의 생산과 소비 비용을 고려하면, 카바는 상당한 대항력 있는 사회적 이익을 제공해야 한다.
63 또 다른 역사학자는 프랑스 혁명 무렵 평균 파리인이 전체 수입의 15%를 와인에 썼다고 추정했다(마켈라 1983에서 인용함).
64 베틀라우퍼 外(2019).

65 Collaborators(2018: 12), 이탤릭체 추가.
66 윌리엄 셰익스피어, 《오셀로》(2막 3장).
67 로널드 시걸이 언급했듯이, 동물 왕국 전체에서 알코올이나 식물에 취하는 개체는 사고와 약탈에 더 취약하고, 끔찍하고 부주의한 부모가 되는 경향이 있다(R. 시걸 2005). 산체스 外(2010)의 연구는 1% 이상의 에탄올 수준으로 발효된 과일이 결국 과일을 먹는 박쥐를 취하게 하고, 음파탐지, 다른 박쥐들과의 의사소통을 손상시켜 부상이나 약탈 위험이 더 크다는 것을 발견했다. 또한 사모리니(2002: 11, 22ff) 참조.
68 스티브 모리스와 동료들이 말한 것처럼(모리스, 험프리스 & 레이놀즈 2006), 야생 코끼리 무리가 날뛰기에 착수하기 전에 너무 익은 알코올성 과실을 찾아다닌다는 이야기에도 불구하고, 간단한 생리학적 고찰은 이것이 불가능하다는 것을 암시한다. 자연적인 알코올성 과일은 상당히 약하고, 코끼리는 꽤 크다는 것이다. 그들은 "인간의 생리학에서 추정하면, 3,000kg의 코끼리는 행동을 거침없이 하기 위해 단기간에 에탄올 7%의 10에서 27리터를 섭취해야 한다"고 말한다. 조심스럽게 말하면, 이것은 야생에서는 일어날 것 같지 않다. 코끼리는 상당히 많은 양의 알코올 음료를 마셔야만 취할 수 있다. 다시 말해, 술 취한 사람이 없으면 술 취한 코끼리가 있을 수 없다는 얘기다.
69 캐리건(2020); 캐리건 外(2014). 또한 다람쥐원숭이와 멋진 이름을 가진 늘보원숭이라는 두 영장류의 ADH4가 알코올 함량이 높은 과일을 우선적으로 사용하게 한다는 증거에 대해 고흐만, 브라운, 도미니(2016) 참조. 호킹스와 던바는 AHD4를 소유한 유인원 혈통이 중신세 건조기(1,040만 년~50만 년 전)에 발생한 대규모 유인원 멸종에서 살아남게 해 주었던 것이 AHD4였다고 추측하는데, 이때 익지 않은 과일을 소화시킬 수 있는 원숭이의 독특한 능력은 그들에게 다른 결정적인 장점을 주었다(2020: 197).
70 특히 하겐, 룰렛, 설리번(2013), 하겐과 터싱햄(2019), 설리번, 하겐, 해머스타인(2008) 참조.
71 우리의 가장 가까운 친척인 고릴라와 침팬지도 식물성 취성물질을 즐겨 마시는 것처럼 보인다는 점은 주목할 필요가 있다. 실제로 일부 현지 문화권에서는 인간이 아닌 유인원이 그런 식물을 사용한다는 것을 관찰함으로써 그들 환경에서 식물의 향정신성 특성을 발견했다고 주장한다(사모리니 2002).
72 티베트에 대해서는 루 外(2016) 참조; 다이빙 적응에 대해서는 일라도 外(2018) 참조.

73 인간의 발, 발목, 등과의 경로 의존성 결속 문제를 입증하는 연구 보고에 대해서는 기번스(2013) 참조.
74 디설피람(disulfiram; 알코올 중독 치료제)이라는 약은 체내의 ALDH 활동을 직접 억제함으로써 비효율적인 ALDH 효소의 영향을 모방한다. 오로스지와 골드만(2004) 참조.
75 G. S. 펭 外(2014); Y. 펭 外(2010).
76 골드만과 에녹(1990).
77 박승규 外(2014), 한 外(2007). 또한 폴리만티와 젤런터(2017) 참조. 그들은 "ADH1B 자리[ADH의 초효율적 변종]의 선택 징후가 주로 알코올 신진대사 이외의 효과와 관련이 있으며", 대신 전염병 문제에 대한 반응을 반영할 가능성이 높다고 주장한다.
78 캐리건 外(2014)이 이 두 효소의 결합을 대규모 농업이 만들어낸 새로운 알코올 문제에 대한 '적응의 초기 단계'로 보고 있다는 점에 주목할 필요가 있다. 대항력 있는 적응적 힘이 없는 상황에서 이 특별한 묘책이 얼마나 빨리 퍼질지 예상하는가는 미해결된 질문이다. 그러나 유전적 진화의 빠른 속도와 알코올 문제의 심각성을 고려하면, 이 유전자 복합체 확산의 느린 속도는 아래에서 탐구할 종류의 대항력 있는 압력의 힘을 반영한다고 가정하는 것이 합리적이다. 그런 압력의 힘은 알코올 중독이 개인과 집단에게 주는 적응적 혜택이다. 어쨌든, 다음에 탐구할 문화적인 진화적 고려는 아시안 플러싱 유전적 결합이 불가사의하게 더디게 퍼졌다는 주장을 강화한다.
79 프라이(2005: 67).
80 포사이스(2017: 121).
81 게이틀리(2008: 63).
82 포사이스(2017: 127).
83 《시경》 220과 255.
84 찰스 광(2013: 16)에서 인용. 로버트 이노가 언급한 것처럼, 이것은 상왕조의 몰락으로 이어지는 중심적 악덕으로 간주되는 취함으로부터 새로운 왕실을 보호하는 것과 관련된 하늘의 명령에 대한 서면 출처를 처음으로 언급한 것이다(이노 2009: 101).
85 술에 대한 고대 중국의 걱정에 대해서는 푸무추(1999)와 스텍스(2006: 37-40) 참조.
86 찰스 광(2013: 16).

87 푸무추(1999: ftn 23).
88 예를 들어, 서기 207년, 동한의 승상 조조(曹操; 155~220)는 지나친 음주가 사회 혼란으로 이어져 국가를 위태롭게 하는 것을 우려하여 금주령을 발표했다. 조조와 그의 궁정은 이 금주령에서 면제되었고, 사실 술로 촉진되는 학술 토론회를 중심으로 하는 시적 비유를 확립한 것으로 유명했음에 주목해야 한다(윌리엄스 2013).
89 크르잔(2013: 20)에서 인용한 제임스 데이비슨.
90 틀루스티(2001: 71).
91 에드워즈(2000: 45)에서 인용한 1898.
92 홀(2005: 79)에서 인용.
93 홀(2005: 79).
94 쉐라트(2005: 21).
95 매티(2014: 101). 마크 포사이스 또한 이슬람에서 술에 대한 모순되는 태도를 유용하게 설명한다(포사이스 2017: 104-119).
96 매티(2014: 100)에서 인용.
97 풀러(1995).
98 풀러(2000: 113); 또한 풀러(1995: 497-498) 참조.
99 쉐라트(2005: 23).
100 푸무추(1999: 135).
101 《시경》, 주송, 〈풍년〉.
102 푸무추(1999).
103 크르잔(2013: 34-39).
104 에드워즈(2000: 22-23). 또한 T. 윌슨(2005) 참조.

제2장

1 개인 인간 지능의 한계에 관해서는 헨릭(2015: 제2장)을 보고, 고립된 유럽 탐험가의 불운, 즉 문화적 지식의 혜택 없이 살아남으려는 인간의 무력함을 보여주는 이야기에 대해서는 제3장을 참조해 보라.
2 역사적 재난에 대한 비슷하게 흥미로운 장면에 관해서는 난파선 생존자의 이야기인 크리스아키스(2019: 제2장) 참조. 여기서 성공은 궁극적으로 효과적인 협력과 개인적 욕구를 집단의 필요성에 종속시키는 것에 달려 있다. 크리스아키스가 왜 이런 '비의도적 공동체'가 실패하는지에 대한 인과적 요인으로 술

의 존재를 단적으로 언급하는 것은 주목할 필요가 있다(2019: 50, 95, 99). 이는 겉으로 보기에는 술이 인간에게 협력의 척도를 넓히는 데 도움을 주었다는 이 책의 주요 논제와 모순되는 것처럼 보일 것이다. 사실, 이런 예는 실제로 제5장에서 제기할 주장을 강화시킨다. 그 사용을 지배하는 어떤 문화적 또는 의식적 규범이 없을 때, 증류주(진화적으로 새롭고 비정상적으로 위험한 형태의 술, 그리고 거의 독점적으로 난파선 생존자들에게 남겨진 것)는 종종 사회 집단과 개인 모두에게 이로운 것보다 해로운 경우가 더 많다.

3 보이드, 리처슨, 헨릭(2011); 라랜드(2000) 참조.
4 다시, 이 주제에 대한 가장 읽기 쉽고 유용한 소개는 헨릭(2015)이다. 특히 제15장(우리가 루비콘을 건넜을 때), 제16장(왜 우리인가?), 제17장(새로운 종류의 동물) 참조. 또한 보이드, 리처슨, 헨릭(2011) 참조.
5 랭엄(2009). 랭엄은 이런 적응이 호모 에렉투스만큼 멀리 거슬러 올라간다고 믿고 있지만, 이에 대해서는 약간의 논쟁이 있다.
6 허디(2009: 제1장)(비행기를 탄 원숭이들).
7 하이트, 세이드, 케세비르(2008).
8 개관을 위해서는 마리노(2017) 참조.
9 이 주제에 대한 최근 연구를 위해서는 헤이트(2020) 참조.
10 댈리, 에머리, 클레이턴(2006); 에머리와 클레이턴(2004).
11 B. 윌슨, 매킨토시, 부크스(1985). 새는 영장류와 매우 다른 진화 궤도를 따랐지만, 수렴적 진화의 과정을 통해 까마귀는 니도팔리움 코돌라터랄(nidopallium caudolaterale; NCL)이라는 뇌 영역이 발달한 것으로 보인다. 이는 추상적 추론과 집행 기능의 자리인 인간의 전전두엽피질(PFC)과 유사한 기능이다(베이트와 니더 2013). 곧 보게 되겠지만, PFC는 취함의 적응 기능에 관한 그 어떤 이야기에서도 주요한 역할을 한다.
12 하인리히(1995).
13 고프닉 外(2017).
14 청소년 양육에 집중 투자를 한다는, 인간과 매우 유사한 이유로 폐경을 겪는 또 다른 종은 범고래이다. 폭스, 무터크리슈나, 슐츠(2017) 참조.
15 소포클레스(1949, 173-181행).
16 하위징아(1955: 108).
17 리처슨과 보이드(2005).
18 하위징아(1955: 110).

19 답은 '구멍'이다.
20 고프닉 外(2017). 지원용 참고문헌을 위해서는 논문 참조.
21   고프닉 外(2017, 그림 2)에서 채택.
22 소웰 外(2002: 그림 3과 4b)에서 채택. 회백질 밀도는 회백질 부피를 총뇌간 부피의 비율로 반영했다.
23 고프닉과 동료들이 말하듯이, "강력한 전두엽 통제는 탐사와 학습에 비용이 든다. 경두개 직류자극법(transcranial direct current stimulation; 머리에 전극을 붙여 약한 전류로 대뇌피질의 신경세포를 자극하는 비수술적 뇌자극의 한 방법)을 통한 전전두엽 통제 부위에 대한 간섭은 '분산적 사고(divergent thinking; 주어진 문제나 정보에 대해 광범위하게 생각하는 것)' 과제에 대한 더욱 폭넓은 범위의 응답으로 이어지며, 학습 동안 전두엽 통제의 특징적인 해소가 있다." 인용문을 위해서는 특히 톰슨-쉴, 람스카어, 크리시코(2009)와 E. G. 크리시코 外(2013) 참조. 또한 크리시코(2019) 참조.
24 림과 브라운(2008).
25 크리시코 外(2013). 또한 더욱 최근 연구 헤르텐슈타인 外(2019) 참조. 이 연구에서 좌측 PFC의 경두개 비활성화와 우측 PFC의 자극은 다양한 창의성과 수평적 사고 과제에서 더 나은 성과를 유발했다.
26 브라운(2009: 55).
27 브라운(2009: 33).
28 브라운(2009: 44).
29 자벨리나와 로빈슨(2010).
30 헨릭(2015).
31 무터크리슈나 外(2018).
32 그들은 다음과 같이 덧붙인다. "집단적 뇌에 연결된 개인들은 종종 의식적 자각 밖에서 선택적으로 정보를 전송하고 학습하면서, 자연 선택이 유전적 진화에서 하듯이 디자이너가 필요 없이 복잡한 디자인을 생산할 수 있다. 누적되는 문화적 진화의 과정은 한 개인이 평생 재창조할 수 없는 기술과 기법을 유발하고, 어떻게, 왜 그런 기술과 기법이 작동하는지를 이해하기 위해 그 수혜자를 필요로 하지는 않는다"(무터크리슈나 外 2018).
33 헨릭(2015: 97-99).
34 헨릭(2015: 97-99와 op cit.).
35 클라인과 보이드(2010), 베텐코트와 웨스트(2010).

36 헨릭(2015: 제15장).
37 무터크리슈나 外(2018, 그림 9 (CC-BY))에서 채택.
38 고프닉(2009: 123).
39 고프닉(2009: 115-119).
40 고프닉(2009: 95-95, 105).
41 스카이럼스(2004: xi); 야나이와 럴처(2016) 참조.
42 도킨스(1976/2006). 실제로 유성생식 자체는 일종의 협력적 합의를 나타낸다. 특정 유전자가 성세포(정자 또는 난자)의 구명정에 타도록 선택되는 과정이 무작위적이고 따라서 공정하다면, 모든 사람은 그들 중 절반이 결코 성공하지 못할 상황에 동의한다. 따라서 한 유전자를 다른 유전자보다 선호하기 위해 노력하는 다양한 부정행위 메커니즘의 압력에 저항하면서, 선택이 공정하게 유지되게 보장하는 강력한 선택압이 있다.
43 유전자에서 세포, 집단 속의 개체에 이르기까지 협력의 모든 수준에서 작용하는 다윈 과정에 대한 훌륭한 소개를 위해서는 D. S. 윌슨(2007) 참조.
44 개관을 위해서는 하우어트 外(2002) 참조. 그들이 언급하듯이, "이름의 다양성은 그 문제의 편재성을 강조한다"(1129).
45 정치의 예를 들자면, 2020년 민주당 경선은 죄수의 딜레마의 변종을 특징으로 했다. 민주당의 온건파를 위한 공익은 분명히 합의된 후보를 중심으로 단결할 것을 요구했지만, 적어도 슈퍼화요일까지는 다른 경쟁자들의 합의된 선택을 중심으로 연합하겠다는 의지가 없는 상황에서 어떤 개별적인 중도파도 기꺼이 자신들의 입후보를 희생시키려 하지 않았다. 석유수출국기구(OPEC)와 그 동맹국처럼, 석유 카르텔은 한 이탈한 회원국이 대열을 흐트러뜨려 다른 회원국을 희생하면서 석유 생산량을 늘리는 것을 통제하지 못한다. 집필 당시(2020년 3월) 코로나바이러스감염증-19 발발로 유가가 폭락하자 사우디아라비아가 러시아를 희생해 변절하기로 한 것으로 보인다.
46 다마지오(1994); R. 프랭크(1988, 2001); 하이트(2001).
47 R. 프랭크(1988).
48 우리의 관심을 이런 종류의 관계로 다시 돌리고, 모든 인간의 상호작용 이면에 있는 더 깊은 신뢰의 배경을 인식하기 위해 가장 많이 노력한 철학자는 아네트 바이어이다. 특히 바이어(1994) 참조.
49 스핀카, 뉴베리, 베코프(2001), 브라운(2009: 181).
50 브라운(2009: 31-32).

51 고프닉(2009: 11).
52 그들의 이름으로, 고프닉과 협력자들은 이 문제를 인식하고서, "어린아이가 복잡한 기술 혁신의 원천이 되는 경우는 드물다. 예를 들어, 실제로 효과적인 도구를 설계하고 생산하는 것은 혁신과 실행 기술을 모두 필요로 하는 도전적인 작업이다"고 지적한다. 그러나 그들은 여전히 문자 그대로의 젊음을 문화적 혁신의 열쇠로 보고 있다. "한 세대 내에 처음 등장할 때 수고스럽고 드문 혁신은 다음 세대에 의해 힘들이지 않고 광범위하게 채택될 수 있다. 사실, 인간이 아닌 동물 중에서, 문화적 혁신은 종종 어린 동물에 의해 처음 생산되고, 채택되고, 확산된다"(2017: 55-58).
53 마태복음 18:3, 《도덕경》 제10, 20, 28, 55편.
54 브라운(1996: 40).
55 브라운(1996: 14).
56 알코올의 생리학적 영향에 대한 우수한 일반 소개는 쉬어와 우드(2005); 쉬어 外(2005)에서 찾아볼 수 있다.
57 올리브 外(2001), 지아눌라키스(2004).
58 알코올은 때때로 수면 보조제로도 권장되지만, 이것이 최선의 조언은 아니라는 것에 주목할 필요가 있다. 뇌 활동의 억제를 통한 알코올의 진정 효과는 처음에 잠들기 쉽게 해 준다. 하지만 뇌는 항상 적응하고 평형을 되찾기 위해 노력하며, 흥분 시스템을 활성화시켜 알코올의 억제 효과에 반응하여 반발 효과를 가져온다는 증거가 있다. 그래서 알코올에 의한 수면은 종종 깊고 빠르게 시작되지만, 한밤중에 일어나 그런 다음 깊은 잠으로 다시 들어가는 데 어려움을 겪는다.
59 올슨 外(2007).
60 밀러와 코헨(2001).
61 마운틴과 스노우(1993).
62 히튼 外(1993), 리버스와 토바이어스-웹(2010), 넬슨 外(2011), 이즈돈 外(2005). 리버스, 매티슨, 에드워즈(2015)도 이와 비슷하게 술이 다른 실험 과제인 아이오와 도박 과업(Iowa Gambling Task; IGT)에서 수행에 부정적인 영향을 미친다는 것을 보여주었는데, 이 과제는 더 구체적으로 복내측전전두엽피질 (ventromedial prefrontal cortex; VMPFC)의 기능에 의존한다.
63 니에 外(2004).
64 스틸과 조셉스(1990)는 술 취함의 '근시' 이론의 초기 옹호자였다. 또한 문헌의

개관을 위해서는 마이클 세예트(2009), 쉬어 外(2005: 92ff), 베그 外(2013) 참조.
65 드라이 外(2012).
66 탈억제에 대해서는 허쉬, 갈린스키, 종(2011) 참조; PFC와 ACC의 장애, 그리고 일반적인 인지 제어에 대해서는 리버스(2000), 커틴 外(2001), 헐과 슬론(2004) 참조. 말콤 글래드웰(2010)은 탈억제와 근시 설명이 경쟁하는 것으로 제시하지만, 이 두 설명은 PFC와 관련 시스템에 대한 술의 하향 조절의 두 가지 양상이라는 점에서 상보적일 가능성이 높은 것처럼 보인다.
67 이즈돈 外(2005).
68 카하트-해리스 外(2012, 2014), 코미터 外(2015), 폴란(2018: 303-5). 도밍게즈-클레이브 外(2016)의 연구는 아야와스카가 비슷하게 하향식 제약과 '전두엽 피질이 발휘하는 인지력'을 완화시킨다는 것을 암시한다.
69 A. 디트리히(2003).
70 쿤과 스워츠웰더(1998: 181).
71 이런 긴장은 독일 철학자 프리드리히 니체가 가장 두드러지고 명시적으로 식별한다. 특히 《비극의 탄생》(*Birth of Tragedy*)(1872).
72 《법률 2》(Laws II), 자이프(2019: 107)에서 인용.
73 헉슬리(1954/2009: 77).
74 퍼텔(2015).

제3장

1 브레이드우드 外(1953); 디틀러(2006); 헤이든, 카누엘, 셰인(2013); 카츠와 보이트(1986). 그러나 또한 반대 견해를 위해서는 도미니(2015) 참조.
2 아란츠-오타이구이 外(2018).
3 헤이든, 카누엘, 셰인(2013), 아란츠-오타이구이 外(2018).
4 예를 들어, 기원전 4,000년경으로 거슬러 올라가는 이라크 북부의 한 유적지에서 발견된 점토 물개는 두 사람이 확실히 물 이외의 것을 담고 있는 커다란 항아리에서 빨대로 마시는 것을 보여준다. 수메르 맥주는 진한 느낌의 '여과되지 않은' 맥주였다. 효모는 발효 중에 병에 남아서 맥주 표면에 딱딱한 껍질을 형성했고, 이 껍질은 효모 케이크에 빨대를 찔러 넣어서 접근했다(카츠와 보이트 1986).
5 페이와 베너바이즈(2005). 포도주 효모의 95%는 밀접한 관련이 있으며, 이는 아마도 메소포타미아에서 포도주 생산의 단일 기원과 그 후 중동과 유럽으

로의 확산을 시사한다(시커드와 레그라스 2011).
6 공통된 시대의 초기 서기 수세기부터 남아메리카 전역에 걸쳐 치차의 광범위한 생산에 대한 강력한 증거가 있다(제닝스와 바우저 2009).
7 P. L. 왓슨, 루안라타나, 그리핀(1983).
8 카모디 外(2018)의 논의 참조.
9 프리드리히 횔덜린, 〈시인의 사명〉(Dichterberuf)," 《전집》*(Sämtliche Werke)*. 6 Bände, Band 2, 슈투트가르트 1953, S. 46-49, 저자 번역. 오픈소스 웹사이트 이용: http://www.zeno.org/Literatur/M/H%C3%B6lderlin,+Friedrich/Gedichte/Gedichte+1800-1804/%5BOden%5D/Dichterberuf.
10 마티스(2011: 247)에서 인용.
11 찰스 광(2013: 56)에서 인용. 번역 수정함. 아마 술에서 영감을 받은 시 중에서 내가 개인적으로 가장 좋아하는 시는 도겸 또는 도연명(365~427)의 시이다.
12 게이틀리(2008: 16)에서 인용.
13 게이틀리(2008: 56).
14 로스(2005: 122).
15 로스(2005: 108)에서 인용. 고대와 현대의 창의적 문화에서 취성물질의 역할에 관한 뛰어난 개관을 위해서는 로스뿐만 아니라 조스(2010)도 참조.
16 르봇, 린스트롬, 멀린(1992: 155).
17 로스(2005: 130)에서 인용한, 20세기 중반 미국의 대항문화에서 대마초 전문가인 재즈 클라리넷 연주자 메즈 메즈로(1899-1972)의 논평 참조.
18 엘리아데(1964)는 범문화적 맥락에서 샤머니즘에 관한 고전적인 연구이다. 현대의 진화적 관점에서 고안된 좀 더 최근의 조사는 윙켈만(2002) 참조.
19 리타바(1992); 하지만 그 식물들의 흔적이 현지 야생동물이 묻고 난 뒤에 소개되었다는 주장에 대해서는 솜머(1999) 참조.
20 하킨스(2006).
21 아마빌레(1979); 또한 '평가-수행 관계'에 대해서는 하킨스(2006) 참조.
22 에일로 外(2012)와 여기서 개관한 문헌뿐만 아니라 베일락(2010); 데카로 外(2011) 참조.
23 게이블, 호퍼, 스쿨러(2019); 무니햄과 스쿨러(2013).
24 하르만 外(2012).
25 카츠와 보이트(1986)에서 인용.
26 《잠언》 31장 6절.

27 세예트(1999)에서 인용.
28 도연명, 〈己酉歲九月九日〉.
29 대부분이 현실로부터의 탈출이나 불안감 완화에 집중하는 초창기 기능적 이론에 대한 개관을 위해서는 패트릭(1952: 45-47) 참조.
30 호튼(1943: 223).
31 가령, 쉬어 外(2005: 88) 참조. 그는 또한 '기대 효과'의 중요성, 즉 술이 어떤 문화적 기대 앞에서 순수하게 위약으로서 가질 수 있는 힘을 강조한다.
32 특히 디트리히 外(2012); 던바(2017); 던바 外(2016); 웨들리(2016); 웨들리와 헤이든(2015) 참조. 이 모든 견해는 아래에서 상세히 논의할 것이다.
33 나가라자와 제가나탄(2003).
34 나가라자와 제가나탄(2003, 그림 2)에서 채택.
35 레븐슨 外(1980).
36 레븐슨 外(1980)이 만든 용어; 바움-바이카(1985), 펠레와 브로드스키(2000), 밀러와 슈만(2011) 참조.
37 세예트(1999)가 언급하듯이, 술의 근시 유발 효과는 음주자에게 즉각적인 환경에 집중하게 한다. 이는 스트레스 감소가 유쾌한 산만함, 특히 사회적 상호작용과 함께 가장 잘 작동한다는 것을 의미한다. 이것이 바로 혼술이 대체로 부정적인 결과를 초래할 수 있는 이유이다. 이는 제5장에서 다시 다룰 주제이다.
38 바히(2013); 또한 그곳에서 개관한 문헌 참조.
39 이 논점과 관련이 있는 것은 맥앤드류와 에저튼(1969)이 술은 역사적으로 '중간휴식(타임아웃)'을 촉진하는 기능을 했다는 주장으로서, 이런 중간휴식은 개인에게 사회적 제약과 요구에 맞서 개인의 자유에 대한 욕망을 주장할 수 있게 하는 것이다.
40 타인에 대한 신뢰도를 평가할 수 있는 발전된 능력의 필요성에 관한 고전적 주장은 투비와 코스미데스(2008) 참조.
41 윌리스와 토도로프(2006), 밴트 워트와 샌페이(2008), 토도로프, 파크라시, 우스터호프(2009).
42 코그스딜 外(2014). 이는 또한 적절한 문헌을 개관한다.
43 R. 프랭크, 길로비치, 리건(1993).
44 적절한 문헌의 개관과 인용은 스파크스, 벌리, 바클레이(2016) 참조. 한 멋진 연구에서, 데이비드 데스테노(David DeSteno)와 동료들은 경제 게임에서 누

군가를 신뢰할 수 없는 파트너로 판단할 때 사람들이 주의를 기울이는, 손 만지기, 얼굴 만지기, 팔 꼬기, 몸 기대기 등의 구체적이고 예측적인 비(非)언어적 신호에 집중한다(데스티노 外 2012). 우리는 적어도 너무 안절부절못하는 사람들이 너무 많은 생각을 하고 있고, 실제로 손을 만지고 팔을 꼬는 사람들이 경제적 신뢰 게임에서 변절하는 경향이 있다는 것을 암묵적으로 인식하고 있다. 다른 잠재적 교란 요인을 걸러낼 수 있게 해주는 놀라운 반전에서, 그들은 또한 넥시라는 이름의 로봇에게 같은 행동 자극을 수행하게 했을 때 사람들이 그 로봇을 불신한다는 것을 발견했다. 그들은 팔짱을 끼는 넥시를 더 싫어하는 것이 아니라, 넥시에게 자신들의 돈을 맡기려고 하지 않을 것이다.

45 다윈(1872/1998); 에크만(2006); 또한 브래드버리와 베렌캠프(2000) 참조. 중국에서, 초기(기원전 약 300년) 유교 사상가는 '안색'(色), 목소리 톤 또는 눈동자를 통해 읽을 수 있는 정서적 표정을 타인에 대한 진정한 도덕적 상태를 판단하는 가장 신뢰할 수 있는 방법으로 보았다(슬링거랜드 2008a).
46 트레이시와 로빈스(2008).
47 에크만과 오'설리번(1991), M. G. 프랭크와 에크만(1997), 포터 外(2011); 텐 브링크, 포터, 베이크(2012), 헐리와 프랭크(2011).
48 미소에 대해서는 에크만과 프리센(1982), 슈미트 外(2006) 참조; 웃음에 대해서는 브라이언트와 애크티피스(2014) 참조.
49 센토리노 外(2015); 또한 크럼허버(2007) 참조. 여기에서 실험자는 추정되는 신뢰 게임 파트너에게서 역동적인 '가짜' 대 '진정한' 미소를 만들 수 있었고, 실험대상자의 60%가 진정으로 웃는 상대와 게임을 하고자 했으며, 33.3%는 가짜로 웃는 사람을 선택했고, 6.25%는 중립적인 표정을 보이는 파트너를 선택했다. 또한 얼굴 신호, 특히 진정한 미소에 기초하여 협력을 평가하는 것에 대한 개관은 토그네티 外(2013)를 보고, 진정한 정서의 신호를 보여준 사람을 더 많이 신뢰하는 경향에 대해서는 레바인 外(2018)을 보라.
50 다이크 外(2011)와 앞의 책. 또한 신뢰성에 대한 긍정적인 사회적 신호로서의 당황에 대해서는 파인버그, 윌러, 칼트너(2011) 참조.
51 텐 브링크, 포터, 베이크(2012).
52 분과 벅(2003과 op cit.).
53 랜드, 그린 & 노왁(2012), 카프라로, 슐츠, 랜드(2019); 랜드(2019).
54 즉, 합리주의자를 제외하고, 역사적으로 상당히 드물었지만 몇백 년 전 서구 철학을 다소 점령했던 윤리에 대한 '차가운 인지' 모형. 자발성과 신뢰에 대한

더 많은 내용은 슬링거랜드(2014: 제7장) 참조.
55 도킨스 外(1979).
56 가령, 실크(2002)의 연구는 침팬지가 다른 침팬지에게 신뢰와 공격성이 없다는 사실을 전달하기 위해 기침이나 작게 끙 하는 소리와 같은 비언어적 신호를 사용한다는 것을 시사한다.
57 바이어스(1997).
58 에크만(2003: 제5장). 또한 R. 프랭크(1988)에서 나온 논의 참조.
59 포터 外(2011).
60 마이클 세예트(개인적 교신)는 독재 통치자들이 술의 진리 전달 기능을 이용하여 부하들을 말을 잘 듣게 할 수 있다는 점에서 이 기능에는 잠재적인 어두운 면도 있다고 말한다. 이와 관련해 스탈린이 휘하의 관리들을 간혹 한밤중에 폭음하는 자리로 임의로 소환하여 이들이 음모를 꾸미지 못하도록 끊임없는 공포와 굴복의 상태에 두었다는 것에 주목하는 것은 가치가 있다. 물론 이 술자리에서 스탈린 자신은 술 취하지 않고 맑은 정신으로 있었다고 한다.
61 이 문구는 〈청왕의 청푸 여행〉(마 2012: 148)에서 나오는 것으로, 이것은 상하이 박물관이 구입하여 출판한 전국시대(대략 기원전 3세기) 텍스트 수집물 중 한 부분인 단편이고 해독하기 어려운 죽간 텍스트이다.
62 포사이스(2017: 95)에서 인용.
63 술과 진실성에 관한 고대 그리스의 견해는 게이틀리(2008: 15, 15-16)뿐만 아니라 자이프(2019) 참조.
64 그리스 서약은 게이틀리(2008: 12)를 참조하고, 바이킹 서약은 포사이스(2017: 126-127)을 참조하며, 17세기 잉글랜드에 대해서는 맥쉐인(2014) 참조.
65 레봇 外(1992: 119).
66 풀러(2000: 37).
67 《시경》小雅, 南有嘉魚之什,〈湛露〉
68 게이틀리(2008: 452)에서 인용.
69 "독특한 모양의 맥주 통은 고대의 인장을 찍은 무늬와 다양한 연회 장면이 새겨진 사회적 상호작용을 나타내는 상징적인 역할을 한다"(미칼로스키 1994: 25).
70 크르잔(2013: 36).
71 히스(1990: 268).
72 파워스(2006: 148).

73 크르잔(2013: 30-31).
74 오스틴(1979: 64).
75 캐로드-아르탈(2015)에서 인용한 프레이 베르나르디노 데 사가군(Fray Bernardino de Sagagún).
76 프라이스(2002), 파투르(2019).
77 만델바움(1965), 게푸-마디아누(1992).
78 만델바움이 언급하듯이, "음주는 사회의 내부 활동을 수행하고 유지하는 것이 임무인 사람보다 외부 환경과 싸우는 사람에게 더 자주 고려된다. 이러한 구별은 고대 인도에서 적의 응징, 고함치는 사람, 흥청거리는 사람, 술고래인 인드라(Indra) 신과 질서 및 도덕성의 냉철한 수호신인 바루나(Varuna) 신의 차이에 의해 상징되었다"(1979: 17~18).
79 와이즈만텔(1988: 188)을 인용하는 제닝스와 바우저(2009).
80 D. 히스(1958); D. B. 히스(1994).
81 매드슨과 매드슨(1979: 44).
82 포사이스(2017: 28).
83 제닝스와 바우저(2009: 9).
84 틀루스티(2001: 1). 초기 근대 독일(92~93년)에서 '계약 술'에 대한 그녀의 묘사도 보라. 계약 술은 "구두 약속, 심지어 서면 합의보다 더 영향력 있는 음주가들 사이에 유대를 형성했다."
85 미칼로스키(1994: 35-36).
86 《논어》〈향당〉. 단지 네 글자(唯酒不量)인 이 구절은 고대 중국어에서 더 우아하고, 나는 오히려 이 글자를 내 묘비에 새기는 것을 생각 중이다.
87 로스(2005: 55)에서 인용.
88 자이프(2019).
89 마티스(2011: 246).
90 마스(1987).
91 셰이버와 소시스(2014).
92 오스본(2014: 60).
93 폴란(2001: 23)에서 인용. 폴란은 에머슨의 독자들이 그가 사과를 '사회적 과일'이라고 부를 때 사과의 알코올 성질을 언급하고 있다는 것을 알았을 것이라고 말한다.
94 제임스(1902/1961).

95 듀크(2010: 266).
96 에런라이크(2007: 5).
97 부르기뇽(1973).
98 라파포트(1999: 226)에서 인용한 래드클리프-브라운(1922/1964: 252).
99 라파포트(1999: 227).
100 타르, 라네이, 던바(2016)와 이 책에 수록된 문헌 개관 참조.
101 레디쉬, 불비아, 피셔(2013).
102 참고문헌을 위해 얼(2014: 83) 참조.
103 포사이스(2017: 44, 42-49)에 나오는 이 축제에 대한 설명 참조.
104 맥거번(2020: 89).
105 라인하트(2015); 앨런(2007) 참조.
106 게라-도스(2014: 760).
107 풀러(2000: 28). 또한 트라마치(2004)에서 논의한 바라사나(Barasana)족 사이에서 yají(아야와스카) 사용에 관한 이야기 참조.
108 미어 外(2019) 참조. 논문의 최종 출판본이 나오지 않는 알코올 결과는 주저자의 개인적 교신에서 나온 것이다.
109 파이텍은 '황홀한 종교 풍습'의 태그가 붙은 160개의 'eHRAF 문화' 중에서 140개 문화만이 우리의 기준을 충족한다는 것을 발견했다. 이는 '진탕 마시고 떠들기'라는 이전 범주가 2000년에 '황홀한 종교 풍습'으로 전환되면서 후자의 범주가 반드시 황홀한 상태를 수반하는 것은 아닌 성 풍습을 포함하도록 유발하기 때문이다. 파이텍이 '무아지경'을 검색했을 때 처음 검색에서 발견되지 않은 154개 문화가 추가로 나왔지만, 시간적 고려로 우리는 이러한 문화를 탐색할 수 없었기 때문에 71%의 추정치는 거의 확실히 낮은 편이다. 에밀리에게 이 프로젝트에 대해 성실하고 신중하게 연구해 준 것에 매우 감사드린다.
110 페르난데스(1972: 244).
111 매킨과 던바(2011). 또한 특히 술의 역할에 관해 던바(2017) 참조.
112 크로켓 外(2010), 우드 外(2006). J. 시걸과 크로켓(2013)의 개관 참조.
113 현대 MDMA 기반적 종교에 대해서는 세인트 존(2004)과 조-레이들러, 헌트, 몰로니(2014) 참조.
114 코미터 外(2015).
115 퍼스트(1972: 136)에서 인용한 베르난디노 데 사하겐(Fr. Bernandino de

Sahagún),《새로운 스페인의 물건의 역사》(*History of the Things of New Spain*) 10권.
116 퍼스트(1972: 154-156).
117 "교령춤 종교가 등장하고 광범위한 열정을 불러일으킨 것은 이러한 문화적 혼란의 맥락에서였다. 교령춤 종교는 범인도적 화합의 황금시대가 곧 도래할 것이라고 예언했다. 교령춤 종교는 부족들 사이에 평화가 필요하다는 것을 강조했고, 백인 문명에 대한 공동의 경멸을 바탕으로 부족 간 일체감을 형성했다"(풀러 2000: 38ff. 또한 손레 1925 참조).
118 스미스(1964)에서 인용.
119 L. 디트리히 外(2019); O. 디트리히 外(2012) 참조. 괴베클리 테페에 대한 대중적인 설명 및 술과 문명 시작의 연결에 대해서는 커리(2017) 참조.
120 '높은 각성(high arousal)' 또는 '이미지적(imagistic)' 의례의 범주와 기능에 대해서는 화이트하우스(2004)와 맥컬리와 로슨(2002) 참조.
121 까놓고 말해서, 그 유적지에 있는 통과 그릇이 술을 위해 사용되었다는 화학 잔류물 등의 형태를 한 직접적인 증거는 아직까지 없다. 디트리히와 디트리히는 이 주제에 대한 최근 성명에서, 그 유적지에 있는 '향정신성 음료'를 사용했다는 증거를 '임시적'인 것으로 특징짓는다(디트리히와 디트리히 2020: 105).
122 듀크(2010: 265와 op cit.), 'Inka'를 더욱 일반적인 표현인 'Inca'로 바꿈.
123 《시경》小雅, 南有嘉魚之什,〈南有嘉魚〉
124 도우티(1979: 78-9). 또한 안데스산맥의 현대 공식적인 의례 교환인 민카(minka)의 공공 기능에 대한 묘사를 참조하라(브레이 2009; 제닝스와 바우저 2009). 그에 대한 설명은 16세기 잉카 제국으로 거슬러 올라간다.
125 드와이트 히스가 알코올 음료에 대해 언급했듯이, "알코올 음료는 경제 상품이기 때문에 적은 양으로 상대적으로 높은 가치를 나타내고, 술을 사용하는 사회의 부와 명예에 따른 계층 제도에서 다양한 역할을 하는 경향이 있다"(D. 히스 1990: 272).
126 엔라이트(1996).
127 게이틀리(2008: 4-5).
128 뉴전트(2014: 128).
129 서아프리카 기니에서 야자주 사용에 대한 설명을 위해서는 호킨스, 이토, 야마코시(2020: 51) 참조.
130 셰이버와 소시스(2014와 op cit.)뿐만 아니라 보트(1987: 191) 참조.

131 예를 들어, 그레그 웨들리와 브라이언 헤이든은 이 장에서 조사한 취함의 많은 기능을 언급한다. 그들은 향정신성 약물의 재배와 생산이 (1) 재배를 채택하고 유지할 동기를 제공하고, (2) 친사회성을 증진시켜 더 크고, 더 조정된 집단의 유지와 통치를 허용하며, (3) 부하들에게 묵인을 주입시키거나 위안을 제공하고, (4) 사람들을 인력 배치에 끌어들이고, 효율성을 향상시키며, 계속 일하도록 강요함으로써 대규모 사회의 형성을 지지했다고 주장한다(웨들리와 헤이든 2015, 웨들리 2016에 요약). 또한 향정신성 물질의 초기 현대 경제학과 현대 사회를 창조하고 지원하는 그 역할에 관해서는 코트라이트(2019); 스마일(2007) 참조.

132 카츠와 보이트(1986), 헤이든(1987), 조페(1998), 헤이든, 카누엘, 셰인(2013).

제4장

1 클라츠키(2004), 브라운(1996: 62-68).
2 랭 外(2007), 브리튼, 싱-마누, 마르모트(2004).
3 오'코너(2020).
4 카잔(2020).
5 야로즈, 콜플레시, 와일리(2012).
6 세예트, 레이첼, 스쿨러(2009).
7 게이틀리(2008: 25).
8 게이틀리(2008: 445); 또한 모어란(2005: 38) 참조.
9 히스(2000: 185)에서 보고한 라랜드(1997). 또한 다른 기능들 중에서 상대방의 기분을 상하게 하지 않고 술 취한 상태에서 불만을 늘어놓도록 했던, 북중앙아프리카의 아잔데(Azande) 부족의 맥주 춤에 관해서는 히스(2000: 186) 참조. 술 취한 상태라는 이유로 방문 중인 고위 관리에게 지역 민원을 호소할 수 있는 허가를 받은, 오악사칸(Oaxacan) 마을 연회에서 술 취한 '진실을 말하는 사람'의 역할에 관해서는 데니스(1979) 참조.
10 헌트(2009: 115).
11 앤드류스(2017)에서 인용.
12 앨런(1983).
13 베텐코트와 웨스트(2010).
14 마샬(1890).
15 앤드류스(2017); 인용은 더튼(1984: 11)에서 나온 것이다.

16 앤드류스가 언급하듯이, "최초의 전자 디지털 컴퓨터와 MRI 기계에서부터 디스커버리 채널(Discovery Channel)의 샤크 위크(Shark Week)에 이르기까지 술집에서 처음 이야기된 발명품의 예는 풍부하다. 현대 컴퓨터 산업의 많은 부분이 오아시스(Oasis)라는 술을 파는 식당에서 만난 비공식 집단에게서 나왔고 … 몇몇 다른 실리콘 밸리의 술집은 첨단 기술 산업의 초창기 수십 년 동안 기술자들을 위한 흔한 만남의 장소로 전설이 되었다."
17 월턴(2001: xiv); 이와 같은 사건에서 취함의 역할에 대한 그의 뛰어난 설명 참조.
18 로스(2005: 58)에서 인용.
19 제임스(1902/1961: 388).
20 헉슬리(1954/2009: 17, 73).
21 카하트-해리스와 프리스턴(2019).
22 마르코프(2005); 폴란(2018).
23 폴란(2018: 175-185); 마르코프(2005: xix).
24 플로리다(2002).
25 풍부한 참고문헌을 위해서는 제임스 패디먼(James Fadiman)의 웹사이트 (https://www.jamesfadiman.com/) 참조.
26 호건(2017).
27 호건(2017)에서 인용한 2015년 CNN과의 인터뷰.
28 앤더슨 外(2019). 6주에 걸쳐 미세한 양의 마약 섭취자에 대한 경험을 추적한 또 다른 최근 연구(폴리토와 스티븐슨 2019)는 적극적인 미세한 양의 마약 섭취자들 사이에서 창의성이 증가했다고 보고했지만, 이는 실험 측정에 기초한 것이 아니라 스스로 보고하는 형식의 창의성 느낌에 기초를 둔 것이었다.
29 프로차즈코바 外(2018).
30 《약물 위험성에 대한 판단: 위험한 일》, 범죄와 정의 연구 센터(Centre for Crime and Justice Studies), 2009년 10월 10일 브리핑.
31 폴란(2018: 318-9). 또한 '신경 다양성'의 중요성에 대한 논평(17)과 환각 효과를 끌어내는 식물 독소가 "게놈에 미치는 방사선의 영향과 다르지 않게 일종의 문화적 돌연변이원(原)"(149)처럼 기능할 수 있다는 생각을 보라.
32 사모리니(2002). 사모리니는 취성물질이 평범한 사고를 흔들어 섞는 데 사용되는 '탈패턴적 도구'라는 1960년대 에드워드 드 보노(Edward De Bono)의 초기 연구에서 영감을 받았다. 에드워드 드 보노는 우리가 아폴로 대 디오니소스의 긴장으로 특징지었던 긴장을 생각하면서 "언어의 기능은 기존 모델을

강화하는 것이고, 취함의 기능은 이런 모델로부터의 탈출을 용이하게 하는 것이다"고 말한다(사모리니 2002: 85에서 인용한 드 보노 1965: 208).
33 조-레이들러, 헌트, 몰로니(2014: 63)에서 인용한 T. 리어리(2008).
34 〈길에서 다시: 기업은 거래를 성사시키기 위해 직원을 내보내는데 더 많은 비용을 지출하고 있다〉 2015: 62에서 지적.
35 L. 텐 브링크, 보흐스, 카니(2016).
36 지안콜라(2002); 취함과 탈억제라는 일반 주제에 대해서는 허쉬, 갈린스키, 종(2011) 참조.
37 〈당신의 건강을 위하여: 절대 비밀을 누설하지 않는 유럽 스파이들의 맥주 클럽〉 2020.
38 분명히 술로 촉진된 것으로서 벤쿠버에서 시작된 또 다른 다국적 연구 협력에 대해 언급할 가치가 있다. 현재 브리티시컬럼비아주의 명예 어업 연구원인 리처드 비미쉬는 태평양 연어의 이주 패턴을 연구하기 위한 캐나다, 미국, 러시아 연구자들 간의 대규모 협력을 조직했다. 이 프로젝트의 신문 기사(C. 윌슨 2019)는 이 프로젝트의 발생을 벤쿠버 워크숍이 끝난 후에 이루어진 보드카 술자리로 추적하는데, 이 술자리에서 보미쉬와 러시아 과학자는 PFC가 충분히 하향 조절되어 그런 다국적 노력의 가능성에 대해 추측했던 것이다. 어쩌면 비미쉬는 적어도 0.08%의 혈중알코올농도를 맴돌면서 "그냥 재미로" "내가 그것을 준비하는 것은 어떨까?"라고 선언했다. 그 결과는 중요한 어업에 대한 우리의 이해를 변화시킨 수상 경력에 빛나는 프로젝트가 되었다.
39 〈엄격한 감금이 뒤에 남길 90% 경제〉, 《이코노미스트》 2020년 4월 30일자.
40 나는 이 장의 초안을 마무리하면서 칼 베네딕트 프레이(프레이 2020)의 짧은 연구를 우연히 발견했다. 이 연구는 주로 대면형 친목활동의 중단을 통해 코로나바이러스감염증-19가 혁신에 미치는 냉랭한 영향에 대해 비슷한 예측을 한다. 그는 물리적 상호작용이 연구 협력을 확립하는 데 매우 중요하다는 것을 암시하는 한 최근 연구(부드로 外 2017)뿐만 아니라 대면 접촉의 제거로 후속 논문의 공동저술이 현저하게 감소한다는 것을 보여주기 위해 허리케인 아이작(Hurricane Isaac)으로 인한 뉴올리언스의 2012년 미국 정치과학학회 연례회의(American Political Science Association Annual Meeting)의 마지막 순간 취소라는 또 다른 자연 실험을 이용한 매력적인 연구(캄포스, 레온, 맥퀼린 2018)를 인용한다. 비록 이 두 연구 중 어느 것도 술의 역할을 명시적으로 언급하지는 않지만, 우리는 뉴올리언스 회의에서 놓쳤던 친목활동에서 술

을 건하게 마셨을 수 있었음을 확신을 갖고 과감히 말할 수 있다.
41 술과 사회적 상호작용에 대한 그녀의 실험 연구에 대한 임상적 요약은 칵테일 리셉션, 오피스 파티, 또는 퇴근 후의 술자리에 가본 적이 있는 사람이라면 누구나 친숙하게 들릴 것이다. "문헌에서 나온 보고는 대화가 더 수월하게 술술 나오는 것처럼 보이고, 사람들은 기운을 돋우며, 에탄올의 낮은 용량에서 더 큰 사회적 상호작용의 정도가 존재한다는 점에 주목함으로써 [향상된] 유쾌함을 설명했다. 알코올 복용량이 낮거나 적당한 사람은 더 말이 많은 것으로 묘사되었다. 목소리 톤은 더 크고 더 떠들썩하며 더 높은 음조를 가진 것으로 묘사되었다."(바움-바이카 1985: 311)
42 특히 헐과 슬론(2004), 그리고 펠레와 브로드스키(2000) 및 밀러와 슈만(2011)에서 개관한 문헌 참조.
43 크르잔(2013: 137).
44 가령, 호튼(1943).
45 세예트 外(2012)는 연구 서론에서 "사회적 상황에서 술이 널리 사용되는 것을 감안할 때, 술 연구자와 사회심리학자들 모두 술이 사회적 유대에 미치는 영향을 일반적으로 소홀히 했다는 것은 주목할 만하다"고 말한다.
46 세예트 外(2012).
47 세예트 外(2012, 그림 1). Copyright Clearance Center(license #4947120323569)를 통해 세이지 출판사(Sage Publication)로부터 허락.
48 키르히너 外(2006).
49 페어번 外(2015).
50 오레히크 外(2020: 110-111). 여기에서 가독성을 위해 인용문을 제거했다. 이 주제에 대한 우수한 문헌 검토를 위해 이 연구 참조. 오레히크와 동료들이 수행한 연구가 동영상에 나오는 실험대상자의 성격에 대한 관찰자의 등급을 검토했고, 술이 관찰자의 등급이 정확성이 아닌 긍정성을 증가시켰다는 증거를 발견했다는 것에 주목할 가치가 있다.
51 반고(班固), 《한서(漢書)》(*History of the Han*). 또한 전통 중국 문화에서 문학자들의 술 파티의 중요성에 대해서는 마티스(2011: 246-7) 참조.
52 미드 홀에 대해서는 게이틀리 2008: 55를 보고, 영국 에일 맥주집에 대해서는 마틴(2006: 98) 참조.
53 크르잔(2013: 65, op cit.).
54 영국의 에일 맥주집이나 술집과 매우 흡사했던 19세기 말과 20세기 초의 러시

아 카박에 대해서는 마틴(2006: 195) 참조. "클럽이나 도서관 이상으로, 그리고 술집 이상으로, 카박은 '마을 공공 생활의 중심지'였다"(2006: 195, op cit.).

55 스튜어트 월턴(Stuart Walton)이 말하듯이, "대부분의 사람들에게 저녁에 마시는 첫 와인 한 잔, 맥주 또는 진토닉 한 병은 뇌가 작동하는 방식을 변화시킴으로써 주어진 세계를 대체하는 취함의 영적 기능과 취함의 역할을 가장 낙관적으로 알린다. 그리고 이런 취함의 기능은 인류 자체와 같은 연대이다"(월턴 2001: 129).

56 에드워즈(2000: 28-29)에서 인용된 대량관찰(Mass Observation) 1943.

57 로빈 던바의 한 대중적인 연구(던바 2018)는 던바 外(2016)에서 보고한 연구의 결과를 읽기 쉽게 설명한다.

58 던바(2017).

59 던바와 호킹스(2020: 1).

60 〈정치적 음주에 대한 마지막 명령, 술에 대한 관심이 줄어들고 있는 것은 영국 정치를 변화시키고 있다〉, 배저트(Bagehot) 칼럼, 《이코노미스트》 2018년 6월 2일자.

61 펠레와 브로드스키(2000).

62 로저스(2014: 163).

63 패트릭(1952: 46)에서 나온 하트(1930: 126).

64 월턴(2001: 22)에서 인용.

65 이어 그는 친목 모임에서 취한 성인의 향상된 사회성과 단순한 동물적 결합이 아닌 진정한 인간의 사랑을 동반하는 일종의 깊은 정신적 교감을 비교한다. 로빈 오스본이 설명하듯이, "파티에서 술에 취하지 않고 있는 것은 … 성적인 상대에게 정신적 매력을 느끼지 않고 성관계를 갖는 것과 같다. 이 비유에 비추어 볼 때, 취하지 않는 것은 미성숙한 것과 같은 것이다. 취함과 적절한 성인 열정은 함께 가는 것이다"(오스본 2014: 41).

66 개관을 위해서는 W. H. 조지와 스토너(2000) 참조.

67 개관을 위해서는 쉬어 外(2005) 참조.

68 리 外(2008), 쉬어 外(2005).

69 《맥베스》, 2막 3장.

70 로스(2005: 52)에서 인용.

71 리버스 外(2011), 첸 外(2014), 메이나드 外(2015)의 모효 결과 참조.

72 돌더 外(2016, op cit.).

73 J. 테일러, 플롭. 그린(1999).
74 베그 外(2013)에서 인용.
75 반 덴 아베레 外(2015).
76 사진작가의 허가와 도움으로 재생산됨. 그의 관대함에 많은 감사를 드린다.
77 베그 外(2013). 이 보고서의 후속 연구에서는 균형 잡힌 위약 설계를 사용하여 이러한 자기 강화 효과가 실제 알코올 섭취뿐만 아니라 알코올 기대에 의해서도 생성된다는 것을 발견했다.
78 헐 外(1983).
79 바나지와 스틸(1989)에서 보고된 바나지와 스틸(1988).
80 로스(2005: 8)에서 인용.
81 뮐러와 슈만(2011).
82 잉에서 나온 번역과 인용 모두 酒를 'ale'이 아닌 'wine'으로 표현하기 위해 약간 수정했다. 둘 다 이상적이지는 않지만, "wine"은 보다 중립적이며, 가독성과 정확성 사이에서 가장 좋은 절충안이라고 생각한다.
83 펠레와 브로드스키는 다음과 같이 요약한다. "사회성은 종종 음주의 주요 동기이자 결과인 것으로 설문조사에서 언급된다. 호주의 젊은 성인을 대상으로 한 일지 연구에서, 남성과 여성 모두가 제시한 음주를 하는 주된 두 가지 이유는 사교성(30~49%)과 축하하기(19~15%)였다. 스칸디나비아 4개국의 설문조사에서, 음주의 긍정적인 결과는 '다른 사람들과의 교제에서 억제 소실과 다른 사람들과의 더 나은 접촉 확립에 의해 가장 먼저 표명된다.' 프랑스계 캐나다인을 대상으로 한 설문조사에 따르면 유쾌함이 술의 가장 널리 퍼진 이점(64%)이라는 것이 나타났다"(펠레와 브로드스키 2000, op cit.).
84 뮐러와 슈만(2011)은 이 주제에 대한 광범위한 실증적 문헌을 검토하면서 "술은 사회적 억제, 사회적 상황의 불편, 사회적 불안을 감소시키고, 수다를 증가시키며, 사적인 일에 대해 말하는 경향을 증가시킨다"고 결론을 내린다.
85 뮐러와 슈만(2011); 부스와 해스킹(2009) 참조.
86 미드 에글스턴, 울어웨이-비켈, 슈미트(2004); 영 外(2015).
87 베르샤드 外(2015); 돌더 外(2016).
88 바움-바이카(1985)과 뮐러와 슈만(2011)에서 개관한 문헌 참조.
89 윌과 코틀러(2017: 14-15).
90 네즐렉, 필킹턴, 빌브로(1994: 350).
91 터너(2009).

92 호건(2017); '집단 흐름'을 달성하기 위한 '황홀한 기술'에 관한 윌 코틀러의 논의 참조(윌 코틀러 2017: 2ff).
93 에런라이크(2007: 163).
94 에런라이크(2007: 21-22).
95 하이트, 세이드, 케세비르(2008).
96 뒤르켐(1915/1965: 428). 까놓고 말해서, 뒤르켐은 다른 곳에서는 "취하게 하는 액체를 의례에서 사용한다"는 것을 인정하지만, 화학적 취성물질은 인간 의례와 유대에 대한 그의 설명에서 아주 작은 역할을 한다.
97 라파포트(1999: 202).
98 포르스트만 外(2020). 술이 단연코 소비되는 가장 대중적인 향정신성 물질이지만(80%), 술에 대한 변화 경험에 대해서는 보고가 가장 낮아서 어떤 물질보다 더 낮지 않다는 것에 주목해야 한다. 저자들이 언급하듯이, 이는 현재로서는 긍정적이지만 모레 불쾌한 생리적인 결과를 초래하는 알코올 효과의 곡선에 기인할 수 있다. 다시 말해, 다른 약물과 달리 술은 일반적으로 머리가 깨질 듯한 숙취를 남긴다(보충 자료 8-9쪽). 그러나 이 문제는 더 연구해 볼 가치가 있고, 이런 행사에서 약물 사용을 자제하는 같은 부류의 사람들도 노래와 동시적인 춤이 시작되면 주변에 앉는 경향이 있다는 가능성 역시 더 연구할 가치가 있다.
99 네메스 外(2011).
100 "인간은 이성적이기 때문에 술에 취해야 한다. 인생의 최고는 취함일 뿐이다. 영광, 포도, 사랑, 금은 이 안에 가라앉아 있다. 모든 사람과 모든 국민의 희망. 수액이 없다면 줄기는 얼마나 나뭇가지가 없는가. 생명의 이상한 나무, 가끔 너무도 생산적이야! 하지만 돌아가기 위해서—매우 취하라; 그리고 두통을 앓고 일어나면, 그때 무엇을 보게 될 것이다《돈 주앙》, 칸토 2, 179연(1819-1824).
101 아래에서 인용할 많은 구절을 소개해 준 니체와 디오니소스 황홀에 대한 뛰어난 연구를 위해서는 루이스터(2001) 참조.
102 니체(1872/1967: 37).
103 니체(1891/1961: 207).
104 윌리엄스(2013)에서 인용.
105 윌리엄스(2013)에서 인용. 전통 중국 시에서 술로 인한 황홀의 비유에 대해서는 찰스 광(2013)과 잉(준비중) 참조.
106 잉(준비중).

107 https://youtu.be/yYXoCHLqr4o 참조. 동물과 취성물질에 대해 더 많은 내용을 위해서는 사모리니(2002) 참조.
108 R. 시걸(2005: 10).
109 카뮈(1955: 38).
110 M. 리어리(2004: 46). 이 주제에 대해서는 또한 바우마이스터(1991) 참조.
111 헉슬리(1954/2009: 63).
112 월턴(2001: 119)에서 인용.
113 6개월 간의 추적 검사와 대부분의 실험대상자를 나중에 20년 이상의 추적 검사를 위해 추적한(더블린 1991) 성금요일 실험(판케 1963). MDMA 사용자에 대한 설문조자 데이터와 '일상 자아'에 '약물 자아'가 미치는 보고된 긍정적인 효과에 대해서는 조-레이들러, 헌트, 몰로니(2014)를 참조하고, 환각제와 영적·정신적 안녕에 관한 더욱 최근 실험 연구를 위해서는 맥린, 존슨, 그리피스(2011); 러커, 일리프, 너트(2018); 스터데루스, 감마, 볼렌바이더(2010)를 참조하라. 폴란(2018)은 또한 이런 일군의 연구에 대한 읽기 쉬운 훌륭한 개관을 제공한다.
114 그리피스 外(2011).
115 앤더슨 外(2019); 도밍게즈-클레이브 外(2016).
116 〈사이키델릭 관광은 틈새시장이지만 성장하고 있다〉, 《이코노미스트》 국제, 2019년 6월 8일자.
117 탈린과 사나브리아(2017).
118 샤론(1972: 131).
119 월턴(2001: 133).
120 월턴(2001: 256)에서 인용.
121 제1장에서 논의한 구세군의 창시자 윌리엄 부스의 인용문 참조.
122 2001. 《취함학: 음주와 마약의 문화사》(*Intoxicology: A Cultural History of Drink and Drugs*)(2016)로 최근에 다시 발행됨.
123 월턴(2001: xvii). 비슷한 맥락에서 월턴은 "자살은 비극적일 수도 있고 분노하게 할 수도 있지만 그 자체로는 거의 사악한 행위가 아닐 수도 있다. 하지만, 자기애는 건강에 이로운 것으로 긍정적으로 촉구된다. 그러나 취함은 긍정적인 것으로 설득될 수 없다. 가상의 보편성에도 불구하고, 취함은 우리가 하지 않는 것처럼 가장하거나, 적어도 고의적으로 하지 않거나, 혹은 적어도 자주 하지 않거나, 혹은 적어도 하루의 일을 제대로 한 후에야 하는 어떤 것으로

남아 있다"(2001: 46).
124 히스(2000: 67).
125 로스(2005: xiii)에서 인용.
126 월턴(2001: 204, 234-235) 참조. "우리는 취함을 단순히 그리고 환원할 수 없을 정도로 그 자체인 것인 완전히 살아있는 삶의 필수 성분으로 보는 것이 아니라, 진정한 충족의 슬픈 대체물로 보는 근본적인 실수를 범한다. 훌륭한 예술이나 진정한 사랑, 영혼의 황홀이라는 측면에서 더 깊이 생각해야 할 더 높은 것이 있을 수 있지만, 그것들은 취한다고 해서 좌절되는 것이 아니고, 어쨌든 얼굴을 충분히 자주 반쯤 드러내지 않는다."
127 특히 일반적으로 아리어스 디두모(Arius Didymus)의 것으로 생각되는 "Doxology C"(송영; 頌榮)(하느님을 찬양하거나 하느님의 영광을 노래하는 간결한 문구)(날짜 미상, 서기 1세기~3세기).
128 자이프(2019: 98).
129 보즐리(2018)에서 인용.
130 뮐러와 슈만(2011).
131 "역학 자료에 따르면 … 중독 가능성이 있는 향정신성 약물을 소비하는 대부분의 사람은 중독자가 아니며 결코 중독되지 않을 것이다 … 미국에서 현재 음주자로 분류되는 사람들 중 14.9%는 SAMHSA(2005) 보고서에 따르면 중독자로 진단된다. … 유럽 연합에서, 매일 술을 마시는 사람들의 약 7.1%가 술에 의존한다. … 이러한 종류의 조사를 통해, 향정신성 약물 사용자의 대다수는 약물 중독자가 아니며 결코 약물 중독자가 되지 않을 것임은 명백하다"(뮐러와 슈만 2011, op cit.).
132 엘리아데(1964: 223, 401). 그는 샤머니즘적 관습에서 화학적 취성물질을 사용하는 것이 "최근의 혁신이고, 샤머니즘적 기법의 퇴폐를 암시한다. 마약 중독은 샤먼이 더 이상 다른 식으로 얻을 수 없는 상태의 흉내를 내기 위해 요구된다"고 주장한다(401). 이것은 환각제가 처음부터 샤머니즘적 관습에서 역할을 했다는 앞에서 검토한 광범위한 고고학적 증거와 완전히 모순되므로, 우리는 이런 진술에 매우 강력한 편견이 있는 것으로 생각해야 한다. 한 논평가가 다소 날카롭게 말하듯이, 엘리아데가 화학적 취성물질을 일축하는 것이 특정한 학문에 근거하는 것이 아니라, "종교적 삶과 관련된 취함을 그가 부르주아 근성으로 싫어하는 것"이다(러들리 1993: 38).
133 로스(2005: xix).

134 헉슬리(1954/2009: 14), 〈인간의 정신을 형성하는 약물〉.
135 헉슬리(1954/2009: 155), 〈천국과 지옥〉.
136 도연명, 〈歸去來辭〉
137 찰스 광(2013).
138 보들레르(1869), 저자 번역.

제5장

1 서기 1세기로 거슬러 올라가는 최초의 중국어 사전은 우리가 '술'로 표현하고 있고 모든 알코올 음료를 폭넓게 가리키는 말을 다음과 같이 주석을 단다. "Wine/alcohol(酒)은 '달성하다'(就)를 의미한다. 그것은 인간 본성의 선과 악을 성취하기 위해 사용되는 것이다." 중국의 사전편찬자는 동음이자 측면에서 단어를 정의하는 것을 좋아한다. 이 경우 니콜라스 윌리엄스가 언급한 것처럼, 이 운율적 주석은 "술의 이중성을 소개한다. 술은 인간의 긍정적인 잠재력과 부정적인 잠재력 모두를 실현하는 데 도움을 줄 수 있는 촉매 같은 것이다"(N. M. 윌리엄스 2013).

2 《창세기》 5장 20절.
3 포사이스(2017: 144-145)에서 인용.
4 히스(1976: 43).
5 히스(2000).
6 Organization 2018.
7 https://www.niaaa.nih.gov/publications/brochures-and-fact-sheets/alcohol-facts-andstatistics#:~:text=Alcohol%2DRelated%20Deaths%3A,poor%20diet%20and%20physical%20inactivity.
8 만델바움 1965에서 인용된 루츠(1922: 105).
9 그랜트 外(2015). '경미한' 알코올 사용 장애는 2013년 개정된 정신장애진단 및 통계편람(Diagnostic and Statistical Manual of Mental Disorders; DSM-5)에서 AUD 증상이 2~3개 있는 것으로 정의되었다. 이는 지난해 "의도한 것 이상으로 술을 더 많이 또는 더 오래 마시게 된 적이 있었나요?" 또는 "한 번 이상 술을 줄이거나 끊고 싶어 했거나 그렇게 시도했지만 할 수 없었나요?" 등의 질문에 긍정으로 답하는 것을 포함한다.
10 '신항상성(allostasis)'에 관한 조지 쿱의 연구(쿱 2003; 쿱과 르 모알 2008) 참조.
11 쉬어와 우드(2005), 처킷(2014).

12 쉬어와 우드(2005).
13 이 연구에 대한 뛰어난 대중적인 설명은 용(2018)에서 찾을 수 있다.
14 남유럽과 북유럽의 음주 문화권에 대한 훌륭한 소개를 위해서는 크르잔(2013: 39-41)에 수록된 루스 엥스(Ruth Engs)의 연구에 대한 묘사 참조.
15 레머트(1991). 미국에서 유대인의 알코올 중독률이 전국 평균보다 훨씬 낮다는 점도 주목할 필요가 있다. 이는 가정 내 식사와 규칙적인 종교의식 모두에 포도주가 통합되는 것을 반영하는 것 같다(글래스너 1991).
16 "공공보건연구소의 알코올 연구 그룹의 수석 과학자 윌리엄 커에 따르면, 평균적으로 맥주의 알코올 도수는 4.5%이고, 와인은 11.6%, 증류주는 37%이다"(브리너 2010).
17 로저스(2014: 84).
18 증류의 역사에 대한 읽기 쉬운 소개를 위해서는 로저스(2014: 84-93) 참조.
19 게이틀리(2008: 71-72).
20 찰스 광(2013, ftn. 32).
21 스마일(2007: 186).
22 에드워즈(2000: 38-39).
23 에드워즈(2000: 197).
24 푸무추(1999)에서 인용한 《의례(儀禮)》(*Book of Ceremonies*), '농촌의 음주 의식'.
25 쉐버그(2001: 230, 228-229) 참조.
26 푸무추(1999: 138)에서 인용한 《사기》.
27 풀러(2000: 30)에서 인용.
28 마스와 올트먼(1987: 272).
29 크리스 캐버노(개인적 교신).
30 히스(1987: 49).
31 도우티(1979: 67); 조지아 맥락에 대해서는 마스와 올트먼 참조. "남자들이 혼자 술을 마시는 것은 전례가 없는 일이다. 술의 역할은 본질적으로 사회적이고 형식적이며 잔치에 한정된다"(1987: 275).
32 토렌(1988: 704).
33 르봇, 린스트롬, 멀린(1992: 200)에서 보고된 연구 참조.
34 가르비(2005: 87). 또한 97쪽의 페르시아 시의 설명 참조.
35 콜린스, 파크스, 말랫(1985), 보사리와 캐리(2001), 쉬어 外(2005).
36 쉬어 外(2005).

37　에이브럼스 外(2006); 프링스 外(2008).
38　에이브럼스 外(2006).
39　엘리사 게라-도스는 사회적 음주에서 혼술로의 현저한 변화를 유럽과 미국의 산업혁명 탓으로 돌리면서, 음주 시설에서 카운트와 바가 다소 갑작스럽게 나타난 것이 이러한 변화의 확산에 대한 좋은 대용물 역할을 한다고 주장하는 쉬벨부쉬(1993)의 연구를 인용한다. 어쩔 수 없이 서서 술을 마시거나 바텐더를 마주보고 있는 불편한 높은 의자에 혼자 앉는 것은 다른 사람들과 식탁에 둘러앉는 것과는 매우 다른 경험이다. 쉬벨부쉬는 "철도가 여행을 퍼뜨리고 기계식 베틀이 직물 생산을 가속화하는 것처럼 카운터는 음주를 가속화시킨다"고 주장한다(게라-도스 2020: 69에서 인용된 1993: 202).
40　얼(2014).
41　《알코올과 건강에 관한 전 세계 사람들의 통계 2018》(2018: 261).
42　자동차 부상 및 비(非)자동차의 부상에 관해, "알코올 소비량이 증가함에 따라 그 위험은 비선형적으로 증가한다." 즉, 평행이 아니라 혈중알코올농도의 수준이 높아질수록 상당히 극적인 곡선을 보여준다(B. 테일러 外 2010).
43　《알코올과 건강에 관한 전 세계 사람들의 통계 2018》(2018: 89).
44　그 문제에 대한 최근 개관 및 가능한 치료에 대해서는 《음주운전 사망률 제로화: 지속적인 문제에 대한 포괄적인 접근법》(2018) 참조.
45　맥앤드류와 에저튼(1969).
46　부시맨과 쿠퍼(1990); 쉬어 外(2005).
47　만델바움(1965)에서 인용한 맥킨레이(1951).
48　레인 外(2004).
49　레인 外(2004)의 그림 1과 그림 2를 결합하고, 혈중알코올농도 수준을 가장 가까운 백분율의 100분의 1까지 반올림한다. 실제 혈중알코올농도는 0.02%보다 약간 낮았고 0.04%와 0.08%를 상회했다.
50　가령, 셰익스피어, 《안토니우스와 클레오파트라》(*Anthony and Cleopatra*).
51　W. H. 조지와 스토너(2000).
52　리 外(2008).
53　아처 外(검토중).
54　애비, 자와키, 벅(2005).
55　패리스, 트리트, 빅켄(2010).
56　라이머 外(2018).

57 가독성을 위해 제거한 참고문헌을 위해서는 이 논문 자체 참조.
58 바바리 外(1983), 노리스와 커(1993), 마르코스(2005).
59 테스타 外(2014)에 수록된 개관 참조.
60 패리스, 트리트, 빅켄(2010: 427, op cit.).
61 모어란(2005: 26).
62 얀(2019).
63 T. 윌슨(2005: 6).
64 소울즈(2014). 허락을 얻어 재인쇄한 발췌문.
65 히스(2000: 164).
66 테스타 外(2014: 249).
67 애쉬 레빗과 쿠퍼(2010); 레빗, 데릭, 테스타(2014).
68 페어번과 테스타(2016: 75).
69 페어번과 테스타(2016: 74, op cit.).
70 《신약성서》 2장. 헉슬리가 언급하듯이, "신에 취한 상태를 술에 취한 것에 비유한 사람들이 '맑은 정신의 비정한 비판자들'뿐만은 아니었다. 위대한 신비가들 자신도 이 표현할 수 없는 것을 표현해 보고자 똑같은 말을 했다. 그래서 아빌라의 성 테레사는 우리 영혼의 중심은 저장고와 같아, 신이 원하는 대로 우리는 언제라도 들어가 맛있는 포도주와도 같은 그의 은총에 취할 수 있다고 했다"(헉슬리 1954/2009: 8, 〈인간의 정신을 형성하는 약물〉).
71 《에베소서》 5장 18절.
72 《장자》 제19편; B. 왓슨(1968: 198-199).
73 슬링거랜드(2014: 제6장).
74 헉슬리(1954/2009: 144-145), 〈천국과 지옥〉.
75 뉴버그 外(2006).
76 모어러 外(1997).
77 http://www.stangrof.com/index.php 참조.
78 바이틀 外(2005).
79 오스본(2014: 196-203)에 수록된 설명 참조.
80 블룸(1992: 59). 또한 황홀한 흑인 기독교 교회 예배(에런라이크 2007: 3에서 인용) 또는 19세기 미국에서 아프리카 노예의 '링 샤우트(ring shout)'(아프리카 서부 기원의 미국 남부의 춤, 재즈에 영향을 주었음) 현상(에런라이크 2007: 127)에 관한 프레드릭 로우 올스테드의 말 참조. 드와이트 히스가 연구한 캄바족이

주로 폭음 관행을 대체로 포기하던 시기에는 농민 집단뿐 아니라 복음주의 기독교도로 새롭게 통합되었다는 점도 주목할 가치가 있다(만델바움 1965).
81 위스너(2014). 이 주제에 대해 개인적 교신을 해 준 폴리 위스너에게 감사한다. 이와 비슷하게, 술과 다른 화학적 취성물질을 씹는 또 다른 집단인 바쿠 피그미(Baku pygmy)족은 "야간 목소리(nighttime voices)"의 의식을 가지고 있으며, 한밤중에 부족원은 결과에 구애받지 않게 논란이 있는 견해나 소수의 의견을 말할 수 있다. 이는 아마도 잠이 덜 깬 것이 수용성의 최면 상태를 만들어내기 때문이다(토미 플린트 개인적 교신).
82 라즈(2013).
83 최근 도움이 되는 책으로는 딘(2017), 워링턴(2018), 윌러비, 톨비, 예거(2019)가 있다.
84 A. 윌리엄스(2019).
85 베그 外(2013)에 수록된 개관 참조.
86 프롬미 外(1994).
87 이 주제와 이 견해에 대한 비판을 위해서는 슬링거랜드(2008b) 참조.
88 쉬어 外(2005)에 수록된 개관 참조.
89 크르잔(2013: 20)에서 인용한 데이비슨(2011).
90 오'브라이언(2016, 2018).
91 딘(2017: 24)에서 인용.
92 가령, 베르만 外(2020) 참조.
93 크르잔(2013: 82).
94 크르잔(2013: 6).
95 히스(2000: 197).
96 소울즈(2014).
97 엔지 팻, 셸턴, 케이블(2018: 1090).
98 쾨니히(2019).

결론

1 《요한복음》 2장 1-11절.
2 푸무추(1999: 134)에서 인용한 《제민요술》.
3 《古事記》, 中巻, 応神天皇段.
4 매드슨과 매드슨(1979: 43).

5   네팅(1964).
6   디틀러(2020: 121)에서 인용.
7   윌슨(2005: 3). 술을 연구하는 많은 문화인류학자들과 마찬가지로 윌슨은 인간생물학에 바탕을 둔 중요한 범문화적 요소를 덜 중요하게 보이게 만들면서 "본질적으로 음주는 그 자체가 문화적이다"고 선언한다는 점에 주목할 필요가 있다.
8   "애프터라이프" 시즌 2, 에피소드 2.
9   니체(1882/1974: 142). 스튜어트 월턴(2001)은 이 인용문을 자신의 '취함의 역사'에 대한 제사로 적절히 사용한다.
10 덴버 시는 또한 주류 판매점과 대마초 조제실을 폐쇄하려고 시도한 것으로 보인다. 이는 하루도 채 가지 못하고 불행하게 끝난 노력이었다(이 내용을 알려준 데리 리드에게 감사한다).
11 〈한잔할 가치가 있는: 주류 판매 금지로 양조업자들의 나라가 탄생하다〉, 《이코노미스트》 2020년 4월 25일자.
12 맨데이 外(2019).
13 월턴(2000: ix-x).
14 글자 그대로 "우리에게 자아가 있다는 것도 알지 못하다".
15 마이클 잉의 번역(잉 준비중)에서 나온 "음주" 1번 시. 많은 수정 추가.
16 www.perseus.tufts.edu/hopper/text?doc=Perseus%3Atext%3A1999.01.0138%3Ahymn%3D7.
17 오스본(2014: 34).
18 고전주의자 마이클 그리핀이 지적한 것처럼(2020년 8월 24일, 개인적 교신), 이 찬가의 결말은 시인 자신의 맹세를 나타낸다. 즉, 시인은 글자 그대로 "달콤한 노래를 'cosmify'"할 수 있기 위해 디오니소스를 기억 속에 계속 간직하겠다고 약속한다. 그리고 여기서 'cosmify'는 미화하다, 질서정연하게 하다, 광채를 더하다, 준비하다는 의미를 가진다. 신으로서의 디오니소스로부터 직접 영감을 끌어내지 않으면, 시인의 노래는 어떤 아름다움이나 일관성이 결여될 것이라는 생각이다.

참고 문헌

Abbey, Antonia, Tina Zawacki, and Philip Buck. (2005). "The effects of past sexual assault perpetration and alcohol consumption on men's reactions to women's mixed signals." *Journal of Social and Clinical Psychology*, 24, 129–155.

Abrams, Dominic, Tim Hopthrow, Lorne Hulbert, and Daniel Frings. (2006). "'Groupdrink'? The effect of alcohol on risk attraction among groups versus individuals." *Journal of Studies on Alcohol*, 67(4), 628–636.

Aiello, Daniel A., Andrew F. Jarosz, Patrick J. Cushen, and Jennifer Wiley. (2012). "Firing the executive: When an analytic approach to problem solving helps and hurts." *Journal of Problem Solving*, 4(2).

Allan, Sarah. (2007). "Erlitou and the formation of chinese Civilization: Toward a new paradigm." *Journal of Asian Studies*, 66(2), 461–496.

Allen, Robert. (1983). "Collective invention." *Journal of Economic Behavior & Organization*, 4(1), 1–24.

Amabile, Teresa M. (1979). "Effects of external evaluation on artistic creativity." *Journal of Personality and Social Psychology*, 37(2), 221–233.

Anderson, Thomas, Rotem Petranker, Daniel Rosenbaum, Cory R. Weissman, Le-Anh Dinh-Williams, Katrina Hui,... Norman A. S. Farb. (2019). "Microdosing psychedelics: Personality, mental health, and creativity differences in microdosers." *Psychopharmacology*, 236(2), 731–740.

Andrews, Michael. (2017). "Bar talk: Informal social interactions, alcohol prohibition, and invention." (Unpublished manuscript.)

Archer, Ruth, Cleo Alper, Laura Mack, Melanie Weedon, Manmohan Sharma, Andreas Sutter, and David Hosken. (Under consideration). "Alcohol alters female sexual behavior." *Cell Press*. https://papers.ssrn.com/sol3/papers.cfm?abstract_id=3378006.

Arranz-Otaegui, Amaia, Lara Gonzalez Carretero, Monica N. Ramsey, Dorian Q. Fuller, and Tobias Richter. (2018). "Archaeobotanical evidence reveals the origins of bread 14,400 years ago in northeastern Jordan." *Proceedings of the National Academy of Sciences*, 115(31), 7925–7930.

Arthur, J. W. (2014). "Beer through the ages." *Anthropology Now*, 6, 1–11.

Austin, Gregory. (1979). *Perspectives on the History of Psychoactive Substance Use*. Department of Health, Education, and Welfare, Public Health Service, Alcohol, Drug Abuse, and Mental Health Administration, National Institute on Drug Abuse.

Bahi, Amine. (2013). "Increased anxiety, voluntary alcohol consumption and ethanol-induced place preference in mice following chronic psychosocial stress." *Stress*, 16(4), 441–451.

Baier, Annette. (1994). *Moral Prejudices: Essays on Ethics*. Cambridge, MA: Harvard University Press.

Banaji, Mahzarin, and Claude M. Steele. (1989). "Alcohol and self-evaluation: Is a social cognition approach beneficial?" *Social Cognition* (Guilford Press Periodicals), 7(2), 137–151.

Banaji, Mahzarin, and Claude M. Steele. (1988). *Alcohol and Self-Inflation*. (Unpublished manuscript.) Yale University, New Haven, CT.

Barbaree, H. E., W. L. Marshall, E. Yates, and L. O. Lightfoot. (1983). "Alcohol intoxication and deviant sexual arousal in male social drinkers." *Behavior Research and Therapy*, 21(4), 365–373.

Barnard, Hans, Alek N. Dooley, Gregory Areshian, Boris Gasparyan, and Kym F. Faull. (2011). "Chemical evidence for wine production around 4000 BCE in the late Chalcolithic Near Eastern highlands." *Journal of Archaeological Science*, 38(5), 977–984.

Battcock, Mike, and Sue Azam-Ali. (1998). *Fermented Fruits and Vegetables: A Global Perspective*. Rome: FAO Agricultural Services.

Baudelaire, Charles. (1869). "Enivrez-vous," in *Le Spleen de Paris (Petits poèmes en prose)*. Paris: Calmann-Levy.

Baum-Baicker, Cynthia. (1985). "The psychological benefits of moderate alcohol consumption: A review of the literature." *Drug and Alcohol Dependence*, 15(4), 305–322.

Baumeister, Roy. (1991). *Escaping the Self: Alcoholism, Spirituality, Masochism, and Other Flights from the Burden of Selfhood*. New York: Basic Books.

Bègue, Laurent, Brad J. Bushman, Oulmann Zerhouni, Baptiste Subra, and Medhi Ourabah. (2013). "'Beauty is in the eye of the beer holder': People who think they are drunk also think they are attractive." *British Journal of Psychology*, 104(2), 225–234.

Beilock, Sian. (2010). *Choke: What the Secrets of the Brain Reveal About Getting It Right When You Have To*. New York: Free Press.

Berman, A. H., O. Molander, M. Tahir, P. Tornblom, M. Gajecki, K. Sinadinovic, and C. Andersson. (2020). "Reducing risky alcohol use via smartphone app skills training among adult internet help-seekers: A randomized pilot trial." *Front Psychiatry*, 11, 434.

Bershad, Anya K., Matthew G. Kirkpatrick, Jacob A. Seiden, and Harriet de Wit. (2015). "Effects of acute doses of prosocial drugs methamphetamine and alcohol on plasma oxytocin levels." *Journal of Clinical Psychopharmacology*, 35(3), 308–312.

Bettencourt, Luis, and Geoffrey West. (2010). "A unified theory of urban living." *Nature*, 467(7318), 912–913.

Blocker, Jack. (2006). "Kaleidoscope in Motion: Drinking in the United States, 1400–2000." In Mack Holt (Ed.), *Alcohol: A Social and Cultural History* (pp. 225–240). Oxford: Berg.

Bloom, Harold. (1992). *The American Religion: The Emergence of the Post-Christian Nation*. New York: Simon & Schuster.

Boone, R. Thomas, and Ross Buck. (2003). "Emotional expressivity and trustworthiness: The role of nonverbal behavior in the evolution of cooperation." *Journal of Nonverbal Behavior*, 27(3), 163–182.

Booth, C., and P. Hasking. (2009). "Social anxiety and alcohol consumption: The role of alcohol expectancies and reward sensitivity." *Addictive Behaviors*, 34(9), 730–736.

Borsari, B., and K. B. Carey. (2001). "Peer influences on college drinking: A review of the research." *Journal of Substance Abuse*, 13(4), 391–424.

Boseley, Sarah. (2018, August 23). "No Healthy Level of Alcohol Consumption, Says Major Study." *The Guardian*.

Bott, Elizabeth. (1987). "The Kava Ceremonial as a Dream Structure." In Mary Douglas (Ed.), *Constructive Drinking: Perspectives on Drink from Anthropology* (pp. 182–204). Cambridge: Cambridge University Press.

Boudreau, K. J., T. Brady, I. Ganguli, P. Gaule, E. Guinan, A. Hollenberg, and K. R.

Lakhani. (2017). "A field experiment on search costs and the formation of scientific collaborations." *Review of Economics and Statistics*, 99(4), 565–576.

Bourguignon, Erika. (1973). *Religion, Altered States of Consciousness, and Social Change*. Columbus: Ohio State University Press.

Boyd, Robert, Peter Richerson, and Joseph Henrich. (2011). "The cultural niche: Why social learning is essential for human adaptation." *Proceedings of the National Academy of Sciences*, 108 (Supplement 2), 10918–10925.

Bradbury, Jack W., and Sandra L. Vehrencamp. (2000). "Economic models of animal communication." *Animal Behaviour*, 59(2), 259–268.

Braidwood, Robert J., Jonathan D. Sauer, Hans Helbaek, Paul C. Mangelsdorf, Hugh C. Cutler, Carleton S. Coon,...A. Leo Oppenheim. (1953). "Symposium: Did man once live by beer alone?" *American Anthropologist*, 55(4), 515–526.

Braun, Stephen. (1996). *Buzzed: The Science and Lore of Alcohol and Caffeine*. London: Penguin.

Bray, Tamara. (2009). "The Role of Chicha in Inca State Expansion: A Distributional Study of Inca Aribalos." In Justin Jennings and Brenda Bowser (Eds.), *Drink, Power, and Society in the Andes* (pp. 108–132). Gainesville: University Press of Florida.

Britton, A., A. Singh-Manoux, and M. Marmot. (2004). "Alcohol consumption and cognitive function in the Whitehall II Study." *American Journal of Epidemiology*, 160(3), 240–247.

Brown, Stuart. (2009). *Play: How It Shapes the Brain, Opens the Imagination, and Invigorates the Soul*. New York: Penguin.

Bryant, G., and C. A. Aktipis. (2014). "The animal nature of spontaneous human laughter." *Evolution and Human Behavior*, 35, 327–335.

Bryner, Michelle. (2010, July 29). "How much alcohol is in my drink?" Live Science. Retrieved from https://www.livescience.com/32735-how-much-alcoholis-in-my-drink.html.

Bushman, Brad J., and Harris M. Cooper. (1990). "Effects of alcohol on human aggression: An integrative research review." *Psychological Bulletin*, 107(3), 341–354.

Byers, John. (1997). *American Pronghorn: Social Adaptations and the Ghosts of Predators Past*. Chicago: University of Chicago Press.

Campos, Raquel, Fernanda Leon, and Ben McQuillin. (2018). "Lost in the storm: The academic collaborations that went missing in hurricane ISAAC." *Economic Journal*, 128(610), 995–1018.

Camus, Albert. (1955). *The Myth of Sisyphus and Other Essays* (Justin O'Brien, Trans.). New York: Vintage.

Capraro, Valerio, Jonathan Schulz, and David G. Rand. (2019). "Time pressure and honesty in a deception game." *Journal of Behavioral and Experimental Economics*, 79, 93–99.

Carhart-Harris, R. L., and K. J. Friston. (2019). "REBUS and the anarchic brain: Toward a unified model of the brain action of psychedelics." *Pharmacological Reviews*, 71, 316–344. 10.1124/pr.118.017160.

Carmody, S., J. Davis, S. Tadi, J. S. Sharp, R. K. Hunt, and J. Russ. (2018). "Evidence of tobacco from a Late Archaic smoking tube recovered from the Flint River site in southeastern North America." *Journal of Archaeological Science: Reports*, 21, 904–910.

Carod-Artal, F. J. (2015). "Hallucinogenic drugs in pre-Columbian Mesoamerican cultures." *Neurologia* (English edition), 30(1), 42–49.

Carrigan, Matthew. (2020). "Hominoid Adaptation to Dietary Ethanol." In Kimberley Hockings and Robin Dunbar (Eds.), *Alcohol and Humans: A Long and Social Affair* (pp. 24–44). New York: Oxford University Press.

Carrigan, Matthew, Oleg Uryasev, Carole B. Frye, Blair L. Eckman, Candace R. Myers, Thomas D. Hurley, and Steven A. Benner. (2014). "Hominids adapted to metabolize ethanol long before human-directed fermentation." *Proceedings of the National Academy of Sciences*, 112(2), 458–463.

Centorrino, Samuele, Elodie Djemai, Astrid Hopfensitz, Manfred Milinski, and Paul Seabright. (2015). "Honest signaling in trust interactions: Smiles rated as genuine induce trust and signal higher earning opportunities." *Evolution and Human Behavior*, 36(1), 8–16.

Chan, Tak Kam. (2013). "From Conservatism to Romanticism: Wine and Prose-Writing from Pre-Qin to Jin." In Isaac Yue and Siufu Tang (Eds.), *Scribes of Gastronomy* (pp. 15–26). Hong Kong: Hong Kong University Press.

Chen, X., X. Wang, D. Yang, and Y. Chen. (2014). "The moderating effect of stimulus attractiveness on the effect of alcohol consumption on attractiveness ratings." *Alcohol and Alcoholism*, 49(5), 515–519.

Christakis, Nicholas. (2019). *Blueprint: The Evolutionary Origins of a Good Society*. New York: Little, Brown Spark.

Chrysikou, Evangelia. (2019). "Creativity in and out of (cognitive) control." *Current Opinion in Behavioral Sciences*, 27, 94–99.

Chrysikou, Evangelia, Roy H. Hamilton, H. Branch Coslett, Abhishek Datta, Marom Bikson, and Sharon L. Thompson-Schill. (2013). "Noninvasive transcranial direct current stimulation over the left prefrontal cortex facilitates cognitive flexibility in tool use." *Cognitive Neuroscience*, 4(2), 81–89.

Chrzan, Janet. (2013). *Alcohol: Social Drinking in Cultural Context*. New York: Routledge.

Cogsdill, E. J., A. T. Todorov, E. S. Spelke, and M. R. Banaji. (2014). "Inferring character from faces: A developmental study." *Psychological Science*, 25(5), 1132–1139.

Collaborators, GDB Alcohol. (2018). "Alcohol use and burden for 195 countries and territories, 1990–2016: A systematic analysis for the Global Burden of Disease Study 2016." *The Lancet*, 392(10152), 1015–1035.

Collins, R. Lorraine, George A. Parks, and G. Alan Marlatt. (1985). "Social determinants of alcohol consumption: The effects of social interaction and model status on the self-administration of alcohol." *Journal of Consulting and Clinical Psychology*, 53(2), 189–200.

Courtwright, David. (2019). *The Age of Addiction: How Bad Habits Became Big Business*. Cambridge, MA: Harvard University Press.

Crockett, Molly J., Luke Clark, Marc D. Hauser, and Trevor W. Robbins. (2010). "Serotonin selectively influences moral judgment and behavior through effects on harm aversion." *Proceedings of the National Academy of Sciences*, 107(40), 17433.

Curry, Andrew. (2017, February). "Our 9,000-Year Love Affair with Booze." *National Geographic*.

Curtin, John, Christopher Patrick, Alan Lang, John Cacioppo, and Niels Birnbaumer. (2001). "Alcohol affects emotion through cognition." *Psychological Science*, 12(6), 527–531.

Dally, Joanna, Nathan Emery, and Nicola Clayton. (2006). "Food-caching Western scrub jays keep track of who was watching when." *Science*, 312(5780), 1662–1665.

Damasio, Antonio. (1994). *Descartes' Error: Emotion, Reason, and the Human Brain*. New York: G. P. Putnam's Sons.

Darwin, Charles. (1872/1998). *The Expression of Emotions in Man and Animals (With Introduction, Afterword and Commentaries by Paul Ekman)*. New York: Oxford University Press.

Davidson, James. (2011). *Courtesans and Fishcakes: The Consuming Passions of Classical Athens*. Chicago: University of Chicago Press.

Dawkins, Richard. (1976/2006). *The Selfish Gene* (30th Anniversary Edition). Oxford: Oxford University Press.

Dawkins, Richard, John Richard Krebs, J. Maynard Smith, and Robin Holliday. (1979). "Arms races between and within species." *Proceedings of the Royal Society B: Biological Sciences*, 205(1161), 489–511.

de Bono, Edward. (1965). "Il cervello e il pensiero." In Angelo Majorana (Ed.), *Il cervello: organizzazione e funzioni* (pp. 203–208). Milan: Le Scienze.

Dean, Rosamund. (2017). *Mindful Drinking: How Cutting Down Can Change Your Life*. London: Orion Publishing Group.

DeCaro, Marci, Robin Thomas, Neil Albert, and Sian Beilock. (2011). "Choking under pressure: Multiple routes to skill failure." *Journal of Experimental Psychology*, 140(3), 390–406.

Dennis, Philip. (1979). "The Role of the Drunk in a Oaxacan Village." In Mac Marshall (Ed.), *Beliefs, Behaviors, and Alcoholic Beverages: A Cross-Cultural Survey* (pp. 54–63). Ann Arbor: University of Michigan Press.

DeSteno, D., C. Breazeal, R. H. Frank, D. Pizarro, J. Baumann, L. Dickens, and J. J. Lee. (2012). "Detecting the trustworthiness of novel partners in economic exchange." *Psychological Science*, 23(12), 1549–1556.

Devineni, A. V., and U. Heberlein. (2009). "Preferential ethanol consumption in Drosophila models features of addiction." *Current Biology*, 19(24), 2126–2132.

Dietler, Michael. (2006). "Alcohol: Anthropological/archaeological perspectives." *Annual Review of Anthropology*, 35, 229–249.

Dietler, Michael. (2020). "Alcohol as Embodied Material Culture: Anthropological Reflections of the Deep Entanglement of Humans and Alcohol." In Kimberley

Hockings and Robin Dunbar (Eds.), *Alcohol and Humans: A Long and Social Affair* (pp. 115–129). New York: Oxford University Press.

Dietrich, Arne. (2003). "Functional neuroanatomy of altered states of consciousness: The transient hypofrontality hypothesis." *Consciousness and Cognition*, 12, 231–256.

Dietrich, Laura, Julia Meister, Oliver Dietrich, Jens Notroff, Janika Kiep, Julia Heeb,...Brigitta Schutt. (2019). "Cereal processing at Early Neolithic Göbekli Tepe, southeastern Turkey." *PLOS ONE*, 14(5), e0215214.

Dietrich, Oliver, and Laura Dietrich. (2020). "Rituals and Feasting as Incentives for Cooperative Action at Early Neolithic Göbekli Tepe." In Kimberley Hockings and Robin Dunbar (Eds.), *Alcohol and Humans: A Long and Social Affair* (pp. 93–114). New York: Oxford University Press.

Dietrich, Oliver, Manfred Heun, Jens Notroff, Klaus Schmidt, and Martin Zarnkow. (2012). "The role of cult and feasting in the emergence of Neolithic communities. New evidence from Göbekli Tepe, south-eastern Turkey." *Antiquity*, 86(333), 674–695.

Dijk, Corine, Bryan Koenig, Tim Ketelaar, and Peter de Jong. (2011). "Saved by the blush: Being trusted despite defecting." *Emotion*, 11(2), 313–319.

Dineley, Merryn. (2004). *Barley, Malt and Ale in the Neolithic Near East, 10,000-50,000*. Oxford: BAR Publishing.

Djos, Matts. (2010). *Writing Under the Influence: Alcoholism and the Alcoholic Perception from Hemingway to Berryman*. London: Palgrave Macmillan.

Doblin, Rick. (1991). "Pahnke's 'Good Friday Experiment': A long-term follow-up and methodological critique." *Journal of Transpersonal Psychology*, 23(1), 1–28.

Dolder, Patrick, Friederike Holze, Evangelia Liakoni, Samuel Harder, Yasmin Schmid, and Matthias Liechti. (2016). "Alcohol acutely enhances decoding of positive emotions and emotional concern for positive stimuli and facilitates the viewing of sexual images." *Psychopharmacology*, 234, 41–51.

Dominguez-Clave, E., J. Soler, M. Elices, J. C. Pascual, E. Alvarez, M. de la Fuente Revenga,...J. Riba. (2016). "Ayahuasca: Pharmacology, neuroscience and therapeutic potential." *Brain Research Bulletin*, 126(Part 1), 89–101.

Dominy, Nathaniel J. (2015). "Ferment in the family tree." *Proceedings of the National Academy of Sciences*, 112(2), 308.

Doniger O'Flaherty, Wendy. (1968). "The Post-Vedic History of the Soma Plant." In R. Gordon Wasson (Ed.), *Soma: Divine Mushroom of Immortality* (pp. 95–147). New York: Harcourt Brace.

Doughty, Paul. (1979). "The Social Uses of Alcoholic Beverages in a Peruvian Community." In Mac Marshall (Ed.), *Beliefs, Behaviors, and Alcoholic Beverages: A Cross-Cultural Survey* (pp. 64–81). Ann Arbor: University of Michigan Press.

Douglas, Mary (Ed.). (1987). *Constructive Drinking: Perspectives on Drink from Anthropology*. Cambridge: Cambridge University Press.

Dry, Matthew J., Nicholas R. Burns, Ted Nettelbeck, Aaron L. Farquharson, and Jason M. White. (2012). "Dose-related effects of alcohol on cognitive functioning." *PLOS ONE*, 7(11), e50977–e50977.

Dudley, Robert. (2014). *The Drunken Monkey: Why We Drink and Abuse Alcohol*. Berkeley: University of California Press.

Dudley, Robert. (2020). "The Natural Biology of Dietary Ethanol, and Its Implications for Primate Evolution." In Kimberley Hockings and Robin Dunbar (Eds.), *Alcohol and Humans: A Long and Social Affair* (pp. 9–23). New York: Oxford University Press.

Duke, Guy. (2010). "Continuity, Cultural Dynamics, and Alcohol: The Reinterpretation of Identity Through Chicha in the Andes." In L. Amundsen-Meyer, N. Engel, and S. Pickering (Eds.), *Identity Crisis: Archaeological Perspectives on Social Identity* (pp. 263–272). Calgary: University of Calgary Press.

Dunbar, Robin. (2014). "How conversations around campfires came to be." *Proceedings of the National Academy of Sciences*, 111(39), 14013–14014.

Dunbar, Robin. (2017). "Breaking bread: The functions of social eating." *Adaptive Human Behavior and Physiology*, 3(3), 198–211.

Dunbar, Robin. (2018, August 9). "Why Drink Is the Secret to Humanity's Success." *Financial Times*.

Dunbar, Robin, and Kimberley Hockings. (2020). "The Puzzle of Alcohol Consumption." In Kimberley Hockings and Robin Dunbar (Eds.), *Alcohol and Humans: A Long and Social Affair* (pp. 1–8). New York: Oxford University Press.

Dunbar, Robin, Jacques Launay, Rafael Wlodarski, Cole Robertson, Eiluned Pearce, James Carney, and Padraig MacCarron. (2016). "Functional benefits of (modest) alcohol consumption." *Adaptive Human Behavior and Physiology*, 3(2), 118–133.

Durkheim, Emile. (1915/1965). *The Elementary Forms of the Religious Life* (Joseph Ward Swain, Trans.). New York: George Allen and Unwin Ltd.

Dutton, H. I. (1984). *The Patent System and Inventive Activity During the Industrial Revolution, 1750–1852*. Manchester: Manchester University Press.

Earle, Rebecca. (2014). "Indians and drunkenness in Spanish America." *Past and Present*, 222(Supplement 9), 81–99.

Easdon, C., A. Izenberg, M. L. Armilio, H. Yu, and C. Alain. (2005). "Alcohol consumption impairs stimulus- and error-related processing during a Go/No-Go Task." *Brain Research. Cognitive Brain Research*, 25(3), 873–883.

Edwards, Griffith. (2000). *Alcohol: The World's Favorite Drug*. New York: Thomas Dunne Books.

Ehrenreich, Barbara. (2007). *Dancing in the Streets: A History of Collective Joy*. New York: Metropolitan Books.

Ekman, Paul. (2003). *Emotions Revealed: Recognizing Faces and Feelings to Improve Communication and Emotional Life*. New York: Times Books.

Ekman, Paul. (2006). *Darwin and Facial Expression: A Century of Research in Review*. Los Altos, CA: Malor Books.

Ekman, Paul, and Wallace V. Friesen. (1982). "Felt, false, and miserable smiles." *Journal of Nonverbal Behavior*, 6(4), 238–252.

Ekman, Paul, and M. O'Sullivan. (1991). "Who can catch a liar?" American *Psychologist*, 46, 913–920.

Eliade, Mircea. (1964). *Shamanism: Archaic Techniques of Ecstasy* (Revised and Enlarged Edition). New York: Bollingen Foundation.

Emery, Nathan, and Nicola Clayton. (2004). "The mentality of crows: Convergent evolution of intelligence in corvids and apes." *Science*, 306(5703), 1903–1907.

Eno, Robert. (2009). "Shang State Religion and the Pantheon of the Oracle Texts." In John Lagerwey and Marc Kalinowski (Eds.), *Early Chinese Religion: Part One: Shang Through Han* (1250 BC–22 AD) (pp. 41–102). Leiden: Brill.

Enright, Michael. (1996). *Lady with a Mead Cup: Ritual, Prophecy, and Lordship in the European Warband from La Tene to the Viking Age*. Portland, OR: Four Courts Press.

Fairbairn, C. E., M. Sayette, O. Aelen, and A. Frigessi. (2015). "Alcohol and emotional contagion: An examination of the spreading of smiles in male and female drinking groups." *Clinical Psychological Science*, 3(5), 686–701.

Fairbairn, C. E., and M. Testa. (2016). "Relationship quality and alcohol-related social reinforcement during couples interaction." *Clinical Psychological Science*, 5(1), 74–84.

Farris, Coreen, Teresa A. Treat, and Richard J. Viken. (2010). "Alcohol alters men's perceptual and decisional processing of women's sexual interest." *Journal of Abnormal Psychology*, 119(2), 427–432.

Fatur, K. (2019). "Sagas of the Solanaceae: Speculative ethnobotanical perspectives on the Norse berserkers." *Journal of Ethnopharmacology*, 244, 112151.

Fay, Justin C., and Joseph A. Benavides. (2005). "Evidence for domesticated and wild populations of saccharomyces cerevisiae." *PLOS Genetics*, 1(1), e5.

Feinberg, Matthew, Robb Willer, and Dacher Kaltner. (2011). "Flustered and faithful: Embarrassment as a signal of prosociality." *Journal of Personality and Social Psychology*, 102(1), 81–97.

Fernandez, James. (1972). "Tabernanthe Iboga: Narcotic Ecstasis and the Work of the Ancestors." In Peter Furst (Ed.), *Flesh of the Gods: The Ritual Use of Hallucinogens* (pp. 237–260). New York: Praeger.

Fertel, Randy. (2015). *A Taste for Chaos: The Art of Literary Improvisation*. New Orleans: Spring Journal Books.

Florida, Richard. (2002). *The Rise of the Creative Class: And How It's Transforming Work, Leisure, Community and Everyday Life*. New York: Basic Books.

Forstmann, M., D. A. Yudkin, A. M. B. Prosser, S. M. Heller, and M. J. Crockett. (2020). "Transformative experience and social connectedness mediate the mood-enhancing effects of psychedelic use in naturalistic settings." *Proceedings of the National Academy of Sciences*, 117(5), 2338–2346.

Forsyth, Mark. (2017). *A Short History of Drunkenness*. New York: Viking.

Fox, K. C. R., M. Muthukrishna, and S. Shultz. (2017). "The social and cultural roots of whale and dolphin brains." *Nature Ecology and Evolution*, 1(11), 1699–1705.

Frank, Mark G., and Paul Ekman. (1997). "The ability to detect deceit generalizes across different types of high-stake lies." *Journal of Personality and Social Psychology*,

72(6), 1429–1439.

Frank, Robert. (1988). *Passions Within Reason: The Strategic Role of the Emotions*. New York: W. W. Norton & Company.

Frank, Robert. (2001). "Cooperation Through Emotional Commitment." In Randolph M. Nesse (Ed.), *Evolution and the Capacity for Commitment* (pp. 57–76). New York: Russell Sage Foundation.

Frank, Robert, T. Gilovich, and D. T. Regan. (1993). "The evolution of one-shot cooperation: An experiment." *Ethology and Sociobiology*, 14, 247–256.

Frey, Carl Benedikt. (2020, July 8). "The Great Innovation Deceleration: Our response to the Covid-19 pandemic could damage the world's collective brain." *MIT Sloan Management Review*.

Frings, Daniel, Tim Hopthrow, Dominic Abrams, Lorne Hulbert, and Roberto Gutierrez. (2008). "'Groupdrink': The effects of alcohol and group process on vigilance errors." *Group Dynamics: Theory, Research, and Practice*, 12(3), 179–190.

Fromme, Kim, G. Alan Marlatt, John S. Baer, and Daniel R. Kivlahan. (1994). "The alcohol skills training program: A group intervention for young adult drinkers." *Journal of Substance Abuse Treatment*, 11(2), 143–154.

Frye, Richard. (2005). Ibn Fadlan's Journey to Russia. Princeton, NJ: Markus Wiener.

Fuller, Robert. (1995). "Wine, symbolic boundary setting, and American religious communities." *Journal of the American Academy of Religion*, 63(3), 497–517.

Fuller, Robert. (2000). *Stairways to Heaven: Drugs in American Religious History*. Boulder, CO: Westview Press.

Furst, Peter. (1972). "To Find Our Life: Peyote Among the Huichol Indians of Mexico." In Peter Furst (Ed.), *Flesh of the Gods: The Ritual Use of Hallucinogens* (pp. 136–184). New York: Praeger.

Gable, Shelly L., Elizabeth A. Hopper, and Jonathan W. Schooler. (2019). "When the muses strike: Creative ideas of physicists and writers routinely occur during mind wandering." *Psychological Science*, 30(3), 396–404.

Garvey, Pauline. (2005). "Drunk and (Dis)orderly: Norwegian Drinking Parties in the Home." In Thomas Wilson (Ed.), *Drinking Cultures: Alcohol and Identity* (pp. 87–106); Oxford: Berg.

Gately, Iain. (2008). *Drink: A Cultural History of Alcohol*. New York: Gotham Books.

Gefou-Madianou, Dimitra (Ed.). (1992). *Alcohol, Gender and Culture*. London: Routledge.

George, Andrew. (2003). *The Epic of Gilgamesh*. New York: Penguin.

George, W. H., and S. A. Stoner. (2000). "Understanding acute alcohol effects on sexual behavior." *Annual Review of Sex Research*, 11, 92–124.

Gerbault, Pascale, Anke Liebert, Yuval Itan, Adam Powell, Mathias Currat, Joachim Burger,...Mark G. Thomas. (2011). "Evolution of lactase persistence: An example of human niche construction." *Philosophical Transactions of the Royal B: Biological Sciences*, 366(1566), 863–877.

Getting to Zero Alcohol-Impaired Driving Fatalities: A Comprehensive Approach to a Persistent Problem. (2018). Washington, DC: National Academies Press.

Giancola, Peter R. (2002). "The influence of trait anger on the alcohol-aggression relation in men and women." *Alcoholism: Clinical and Experimental Research*, 26(9), 1350–1358.

Gianoulakis, Christina. (2004). "Endogenous opioids and addition to alcohol and drugs of abuse." *Current Topics in Medical Chemistry*, 4, 39–50.

Gibbons, Ann. (2013, February 16). "Human Evolution: Gain Came with Pain." *Science News*.

Gladwell, Malcolm. (2010, February 8). "Drinking Games: How Much People Drink May Matter Less Than How They Drink It." *The New Yorker*.

Glassner, Barry. (1991). "Jewish Sobriety." In David Pittman and Helene Raskin White (Eds.), *Society, Culture, and Drinking Patterns Reexamined* (pp. 311–326). New Brunswick, NJ: Rutgers Center of Alcohol Studies.

Gochman, Samuel R., Michael B. Brown, and Nathaniel J. Dominy. (2016). "Alcohol discrimination and preferences in two species of nectar-feeding primate." *Royal Society Open Science*, 3(7), 160217.

Goldman, D., and M. A. Enoch. (1990). "Genetic epidemiology of ethanol metabolic enzymes: A role for selection." *World Review of Nutrition and Dietetics*, 63, 143–160.

Gopnik, Alison. (2009). *The Philosophical Baby: What Children's Minds Tell Us About Truth, Love, and the Meaning of Life*. New York: Farrar, Straus and Giroux.

Gopnik, Alison, S. O'Grady, C. G. Lucas, T. L. Griffiths, A. Wente, S. Bridgers,... R.

E. Dahl. (2017). "Changes in cognitive flexibility and hypothesis search across human life history from childhood to adolescence to adulthood." *Proceedings of the National Academy of Sciences*, 114(30), 7892–7899.

Grant B. F., R. B. Goldstein, T. D. Saha, S. P. Chou, J. Jung, H. Zhang, R. P. Pickering, W. J. Ruan, S. M. Smith, B. Huang, and D. S. Hasin. (2015). "Epidemiology of DSM-5 alcohol use disorder: Results from the national epidemiologic survey on alcohol and related conditions III." *JAMA Psychiatry*, 72(8), 757–766.

Griffiths, R. R., M. W. Johnson, W. A. Richards, B. D. Richards, U. McCann, and R. Jesse. (2011). "Psilocybin occasioned mystical-type experiences: Immediate and persisting dose-related effects." *Psychopharmacology*, 218(4), 649–665.

Guasch-Jané, Maria Rosa. (2008). *Wine in Ancient Egypt: A Cultural and Analytical Study*. Oxford: Archaeopress.

Guerra-Doce, Elisa. (2014). "The origins of inebriation: Archaeological evidence of the consumption of fermented beverages and drugs in prehistoric Eurasia." *Journal of Archaeological Method and Theory*, 22(3), 751–782.

Guerra-Doce, Elisa. (2020). "The Earliest Toasts: Archeological Evidence for the Social and Cultural Construction of Alcohol in Prehistoric Europe." In Kimberley Hockings and Robin Dunbar (Eds.), *Alcohol and Humans: A Long and Social Affair* (pp. 60–80). New York: Oxford University Press.

Haarmann, Henk, Timothy George, Alexei Smaliy, and Joseph Dien. (2012). "Remote associates test and alpha brain waves." *Journal of Problem Solving*, 4(2).

Hagen, E. H., C. J. Roulette, and R. J. Sullivan. (2013). "Explaining human recreational use of 'pesticides': The neurotoxin regulation model of substance use vs. the hijack model and implications for age and sex differences in drug consumption." *Front Psychiatry*, 4, 142.

Hagen, E., and Shannon Tushingham. (2019). "The Prehistory of Psychoactive Drug Use." In Tracy Henley, Matthew Rossano, and Edward Kardas (Eds.), *Cognitive Archaeology: Psychology in Prehistory*. New York: Routledge.

Haidt, Jonathan. (2001). "The emotional dog and its rational tail: A social intuitionist approach to moral judgment." *Psychological Review*, 108(4), 814–834.

Haidt, Jonathan, J. Patrick Seder, and Selin Kesebir. (2008). "Hive psychology, happiness, and public policy." *Journal of Legal Studies*, 37, 133–156.

Hall, Timothy. (2005). "Pivo at the Heart of Europe: Beer-Drinking and Czech Identity." In Thomas Wilson (Ed.), *Drinking Cultures: Alcohol and Identity* (pp. 65–86). Oxford: Berg.

Han, Y., S. Gu, H. Oota, M. V. Osier, A. J. Pakstis, W. C. Speed,... K. K. Kidd. (2007). "Evidence of positive selection on a class I ADH locus." *American Journal of Human Genetics*, 80(3), 441–456.

Harkins, Stephen G. (2006). "Mere effort as the mediator of the evaluationperformance relationship." *Journal of Personality and Social Psychology*, 91(3), 436–455.

Hart, H. H. (1930). "Personality factors in alcoholism." *Archives of Neurology and Psychiatry*, 24, 116–134.

Hauert, C., S. De Monte, J. Hofbauer, and K. Sigmund. (2002). "Volunteering as Red Queen mechanism for cooperation in public goods games." *Science*, 296(5570), 1129–1132.

Hayden, Brian. (1987). "Alliances and ritual ecstasy: Human responses to resource stress." *Journal for the Scientific Study of Religion*, 26(1), 81–91.

Hayden, Brian, Neil Canuel, and Jennifer Shanse. (2013). "What was brewing in the Natufian? An archaeological assessment of brewing technology in the Epipaleolithic." *Journal of Archaeological Method and Theory*, 20(1), 102–150.

Heath, Dwight. (1958). "Drinking patterns of the Bolivian Camba." *Quarterly Journal of Studies on Alcohol*, 19(3), 491–508.

Heath, Dwight. (1976). "Anthropological Perspectives on Alcohol: An Historical Review." In Michael Everett, Jack Waddell, and Dwight Heath (Eds.), *Cross-Cultural Approaches to the Study of Alcohol: An Interdisciplinary Perspective*. The Hague: Mouton Publishers.

Heath, Dwight. (1987). "A Decade of Development in the Anthropological Study of Alcohol Use, 1970–1980." In Mary Douglas (Ed.), *Constructive Drinking: Perspectives on Drink from Anthropology* (pp. 16–69). Cambridge: Cambridge University Press.

Heath, Dwight. (1990). "Anthropological and Sociocultural Perspectives on Alcohol as a Reinforcer." In W. Miles Cox (Ed.), *Why People Drink: Parameters of Alcohol as a Reinforcer* (pp. 263–290). New York: Gardner Press.

Heath, Dwight (1994). "Agricultural changes and drinking among the Bolivian Camba: A longitudinal view of the aftermath of a revolution." *Human Organization*, 53(4), 357–361.

Heath, Dwight. (2000). *Drinking Occasions: Comparative Perspectives on Alcohol and Culture*. New York: Routledge.

Heaton, R., G. Chelune, J. Talley, G. Kay, and G. Curtiss. (1993). *Wisconsin Card Sorting Test Manual: Revised and Expanded*. Lutz, FL: Psychological Assessment Resources.

Heberlein, Ulrike, Fred W. Wolf, Adrian Rothenfluh, and Douglas J. Guarnieri. (2004). "Molecular genetic analysis of ethanol intoxication in drosophila melanogaster1." *Integrative and Comparative Biology*, 44(4), 269–274.

Heidt, Amanda. (2020, June 8). "Like Humans, These Big-Brained Birds May Owe Their Smarts to Long Childhoods." *Science News*.

Heinrich, Bernd. (1995). "An experimental investigation of insight in common ravens (Corvus corax)." *The Auk*, 112(4), 994–1003.

Henrich, Joseph. (2015). *The Secret of Our Success: How Culture Is Driving Human Evolution, Domesticating Our Species, and Making Us Smarter*. Princeton, NJ: Princeton University Press.

Henrich, Joseph, and Richard McElreath. (2007). "Dual Inheritance Theory: The Evolution of Human Cultural Capacities and Cultural Evolution." In Robin Dunbar and Louise Barrett (Eds.), *Oxford Handbook of Evolutionary Psychology* (pp. 555–570). Oxford: Oxford University Press.

Hertenstein, Elisabeth, Elena Waibel, Lukas Frase, Dieter Riemann, Bernd Feige, Michael Nitsche,...Christoph Nissen. (2019). "Modulation of creativity by transcranial direct current stimulation." *Brain Stimulation*, 12(5), 1213–1221.

Hirsch, Jacob, Adam Galinsky, and Chen-bo Zhong. (2011). "Drunk, powerful, and in the dark: How general processes of disinhibition produce both prosocial and antisocial behavior." *Perspectives on Psychological Science*, 6(5), 415–427.

Hockings, Kimberley, and Robin Dunbar (Eds.). (2020). *Alcohol and Humans: A Long and Social Affair*. New York: Oxford University Press.

Hockings, Kimberley, Miho Ito, and Gen Yamakoshi. (2020). "The Importance of Raffia Palm Wine to Coexisting Humans and Chimpanzees." In Kimberley Hockings and Robin Dunbar (Eds.), *Alcohol and Humans: A Long and Social Affair* (pp. 45–59).

New York: Oxford University Press.

Hogan, Emma. (2017, August 1). "Turn On, Tune In, Drop by the Office." *The Economist* 1843.

Holtzman, Jon. (2001). "The food of elders, the 'ration' of women: Brewing, gender, and domestic processes among the Samburu of Northern Kenya." *American Anthropologist*, 103(4), 1041–1058.

Horton, Donald. (1943). "The functions of alcohol in primitive societies: A crosscultural study." *Quarterly Journal of Studies on Alcohol*, 4, 199–320.

Hrdy, Sarah Blaffer. (2009). *Mothers and Others: The Evolutionary Origins of Mutual Understanding*. Cambridge, MA: Belknap Press.

Huizinga, Johan. (1955). *Homo Ludens: A Study of the Play Element in Culture*. Boston: Beacon Press.

Hull, Jay G., Robert W. Levenson, Richard David Young, and Kenneth J. Sher. (1983). "Self-awareness-reducing effects of alcohol consumption." *Journal of Personality and Social Psychology*, 44(3), 461–473.

Hull, Jay G., and Laurie B. Slone. (2004). "Alcohol and Self-Regulation." In Roy F. Baumeister and Kathleen D. Vohs (Eds.), *Handbook of Self-Regulation: Research, Theory, and Applications* (pp. 466–491). New York: Guilford Press.

Hunt, Tristan. (2009). *The Frock-Coated Communist: The Revolutionary Life of Friedrich Engels*. London: Penguin.

Hurley, C., and Mark G. Frank. (2011). "Executing facial control during deception situations." *Journal of Nonverbal Behavior*, 35, 119–131.

Huxley, Aldous. (1954/2009). *The Doors of Perception*. New York: HarperCollins.

Hyman, S. E. (2005). "Addiction: A disease of learning and memory." *American Journal of Psychiatry*, 168(8), 1414–1422.

Ilardo, Melissa A., Ida Moltke, Thorfinn S. Korneliussen, Jade Cheng, Aaron J. Stern, Fernando Racimo,... Eske Willerslev. (2018). "Physiological and genetic adaptations to diving in sea nomads." *Cell*, 173(3), 569–580.e515.

Ing, Michael. (In preparation). *What Remains: Grief and Resilience in the Thought of Tao Yuanming*.

James, William. (1902/1961). *The Varieties of Religious Experience: A Study in Human Nature*. New York: Collier Books.

Jarosz, A. F., G. J. Colflesh, and J. Wiley. (2012). "Uncorking the muse: Alcohol intoxication facilitates creative problem solving." *Consciousness and Cognition*, 21(1), 487–493.

Jennings, Justin, and Brenda Bowser. (2009). "Drink, Power, and Society in the Andes: An Introduction." In Justin Jennings and Brenda Bowser (Eds.), *Drink, Power, and Society in the Andes* (pp. 1–27). Gainesville: University Press of Florida.

Joe-Laidler, Karen, Geoffrey Hunt, and Molly Moloney. (2014). "'Tuned Out or Tuned In': Spirituality and Youth Drug Use in Global Times." In Phil Withington and Angela McShane (Eds.), *Cultures of Intoxication, Past and Present* (Vol. 222, pp. 61–80). Oxford: Oxford University Press.

Joffe, Alexander. (1998). "Alcohol and social complexity in Ancient Western Asia." *Current Anthropology*, 39(3), 297–322.

Katz, Solomon, and Mary Voight. (1986). "Bread and beer." *Expedition*, 28(2), 23–35.

Khazan, Olga. (2020, January 14). "America's Favorite Poison: Whatever Happened to the Anti-Alcohol Movement?" *The Atlantic*.

Kirchner, T. R., M. A. Sayette, J. F. Cohn, R. L. Moreland, and J. M. Levine. (2006). "Effects of alcohol on group formation among male social drinkers." *Journal of Studies on Alcohol and Drugs*, 67(5), 785–793.

Kirkby, Diane. (2006). "Drinking 'The Good Life': Australia c.1880–980." In Mack Holt (Ed.), *Alcohol: A Social and Cultural History* (pp. 203–224). Oxford: Berg.

Klatsky, Arthur L. (2004). "Alcohol and cardiovascular health." *Integrative and Comparative Biology*, 44(4), 324–328.

Kline, Michelle A., and Robert Boyd. (2010). "Population size predicts technological complexity in Oceania." *Proceedings of the Royal Society B: Biological Sciences*, 277(1693), 2559–2564.

Koenig, Debbie. (2019, December 21). "Not Just January: Alcohol Abstinence Turns Trendy." *WebMD*. https://www.webmd.com/mental-health/addiction/news/20191231/not-just-january-alcohol-abstinence-turns-trendy.

Kometer, M., T. Pokorny, E. Seifritz, and F. X. Vollenweider. (2015). "Psilocybin-induced spiritual experiences and insightfulness are associated with synchronization of neuronal oscillations." *Psychopharmacology*, 232(19), 3663–3676.

Koob, George F. (2003). "Alcoholism: Allostasis and Beyond." *Alcoholism: Clinical and*

Experimental Research, 27(2), 232–243.

Koob, George F., and Michel Le Moal. (2008). "Addiction and the brain antireward system." *Annual Review of Psychology*, 59, 29–53.

Krumhuber, Eva, Antony S. R. Manstead, Darren Cosker, Dave Marshall, Paul Rosin, and Arvid Kappas. (2007). "Facial dynamics as indicators of trustworthiness and cooperative behavior." *Emotion*, 7(4), 730–735.

Kuhn, Cynthia, and Scott Swartzwelder. (1998). *Buzzed: The Straight Facts About the Most Used and Abused Drugs from Alcohol to Ecstasy*. New York: Penguin.

Kwong, Charles. (2013). "Making Poetry with Alcohol: Wine Consumption in Tao Qian, Li Bai and Su Shi." In Isaac Yue and Siufu Tang (Eds.), *Scribes of Gastronomy* (pp. 45–67). Hong Kong: Hong Kong University Press.

Laland, Kevin, John Odling-Smee, and Marcus Feldman. (2000). "Niche construction, biological evolution, and cultural change." *Behavioral and Brain Sciences*, 23(1), 131–175.

Lalander, Philip. (1997). "Beyond everyday order: Breaking away with alcohol." *Nordic Studies on Alcohol and Drugs*, 14(1_supplement), 33–42.

Lane, Scott, Don Cherek, Cynthia Pietras, and Oleg Tcheremissine. (2004). "Alcohol effects on human risk taking." *Psychopharmacology*, 172(1), 68–77.

Lang, I., R. B. Wallace, F. A. Huppert, and D. Melzer. (2007). "Moderate alcohol consumption in older adults is associated with better cognition and well-being than abstinence." *Age and Ageing*, 36(3), 256–261.

Larimer, Mary, and Jessica Cronce. (2007). "Identification, prevention, and treatment revisited: Individual-focused college drinking prevention strategies 1999–2006." *Addictive Behaviors*, 32(11), 2439–2468.

Leary, Mark. (2004). *The Curse of the Self: Self-Awareness, Egotism, and the Quality of Human Life*. New York: Oxford University Press.

Leary, Timothy. (2008). *Leary on Drugs: Writings and Lectures from Timothy Leary (1970–1996)*. San Francisco: Re/Search Publications.

Lebot, Vincent, Lamont Lindstrom, and Mark Merlin. (1992). *Kava: The Pacific Drug*. New Haven, CT: Yale University Press.

Lee, H. G., Y. C. Kim, J. S. Dunning, and K. A. Han. (2008). "Recurring ethanol exposure induces disinhibited courtship in Drosophila." *PLOS ONE*, 3(1), e1391.

Lemmert, Edwin. (1991). "Alcohol, Values and Social Control." In David Pittman and Helene Raskin White (Eds.), *Society, Culture, and Drinking Patterns Reexamined* (pp. 681–701). New Brunswick, NJ: Rutgers Center of Alcohol Studies.

Levenson, Robert W., Kenneth J. Sher, Linda M. Grossman, Joseph Newman, and David B. Newlin. (1980). "Alcohol and stress response dampening: Pharmacological effects, expectancy, and tension reduction." *Journal of Abnormal Psychology*, 89(4), 528–538.

Levine, E. E., A. Barasch, D. Rand, J. Z. Berman, and D. A. Small. (2018). "Signaling emotion and reason in cooperation." *Journal of Experimental Psychology: General*, 147(5), 702–719.

Levitt, A., and M. Lynne Cooper. (2010). "Daily alcohol use and romantic relationship functioning: Evidence of bidirectional, gender-, and context-specific effects." *Personality and Social Psychology Bulletin*, 36(12), 1706–1722.

Levitt, A., J. L. Derrick, and M. Testa. (2014). "Relationship-specific alcohol expectancies and gender moderate the effects of relationship drinking contexts on daily relationship functioning." *Journal of Studies on Alcohol and Drugs*, 75(2), 269–278.

Lietava, Jan. (1992). "Medicinal plants in a Middle Paleolithic grave Shanidar IV?" *Journal of Ethnopharmacology*, 35(3), 263–266.

Limb, Charles J., and Allen R. Braun. (2008). "Neural substrates of spontaneous musical performance: An fMRI study of jazz improvisation." *PLOS ONE*, 3(2), e1679.

Long, Tengwen, Mayke Wagner, Dieter Demske, Christian Leipe, and Pavel E. Tarasov. (2016). "Cannabis in Eurasia: Origin of human use and Bronze Age transcontinental connections." *Vegetation History and Archaeobotany*, 26(2), 245–258.

Lu, Dongsheng, Haiyi Lou, Kai Yuan, Xiaoji Wang, Yuchen Wang, Chao Zhang,...Shuhua Xu. (2016). "Ancestral origins and genetic history of Tibetan Highlanders." *American Journal of Human Genetics*, 99(3), 580–594.

Lutz, H. F. (1922). *Viticulture and Brewing in the Ancient Orient*. Leipzig: J. C. Hinrichs.

Luyster, Robert. (2001). "Nietzsche/Dionysus: Ecstasy, heroism, and the monstrous." *Journal of Nietzsche Studies*, 21, 1–26.

Lyvers, Michael. (2000). "'Loss of control' in alcoholism and drug addiction: A neuroscientific interpretation." *Experimental and Clinical Psychopharmacology*,

8(2), 225–245.

Lyvers, Michael, Emma Cholakians, Megan Puorro, and Shanti Sundram. (2011). "Beer goggles: Blood alcohol concentration in relation to attractiveness ratings for unfamiliar opposite sex faces in naturalistic settings." *Journal of Social Psychology*, 151(1), 105–112.

Lyvers, Michael, N. Mathieson, and M. S. Edwards. (2015). "Blood alcohol concentration is negatively associated with gambling money won on the Iowa gambling task in naturalistic settings after controlling for trait impulsivity and alcohol tolerance." *Addictive Behaviors*, 41, 129–135.

Lyvers, Michael, and Juliette Tobias-Webb. (2010). "Effects of acute alcohol consumption on executive cognitive functioning in naturalistic settings." *Addictive Behaviors*, 35(11), 1021–1028.

Ma, Chengyuan (Ed.). (2012). *Shanghai Bowuguan Cang Zhanguo Chu Zhushu IX* 上海博物館藏戰國楚竹書(九). Shanghai: Shanghai Guji.

MacAndrew, Craig, and Robert B. Edgerton. (1969). *Drunken Comportment: A Social Explanation*. Chicago: Aldine.

Machin, A. J., and R. I. M. Dunbar. (2011). "The brain opioid theory of social attachment: A review of the evidence." *Behavior*, 148, 985–1025.

MacLean, Katherine, Matthew Johnson, and Roland Griffiths. (2011). "Mystical experiences occasioned by the hallucinogen psilocybin lead to increases in the personality domain of openness." *Journal of Psychopharmacology*, 25(11), 1453–1461.

Madsen, William, and Claudia Madsen. (1979). "The Cultural Structure of Mexican Drinking Behavior." In Mac Marshall (Ed.), *Beliefs, Behaviors, and Alcoholic Beverages: A Cross-Cultural Survey* (pp. 38–53). Ann Arbor: University of Michigan Press.

Mäkelä, Klaus. (1983). "The uses of alcohol and their cultural regulation." *Acta Sociologica*, 26(1), 21–31.

Mandelbaum, David. (1965). "Alcohol and culture." *Current Anthropology*, 6(3), 281–288 + 289–293.

Manthey, Jakob, Kevin D. Shield, Margaret Rylett, Omer S. M. Hasan, Charlotte Probst, and Jurgen Rehm. (2019). "Global alcohol exposure between 1990 and 2017 and forecasts until 2030: A modelling study." *The Lancet*, 393(10190), 2493–2502.

Marino, L. (2017). "Thinking chickens: A review of cognition, emotion, and behavior in the domestic chicken." *Animal Cognition*, 20(2), 127–147.

Markoff, John. (2005). *What the Dormouse Said: How the Sixties Counterculture Shaped the Personal Computer Industry*. New York: Viking.

Markos, A. R. (2005). "Alcohol and sexual behaviour." *International Journal of STD and AIDS*, 16(2), 123–127.

Marlatt, Alan, Mary Larimer, and Katie Witkiewitz (Eds.). (2012). *Harm Reduction, Second Edition: Pragmatic Strategies for Managing High-Risk Behaviors*. New York: Guilford Press.

Mars, Gerald. (1987). "Longshore Drinking, Economic Security and Union Politics in Newfoundland." In Mary Douglas (Ed.), *Constructive Drinking: Perspectives on Drink from Anthropology* (pp. 91–101). Cambridge: Cambridge University Press.

Mars, Gerald, and Yochanan Altman. (1987). "Alternative Mechanism of Distribution in a Soviet Economy." In Mary Douglas (Ed.), *Constructive Drinking: Perspectives on Drink from Anthropology* (pp. 270–279). Cambridge: Cambridge University Press.

Marshall, Alfred. (1890). Principles of Economics. London: MacMillan and Co. Martin, A. Lynn. (2006). "Drinking and Alehouses in the Diary of an English Mercer's Apprentice, 1663–674." In Mack Holt (Ed.), A*lcohol: A Social and Cultural History* (pp. 93–106). Oxford: Berg.

Mass Observation. (1943). *The Pub and the People: A Worktown Study*. London: Victor Gollancz.

Matthee, Rudolph. (2014). "Alcohol in the Islamic Middle East: Ambivalence and ambiguity." *Past and Present*, 222, 100–125.

Mattice, Sarah. (2011). "Drinking to get drunk: Pleasure, creativity, and social harmony in Greece and China." *Comparative and Continental Philosophy*, 3(2), 243–253.

Maurer, Ronald L., V. K. Kumar, Lisa Woodside, and Ronald J. Pekala. (1997). "Phenomenological experience in response to monotonous drumming and hypnotizability." *American Journal of Clinical Hypnosis*, 40(2), 130–145.

Maynard, Olivia M., Andrew L. Skinner, David M. Troy, Angela S. Attwood, and Marcus R. Munafo. (2015). "Association of alcohol consumption with perception of attractiveness in a naturalistic environment." *Alcohol and Alcoholism*, 51(2), 142–147.

McCauley, Robert N., and E. Thomas Lawson. (2002). *Bringing Ritual to Mind: Psychological Foundations of Cultural Forms*. Cambridge: Cambridge University Press.

McGovern, Patrick. (2009). *Uncorking the Past: The Quest for Wine, Beer, and Other Alcoholic Beverages*. Berkeley: University of California Press.

McGovern, Patrick. (2020). "Uncorking the Past: Alcoholic Fermentation as Humankind's First Biotechnology." In Kimberley Hockings and Robin Dunbar (Eds.), *Alcohol and Humans: A Long and Social Affair* (pp. 81–92). New York: Oxford University Press.

McKinlay, Arthur. (1951). "Attic temperance." *Quarterly Journal of Studies on Alcohol*, 12, 61–102.

McShane, Angela. (2014). "Material Culture and 'Political Drinking' in Seventeenth-Century England." In Phil Withington and Angela McShane (Eds.), *Cultures of Intoxication, Past and Present* (Vol. 222, pp. 247–276). Oxford: Oxford University Press.

Meade Eggleston, A., K. Woolaway-Bickel, and N. B. Schmidt. (2004). "Social anxiety and alcohol use: Evaluation of the moderating and mediating effects of alcohol expectancies." *Journal of Anxiety Disorders*, 18(1), 33–49.

Mehr, Samuel A., Manvir Singh, Dean Knox, Daniel M. Ketter, Daniel Pickens-Jones, S. Atwood,... Luke Glowacki. (2019). "Universality and diversity in human song." *Science*, 366(6468), eaax0868.

Michalowski, Piotr. (1994). "The Drinking Gods: Alcohol in Early Mesopotamian Ritual and Mythology." In Lucio Milano (Ed.), *Drinking in Ancient Societies: History and Culture of Drinks in the Ancient Near East* (pp. 27–44). Padua: Sargon.

Milan, Neil F., Balint Z. Kacsoh, and Todd A. Schlenke. (2012). "Alcohol consumption as self-medication against blood-borne parasites in the fruit fly." *Current Biology*, 22(6), 488–493.

Miller, Earl, and Jonathan Cohen. (2001). "An integrative theory of prefrontal cortex function." *Annual Review of Neuroscience*, 24, 167–202.

Milton, Katharine. (2004). "Ferment in the family tree: Does a frugivorous dietary heritage influence contemporary patterns of human ethanol use?" *Integrative and Comparative Biology*, 44(4), 304–314.

Miner, Earl. (1968). *An Introduction to Japanese Court Poetry*. Palo Alto, CA: Stanford University Press.

Moeran, Brian. (2005). "Drinking Country: Flows of Exchange in a Japanese Valley." In Thomas Wilson (Ed.), *Drinking Cultures: Alcohol and Identity* (pp. 25–42). Oxford: Berg.

Mooneyham, Benjamin W., and Jonathan W. Schooler. (2013). "The costs and benefits of mind-wandering: A review." *Canadian Journal of Experimental Psychology = Revue Canadienne de Psychologie Experimentale*, 67(1), 11–18.

Morris, Steve, David Humphreys, and Dan Reynolds. (2006). "Myth, marula, and elephant: An assessment of voluntary ethanol intoxication of the African elephant (Loxodonta africana) following feeding on the fruit of the marula tree (Sclerocarya birrea)." *Physiological and Biochemical Zoology: Ecological and Evolutionary Approaches*, 79(2), 363–369.

Mountain, Mary A., and William G. Snow. (1993). "Wisconsin Card Sorting Test as a measure of frontal pathology: A review." *Clinical Neuropsychologist*, 7(1), 108–118.

Müller, Christian, and Gunter Schumann. (2011). "Drugs as instruments: A new framework for non-addictive psychoactive drug use." *Behavioral and Brain Sciences*, 34, 293–310.

Muthukrishna, Michael, Michael Doebeli, Maciej Chudek, and Joseph Henrich. (2018). "The Cultural Brain Hypothesis: How culture drives brain expansion, sociality, and life history." *PLOS Computational Biology*, 14(11), e1006504.

Nagaraja, H. S., and P. S. Jeganathan. (2003). "Effect of acute and chronic conditions of over-crowding on free choice ethanol intake in rats." *Indian Journal of Physiology and Pharmacology*, 47(3), 325–331.

Nelson, L. D., C. J. Patrick, P. Collins, A. R. Lang, and E. M. Bernat. (2011). "Alcohol impairs brain reactivity to explicit loss feedback." *Psychopharmacology*, 218(2), 419–428.

Nemeth, Z., R. Urban, E. Kuntsche, E. M. San Pedro, J. G. Roales Nieto, J. Farkas,...Z. Demetrovics. (2011). "Drinking motives among Spanish and Hungarian young adults: A cross-national study." *Alcohol*, 46(3), 261–269.

Nesse, Randolph, and Kent Berridge. (1997). "Psychoactive drug use in evolutionary perspective." *Science*, 278(5335), 63–66.

Netting, Robert. (1964). "Beer as a locus of value among the West African Kofyar." *American Anthropologist*, 66, 375–384.

Newberg, Andrew, Nancy Wintering, Donna Morgan, and Mark Waldman. (2006). "The measurement of regional cerebral blood flow during glossolalia." *Psychiatry Research*, 148, 67–71.

Nezlek, John, Constance Pilkington, and Kathryn Bilbro. (1994). "Moderation in excess: Binge drinking and social interaction among college students." *Journal of Studies on Alcohol*, 55, 342–351.

Ng Fat, Linda, Nicola Shelton, and Noriko Cable. (2018). "Investigating the growing trend of non-drinking among young people: Analysis of repeated crosssectional surveys in England 2005–2015." *BMC Public Health*, 18(1), 1090.

Nie, Zhiguo, Paul Schweitzer, Amanda J. Roberts, Samuel G. Madamba, Scott D. Moore, and George Robert Siggins. (2004). "Ethanol augments GABAergic transmission in the central amygdala via CRF1 receptors." *Science*, 303(5663), 1512–1514.

Nietzsche, Friedrich. (1872/1967). *The Birth of Tragedy* (Walter Kaufmann, Trans.). New York: Vintage.

Nietzsche, Friedrich. (1882/1974). *The Gay Science: With a Prelude in Rhymes and an Appendix of Songs* (Walter Kaufmann, Trans.). New York: Vintage.

Nietzsche, Friedrich. (1891/1961). *Thus Spoke Zarathustra* (R. J. Hollingdale, Trans.). New York: Penguin.

Norenzayan, Ara, Azim Shariff, William Gervais, Aiyana Willard, Rita McNamara, Edward Slingerland, and Joseph Henrich. (2016). "The cultural evolution of prosocial religions." *Behavioral and Brain Sciences*, 39, e1 (19 pages).

Norris, J., and K. L. Kerr. (1993). "Alcohol and violent pornography: Responses to permissive and nonpermissive cues." *Journal of Studies on Alcohol, Supplement*, 11, 118–127.

Nugent, Paul. (2014). "Modernity, Tradition, and Intoxication: Comparative Lessons from South Africa and West Africa." In Phil Withington and Angela McShane (Eds.), *Cultures of Intoxication, Past and Present* (Vol. 222, pp. 126–145). Oxford: Oxford University Press.

O'Brien, Sara Ashley. (2016, February 26). "Zenefits Lays Off 250 Employees." CNN.

O'Brien, Sara Ashley. (2018, October 31). "WeWork to Limit Free Beer All-Day Perk to Four Glasses." *CNN*.

O'Connor, Anahad. (2020, July 10). "Should We Be Drinking Less? Scientists Helping to Update the Latest Edition of the Dietary Guidelines for Americans Are Taking a Harder Stance on Alcohol." *New York Times*.

Olive, M. Foster, Heather N. Koenig, Michelle A. Nannini, and Clyde W. Hodge. (2001). "Stimulation of endorphin neurotransmission in the nucleus accumbens by ethanol, cocaine, and amphetamine." *Journal of Neuroscience*, 21(23), RC184.

Olsen, Richard W., Harry J. Hanchar, Pratap Meera, and Martin Wallner. (2007). "GABAA receptor subtypes: The 'one glass of wine' receptors." *Alcohol*, 41(3), 201–209.

"On the Road Again: Companies Are Spending More on Sending Their Staff Out to Win Deals." (2015, November 21). *The Economist*.

Orehek E., L. Human, M. A. Sayette, J. D. Dimoff, R. P. Winograd, and K. J. Sher. (2020). "Self-expression while drinking alcohol: Alcohol influences personality expression during first impressions." *Personality and Social Psychology Bulletin*, 46(1), 109–123.

Oroszi, Gabor, and David Goldman. (2004). "Alcoholism: Genes and mechanisms." *Pharmacogenomics*, 5(8), 1037–1048.

Osborne, Robin. (2014). "Intoxication and Sociality: The Symposium in the Ancient Greek World." In Phil Withington and Angela McShane (Eds.), *Cultures of Intoxication, Past and Present* (Vol. 222, pp. 34–60). Oxford: Oxford University Press.

Pahnke, Walter. (1963). *Drugs and Mysticism: An Analysis of the Relationship Between Psychedelic Drugs and the Mystical Consciousness*. (Ph.D. dissertation.) Cambridge, MA: Harvard University Press.

Park, Seung Kyu, Choon-Sik Park, Hyo-Suk Lee, Kyong Soo Park, Byung Lae Park, Hyun Sub Cheong, and Hyoung Doo Shin. (2014). "Functional polymorphism in aldehyde dehydrogenase-2 gene associated with risk of tuberculosis." *BMC Medical Genetics*, 15(1), 40.

Patrick, Clarence H. (1952). *Alcohol, Culture and Society*. Durham, NC: Duke University Press.

Peele, Stanton, and Archie Brodsky. (2000). "Exploring psychological benefits associated with moderate alcohol use: A necessary corrective to assessments of drinking outcomes?" *Drug and Alcohol Dependence*, 60(3), 221–247.

Peng, G. S., Y. C. Chen, M. F. Wang, C. L. Lai, and S. J. Yin. (2014). "ALDH2*2 but not ADH1B*2 is a causative variant gene allele for Asian alcohol flushing after a low-dose challenge: Correlation of the pharmacokinetic and pharmacodynamic findings." *Pharmacogenetics and Genomics*, 24(12), 607–617.

Peng, Yi, Hong Shi, Xue-bin Qi, Chun-jie Xiao, Hua Zhong, Run-lin Z. Ma, and Bing Su. (2010). "The ADH1B Arg47His polymorphism in East Asian populations and expansion of rice domestication in history." *BMC Evolutionary Biology*, 10(1), 15.

Pinker, Steven. (1997). *How the Mind Works*. New York: W. W. Norton & Company.

Platt, B. S. (1955). "Some traditional alcoholic beverages and their importance in indigenous African communities." *Proceedings of the Nutrition Society*, 14, 115–124.

Polimanti, Renato, and Joel Gelernter. (2017). ADH1B: "From alcoholism, natural selection, and cancer to the human phenome." *American Journal of Medical Genetics*, 177(2), 113–125.

Polito, V., and R. J. Stevenson. (2019). "A systematic study of microdosing psychedelics." *PLOS ONE*, 14(2), e0211023.

Pollan, Michael. (2001). *The Botany of Desire: A Plant's-Eye View of the World*. New York: Random House.

Pollan, Michael. (2018). *How to Change Your Mind*. New York: Penguin.

Poo, Mu-chou. (1999). "The use and abuse of wine in ancient China." *Journal of the Economic and Social History of the Orient*, 42(2), 123–151.

Porter, Stephen, Leanne ten Brinke, Alysha Baker, and Brendan Wallace. (2011). "Would I lie to you? 'Leakage' in deceptive facial expressions relates to psychopathy and emotional intelligence." *Personality and Individual Differences*, 51, 133–137.

Powers, Madelon. (2006). "The Lore of the Brotherhood: Continuity and Change in the Urban American Saloon Cultures, 1870–1920." In Mack Holt (Ed.), *Alcohol: A Social and Cultural History* (pp. 145–160). Oxford: Berg.

Price, N. (2002). *The Viking Way: Religion and War in Late Iron Age Scandinavia*. Uppsala: University of Uppsala Press.

Prochazkova, L., D. P. Lippelt, L. S. Colzato, M. Kuchar, Z. Sjoerds, and B. Hommel. (2018). "Exploring the effect of microdosing psychedelics on creativity in an open-label natural setting." *Psychopharmacology*, 235(12), 3401–3413.

Radcliffe-Brown, A. R. (1922/1964). *The Andaman Islanders*. New York: Free Press.

Rand, David. (2019, May 17). "Intuition, deliberation, and cooperation: Further meta-analytic evidence from 91 experiments on pure cooperation." *Social Science Research Network*. Available at SSRN: https://ssrn.com/abstract=3390018.

Rand, David, Joshua Greene, and Martin Nowak. (2012). "Spontaneous giving and calculated greed." *Nature*, 489(7416), 427–430.

Rappaport, Roy A. (1999). *Ritual and Religion in the Making of Humanity*. Cambridge: Cambridge University Press.

Raz, Gil. (2013). "Imbibing the universe: Methods of ingesting the five sprouts." *Asian Medicine*, 7, 76–111.

Reddish, Paul, Joseph Bulbulia, and Ronald Fischer. (2013). "Does synchrony promote generalized prosociality?" *Religion, Brain and Behavior*, 4(1), 3–19.

Reinhart, Katrinka. (2015). "Religion, violence, and emotion: Modes of religiosity in the Neolithic and Bronze Age of Northern China." *Journal of World Prehistory*, 28(2), 113–177.

Richerson, Peter J., and Robert Boyd. (2005). *Not by Genes Alone: How Culture Transformed Human Evolution*. Chicago: University of Chicago Press.

Riemer, Abigail R., Michelle Haikalis, Molly R. Franz, Michael D. Dodd, David DiLillo, and Sarah J. Gervais. (2018). "Beauty is in the eye of the beer holder: An initial investigation of the effects of alcohol, attractiveness, warmth, and competence on the objectifying gaze in men." *Sex Roles*, 79(7), 449–463.

Rogers, Adam. (2014). *Proof: The Science of Booze*. Boston: Houghton Mifflin.

Rosinger, Asher, and Hilary Bathancourt. (2020). "Chicha as water: Traditional fermented beer consumption among forager-horticulturalists in the Bolivian Amazon." In Kimberley Hockings and Robin Dunbar (Eds.), *Alcohol and Humans: A Long and Social Affair* (pp. 147–162). New York: Oxford University Press.

Roth, Marty. (2005). *Drunk the Night Before: An Anatomy of Intoxication*. Minneapolis: University of Minnesota Press.

Rucker, James J. H., Jonathan Iliff, and David J. Nutt. (2018). "Psychiatry and the psychedelic drugs. Past, present and future." *Neuropharmacology*, 142, 200–218.

Rudgley, Richard. (1993). *Alchemy of Culture: Intoxicants in Society*. London: British

Museum Press.

Samorini, Giorgio. (2002). *Animals and Psychedelics: The Natural World and the Instinct to Alter Consciousness*. Rochester, VT: Park Street Press.

Sanchez, F., M. Melcon, C. Korine, and B. Pinshow. (2010). "Ethanol ingestion affects flight performance and echolocation in Egyptian fruit bats." *Behavioural Processes*, 84(2), 555–558.

Sayette, Michael (1999). "Does drinking reduce stress?" *Alcohol Research and Health*, 23(4), 250–255.

Sayette, Michael, K. G. Creswell, J. D. Dimoff, C. E. Fairbairn, J. F. Cohn, B. W. Heckman,...R. L. Moreland. (2012). "Alcohol and group formation: A multimodal investigation of the effects of alcohol on emotion and social bonding." *Psychological Science*, 23(8), 869–878.

Sayette, Michael A., Erik D. Reichle, and Jonathan W. Schooler. (2009). "Lost in the sauce: The effects of alcohol on mind wandering." *Psychological Science*, 20(6), 747–752.

Schaberg, David. (2001). *A Patterned Past: Form and Thought in Early Chinese Historiography*. Cambridge, MA: Harvard University Press.

Schivelbusch, Wolfgang. (1993). *Tastes of Paradise: A Social History of Spices, Stimulants, and Intoxicants* (David Jacobson, Trans.). New York: Vintage Books.

Schmidt, K. L., Z. Ambadar, J. F. Cohn, and L. I. Reed. (2006). "Movement differences between deliberate and spontaneous facial expressions: Zygomaticus major action in smiling." *Journal of Nonverbal Behavior*, 30(1), 37–52.

Schuckit, Marc A. (2014). "A brief history of research on the genetics of alcohol and other drug use disorders." *Journal of Studies on Alcohol and Drugs*, 75(Supplement 17), 59–67.

Sharon, Douglas. (1972). "The San Pedro Cactus in Peruvian Folk Healing." In Peter Furst (Ed.), *Flesh of the Gods: The Ritual Use of Hallucinogens* (pp. 114–135). New York: Praeger.

Shaver, J. H., and R. Sosis. (2014). "How does male ritual behavior vary across the lifespan? An examination of Fijian kava ceremonies." *Human Nature*, 25(1), 136–160.

Sher, Kenneth, and Mark Wood. (2005). "Subjective Effects of Alcohol II: Individual

Differences." In Mitch Earleywine (Ed.), *Mind-Altering Drugs: The Science of Subjective Experience* (pp. 135–153). New York: Oxford University Press.

Sher, Kenneth, Mark Wood, Alison Richardson, and Kristina Jackson. (2005). "Subjective Effects of Alcohol I: Effects of the Drink and Drinking Context." In Mitch Earleywine (Ed.), *Mind-Altering Drugs: The Science of Subjective Experience* (pp. 86–134). New York: Oxford University Press.

Sherratt, Andrew. (2005). "Alcohol and Its Alternatives: Symbol and Substance in Pre-Industrial Cultures." In Jordan Goodman, Andrew Sherratt, and Paul E. Lovejoy (Eds.), *Consuming Habits: Drugs in History and Anthropology* (pp. 11–46). New York: Routledge.

Shohat-Ophir, G., K. R. Kaun, R. Azanchi, H. Mohammed, and U. Heberlein. (2012). "Sexual deprivation increases ethanol intake in Drosophila." *Science*, 335(6074), 1351–1355.

Shonle, Ruth. (1925). "Peyote: The giver of visions." *American Anthropologist*, 27, 53–75.

Sicard, Delphine, and Jean-Luc Legras. (2011). "Bread, beer and wine: Yeast domestication in the Saccharomyces sensu stricto complex." *Comptes Rendus Biologies*, 334(3), 229–236.

Siegel, Jenifer, and Molly Crockett. (2013). "How serotonin shapes moral judgment and behavior." *Annals of the New York Academy of Sciences*, 1299(1), 42–51.

Siegel, Ronald. (2005). *Intoxication: The Universal Drive for Mind-Altering Substances.* Rochester, VT: Park Street Press.

Silk, Joan. (2002). "Grunts, Girneys, and Good Intentions: The Origins of Strategic Commitment in Nonhuman Primates." In Randolph M. Nesse (Ed.), *Evolution and the Capacity for Commitment* (pp. 138–157). New York: Russell Sage Foundation.

Skyrms, Brian. (2004). *The Stag Hunt and the Evolution of Social Structure*. Cambridge: Cambridge University Press.

Slingerland, Edward. (2008a). "The problem of moral spontaneity in the Guodian corpus." *Dao: A Journal of Comparative Philosophy*, 7(3), 237–256.

Slingerland, Edward. (2008b). *What Science Offers the Humanities: Integrating Body and Culture*. New York: Cambridge University Press.

Slingerland, Edward. (2014). *Trying Not to Try: Ancient China, Modern Science and the Power of Spontaneity*. New York: Crown Publishing.

Slingerland, Edward, and Mark Collard. (2012). "Creating Consilience: Toward a Second Wave." In Edward Slingerland and Mark Collard (Eds.), *Creating Consilience: Integrating the Sciences and the Humanities* (pp. 3–40). New York: Oxford University Press.

Smail, Daniel Lord. (2007). *On Deep History and the Brain*. Berkeley: University of California Press.

Smith, Huston. (1964). "Do drugs have religious import?" *Journal of Philosophy*, 61(18), 517–530.

Sommer, Jeffrey D. (1999). "The Shanidar IV 'flower burial': A re-evaluation of Neanderthal burial ritual." *Cambridge Archaeological Journal*, 9(1), 127–129.

Sophocles. (1949). *Oedipus Rex* (Dudley Fitts and Robert Fitzgerald, Trans.). New York: Harcourt Brace.

Sowell, E. R., D. A. Trauner, A. Gamst, and T. L. Jernigan. (2002). "Development of cortical and subcortical brain structures in childhood and adolescence: A structural MRI study." *Developmental Medicine & Child Neurology*, 44(1), 4–16.

Sowles, Kara. (2014, October 28). "Alcohol and inclusivity: Planning tech events with non-alcoholic options." *Model View Culture*.

Sparks, Adam, Tyler Burleigh, and Pat Barclay. (2016). "We can see inside: Accurate prediction of Prisoner's Dilemma decisions in announced games following a face-to-face interaction." *Evolution and Human Behavior*, 37(3), 210–216.

Spinka, Marek, Ruth C. Newberry, and Marc Bekoff. (2001). "Mammalian play: Training for the unexpected. *Quarterly Review of Biology*, 76(2), 141–168.

St. John, Graham (Ed.). (2004). *Rave Culture and Religion*. London: Routledge.

Staal, Frits. (2001). "How a psychoactive substance becomes a ritual: The case of soma." *Social Research*, 68(3), 745–778.

Steele, Claude M., and Robert A. Josephs. (1990). "Alcohol myopia: Its prized and dangerous effects." *American Psychologist*, 45(8), 921–933.

Steinkraus, Keith H. (1994). "Nutritional significance of fermented foods." *Food Research International*, 27(3), 259–267.

Sterckx, Roel. (2006). "Sages, cooks, and flavours in Warring States and Han China." *Monumenta Serica*, 54, 1-47.

Studerus, Erich, Alex Gamma, and Franz X. Vollenweider. (2010). "Psychometric evaluation of the altered states of consciousness rating scale (OAV)." *PLOS ONE*, 5(8), e12412.

Sullivan, Roger J., Edward H. Hagen, and Peter Hammerstein. (2008). "Revealing the paradox of drug reward in human evolution." *Proceedings of the Royal Society B: Biological Sciences*, 275(1640), 1231–1241.

Szaif, Jan. (2019). "Drunkenness as a communal practice: Platonic and peripatetic perspectives." *Frontiers of Philosophy in China*, 14(1), 94–110.

Talin, P., and E. Sanabria. (2017). "Ayahuasca's entwined efficacy: An ethnographic study of ritual healing from 'addiction.'" *International Journal of Drug Policy*, 44, 23–30.

Tarr, B., J. Launay, and R. I. Dunbar. (2016). "Silent disco: Dancing in synchrony leads to elevated pain thresholds and social closeness." *Evolution and Human Behavior*, 37(5), 343–349.

Taylor, B., H. M. Irving, F. Kanteres, R. Room, G. Borges, C. Cherpitel,...J. Rehm. (2010). "The more you drink, the harder you fall: A systematic review and meta-analysis of how acute alcohol consumption and injury or collision risk increase together." *Drug and Alcohol Dependence*, 110(1-2), 108–116.

Taylor, Jenny, Naomi Fulop, and John Green. (1999). "Drink, illicit drugs and unsafe sex in women." *Addiction*, 94(8), 1209–1218.

ten Brinke, Leanne, Stephen Porter, and Alysha Baker. (2012). "Darwin the detective: Observable facial muscle contractions reveal emotional high-stakes lies." *Evolution and Human Behavior*, 33(4), 411–416.

ten Brinke, Leanne, K. D. Vohs, and D. R. Carney. (2016). "Can ordinary people detect deception after all?" *Trends in Cognitive Sciences*, 20(8), 579–588.

Testa, M., C. A. Crane, B. M. Quigley, A. Levitt, and K. E. Leonard. (2014). "Effects of administered alcohol on intimate partner interactions in a conflict resolution paradigm." *Journal of Studies on Alcohol and Drugs*, 75(2), 249–258.

Thompson-Schill, Sharon, Michael Ramscar, and Evangelia Chrysikou. (2009). "Cognition without control: When a little frontal lobe goes a long way." *Current Directions in Psychological Science*, 18(5), 259–263.

Tlusty, B. Ann. (2001). *Bacchus and Civic Order: The Culture of Drink in Early Modern Germany*. Charlottesville: University of Virginia Press.

"To Your Good Stealth: A Beery Club of Euro-Spies That Never Spilt Secrets." (2020, May 30). *The Economist*.

Todorov, Alexander, Manish Pakrashi, and Nikolaas N. Oosterhof. (2009). "Evaluating faces on trustworthiness after minimal time exposure." *Social Cognition*, 27(6), 813–833.

Tognetti, Arnaud, Claire Berticat, Michel Raymond, and Charlotte Faurie. (2013). "Is cooperativeness readable in static facial features? An inter-cultural approach." *Evolution and Human Behavior*, 34(6), 427–432.

Tooby, John, and Leda Cosmides. (2008). "The Evolutionary Psychology of the Emotions and Their Relationship to Internal Regulatory Variables." In Michael Lewis, Jeannette M. Haviland-Jones, and Lisa Feldman Barrett (Eds.), *Handbook of Emotion* (Third Edition, pp. 114–137). New York: Guilford Press.

Toren, Christina. (1988). "Making the present, revealing the past: The mutability and continuity of tradition as process." *Man*, 23, 696.

Tracy, Jessica, and Richard Robbins. (2008). "The automaticity of emotion recognition." *Emotion*, 8(1), 81–95.

Tramacchi, Des. (2004). "Entheogenic Dance Ecstasis: Cross-Cultural Contexts." In Graham St. John (Ed.), *Rave Culture and Religion* (pp. 125–144). London: Routledge.

Turner, Fred. (2009). "Burning Man at Google: A cultural infrastructure for new media production." *New Media and Society*, 11(1-2), 145–166.

Vaitl, Dieter, John Gruzelier, Graham A. Jamieson, Dietrich Lehmann, Ulrich Ott, Gebhard Sammer,...Thomas Weiss. (2005). "Psychobiology of altered states of consciousness." *Psychological Bulletin*, 131(1), 98–127.

Vallee, Bert L. (1998). "Alcohol in the Western world." *Scientific American*, 278(6), 80–85.

Van den Abbeele, J., I. S. Penton-Voak, A. S. Attwood, I. D. Stephen, and M. R. Munafo. (2015). "Increased facial attractiveness following moderate, but not high, alcohol consumption." *Alcohol and Alcoholism*, 50(3), 296–301.

van't Wout, M., and A. G. Sanfey. (2008). "Friend or foe: The effect of implicit trustworthiness judgments in social decision-making." *Cognition*, 108(3), 796–803.

Veit, Lena, and Andreas Nieder. (2013). "Abstract rule neurons in the endbrain support intelligent behaviour in corvid songbirds." *Nature Communications*, 4(1), 2878.

Wadley, Greg. (2016). "How psychoactive drugs shape human culture: A multidisciplinary perspective." *Brain Research Bulletin*, 126(Part 1), 138–151.

Wadley, Greg, and Brian Hayden. (2015). "Pharmacological influences on the Neolithic transition." *Journal of Ethnobiology*, 35(3), 566–584.

Waley, Arthur. (1996). *The Book of Songs: The Ancient Chinese Classic of Poetry*. New York: Grove Press.

Walton, Stuart. (2001). *Out of It: A Cultural History of Intoxication*. London: Penguin.

Wang, Jiajing, Li Liu, Terry Ball, Linjie Yu, Yuanqing Li, and Fulai Xing. (2016). "Revealing a 5,000-year-old beer recipe in China." *Proceedings of the National Academy of Sciences*, 113(23), 6444.

Warrington, Ruby. (2018). *Sober Curious: The Blissful Sleep, Greater Focus, Limitless Presence, and Deep Connection Awaiting Us All on the Other Side of Alcohol*. New York: HarperOne.

Wasson, R. Gordon. (1971). "The Soma of the Rig Veda: What was it?" *Journal of the American Oriental Society*, 91(2), 169–187.

Watson, Burton. (1968). *The Complete Works of Chuang Tzu*. New York: Columbia University Press.

Watson, P. L., O. Luanratana, and W. J. Griffin. (1983). "The ethnopharmacology of pituri." *Journal of Ethnopharmacology*, 8(3), 303–311.

Weil, Andrew. (1972). *The Natural Mind: A New Way of Looking at Drugs and the Higher Consciousness*. Boston: Houghton Mifflin.

Weismantel, Mary. (1988). *Food, Gender, and Poverty in the Ecuadorian Andes*. Philadelphia: University of Pennsylvania Press.

Wettlaufer, Ashley, K. Vallance, C. Chow, T. Stockwell, N. Giesbrecht, N. April,...K. Thompson. (2019). *Strategies to Reduce Alcohol-Related Harms and Costs in Canada: A Review of Federal Policies*. Victoria, BC: Canadian Institute for Substance Use Research, University of Victoria.

Wheal, Jamie, and Steven Kotler. (2017). *Stealing Fire: How Silicon Valley, the Navy SEALs, and Maverick Scientists Are Revolutionizing the Way We Live and Work*. New York: Dey Street Books.

Whitehouse, Harvey. (2004). *Modes of Religiosity: A Cognitive Theory of Religious Transmission*. Walnut Creek, CA; Toronto, ON: AltaMira Press.

Wiessner, P. W. (2014). "Embers of society: Firelight talk among the Ju/'hoansi Bushmen." *Proceedings of the National Academy of Sciences*, 111(39), 14027–14035.

Williams, Alex. (2019, June 15). "The New Sobriety." *The New York Times*.

Williams, Nicholas Morrow. (2013). "The Morality of Drunkenness in Chinese Literature of the Third Century CE." In Isaac Yue and Siufu Tang (Eds.), *Scribes of Gastronomy* (pp. 27–43). Hong Kong: Hong Kong University Press.

Willis, Janine, and Alexander Todorov. (2006). "First impressions: Making up your mind after a 100-ms exposure to a face." *Psychological Science*, 17(7), 592–598.

Willoughby, Laura, Jussi Tolvi, and Dru Jaeger. (2019). *How to Be a Mindful Drinker: Cut Down, Stop for a Bit, or Quit*. London: DK Publishing.

Wilson, Bundy, N. J. Mackintosh, and R. A. Boakes. (1985). "Transfer of relational rules in matching and oddity learning by pigeons and corvids." *Quarterly Journal of Experimental Psychology Section B*, 37(4b), 313–332.

Wilson, Carla. (2019, January 7). "B.C. Scientist Heads Survey into Secret Lives of Pacific Salmon." *Vancouver Sun*.

Wilson, David Sloan. (2007). *Evolution for Everyone: How Darwin's Theory Can Change the Way We Think About Our Lives*. New York: Delacorte Press.

Wilson, Thomas. (2005). "Drinking Cultures: Sites and Practices in the Production and Expression of Identity." In Thomas Wilson (Ed.), *Drinking Cultures: Alcohol and Identity* (pp. 1–25). Oxford: Berg.

Winkelman, Michael. (2002). "Shamanism as neurotheology and evolutionary psychology." *American Behavioral Scientist*, 45, 1875–1887.

Wise, R. A. (2000). "Addiction becomes a brain disease." *Neuron*, 26(1), 27–33.

Wood, R. M., J. K. Rilling, A. G. Sanfey, Z. Bhagwagar, and R. D. Rogers. (2006). "Effects of tryptophan depletion on the performance of an iterated Prisoner's Dilemma game in healthy adults," *Neuropsychopharmacology*, 31(5), 1075–1084.

World Health Organization. (2018). "Global status report on alcohol and health 2018."

Wrangham, Richard. (2009). *Catching Fire: How Cooking Made Us Human*. New York: Basic Books.

Yan, Ge. (2019, November 30). "How to Survive as a Woman at a Chinese Banquet." *The*

New York Times.

Yanai, Itai, and Martin Lercher. (2016). *The Society of Genes*. Cambridge, MA: Harvard University Press.

Yong, Ed. (2018, June 21). "A Landmark Study on the Origins of Alcoholism." *The Atlantic*.

Young, Chelsie M., Angelo M. DiBello, Zachary K. Traylor, Michael J. Zvolensky, and Clayton Neighbors. (2015). "A longitudinal examination of the associations between shyness, drinking motives, alcohol use, and alcohol-related problems." *Alcoholism: Clinical and Experimental Research*, 39(9), 1749–1755.

Zabelina, Darya L., and Michael D. Robinson. (2010). "Child's play: Facilitating the originality of creative output by a priming manipulation." *Psychology of Aesthetics, Creativity, and the Arts*, 4(1), 57–65.

찾아보기

【ㄱ】

가능성 공간 113
가바 에이 수용체 145
가바(GABA) 312
가상 대화 247
가상적 소셜 음주 367
가상적 청년 142
가성 알코올 351
가용성 문제 78
가짜 미소와 관련된 근육 182
가호 무덤 204
간 손상 57
감정 307
개방성 101, 128
개별적 영리함 98
개인적 음주 331
개인주의 285, 331
《거리에서 춤추기》 280
거짓말 탐지 245
건강 221, 285
건배 324
게놈 111
게이 허자르 레스토랑 345
경두개 자기 143
경로 의존성 78
경제적 비용 71
계산적인 자아 188
고든 와슨(Gordon Wasson) 210
고립 360, 380

고밀도 칼로리 55
《고사기》 376
고의적인 취약성 138
공감 103
공격성 245, 335
공공적 동물 130
공공적 본성 130
공공적(Communal) 108, 286
공동 공간 228
공동선 102
공동 음주 197, 229
공동의 사고 230
공동체 260
공유지의 비극 131
공자 197
과호흡 357
관계망 형성 380
관계형성 260
광대버섯 33, 210
괴베클리 테페 160, 211, 248
교령춤 210
구글 227, 272
구리 증류기 69
군무 273
군체 마음 207, 274
군체 의식 179
군터 슈만(Gunter Schumann) 268, 294
〈귀거래사〉 298
귀리 61

그라파 73
그레그 웨들리(Greg Wadley) 175
그리스 신화 135, 153, 305
그리스 향연 325
그리피스 에드워즈(Griffith Edwards) 95
근육계 184
금욕 270
금욕주의 382
금주 371
금주론자 51
금주 문학 84
금주법 31, 85, 232, 344, 350
금주운동가 50, 86
급성 스트레스 173
긍정적 정서 254
기네스 58
기능적 자기공명영상(fMRI) 118
기만 184
기분 전환용 약물 75
기억력 222
기업 정신 251
기장 맥주 70
기후변화 132
긴 담뱃대 189
《길가메시》 32
길거리 춤 273
김치 95
꿈꾸는 마음 150

【ㄴ】

나쁜 관계의 강화 350
낙원의 우유 286

남성 사교클럽의 신고식 의례 328
남유럽 음주 문화 366
남유럽 음주 문화권 312
납치 26
납치 이론 27, 52
내부자 집단 341
내장적 점검 181
내장적 쾌감 248
내장적 평가 180
내적 응집력 272
내적인 긍정적 정서 276
내향적 황홀감 335
냉정한 마음 385
냉철한 계산 181
네안데르탈인 166
노아 306
《노자》 143
놀이 119, 120, 128, 138
농업 313
농업혁명 159, 211
뇌 72, 115, 307
뇌 납치 51, 61
뇌 납치범 378
뇌영상 연구 356
뇌의 잠금 밸브 356
뇌졸중 287
뇌 탈패턴물 243
뇌파(EEG) 168
눈썹주름근 182
뉴런 115
니어비어 60
니코틴 75, 154, 295, 319

【ㄷ】

다안판(Da'an Pan) 164
단골 술집 256, 366
단조로운 마음 385
담배 재배 162
당뇨병 287
대관골근 182
대기만성형 전략 108
대니얼 스마일(Daniel Smail) 319
대마초 31, 39, 47, 75, 149, 150, 259, 335, 379
대마초 조제실 379
대면 대화 246
대면 술자리 245
대면식 학술회의 247
대상화 340
대인적 갈등 194
데이비드 스피겔할터(David Spiegelhalter) 294
데이트 강간 약물 338
도구적 이성 134
도널드 호튼(Donald Horton) 172
《도덕경》 143
도덕성 285
도덕적 비열 385
도덕주의 382
도연명 171, 269, 298, 383
도취감 311
도파민 145, 149
도파민 수용체 311
도파민 증가 264
도파민 활성화 269
도펠보크 246
도프(doof) 281
독두꺼비 46
독소 섭취 28
독주 금지 365
동굴 테트라 99
뒤센 미소 253
드와이트 히스(Dwight Heath) 289, 307
들뜬 유쾌함 263
등소평 191
디오니소스 49, 86, 153, 360, 384
디오니소스 축제 280
디폴트 모드 네트워크(DMN) 149

【ㄹ】

라 69
《란셋》(The Lancet) 71, 222, 287, 294, 382
래리 페이지(Larry Page) 272
래리 하비 273
래브라도 120, 129, 139, 285
랠프 왈도 에머슨(Ralph Waldo Emerson) 200
러너스 하이 150
럼주 68, 320
레베카 얼(Rebecca Earle) 330
레오 톨스토이(Leo Tolstoy) 170
레이저태그 게임 37
로널드 시걸(Ronald Siegel) 279
로버트 더들리(Robert Dudley) 56
로버트 풀러(Robert Fuller) 92
로버트 프랭크(Robert Frank) 136

로빈 던바(Robin Dunbar) 207, 258
로빈 오스본(Robin Osborne) 199
로셀의 뿔을 가진 비너스 44
로이 라파포트(Roy Rappaport) 202, 274
로자문트 딘(Rosamund Dean) 363
《리그베다》 33
리듬 274
리비도 262
리앤 텐 브링크(Leanne ten Brinke) 182
리처드 랭엄(Richard Wrangham) 100
리처드 마친코(Richard Marcinko) 271
리처드 소시스(Richard Sosis) 199

【ㅁ】

마니오크 122
마다 45
마르코스 알베르티(Marcos Alberti) 265
마르쿠스 헤이릭(Markus Heilig) 311
마르크스(Marx, Karl Heinrich) 36
마리화나 150, 280
마약 378
마오타이주 191
마우이 와우이 76
마음 72, 91, 127
마음 방랑 227
마음읽기 능력 184
마음챙김 364
마음 해킹 270
마이나데스 153, 372
마이크로도징 236
마이클 무터크리슈나(Michael Muthukrishna) 121, 125
마이클 앤드류스(Michael Andrews) 231
마이클 잉(Michael Ing) 269
마이클 폴란(Michael Pollan) 69
마주보는 엄지 73
마취 46
마크 리어리(Mark Leary) 280
마크 베코프(Marc Bekoff) 138
마크 트웨인(Mark Twain) 69
마크 포사이스(Mark Forsyth) 69, 83, 203
마티 로스(Marty Roth) 165, 290
막시마토르(Maximator) 245
만성(晩成) 103
만성 스트레스 173
만성적 전략 104
만족 118, 284
만취 313
만취의 전당 203
만취의 축제 203
말일성도교회 90
맞춤 음주 328
매력 증진 효과 267
맥주 53, 64, 246, 366
맥주 여신 170
메스칼린 46, 283
메스칼린 환각경험 238
메스칼 콩 49
메타암페타민 335
멕시칸 테트라 99
모가지 수수께끼(Halsrätsel) 110
목소리 톤 180
목표 지향적 행동 29

몸짓 언어 180
무아지경 201
무의식 167
무의식적 인지 181
무의식적 자아 245
무임승차 문제 131
무작위 변이 123
무차별 대입 111
문명 36, 313, 319
문명의 초창기 선봉 69
문제음주 327, 368
문제해결 능력 54, 106
문화 36, 100
문화인류학 362
문화적 규범 265, 314
문화적 기대 300, 362
문화적 기술 110
문화적 기억 123
문화적 동물 121
문화적 지식 124
문화적 진화 36, 93, 124
문화적 집단선택 218
문화적 축적 124
문화적 트라이펙터 368
문화적 학습 126
문화적 해법 123
문화적 혁신 111, 169
문화적 황홀 의식 206
문화적(Cultural) 108, 286
물리적 인과성 127
물 마시는 사람 385
물질적 비용 84

뮤즈 164, 226
미국 국립보건원(National Institute of Health) 309
미국 연방보건위원회 221
미국인을 위한 식생활 지침'(Dietary Guidelines for Americans) 222
미국 질병관리센터 71
미드 83
미드 홀(mead hall) 255
미르치아 엘리아데(Mircea Eliade) 273, 296
미모사 380
미세조정 236
미세환경 295
미적 쾌락 369

【ㅂ】

바 229
바람둥이 305
바버라 에런라이크
 (Barbara Ehrenreich) 273, 280
《바베트의 만찬》 178
바이오피드백(biofeedback) 168
바이주 64
바이킹족 83
바카날리아 49, 153, 204
바커스 49
《바커스 숭배자들》 263
바텐더 365
박테리아 58
반감기 97
반취성물질 규범 93

발달신경과학 115
발머 피크(Ballmer Peak) 227
발효 28, 57, 315
방언 93, 356
방탈출 게임 37
배척 349
백질 114
버건디 68
버닝맨(Burning Man) 271, 281
버섯 환각경험 293
버진 칵테일 226, 361
범문화적 관점 226
베르세르크 전사 194
변절 131
변한 상태 48, 311
변형된 숙취 이론 332
변형의 힘 163
변화 경험 275
보드카 364
보상 체계 54
본능적 평가 180
볼로냐의 여우원숭이 73
부림절 190
부바 쿠쉬 76
부적절한 절주(節酒) 187
부정적 정서 254
부족 게임 243
북유럽 음주 문화권 313
분별 동결 316
브라이언 헤이든(Brian Hayden) 175
브랜디 319
브레인스토밍 344

브리야-사바랭(Brillat-Savarin) 40
블리킷 탐지기 114
비거래적 관계 137
비격식 마음 342
비만 57
비사회적 학습 125
비생식 섹스 53
비알코올성 대안 380
비어 고글 338
비어 마스크 339
비옥한 초승달 지대 159
비용-편익 계산법 314
비용-편익 추론 250
비음주자 198, 370
비이성적 사랑 134
비적응적 이론 89
비정상적 사용 시험(UUT) 112, 241
비친척 101
비트 시인 165
빌리 윌더(Billy Wilder) 165
빵보다 맥주가 먼저 160, 175, 179, 211, 218

【ㅅ】

사고실험 132
사과술 70
사과주 200
사교적 음주가 252
사기꾼 185
사기꾼 탐지자 185
사라 마티스(Sarah Mattice) 197
사랑 263

사마천 325
사망 위험 308
사이렌 135
사이키델릭 239
사이키델릭 관광 283
사케 59, 376
사회 122
사회성 191, 373
사회심리학 189
사회적 결속력 173, 194
사회적 고립 40
사회적 곤충 96, 101, 162
사회적 기공(氣孔) 259
사회적 기술 98, 368
사회적 네트워크 122
사회적 도움 364
사회적 배제 349
사회적 수용 346
사회적 술자리 330
사회적 역할 및 계층 강화 218
사회적 유대 193
사회적 유용성 85
사회적 음주 233, 256, 261, 320, 329
사회적 응집력 67
사회적 인과성 127
사회적 접촉 101, 218
사회적 접촉
사회적 정서 134
사회적 지능 104
사회적 층위 49
사회적 친목회 250
사회적 친밀감 202

사회적 학습 125
사회적 행위 326
사회화 139
산업사회 214
산 페드로 166
살균 58
살롱 229, 231, 255
상나라 ☞ 상왕조
상상력 165
상왕조 64, 68, 85, 213
새로운 절주 372
생리적 비용 199
생리적 효과 217
생리적 흥분 340
생물학적 고상화 57, 178
생식 섹스 81
생태적 우위 121
생태적 지위 98
샤르도네 296
샤를 보들레르(Charles Baudelaire) 300
샤머니즘 166
샤머니즘적 종교 166
샤먼 166
선(先)다짐 136
선순환 124, 259
선술집 255
선택압 65
설계 결함 27
설계 자질 114
성관계 263
성(聖)금요일 실험 282

성능 증진제 29
성욕 262, 382
성적 쾌락 54, 262
성적 행동 338
성창(聖娼) 32
성폭행 340
성희롱 267
세계보건기구(WHO) 308, 333
세계산업노동자동맹(IWW) 192
세균 이론 62
세로토닌 145, 208
세르게이 브린(Sergey Brin) 272
세쿤디플로라 49
세트(set) 283
세팅(setting) 283
소노란 사막 49
소뇌 146
소독 59
소마 33, 39, 45, 210
소버 바(sober bar) 361
소버 큐리어스(sober curious) 361
소주(燒酒) 319
소크라테스 197, 263
솔로 파티 366
수렵채집인 26, 81, 159, 175, 211, 295
수메르 68, 196, 216
수메르 신화 32, 69, 161, 262
수압 모형 172
수용력 143
수인성 병원균 62
수평적 사고 112, 169
수피 댄스 150

수피 신비주의자 165
수피파 89, 93
수행 통제 129
숙취 26
숙취 이론 27
술 28, 70, 150, 160, 204, 308, 363
술 교환 230
술 금지령 90
〈술을 마시며〉(飮酒) 383
술이 없는 1월 운동-Dry January 371
술자리 193, 359
술잔치 212
술집 229, 344
술 취한 원숭이 가설 56
술 취한 인디언 330
술 취함 36, 155
술 취향 49
쉬라즈(Shiraz) 315
슈빕스(Schwips) 320, 321
스카이프 243
스타니슬라프 그로프(Stanislav Grof) 357
스튜어트 브라운(Stuart Brown) 120
스튜어트 월턴 288
'스트레스-반응 감쇠' 효과 177
스트레스 완화 36
스트레스 해소 218
스티브 잡스 239
스티븐 핑커(Steven Pinker) 53
스파이 246
슬러리 316
슬퍼 보이려는 의식적 노력과 관련된

근육 182
슬픔과 관련된 근육 182
《시경》 84, 94, 190, 214
시라즈 55
시시포스적 본성 279
식량 보존 61
식인행위 206
신경 가지치기 115
신경 개편 242
신경계 300, 321
신경과학 189
신경독 49, 377
신경학적 쾌락 자물쇠 34
신경화학 접착제 208
신(新)금주론 223
신(新)금주법 288
신도(神道) 326
신디케이트 351
신뢰 101, 137
신뢰 구축 36, 139
신뢰성 138
신뢰와 유대 강화 218
신석기 시대의 술 204
신성한 발효주 376
신시아 바움-바이카
　　　(Cynthia Baum-Baicker) 251
신피질 150
신화 69
실로시빈 38, 46, 149, 150, 283
실리콘밸리 혁신 239
실팀 식스(SEAL Team Six) 271
심리적 변화 295

심리학 224
심미(深味) 384
심신이원론 295
심장병 287
심포지엄 231
쌀술 81
씹는담배 48

【ㅇ】

아담 로저스(Adam Rogers) 262
아르네 디트리히(Arne Dietrich) 150
아르메니아 45
아리스토텔레스 264
아메리칸 디오니소스 70
아세트산 79
아세트알데히드 78
아시아 플러싱 유전자 82
아시아 플러싱 증후군 80, 332
아야와스카 31, 167, 206, 283
아이 같은 마음 154
아이스복(Eisbock) 맥주 317
아이의 마음 142, 169
아이폰 121
아일랜드 61
아페리티프 313
아편 36, 48, 319
아폴로 153
아폴로 통제 378
아프리카 70
'아하' 순간 112
안데스 70
〈안드로스인들의 주신제〉 291

안전한 술 저장고 69
알고리즘 연쇄 추론 111
알데히드 탈수소효소 79
알렉산더 슐긴(Alexander Shulgin) 281
알베르 카뮈(Albert Camus) 279
알카이우스(Alcaeus) 171
알코올 56, 72, 281
알코올 근시(近視) 148
알코올 남용 309, 330
알코올 도수(ABV) 315
알코올 사용 장애(AUD) 309
알코올 서버 365
알코올 오용 333
알코올 의존증 321, 352
알코올 중독 36, 295, 309, 331, 372
알코올 중독률 310
알코올 중독 치료 80
알코올 증류기 319
알코올 칵테일 226
알코올 탈수소효소 74, 78
알코올 효과 265
알파파 168
알프레드 래드클리프-브라운
　　　(Alfred Radcliffe-Brown) 201
암살자 194
애드리언 울드릿지
　　　(Adrian Wooldridge) 260
애정 101
애플잭 70, 200, 317
액체 독 68
액체 신경독 88, 246
앨리슨 고프닉(Alison Gopnik) 141

약리적 메스 144
약리적 수류탄 144, 308
약물 도구화 295
약물 복용 274
약물 중독 295
양귀비 48
양귀비 여신 48
양조주 57
양주 366
억제제 144, 308
언어 100
얼굴 표정 180
얼리터우 문화 213
에드워드 스펜서 모트
　　　(Edward Spencer Mott) 95
에드 하겐(Ed Hagen) 75
에리카 부르기뇽(Erika Bourguignon)
　　　201
에릭 슈미트(Eric Schmidt) 272
에밀 뒤르켐(Émile Durkheim) 202, 275
에밀리 파이텍(Emily Pitek) 206
에보카 206
에일 83, 94
에탄올 56, 74, 78, 144, 255, 300
엔도르핀 145, 208, 259, 356
엔키두 32, 69, 262
엔트로피 238, 242
엠마 호건(Emma Hogan) 240
여성폭력 338
역(閾)공간 280
연관 학습 118
연회석 229

연회의 사회자 197
영감의 술 165
영상전화 243
영장류 세계의 래브라도 120, 129
영혼 세계 238
예수 375
예술적 상상력 164
오딘 83
오르가슴 26, 51, 54
오세아니아 70
오수(汚水) 가설 62
《오이디푸스 왕》 109
오피스 파티 250, 380
오피오이드 208
올가 카잔(Olga Khazan) 223
올더스 헉슬리(Aldous Huxley) 156, 238, 280, 297
올드 보이즈 클럽(Old Boys' Club) 260, 349
올리버 디트리히(Oliver Dietrich) 212
와인 57, 64
와인 프로젝트 266
와해성(瓦解性) 혁신 249
완전한 교감 204
《왕좌의 게임》 188
외향성 254
요구르트 95
요임금 85
요한 하위징아(Johan Huizinga) 110
우울증 321
우정 269
운동 기능 49

운동 기술 29
워블리 192
원격 연상단어 검사(RAT) 112, 167, 224
위선 180
위선자 183
위스콘신 카드분류검사 146
위스키 69
위스키 룸 227, 229, 344
위약 효과 361
위험 감수 229
윌리엄 부스(William Booth) 86
유대 효과 259
유동식 점심 260
유령(劉伶) 277
유용한 실수 123
유인원 본성 162
유전자 사회 130
유전적 진화 34, 76, 93
유형성숙 120
〈음주〉(飮酒) 383
음주 69, 373
음주 문제 352
음주 문화 370
음주 연령 370
음주 연회 193
음주운전 333
음주자 218
음주 제의 324
음주 행위 29, 313, 372
의례 204
의미 217
의미 유창성 222

의식분열 201
의식의 변한 상태 205
의식적 마음 191, 245, 284, 354
의식적인 자아 인식의 병 279
의식적(Conscious) 286
의식적(Conscious) 유인원 286
이기심 131, 181
이방인 349
이븐 파들란(Ahmad Ibn Fadlan) 82
이산화질소 환각경험 237
이상점 107
이성 307
이성 안의 열정 136
이언 게이틀리(Iain Gately) 83, 187
이중 국면적 효과 308
이중 단계적 144
이집트 203
이집트 신화 69
인간관계 분야 파일(HRAF) 206
인간성 385
인간 자아 280
인간 협력 319
인지 29
인지과학 111, 167, 202, 224
인지 능력 49
인지 성숙 143
인지신경과학 35, 354
인지적 근시 267, 269, 329
인지적 유연성 114, 120, 143
인지적 효과 39
인지 제어 29, 134, 185, 356
인지 통제 30

인터넷 52
일반적인 위험 감수 335
일반 지능 106
일화적 증거 241
《잃어버린 주말》 165
입꼬리내림근 182
입속의 적 72, 77
잉카 제국 68

【ㅈ】

자극제 308
자기 고양 276
'자기 과잉(self-inflation)' 효과 267
자기통제 153
자백약 187
자아 201, 204
자아감 208, 354
자아감 상실 150
자아의 저주 280, 286
자아 인식 267, 378
자아 휴가 273
자연 발효 315
자연선택 27, 77
자연 실험 232
자위 27, 53, 77, 289
자유분방 153
자의식 229
작동기억 225
〈잔치에 오신 손님〉(賓之初筵) 84
장유에(張說) 164
《장자》 355
재즈 음악가 165

저스틴 제닝스(Justin Jennings) 194
적당한 음주 80, 221, 261
적응압(適應壓) 99
적응적 정보처리 시스템 53
적응적 행동 27, 52
적포도주 73, 222
전대상피질(ACC) 146
전두근 182
전염 254
전염 효과 254
전전두엽피질(PFC) 29, 117, 129, 135, 146, 152, 169, 207, 245, 268, 337, 356
전체적 정신 356
절대 금주 91
절정경험 150
절제 364
절주 87
정(鼎) 87
정력제 264
정서 53, 134, 181
정서가(情緒價) 283
정서적 누설 182, 185
정서적 다짐 137
정서적 신호 183
정서적 편안함 171
정서적 헌신 179
정수법 318
정신약리적 효력 218
정신약리학 35
정직성 260
정크푸드 25, 77

제럴드 마스(Gerald Mars) 198
조기 사망 57
조너선 하이트 274
조니 애플시드 70, 317
조성(早成) 103
조셉 스미스(Joseph Smith) 90
조지 소로굿(George Thorogood) 327
조지아 44
조지프 헨릭(Joseph Henrich) 122
조직적 노동 68
존 셰이버(John Shaver) 199
존엄한 독한 증류주 376
종교 부흥 회합 280
종교적 황홀감 45
죄수의 딜레마 132, 137, 180, 185, 208, 402
주나라 94
〈주덕송〉(酒德頌) 277
주류 판매점 379
주연(酒宴) 197, 231, 280
주정뱅이 305
죽은 자들의 날 377
죽음 50
중국 공산당 305
쥘 베른(Jules Verne) 243
증류 317, 360, 380
증류주 53, 313, 317, 365
증류 혁신 40
지각된 그룹 강화 척도(PGRS) 254
《지각의 문》 156
지식근로자 240
직관적 평가 180

진 320
진 광풍 321
진리는 파란색이다 236
진저에일(ginger ale) 335
'진정한' 자아 187
진정한 자아 245
진정한 황홀 210
진정 효과 177
진짜 미소 ☞ 뒤센 미소
진화 25
진화의 실수 25, 36, 70, 379
진화적 군비경쟁 183
진화적 숙취 26, 55
집단 감시 329
집단 내 음주 329
집단 동기성 206
집단 동시성 274
집단 유대 251, 273
집단 음주 230
집단 응집력 350, 351
집단적 뇌 122
집단적 발명 231
집단적 의미 206
집단적 창의성 9, 101, 229, 242, 249, 255
집단적 활기 202, 357
집단 정체성 67, 218
집단 협력 38
집단 흐름 272
집행 기능 225

【ㅊ】

차빈 문화 166

찰스 꽝(Charles Kwong) 298
찰스 다윈(Charles Darwin) 181
창의성 37, 119, 121, 143, 319, 350
창의성 강화 218
창의성 향상 36
창의적 기술 111
창의적 동물 109
창의적 문화 348
창의적 통찰력 110
창의적(Creative) 108, 286
처벌 효과 311
첫 번째 우드스톡 358
초파리 54, 56
총체적 경험 206
최면 46
최면 상태 357
최음적 성질 337
추상적 사고 134
추상적 추론 117
축배 324
축제 노동 214
출장 244
춤 명상 93, 205
취성물질 28, 38, 77, 162, 186, 204, 245
〈취중에 짓다〉(醉中作) 164
취중진담 187
〈취하라〉(Be Drunk) 300
취한 쾌감 225, 262
취함 29, 102, 279, 345
치차 60, 68, 70, 162, 213
친목 증진 269
친밀감 262

친사회성 203
침팬지 97, 120, 139
칭(稱) 172

【ㅋ】

카니발 280, 369
카니발리즘 206
카니카니 199
카므르 89
카바 31, 46, 70, 149, 189, 216, 327, 335
카박(kabak) 256
카사바 122
카페인 75, 92, 154, 319
칵테일 서버 365
칼로리 29
캄바족 194
캄바(Camba)족 350
커뮤니타스 202
커피 295
케인 릿지 부흥 358
코로나바이러스감염증-19 235, 244, 247, 248, 378, 379, 402, 414
코카인 75, 145
코피아르(Kofyar)족 377
쾌감적 불면증 206
쾌락 39, 221
쾌락 시스템 26
쾌락적 즐거움 288
쾌락 추구자 25
쿠란데로 284
쿠리 부족 45
〈쿠블라 칸〉 165, 286

크라테르 215
크리스찬 뮐러(Christian Müller) 268, 294
크바지르 164
킨키 프리드먼(Kinky Friedman) 265
킴벌리 호킹(Kimberley Hocking) 259

【ㅌ】

타자 201
타키투스 187
탁발 수도승(托鉢修道僧) 357
탄소 배출 246
탈(脫)억제 245
탈억제 효과 263
탈패턴화 요인 242
테오신트 161
테킬라 370
텔레비전전화 243
토마시 마사릭(Tomáš Masaryk) 87
토호노 오오담(Tohono O'odham) 부족 326
통증 한계치 202
트립토판 208
트위터 군체 마음 387
특허 344
티치아노(Titian) 290

【ㅍ】

파벌 341
파치지 37
패트릭 맥거번(Patrick McGovern) 32
팽 문화 206

페요테 193, 208, 210
펜테코스트 93, 206, 356
편도체 312
평화의 담뱃대 189
폐경 107
포도주 44, 53, 222, 366, 375
포르노 25, 36, 340
폭력 335
폭식 86
폭음 83, 270, 351
폭음 연회 188
폴 도우티(Paul Doughty) 214
푸무추 324
풀케 195, 307, 377
프랑스인의 역설 ☞ 프렌치 패러독스
프레드 터너(Fred Turner) 272
프렌치 패러독스 222, 261
프리드리히 니체 276
플라톤 155, 188, 197, 263
플레이 바우 138
피오트르 미칼로스키
      (Piotre Michalowski) 196
피임약 25
피처리 47, 162
피터 퍼스트(Peter Furst) 209
필립 라랜더(Philip Lalander) 230

【ㅎ】
하나라 85
하토르 69
하페즈 90
하향 조절 118, 146, 150, 168, 186,
229, 235, 249, 265, 268, 302, 343,
359, 404, 414
학술적 혁신 233
학습 106
학습 기계 127
함무라비 법전 195
합리적 집중 356
합치기 97
항기생충제 60
항상성(恒常性) 311
해마 146
해방 286
해방된 마음 165
해시시 89, 194
해악 28
행동 53
행동 유연성 104
행동적 유연성 106
행성 크기의 뇌 378
행정 비대 290
《향연》 188, 263
향정신성 경험 48
향정신성 물질 43
향정신성 약물 91
혁신 119, 121, 370
혈중알코올농도(BAC) 144, 176, 225,
228, 252, 264, 267, 270, 311, 320,
336, 340, 352, 363, 380, 414, 423
협력 36
협력 과제 132
협력 딜레마 191
협업 370

호메로스 384
호모 사피엔스 51, 73, 76, 100
호모 임비벤스 32
혼술 314, 324, 330
홀로트로픽 호흡법 357
화상회의 235, 243, 247
화학적 강아지 170
화학적 기쁨 372
화학적 도구 218
화학적 보상 54
화학적 중독 156
화학적 취성물질 28, 36, 295, 319
화학적 취함 39, 204, 219, 225, 296, 382
화합 206
화합 문화 251
환각물질 236
환각적 약초 360
환각제 236, 259, 281, 335, 380
환각제 사용자 218
황금삼각지 213
황하 유역 44
황홀 204, 278, 296
황홀감 204
황홀의 기술 273
황홀 의식 357
황홀한 경험 273
황홀한 유대 275
황홀한 종교의식 206
회백질 114
효모 57, 316
효율성 285
훌리거니즘 335, 383

흡연자 218
히스 351
히피 문화 239
힘들이지 않는 행동[無爲] 354

【로마자】

alcohol 319
al'kohl'l 319
DMN 150
ecstasy 201
ek-stasis 201
fMRI ☞ 기능적 자기공명영상
HDL 222, 286
in vino veritas 187
LSD 38, 149, 239, 281, 355
MDMA 145, 208, 242, 281, 335
nunc est bidendum 234
orgia 276
orgy 276
PFC ☞ 전전두엽피질
PGRS ☞ 지각된 그룹 강화 척도
Schwips ☞ 슈빕스
THC 75, 149
WHO ☞ 세계보건기구

【기호·숫자】

!쿵족 358
3C 108, 140, 153